유럽의
대항해시대

이 저서는 2018년 대한민국 교육부와 한국연구재단의 지원을 받아 수행된 연구임(NRF-2018S1A63A01081098).

한국해양대학교박물관
海洋文化政策研究센터
해양학술연구총서 ①

유럽의
대항해시대

김 성 준

문현 출판

일러두기

1) 되도록이면 원어에 충실하려고 했으나, 영어식으로 널리 알려진 것은 영어식
   으로 적었음.
   예) Fernando : 페르난도(포르투갈어), 페르난도(스페인어)
       Ferdinand : 퍼디난드(영어)
2) 각 항해가들이 명명한 지명이나 해역은 원어로 표기하려고 노력했고, 널리 알
   려진 지명이나 인명은 원어를 병기하지 않았음.
3) 인명 뒤의 연도는 황제나 왕, 교황은 재위 기간이며, 기타 인명은·생몰연도임.
4) New Encyclopaedia of Britannica(1988)을 인용할 경우에는 해당 항목을 찾아
   인용했으나, 출처는 출판연도만 표시했음.
5) 수치는 만 단위로 표기했음. 예) 1,000 → 1천, 12,000 → 1만 2천

세계지도를 펼쳐 놓고 보면 의외로 역사적인 인물, 특히 항해가들의 이름에서 유래한 지명이 많다는 사실을 발견할 수 있다. 이는 15세기 이후 유럽인들이 전개한 해양탐험의 결과다. 유럽의 항해가들은 이미 알려진 대서양과 인도양은 말할 것도 없고, 태평양·남극해·북극해 등 새로운 해역을 탐험하여 섬과 대륙을 — 그들의 입장에서 — '발견'(?)하고, 지도를 작성하고, 이름을 붙이고, 자국령으로 선언함으로써 유럽 기독교권을 확대시켜 나갔다. 그 결과 세계는 점차 하나로 통합되었고, 비유럽권은 점차 유럽화되어 갔다. 이 과정에서 유럽인들은 원주민들을 약탈하기도 하고 문명을 파괴하기도 했다. 해양사가인 하버드대학의 패리(J.H. Parry) 교수가 지적한 것처럼, 해양팽창과 그 뒤를 이은 식민지 개척으로 '유럽은 범세계적인 헤게모니를 장악할 수 있었다.

여기에 실린 글 가운데 항해가들과 관련한 글은 한국해사문제연구소에서 간행하는 『월간 해양한국』(1998.3~1999.4)에 '대항해자들의 발자취'라는 제하의 연재물과 해양연맹의 기관지 『바다』(32 - 37호)(2009~2011)에 게재됐던 것을 원사료를 참조하여 대폭 수정·보완한 것이다. 당초 필자가 '대항해자들의 발자취'를 쓰려고 계획했던 의도는 단순했다. 아메리카라는 명칭이 아메리고 베스푸치의 이름에서 유래했다는 것은 널리 알려진 사실이다. 그러나 콜럼비아·밴쿠버·태즈메니아·베링해 등이 사람의 이름에서 유래되었다는 사실을 아는 사람은 그리 많지 않다. 더구나 브라질·리우데자네이루·베네수엘라·태평양·몬테비데오·몬트리올·루이지애나 등 이 해역을 항해했거나 식민했던 이들이 명명한 이름이 지금까지 그대로 사용되고 있다는 사실을 아는 사람은 더욱 흔치 않다.

따라서 저자는 세계 곳곳에 자신의 이름을 남긴 항해가들의 발자취를 독자들에게 소개하고자 '대항해자들의 발자취'라는 기사를 연재했던 것이다. 이렇게 글을 써놓고 보니 이들 항해가들의 이야기가 곧 유럽팽창의 역사 그 자체라는 사실을 깨닫게 되었다. 또한 이들 항해가들의 국적이 포르투갈·스페인·영국·프랑스·네덜란드·러시아 등 유럽 각국에 고루 분포되어 있다는 사실도 알게 되었다.

필자는 유럽팽창의 역사를 다소 비판적으로 보고자 했다. 따라서 패리 교수의 『유럽의 헤게모니 확립; 르네상스시기의 해상무역과 탐험(Establishment of European Hegemony; Trade and Exploration in the Age of Renaissance)』을 번역·출판하면서 서명을 『약탈의 역사』라고 붙였던 것이다. 그런데 유럽팽창의 실천가들이었던 항해가들의 이야기를 좀 더 구체적으로 파악하게 되면서 유럽인들이 새로 '발견'한 아메리카 대륙·호주·뉴질랜드 등을 차지하기까지는 그에 상응하는 대가와 희생을 치렀다는 사실을 알게 되었다. 비유럽인인 우리들로서는 원주민들이 이미 그 곳에 살고 있었다는 사실을 들어 유럽인들이 원주민들을 약탈하고 빼앗은 것이라고 생각하고 싶어한다. 그렇다면 현 시점에서 다음과 같은 문제를 제기해 볼 수 있다. 원주민을 몰아내고-오늘날의 미국·캐나다·중남미제국·호주·뉴질랜드 등-'새로운 대륙'(?)을 차지한 유럽인들이 그곳을 점유하고 있는 어떠한 정당한 근거도 없는 것인가? 이러한 문제에 직면하여 필자는 역사를 거꾸로 읽어내는 혜안도 필요하지만, 거꾸로 읽기 전에 역사를 정확하게 알아야 한다는 소박한 결론에 이르렀다.

그 동안 유럽팽창, 특히 지리상의 탐험과 관련하여 국내에서 출판된 책들은 비전공자들이 호고好古적인 관심에서 외국책을 단순히 번역하거나 편집하여 출판했기 때문에 역사 사실 자체, 즉 연도, 날짜, 항해가의 생애, 해양관련 전문용어 등 내용에 적지 않은 오류가 포함되어 있었다. 따라서 그릇된 내용이 사실로 굳어지기 전에 이를 바로잡고, 독자들에게 유럽의 대항해시대의 역사를 조금이나마 정확하게 알리고자 이 책을 펴내게 되었다. 독자들이 이 책을 지루하지 않게 읽어주었으면 하는 바람에서 각 항해가들과 연관된 흥미있는 이야기도 덧붙였다. 그러나 책의 내용이 단순한 흥밋거리로 치우치는 것을 막기 위해 서론에 '유럽팽창의 시대적 배경과 동기'를, 결론에 '해양 활동과 자본주의 발전의 친화성'에 대해서도 정리해 놓았다.

필자는 이 이야기를 크게 세 부분으로 나누어 서술하였다. 1장에서는 엔리케에서 마젤란까지 '아시아로 가는 항로'를 찾았던 항해가들을 다루었고, 2장에서는 아시아로 가는 새로운 항로인 북동·북서항로를 찾아 탐험에 나섰던 베라자노·프로비셔·카르티에·허드슨·라 살르 등과 식민지 개척자였던 호킨스와 롤리 등을 다루었으며, 3장에서는 '미지의 남방대륙'을 탐사했던 타스만, 베링과 쿡 등과 영국혁명기 경쟁자였던 블레이크 제독과 프린스 루퍼트를 다루었다. 3장에 배치된 베링은 북동·북서항로를 찾아 나선 항해가들이지만, 연대순으로 서술하는 것을 원칙으로 하였기 때문에 부득이 3장에 배치하였다. 양해를 구해야 할 것은 필자가 활용할 수 있는 자료가 한정되어 있었기 때문에 일부 항해가들에 대해서는 충분히 다루지 못했다는 것이다.

이 책의 초판 『대항해자들의 발자취』가 나온 것이 1999년이니 벌써 20년이 흘렀다. 그 동안 개정판으로 『유럽의 대항해시대』(2001)와 『해양탐험의 역사』(2007)가 출판된 바 있다. 이렇게 서명을 바꾸어 가며 책의 출판이 거듭될 수 있었던 것은 해양대학에 '해양사'라는 교과목이 개설되어 강의교재로 활용할 수 있었던 덕분이었다. 그러는 사이 출판사에서 책이 품절되어 추가 인쇄했으면 좋겠다는 의사를 피력해 왔으나, 선뜻 '그렇게 하라'는 대답을 하지 못하고 있었다. 그것은 세 번째 판본이후 공부의 양이 쌓여 가면서 뭔가 부족하다는 느낌을 지울 수 없었기 때문이었다. 그래서 기존의 내용을 보완하고, 새로 정리한 내용도 추가해 세상에 내어 놓는다. 이번 개정판에는 대항해시대 유럽인들의 배와 항해에 대한 전반적인 이해를 돕기 위해 '범선시대 유럽의 배와 항해'를 정리해 두었고, 월터 롤리, 존 호킨스, 프린스 루퍼트, 로버트 블레이크 등의 해양활동상을 추가하였다. 전제적으로 3판인 『『해양탐험의 역사』와 비교하면 110여쪽 가량 보완된 것이다.

20년 동안 같은 주제의 책을 네 번째 개정판까지 출판했다는 것은 그만큼 저자의 천학비재淺學菲才함을 반증하는 것이리라! 그럼에도 불구하고 제4개정판을 다시 세상에 내어놓는 것은 독자들이 유럽의 대항해시대를 구체적으로 알게 되기를 바랐기 때문이다. 유럽의 대항해시대는 고담준론高談峻論이 아니라 배를 타고 한바다를 항해한 뱃사람들의 생생한 체험담에 다름 아니다. 그 구체사를 알지 못한 채 유럽해양사를 논한다는 것은 어불성설일 것이다. 부디 독자들이 소금기에 젖은 뱃사람들의 체취를 조금이나마 맡을 수 있게 된다면 더 바랄 것이 없겠다.

　끝으로 이 책이 나오기까지 도와주신 여러분들께 고마움을 전해야겠다. 먼저 1999년 5개월간 런던에 머물며 자료를 수집할 수 있도록 장학금을 지원해주신 남서울로타리 클럽, 영국의 Teddington & Hampton Rotary Club, 뉴욕의 Rotary Foundation에 감사드린다. 그리고 대학의 선배이자 인생의 멘토이신 한국해사문제연구소의 박현규 이사장님께 심심한 감사의 말씀을 전한다. 더불어 역사의 의미를 깨닫게 해주신 고려대학교 서양사학과의 여러 교수님들께 감사드린다. 그리고 이 책을 훌륭하게 꾸며 주신 문현출판의 한신규 사장님께도 감사드리며, 초고를 읽고 문장을 가다듬어 준 사랑하는 아내 이유림에게도 고마움을 전한다.

바다로부터!

2019년 앞겨울
아치섬 해죽헌海竹軒에서
김성준

차례

서론: 유럽 팽창의 시대적 배경과 동기

1. 유럽팽창의 시대적 배경

서양사에서 14세기부터 16세기 초반까지의 시기는 중세에서 근대로 넘어가는 이행기이다. 이 시기는 르네상스기와 중첩되기도 했다. 르네상스기는 중세적 요소와 근대적 요소가 중첩된 사회·문화적인 혼란기인 동시에, 휴머니즘과 합리주의를 바탕으로 새로운 근대문화를 창조해 가던 과도기였다. 그 동안 르네상스기에 활발한 문화활동이 전개된 것은 일찍부터 번영하기 시작한 이탈리아의 도시공업과 부르주아지의 부, 이를 바탕으로 한 경제적인 풍요 때문이었다고 생각되어 왔다. 이와 같이 르네상스시기의 경제상황에 대한 루카스(Lucas)나 마르틴(Alfred von Martin) 등의 전통적인 견해는 이 시기가 경제적으로 호황기였다는 것이다.

그러나 피렌느(Henri Pirenne)는 "14세기 초반에는 모든 면에서 쇠퇴라고까지 할 수는 없지만, 발전이 정지(cessation)되고 있음을 발견할 수 있다"[1]고 주장하여 전통적인 르네상스 경제관에 대해 반론을 표명하였다. 그 후 르네상스 기의 경제 상황에 대한 많은 연구가 진행되어 1960년대 초반 서양사학계에서는 르네상스 기의 '경기침체론'에 관하여 열띤 논쟁이 전개되었다.[2] 그 결과 르네상스 기는 이전에 알려졌던 것과 같이 호황기였다기보다는 오히려 침체기였다는 사실이 밝혀졌다. 당초 르네상스 기의 경기침체론은 이탈리아를 모델로 하여 제기된 견해였지만, 이후의 연구들은 이 시기의 경기가 이탈리아에서뿐만 아니라 여타의 서유럽에서도 침체했다는 사실을 보여주고 있다.[3]

그렇다면, 르네상스 기의 경제가 침체하게 된 이유는 어디에 있었을까? '침체론자'를 대표하고 있는 로페즈(R.S. Lopez)는 다음과 같은 원인을 들고 있다. 첫째,

---

1) Henri Pirenne, Economic and Social History of Medieval Europe, N.Y.; 1937, pp.189-191(Lopez and Miskimin, The Economic Depression of the Renaissance, p.408 재인용).

2) 1950년 파리에서 개최된 제9차 국제역사학회의(International Historical Congress)에서는 르네상스기의 경제상황에 관한 것이 주된 의제로 등장하였다. 이후 1962년 로페즈(Lopez)와 미스키민(Miskimin)이 '경제사평론'에 르네상스기의 경기침체론에 관한 논문을 게재하고 시폴라(Cipola)가 이와 다른 견해를 제시하자, 로페즈와 미스키민이 이를 반박하는 등 동지(同誌)를 중심으로 열띤 논쟁이 전개되었다. Short Articles and Discussions ; Economic Depression of the Renaissance?, pp.519-529 참조.

3) 중세 말에서 근세 초까지의 서유럽의 경제사에 대해서는 Douglass North & Robert Thomas, The Rise of the western World ; A New Economic History 참조. 특히 14·15세기 서유럽의 경제상황에 대해서는 71-90쪽을 참조하라.

14세기에 일어났던 기후변화와 흑사병의 창궐로 인구가 격감하였다. 인구의 감소는 기술진보가 느린 시대에는 생산에 큰 영향을 끼칠 수밖에 없다.[4]

둘째, 계속된 전쟁과 이로 인한 인플레이션의 악영향을 들 수 있다. 1337년 시작된 백년전쟁(1337~1452)이 그 가장 대표적인 경우인데, 이 전쟁은 거의 모든 서유럽을 괴롭혔다.

셋째, 동방과 서방 간의 통상로가 단절되었다. 몽골제국이 붕괴되고, 오스만 투르크제국이 전성기를 맞게 되어 양 진영의 대립은 극에 달하였다. 이는 1453년 투르크제국이 콘스탄티노플을 점령한 사건에서 상징적으로 나타났다.

넷째, 농민이나 도시 프롤레타리아의 반란이 자주 일어났다. 1370년대 말 피렌체에서 일어난 치옴피(Ciompi : 소모공梳毛工)의 난이 그 대표적인 예다.[5] 이러한 여러 요인이 복합적으로 상호작용하여 르네상스시대의 경제상황은 시종 불황의 늪을 벗어나지 못했다.[6]

물론 르네상스 기가 기후변화와 흑사병·전쟁 및 동서무역로의 단절, 농민과 노동자의 반란 등으로 점철된 시기였던 것만은 아니었다. 로페즈가 언급한 대로, 경기침체는 봉건경제의 쇠퇴가 이어진 것이었다. 르네상스 기의 경제는 13세기의 호황국면보다는 낮은 것이긴 했지만, 12세기의 수준보다는 상대적으로 높은 수준에 도달해 있었다.[7] 이탈리아의 도시들은 조선업·모직업·금융업 등으로 번영을 구가했으며, 도시의 부르주아 계층들은 각 도시 공화국에서 선도적인 지위를 차지하여 사회전반에 막대한 영향력을 행사하고 있었다. 사실상 르네상스 기의 경기침체는 부르주아 계층에게 보다 합리적인 경영을 도모하지 않을 수 없게 만들기도 했다.[8] 그러나 부분적으로 이러한 측면이 있었다는 사실을 인정한다 하더라도 르네상스 기의 경제적 이익은 전체 인구 가운데 극소수에게만 집중되었으며,

---

4) R.S. Lopez and H.A. Miskimin, Short Articles and Discussions ; Economic Depression of the Renaissance?, p.417.

5) Lopez, ed. by M. Postan, Cambridge Economic History of Europe, vol.Ⅱ, pp.338 - 345.

6) R.S. Lopez, Hard Times and Investment in Culture, in ed. by Wallace Fergusson, The Renaissance ; Six Essays, p.32. 이에 반해, 시폴라는 르네상스기 전반기인 14세기 초반 서유럽의 경제상황은 침체하였지만 이것은 일시적인 것이었고 이내 회복되어 실질적인 경제상황은 호전되어 갔다고 주장하였다.(Economic Depression of the Renaissance?, pp.519 - 524 참조).

7) Lopez, Hard Times and Investment in Culture, p.39.

8) Lopez, Ibid., p.39.

대다수의 일반민중들은 경기침체의 그늘에서 벗어나지 못하였다.

그렇다면 경기가 침체한 르네상스 기의 구체적인 양상은 어떠했을까? 대외무역의 결제수단인 경화硬貨와 일상물품(staple)을 예로 들어 당대의 경제상황이 어떠했는지 살펴보기로 하자. 보면, 화폐는 하나의 도구, 하나의 구조, 그리고 완만하게 발전되어 온 교역생활에서 나타나는 심층의 규칙성을 보여주고 있다. 특히 화폐는 그것이 어디에서 통용되든 간에 모든 경제적·사회적 관계 속에 얽혀 있다."[9] 중세에 기독교권과 아랍권은 경화에서는 상호 공생적인 관계에 있었다. 따라서 경화문제에서 두 지역은 하나의 전체로 다루어져야 한다.[10] 그러므로 여기에서는 유럽의 경화상황을 이슬람지역과 연관지어 살펴보기로 하겠다.

유럽과 이슬람세계는 귀금속을 끊임없이 교환하면서 공생관계를 구축했다. 그렇다면 어떤 이유로 경화가 이들 두 세계 사이에서 공유되었던 것일까? 우선 유럽과 이슬람권 사이에 이루어진 무역에 대한 결제수단으로 귀금속이 이동되어야 했다.[11] 주로 유럽의 금이 동방으로 유출되었다.[12] 유럽은 은본위제였고 이슬람권은 금본위제여서 유럽인들이 동방에서 향료 및 동방의 특산품 등을 구매할 때는 결제수단으로 금을 지불해야 했기 때문이다.[13] 유럽내의 귀금속은 이슬람권을 거쳐 인도와 중국 방향으로 끊임없이 유출되었다.[14] 이것은 이미 로마제국 시대부터 일어난 일이었다. 유럽은 동방의 비단·후추·향료·약제·진주 등을 얻기 위해서는 금과 은을 지불해야 했다. 이 때문에 동방에 대한 유럽의 무역수지는 대략 1820년대까지 적자인 채로 남아 있었다.[15]

둘째로 각 지역에서의 '금 은 가치비價値比(gold silver ratio)'의 차이가 귀금속

9) Fernand Braudel (주경철 역), 『물질문명과 자본주의 I : 일상생활의 구조』, 625쪽.
10) Andrew Watson, Back to Gold and Silver, p.1.
11) Watson, Ibid., p.21.
12) 서유럽 귀금속의 또 다른 유출구로는 동유럽이 있었다. 동유럽은 밀과 목재·호밀·가죽 등을 서유럽에 제공하고, 서유럽에서는 상대적으로 적은 물품만을 구입했기 때문에 동유럽으로 귀금속이 유출될 수밖에 없었다. (Braudel, 『물질문명과 자본주의 I』, 667쪽).
13) Braudel, 위의 책, 649쪽.
14) 로페즈(Lopez)·미스키민(Miskimin)·아브라함 우도비치(Abraham Udovitch) 등은 1350~1500년 사이 금이 북서유럽에서 이탈리아 레반트 인도로 유출되었다고 보았다. (Immanuel Wallerstein, The Modern World System I, p.40 각주 참조).
15) Braudel, 『물질문명과 자본주의 I』, 667쪽.

을 이동시켰다. 그리어슨(Philip Grierson)은 서구 · 비잔틴제국 · 이슬람제국에서의 '금 은 가치비'의 차이가 이들 지역에서 금과 은의 공급을 재분배했다고 주장하였다.[16] 금과 은은 가치가 낮게 평가되는 곳에서부터 높게 평가되는 곳으로 이동하는 경향이 있다는 것이다.[17] 중세 이슬람세계와 기독교세계 사이의 경화이동에서도 금과 은의 상대적인 가치비가 중요한 역할을 담당했던 것이다.

이상에서 살펴본 바와 같은 여러 가지 이유 때문에 중세에서 근대로 이행하는 시대적 전환기였던 15세기에 유럽의 경화사정은 악화될 수밖에 없었다. 그리하여 중세의 마지막 2세기(14~15세기) 동안 유럽은 금 기근을 경험하였다고 흔히 주장되어 왔다. 그러나 중세 말 2세기 반(1250~1500) 동안 서유럽에서 금이 부족했다고는 볼 수 없다는 반론이 설득력 있게 제기되고 있다.[18] 왜냐하면 이 시기 동안 금화가 서유럽의 각 지역에서 주조되었고, 금의 생산도 적지 않았기 때문이다. 14~15세기 동안 서유럽에서의 금 공급은 광범위하게 증가하는 시기였지 감소하는 시기는 아니었다는 것이다.[19]

그럼에도 불구하고, 공급이 수요를 충족시키지 못했기 때문에 해상로를 통해 금광을 찾으려는 것이 초기 포르투갈 탐험가들의 목표 가운데 하나가 되었던 것이다.[20] 물론 귀금속에 대한 욕구는 중세 전반에 걸쳐 매우 높았다. 중세 유럽인들은 귀금속과 황금장식을 열광적으로 선호했다.[21] 그러나 이것은 하나의 과시욕 내지는 사치품으로 추구된 것이었다.

반면에 포르투갈의 탐험가들은 서유럽 내의 통화를 위한 금전적 기초를 마련하기 위하여 귀금속을 찾으려고 했다. 그러나 그것은 동방으로 훨씬 더 많이 유출되었다. 15세기 내내 '기니산隆 금'이 주로 제노바를 통하여 서유럽으로 유입되었다. 그러나 상당량의 기니산 금이 유입되었음에도 불구하고, 서유럽의 상인들은 더욱 많은 금을 발견하려고 사하라사막 속으로 점점 깊숙이 침투해 들어가고 있

---

16) Philip Grierson, The Monetary Reforms of Abd al Malik, Journal of the Economic and Social History of the Orient, III(1960), pp.241-264(Watson, Back to Gold and Silver, p.5 재인용).
17) Watson, Back to Gold and Silver, p.5.
18) Watson, Ibid., p.31.
19) Watson, Ibid., pp.31-32.
20) Wallerstein, Modern World System I, p.41.
21) Braudel, 『물질문명과 자본주의 I』, 668쪽.

었다.[22] 이는 중세 말 서유럽에서 금에 대한 수요가 얼마나 컸던가를 보여주는 단적인 예라 하겠다.

은銀은 1350~1450년 사이 세르비아(Serbia)와 보스니아(Bosnia)의 은광이 개발되기 시작하여 15세기에 오스만 투르크 침입으로 동유럽과의 교역이 차단될 때까지 유럽경화의 주요한 원천이 되었다. 페로이(Perroy)는 중부유럽에서 은 생산이 1460~1530년 사이에 5배로 늘었다고 추산했다.[23] 그러나 많은 양의 은이 아랍권을 통해 동방으로 유출되어 유럽은 '은 기근현상'을 경험하게 되었다. 결국 14~15세기에 은은 실질적인 부족의 징후를 보이게 된다.[24]

이상에서 살펴본 바와 같이, 중세의 마지막 2세기 동안 유럽은 금과 은의 공급량은 증가하였지만 점증하는 수요를 충족시킬 수 없었고, 그나마도 상당량이 동방으로 유출되어 기근현상을 경험하게 되었다.[25] 그렇다면 무엇에 대한 대가로, 또 누구를 위해 경화가 사용되었을까? 피렌느와 스위지(Paul Sweezy)는 귀족들의 욕구를 충족시키기 위한 사치품 구입에 사용되었다고 주장하였다. 그러나 인간의 경제활동을 보다 잘 설명해 주는 것은, 월러스틴의 주장처럼, 사치품보다는 일상물품이라고 할 수 있다.[26] 월러스틴에 의하면, 14·15세기의 서유럽은 이전 어느 시기보다 식량과 목재[연료 및 조선용], 그리고 향료 등의 수요가 증가한 시기였다.

중세 말부터 서구에서는 육류의 소비가 급증하게 되어 15~16세기에는 일반민중들도 육류 위주의 식생활을 하기에 이르렀다.[27] 그러나 아직 냉장수단이 발달하지 못한 상태였기 때문에 질긴 육류를 저장하기 위해서는 후추류나 향료가 많이 사용될 수밖에 없었다.[28] 향료가 육류를 저장하는 데에만 사용된 것은 아니었다. 귀족들이 즐겨 사용하는 최음제인 히포크라스(Hippocras : 향료를 첨가한 포도주)에도 사용되었다.[29] 서구에서 후추와 향료를 사용하기 시작한 것은 로마제

---

22) Watson, Back to Gold and Silver, p.19.
23) Wallerstein, Modern World System I, p.41 재인용.
24) Watson, Back to Gold and Silver, pp.31 - 32.
25) Carlo Cipola, Currency Depreciation in Medieval Europe, p.418 and Short Articles and Discussions ; Economic Depression of the Renaissance?, pp.522 · 524 참조.
26) Wallerstein, Modern World System I, pp.41 - 42.
27) 이에 대해서는 Braudel, 『물질문명과 자본주의 I』, 259 - 266쪽을 참조하라.
28) Braudel, 위의 책, 308쪽.
29) Wallerstein, Modern World System I, p.44 참조.

국시대부터인데, 이 당시에도 후추는 널리 사용되었고 가격도 그리 비싼 편이 아니었다.

그러나 중세시대에는 기독교권 지중해가 이슬람세력에 의해 봉쇄당하여 후추와 향료가 모자라게 되었다. 게다가 12세기에 들어서면 향료에 대한 수요가 폭발적으로 증가하게 되어 더 이상 억제할 수 없는 지경에 이르게 되었다. 향료에 대한 수요가 얼마나 컸던지 유럽인들은 검은 후추(black pepper)와 흰 후추(white pepper)의 두 가지 진짜 후추 이외에 긴 후추(long pepper)라고 부르는 대체용 향료까지 수입하여 사용하였다. 또 다른 후추의 대체물로는 15세기부터 기니지역에서 수입한 가짜후추, 즉 말라게트(malaguette)가 있었다.[30] 향료를 얻기 위해서는 많은 귀금속을 지불해야 했으며, 또 지구를 반이나 도는 레반트(Levant) 무역에 참가하기도 했다. 또한 이 시기에는 향료 이외에도 밀과 목재에 대한 수요가 크게 증가했다. 15세기에서 16세기에 걸쳐 밀이 유럽의 식량에서 중요한 지위를 차지하게 되었다. 그리하여 밀은 새로운 경작물로 그 중요성이 더욱 커져갔고, 상업에서도 주요 거래물품이 되어갔다.

고디뉴(Magalhâes Godinho)의 주장처럼, 포르투갈이 대서양제도로 진출하게 된 것은 밀과 설탕 등을 재배할 경작지를 찾는 데 한 원인이 있었다.[31] 밀은 새로운 주식량원이 되어갔기 때문에 그 중요성이 점차 커져 갔고, 설탕은 지력地力을 많이 소모시키기 때문에 한번 수확하고 나면 다른 토지에 재배해야 했으므로 새로운 경작지를 계속 발견해야 했다.

연료와 조선용재造船用材로 사용할 목재도 필요했다.[32] 중세의 경제적 발전은 서유럽·이탈리아·스페인의 산림을 서서히 그리고 지속적으로 황폐화시켰다. 또한 활기를 띠기 시작한 섬유산업은 그 원료처리과정에서 다량의 목재를 필요로 했다. 이렇게 증가하기 시작한 목재에 대한 수요는 자기 권역내에서 충족될 수 없었으므로 서유럽은 16세기까지 발틱지역에서 목재를 수입하여 사용하였다.

위에서 살펴본 바와 같이, 이베리아반도를 중심으로 유럽이 적극적으로 해외팽창을 기도하던 15세기의 서유럽은 경제적으로 침체의 늪을 완전히 벗어나지 못한

30) 이상 Braudel, 『물질문명과 자본주의 I』, 306 - 307쪽 재인용.
31) Wallerstein, Modern World System I, pp.42 - 43 재인용.
32) Wallerstein, Ibid., p.44 참조.

상태였고, 통화의 기초가 되는 경화가 부족했으며, 향료와 밀·목재 등 일상물품에 대한 수요가 이전 어느 시기보다 증가한 시기였다. 특히 15세기 유럽은 하나의 시대적인 전환기로서 13세기에 절정에 달하였던 교황권은 '교회의 대분열(1378~1417)' 등으로 쇠퇴하기 시작하고 정통 카톨릭 교리에 대항하는 이단설이 대두하는 등 종교가 좌우하던 중세가 종말을 고하고 경제적인 관계가 사회를 주도하기 시작하던 시대였다.

2. 이베리아반도의 정황

근세 초 이베리아반도의 역사를 특징적으로 나타내는 말은 '재정복(reconquista)'과 '해외팽창'이다. 중세 이후 수세기 동안이나 이교도인 무어인의 지배를 받아왔던 이베리아반도의 왕국들은 꾸준한 '재정복전쟁'을 통해 15세기에 이르러서는 이슬람교도들을 몰아내고 이베리아반도의 지배권을 회복할 수 있었다. 포르투갈과 스페인의 '재정복'과 '해외팽창'은 두 나라의 근대국가로의 성장과 밀접하게 연관되어 있었다. 포르투갈은 1249년에 아퐁소 3세(Afonso Ⅲ : 1248~1279)가 반도의 최남단인 파로(Faro)를 탈환함으로써 대략 오늘날과 같은 영토를 차지하게 되었다. 이로써 일차적인 재정복전쟁을 완수한 포르투갈은 중앙집권화에 집중할 수 있었다. 1385년에 즉위한 포르투갈의 주앙 1세는 강력한 중앙집권화 정책을 추진하였으나, 제도적인 장치를 마련하는 수준으로 나가지는 못하고 왕권을 강화하는 수준에 그쳤다.

포르투갈이 처음으로 해외로 팽창한 것은 1415년의 세우타정복이었다. 당시는 주앙 1세의 집권 중반기로, 카스티아와 평화협정은 체결되었으나 아직 전쟁의 여파가 완전히 가시지 않은 때였다. 따라서 전쟁에 참여했던 많은 '전쟁귀족(Nobreza aguerrida)들'이 그들의 정력을 분출할 곳을 찾으면서 왕권에 위협적인 존재로 등장하기 시작했고, 급격히 부상한 부르주아지 계층도 경제적인 불황 속에서 탈출구를 찾고 있었다.

이러한 상황하에서 주앙 1세는 국내의 불만세력들의 관심사를 외부로 돌려 자신의 중앙집권정책을 강화하고,[33] 부족한 곡물과 경화를 확보하기 위하여 아프리카산 금이 유입되는 통로를 장악하고 무어인 해적들을 제압하여 지브롤터해협의 통항권通航權을 얻기 위하여 아프리카 북단의 세우타를 정복하게 된 것이다.[34] 그러나 이슬람 세력권 안에서 한 도시를 유지한다는 것은 항구적인 전쟁상태를 의미하는 것이었고, 기대했던 금과 각종 동방산물의 최종 도착지로서의 역할도 새로운 유통로의 등장으로 점차 축소되어 갔다. 그럼에도 불구하고 주앙 1세는 아프리카로의 팽창정책을 계속 추진하였다.

포르투갈의 해양탐험을 주도적으로 이끌었던 사람은 주앙 1세의 셋째아들인 엔리케 왕자였다. 그는 세우타 원정에 참전한 이후부터 본격적으로 아프리카연안으로의 탐사작업을 주도하고, 대서양상의 마데이라와 아조레스군도를 발견하여 식민정책을 펴는 등 포르투갈의 해양탐험을 선도하였다. 포르투갈은 15세기 초까지 마데이라섬에 대해서는 큰 관심을 갖지 않았다. 그러나 1417년경 카스티야가 군도 가운데 한 섬인 포르토 산토에 함대를 파견하자 포르투갈도 1419년과 1420년 원정대를 파견하여 마데이라와 포르토 산토섬을 영구 점령하였다. 이것은 유럽국가에 의한 최초의 대서양으로의 팽창이었다.

당시 포르투갈이 마데이라에 원정대를 파견하고 식민사업을 전개한 것은 카스티야의 대서양 진출을 견제하고 엔리케 주도하에 이 지역을 농업기지로 개발하기 위한 것이었다. 엔리케가 해외탐험을 적극적으로 선도했던 이유는 미지의 세계를 탐험하고, 그 지역에 기독교를 전파하기 위하여 기독교 군주가 살고 있는지를 확인하기 위함이었다고 연대기는 전하고 있다.

주앙 1세를 계승한 두아르테 치세기(1433~1438)에도 중앙집권화정책과 해양팽창정책은 지속되었다. 두아르테 즉위 초기에는 엔리케를 주축으로 하는 팽창주의자들과 페드로를 주축으로 하는 평화주의자들 사이의 갈등이 심화되었다. 이러한 내부적인 갈등은 포르투갈과 카스티야 사이에 카나리아제도의 소유권 분쟁이 발생하고 카스티야가 아프리카로의 팽창을 기도하여 포르투갈을 압박해 옴으로써 더욱 고조되었다. 양대세력 사이의 갈등은 팽창주의자의 승리로 끝나 마침내 1437년 모로코의 탕헤르(Tanger)원정대가 구성되었다. 그러나 탕헤르원정대가 무슬림의 기습공격으로 참패하고, 그 와중에서 두아르테의 막내동생인 페르난도왕자

33) 최영수, 「포르투갈과 스페인의 식민정책에 관한 비교 연구」, 65쪽 참조.
34) António Sérgio, Breve interpretação da História de Portugal (Lisbon, 1979), p.40 (최영수, 위의 논문, 64쪽에서 재인용).

가 포로로 사로잡히는 신세가 되자 이에 충격을 받은 두아르테가 사망하고 말았다. 이후 포르투갈에는 팽창주의자와 평화주의자 사이의 심각한 내분을 겪게 되었다.

두아르테의 뒤를 이어 아퐁소 5세가 미성년으로서 왕위를 계승하게 되자 그 섭정직을 둘러싸고 궁정내 암투가 벌어져 그의 통치 전반기 동안에는 정치적으로 혼미하였다. 처음에는 모친인 아라곤 출신의 레오노르(Leonor) 왕비가 잠시 섭정직(1438~1441)을 맡았으나, 곧 아퐁소 5세의 삼촌인 페드로에게 섭정직이 넘어갔다. 평화주의자인 페드로가 섭정(1441~1448)을 맡게 되자 포르투갈의 해양팽창정책은 잠시 중단되었다. 그러나 페드로가 바르셀로스(Barcelos) 백작의 음모에 휘말려 제거되고 1448년에는 아퐁소 5세가 정식으로 왕권을 행사하게 되자 해외팽창정책은 다시 활기를 띠게 되었다.

아퐁소 5세의 팽창정책은 둘로 구분할 수 있다. 하나는 새로운 십자군운동의 재개다. 1453년 콘스탄티노플을 점령한 투르크족이 유럽을 압박해 들어오자 교황 니콜라우스 5세(Nicolaus Ⅴ : 1447~1455)는 기독교 국가들의 단결을 호소했지만, 이교도에 대항할 십자군을 조직하는 데는 대부분 소극적이었다. 아퐁소 5세는 교황에게 지원을 약속하고 1만 2000명의 군대를 모집하였으나, 교황이 죽고 투르크족도 물러나게 되자 십자군원정계획은 무산되고 말았다. 아퐁소 5세는 이 때 모집한 군사들을 동원하여 알카세르 세케르(Alcácer Cequer)를 정복하였고, 1481년에는 탕헤르도 정복하였다. 다른 하나는 아프리카 서해안 개발이었다. 세우타 정복 이후 엔리케는 아프리카 연안에 대한 탐사를 계속하여, 두아르테 통치기였던 1434년에는 당시 유럽인들이 대서양 남하의 한계선으로 생각했던 보자도르 곶을 넘어섰다.

페드로가 섭정직을 수행하고 있던 1443년까지 아프리카 서해안의 교역과 항해는 누구에게나 자유롭게 개방되어 있어서 상업적인 이익을 추구하는 민간원정대도 출현하였다. 그들은 이익금의 5분의 1만 왕실에 지불하면 아프리카 연안의 교역에 참여할 수 있었다. 그러나 1443년 이후부터는 보자도르곶 너머에 대한 항해와 교역권이 엔리케에게 독점 양여되었고, 민간인들이 항해할 경우에는 구입한 상품의 5분의 1에서 10분의 1에 해당하는 금액을 왕실에 납부해야만 했다. 엔리케는 원정대를 파견하여 세네갈 · 베르데곶 · 기니해안 · 시에라 리온까지 도달하였다. 그러나 1460년 엔리케가 사망하자 아프리카 연안으로의 무역독점권은 왕실로 반납되었으나 아퐁소 5세가 팽창정책에 무관심하여 1460~1469년 사이에는 포르투 갈의 아프리카 탐험은 기니연안에서 정체되었다. 이 기간 동안 민간인들은 교역 상품의 20%에 해당하는 세금을 지급하고 자유로이 무역활동에 참가하였다.

1481년 엔리케의 조카인 주앙 2세가 왕위에 올랐을 때, 포르투갈의 해외탐험의 주된 목표는 인디즈(Indies : 당시 인디즈는 카타이 · 씨팡고 · 인도 등을 포괄하는 아시아 전체를 의미했다)[35]가 되었다.[36]

아퐁소 5세를 계승한 주앙 2세는 강력한 중앙집권정책을 추진하였다. 그는 영주가 영지에서 행사하는 면책특권을 무효화시켰고, 귀족들에게 주택수당금과 관직을 하사함으로써 귀족들의 왕실예속을 강화하였으며, 아비스(Avis) 기사단을 국유화하고 대주교와 주교임명에 왕이 간여할 수 있도록 교황의 허가를 받아내었고 자치시의 권한을 축소하였다. 이러한 왕권강화책에 대하여 일부 귀족들이 반란을 획책하였으나 발각되어 주동자인 페르난도 백작과 관련자들이 처형되었다.

이 사건에 뒤이어 일어난 왕비의 동생 비세우(Donque de Viseu) 공작의 역모 사건도 진압하여 주앙 2세는 포르투갈 절대왕정의 기초를 다질 수 있었다.[37] 국내 외적으로 카스티야와의 심한 대립 속에서 왕권을 철저히 강화해 나갔던 주앙 2세는 인디즈항로를 찾는 임무를 디오고 카옹(Diogo Câo, 1452?~1486?)에게 맡겨 본격적인 해양팽창정책을 수행하여, 마침내 1488년에는 바르톨로메 디아스가 희망봉에 도달하여 인도양을 바라볼 수 있게 되었다. 디아스의 항해결과는 콜럼버스에게는 개인적으로 중요한 관심거리였다.[38] 왜냐하면 당시 콜럼버스는 리스본에 머물러 있으면서 대서양을 서쪽으로 횡단하여 인도에 갈 수 있다는 계획을 주앙 2세에게 건의하여 후원을 얻으려는 두번째 시도를 하고 있었기 때문이다. 그러나 디아스가 희망봉을 돌아 귀환함으로써 포르투갈 궁정의 후원을 기대할 수 없게 되자 콜럼버스는 카스티야에 기대를 걸고 포르투갈을 떠날 수밖에 없었다.

포르투갈의 해외탐험이 최종적으로 결실을 보게 된 것은 마누엘 1세(Manuel I :

---

35) E.G.R. Taylor, Idée Fixe: The Mind of christopher Columbus: Hispanic Amerion History Review, Vol.XI, no.3, Aug, 1931, p.289.
36) R.A. Skelton (안재학 옮김), 『탐험지도의 역사』, 59쪽.
37) 최영수, 「포르투갈과 스페인의 식민정책에 관한 비교연구」, 62쪽.
38) Daniel Boorstin (이성범 역), 『발견자들 I』, 272쪽.

1495~1521) 때다. 마누엘 1세는 인도항로를 개척하기 위해 바스쿠 다 가마를 지휘관으로 하는 인도탐험대를 1497년에 파견하였다. 바스쿠 다 가마는 1498년 5월에 인도의 캘리컷에 도달하여 향료와 동방산 물품을 선적하고 1499년 9월에 리스본으로 귀항함으로써 반세기에 걸친 인디즈항로 탐사를 완수하였다. 재정복을 성공적으로 완수하여 내적 통일을 이룩한 포르투갈은 이로써 해외팽창을 통한 대외적 발전의 기틀을 다질 수 있게 되었다.

포르투갈이 해외탐험에 열중하고 있는 동안 스페인은 카스티야·아라곤·나바라(Navara) 등의 소왕국으로 분열되어 있었고, 남부에는 이슬람왕국이 자리잡고 있어서 '왕국의 통합'과 '재정복전쟁'을 동시에 수행해야 하는 어려운 입장에 처해 있었다.[39] 그러나 이베리아반도 북부의 두 왕국인 카스티야와 아라곤의 이사벨 공주와 페르난도 왕자가 1469년 바야돌리드(Valladolid)에서 결혼하고, 1474년 부왕인 엔리케 4세의 뒤를 이어 이사벨 여왕이 카스티야의 왕위를 계승하게 되고, 아라곤에서도 후안 2세(Juan II : 1458~1479)가 1479년에 사망하자 페르난도가 왕위를 계승하게 되어 왕국통합을 위한 발판을 마련하였다.

이미 1475년에 세고비아(Segovia) 합의로 페르난도는 대외문제를, 이사벨 여왕은 국내문제를 담당하기로 한 바 있었다. 1476년 3월 지방의 귀족들과 결탁하여 카스티야의 왕권을 노리고 있던 포르투갈의 아퐁소 5세를 토로(Toro)전투에서 격퇴한 '카톨릭국왕(Catholic King : 페르난도와 이사벨의 별칭)'은 이들 귀족들을 복종시켜야 하는 문제에 직면하였다. 그리하여 궁정회의를 통해 질서를 회복하기 위한 조처로서 '산타 에르만다드(Santa Hermandad, 성신자회聖信者會 ; 일종의 종교경찰)'를 1476년에 창설했다.

이것은 중세 때의 제도가 부활된 것으로서 지방과 도시의 범법자를 감시하고 체포하는 임무와 사법재판권도 갖고 있었다. 에르만다드의 시행으로 지방의 치안이 어느 정도 회복되어가자 귀족들에 대한 통제조처가 뒤따랐다. 귀족들에 대한 통제는 산티아고(Santiago)기사단의 통솔권을 왕실로 전환시키면서 구체화되었다. 당시 스페인에는 산티아고·칼라트라바(Calatrava)·알칸타라(Alcantara) 기사단이 있었다. 이 가운데 산티아고기사단이 규모도 가장 컸고, 소유영지 또한 광대하여

---

39) 근세 초 스페인의 정치·사회상에 대해서는 J.H. Elliott, Imperial Spain 1469~1716, pp.45-76을 참조하라.

그 관할권하에 100만 명 이상이 거주하고 있었다. 막대한 기사단의 재산과 사법적인 권리는 극소수의 귀족들에 의해 장악되어 있었으며, 이들은 문자 그대로 국가 안의 또 하나의 국가로서 존재했다.[40] 1476년 산티아고기사단의 총수가 죽자 이사벨 여왕은 페르난도에게 그 직위를 위임했다. 1487년과 1494년에는 각각 칼라트라바(Calatrava)와 알칸타라(Alcantara) 기사단의 총수직이 공백이 되자 그 직위를 페르난도에게 위임하여 카톨릭 국왕은 막대한 영지와 수입을 확보할 수 있게 되었다. 이러한 일련의 조처로 인해 왕실의 수입은 1474년에 90만 레알(reales) 미만이던 것이 1504년 2천 600만 레알로 증가하였다.[41]

대외적으로 스페인 연합왕국은 포르투갈과 대립관계에 있었다. 마데이라제도로의 식민사업에서 충돌한 바 있었던 두 왕국은 카나리아제도로의 식민정책에서도 충돌하였다. 그러나 마데이라제도는 포르투갈이 선점하였지만, 카나리아제도는 스페인이 점유할 수 있었다. 1478년 카톨릭 국왕은 그랑 카나리아(Gran Canaria)를 정복하기 위해 원정대를 파견하였으나 섬 주민들의 저항으로 수중에 넣지 못하였다. 결국 1482년 페르난데스(Alfonso Fernandez de Lugo)가 지휘하는 새로운 원정대가 카나리아제도를 점령함으로써 카스티야는 최초로 해외영토를 소유하게 되었다. 카톨릭 국왕은 재정복기의 관례에 따라 카나리아제도 이주민들에게 '레파르티미엔토(repartimiento, 분배)'[42]의 권리를 부여하여 식민사업을 전개해 나갔다.

대외정책에서 스페인 연합왕국이 당면한 가장 중요한 문제는 그라나다에 근거지를 두고 있는 마지막 이슬람왕국을 정복하는 일이었다. 1453년 콘스탄티노플이 함락되자 유럽에서는 십자군운동을 부활하려는 움직임이 일어났다. 카스티야에서는 엔리케 4세(Enrique IV, 1454~1474)가 1455년 교황의 권유로 재정복전쟁을 재개하였다. 그리하여 1455년부터 2년여 사이에 여섯 차례나 그라나다왕국에 대한 공격을 감행하였으나 성과가 별로 없었다.

1480년 〈톨레도(Toledo) 조약〉으로 정치적 통일을 이룩한 카스티야·아라곤 연합왕국은 그라나다에 대한 재정복전쟁을 시도하였다. 카스티야·아라곤 연합왕

---

40) Elliott, Ibid., p.88.
41) Elliott, Ibid., p.92 참조.
42) 이 제도는 식민지의 일정지역을 이주민들에게 할당하고 그 속에 거주하는 원주민들을 노예로 사역시킬 수 있는 권리까지 인정해 주는 것으로서 후일 신대륙에서는 엔코미엔다(encomienda)로 발전하였다.

국은 1480년 카스티야군이 알아마(Alhama)정복을 시작함으로써 재정복전쟁을 재개하였고, 1491년 12월 31일에 그라나다를 함락시킴으로써 스페인의 재정복전쟁을 종결지었다. 그라나다를 정복한 뒤 스페인의 대외정책은 이탈리아로 집중되었다.

재정복기의 스페인이 당면한 또 하나의 문제는 종교문제였다. 아라곤왕국에는 이슬람교도가 많이 거주하고 있었고, 카스티야왕국에서는 유태인들이 재정과 금융을 장악하고 행정과 궁정의 요직까지 진출해 유태인에 대한 일반대중의 감정은 좋지 못하였다. 이에 카톨릭 국왕은 종교와 사회통합을 위해 종교재판을 할 수 있도록 교황에게 요청하였고 식스투스 4세(Sixtus Ⅳ : 1471~1484)는 이를 허가하였다. 그리하여 1480년 처음으로 세비야에 설치된 뒤 잇달아 각지에 종교재판소가 설치되어 이교도에 대한 개종과 재판을 진행했다. 1481~1482년 사이에 카스티야에서만 200여 명의 이교도들이 화형에 처해졌다. 이슬람왕국을 정복한 뒤에도 이교도에 대한 개종문제는 스페인연합왕국이 당면한 가장 큰 사회적인 문제였다.

카톨릭국왕은 정복된 무어인들에게 비교적 관대한 종교정책을 펴려고 했다. 즉, 1492년 3월 31일 카톨릭국왕은 이교도들이 개종만 한다면 그들의 신분과 사회활동을 보장하고 그렇지 않으면 국외로 추방한다는 포고령을 발표했다. 무어인들의 통치를 담당하게 된 3인의 집정관 가운데 한 사람인 그라나다대주교 탈라베라(Hernando de Talavera)는 점진적인 개종정책을 펼쳤으나, 톨레도 대주교인 씨스네로스(Cisneros)는 강압적이고 집단적인 개종을 시도했다. 그 결과 1499년에는 알프하라스(Alpujarras)에서 모반사건이 일어나기도 했다. 따라서 북아프리카의 이슬람세력이 스페인왕국 내 이슬람교도들을 지원할 가능성과 그들의 직접적인 반격을 염려한 카톨릭 국왕은 안달루시아(Andalusia)해안에 망루를 설치하고 '해안경비대'를 창설했다.

그러나 이로써 문제가 해결된 것은 아니었다. 언제 야기될지도 모르는 북아프리카의 무슬림의 지원을 받은 그라나다의 불만세력을 제거해야 했다. 결국 카톨릭 왕은 북아프리카의 무슬림세력을 차단하고 지중해 서부로 세력을 확장중이던 투르크세력을 제압하기 위해 아프리카 북부에서 대서양으로 진출하는 팽창정책을 구사하게 되었다.[43)]

---

43) Elliott, Ibid., pp.53 - 56 참조.

이상에서 살펴보았듯이, 중세 말 이베리아반도의 정황은 재정복과 해외팽창으로 특징지을 수 있으며, 이 과정에서 이베리아반도에서 주도적인 위치를 차지하게 된 포르투갈과 카스티야·아라곤 연합왕국은 상호 경쟁하면서 근대국가로의 발전을 모색하고 있었다.

3. 유럽팽창의 동기

인도항로와 신대륙 '발견'(?)으로 상징되는 유럽의 해외팽창은 당시까지 상호 고립적으로 발전해 오고 있던 여러 문명들을 연계시켰다. 그 결과 진정한 의미의 '세계사'가 형성되게 하는 하나의 계기가 되었으며,[44] 자본주의 경제의 형성과 발전에 큰 영향을 주었다. 인도항로와 신대륙 '발견' 이후 유럽 각국은 해외식민지 획득에 경쟁적으로 나서게 되었다. 이렇게 건설된 식민지로부터 막대한 양의 귀금속이 유럽으로 유입되어 16세기 초를 기준으로 약 1세기 동안 물가가 2~3배 앙등하는 이른바 '가격혁명'이 초래되었다. 이러한 인플레이션은 악성적인 것이 아니었으며, 오히려 장기적으로는 유럽경제에 자극제로 작용하였다. 유럽의 해외팽창이 장기적인 관점에서 유럽경제에 결정적으로 중요했던 것은 상인이나 제조업자를 위한 광대한 새로운 시장이 출현했다는 점이다.[45]

이러한 거대한 해외시장의 출현과 그것의 끊임없는 확대는 유럽경제를 비약적으로 발전시켜 새로운 자본이 축적되고 근대적 기업형태인 주식회사(joint stock company)가 출현하게 되었으며, 금융업은 보다 합리적인 체제를 갖추게 되었다.[46] 그리하여 동적이고 세계적인 규모의 자본주의체제가 본격적으로 발전하게 되었다. 일부 역사가들은 16세기의 이러한 상업상의 큰 변혁과 이를 바탕으로 한 유럽경제의 비약적인 발전을 '상업혁명(Commercial Revolution)'[47]이라 부르기도 한다. 이와 같이 인도항로와 신대륙 '발견'은, 애덤 스미드가 '인류역사상 가장 위

---

44) Smith, 『국부론』 하권, 123쪽.
45) Smith, 위의 책, 106쪽.
46) Douglass C. North & Robert P. Thomas, Rise of the Western World, p.17.
47) 상업혁명에 대해서는 L.B. Packard, The Commercial Revolution 1400~1776, 3rd ed.(Henry Holt and Company, 1948) : 최문형 역, 『상업혁명』, 7 - 46쪽 참조.

대하고 중요한 두 사건'[48]이라고 평가할 정도로, 세계사의 전개에 매우 중요한 사건이었다.

그렇다면 중세유럽이 이 시기에 이르러 해외로 급격히 팽창하게 된 동기는 어디에 있었을까? 여기에 대해서는 지금까지 많은 견해가 제시되어 왔다. 첫째는 기후요인론이다. 우테르스트룀(Gustaf Utterström, 1911~1985)은 기후의 변화와 경기의 변동 사이에는 밀접한 상관관계가 있다고 주장했다. 그는 그 예로 기후가 14세기에서 15세기 초까지의 혹한기, 15세기 중반에서 16세기 중반까지의 온난기, 17세기 종반의 혹한기 등으로 변하는 동안 경기가 수축·팽창 그리고 다시 수축했다는 사실을 들고 있다.[49] 그리하여 그는 15세기 유럽의 해외팽창의 동인을 기후적 요인으로 설명하고자 했다. 그러나 기후적 요인은 경기팽창과 유럽의 해외팽창에 대해 충분히 만족할 만한 설명을 제공해 주지는 못했다.[50]

둘째는 인구론적인 설명이다. 15세기 초 유럽의 인구는 흑사병으로 1330년대에 비해 5분의 2가량이 감소한 상황이었기에 유용한 노동력을 찾으려는 것이 15세기 노예무역의 주요 원인이었다.[51] 그러나 인구론적인 설명은 팽창의 동기 가운데 일부분만을 설명해 줄 수 있을 뿐이다.

셋째는 경제적 동기론이다. 당시 경제를 파탄시킬 정도로 위협적이었던 경화부족을 보충하기 위해 탐험가들은 금을 찾고자 했으며, 귀금속과 향료가 탐험가들의 주요목표였다는 것에 대해서는 학자들의 의견이 일치하고 있다.[52]

넷째는 기술적 요인으로 설명하는 견해이다.[53] 항해의 경험이 축적되어 가고,

---

48) Smith, 『국부론』 하권, 123쪽.

49) Gustaf Utterström, Climatic Fluctuations and Population Problems in Early Modern History, Scandinavian Economic History Review, Vol.Ⅲ, no.1, 1955.

50) Wallerstein, Modern World-System Ⅰ, p.34 참조.

51) Pierre Chaunu, trans. by Katharine Betram, The European Expansion in the Later Middle Ages, p.297.

52) Chaunu, Ibid., p.104.

53) 화이트(Lynn White, Jr.)는 "유럽은 9세기부터 기술적인 면에서 나머지 세계를 능가할 수 있었기 때문에 16세기에 이르러 팽창할 수 있었다"고 주장하여 기술적 요인의 중요성을 특히 상조하였으며[Wallerstein, Modern World-System Ⅰ, p.52 재인용], 쇼뉘(Pierre Chaunu)도 "지중해[나침반·해도 등]와 대서양[선형船型과 추진방법 등]의 기술이 접목되지 않았다면 유럽의 대서양으로의 팽창은 수세기 뒤에나 가능했을 것"이라고 주장하여 기술적인 발전이 유럽 해외팽창의 기본적인 조건이었음을 인정하였다. (Chaunu, Ibid., p.259).

장비와 항해술의 개선이 원양으로 나아가고자 하는 모험심을 일차적으로 자극하였으며, 이후 인도와 서구 기독교권 사이의 향료무역로를 직접 연계시키려고 시도하게 되었다는 것이다.[54] 그러나 기술적인 측면이 팽창을 위한 필요조건의 하나라는 점을 인정할 수는 있겠으나, 기술적인 발전이 팽창을 위한 필요·충분조건이라고는 볼 수 없을 것이다.[55]

다섯째는 '사도 요한(Prester John)'의 왕국을 찾고 기독교를 널리 전파하려는 종교적 동기론으로 설명하는 견해이다. 유럽의 해외팽창을 선도한 이베리아반도에서 기독교가 군사적 형태를 띤 것은 사실이다.[56] 그러나, 종교적 동기론은 일종의 '보상현상補償現象(compensation phenomenon)'으로서 자신들의 약탈적인 행위를 합리화하려는 것으로 보는 것이 타당하다.[57]

이러한 견해는 15세기 유럽의 해외팽창을 유럽이라는 거시적인 측면에서 관찰한 것이다. 그러나 여기에서 주의해야 할 것은 팽창한 것이 유럽 전체가 아니라 이베리아반도였다는 사실이다.[58] 특히 팽창을 선도했던 나라는 포르투갈이었으므로, 15세기 유럽의 해외팽창을 분석하기 위해서는 포르투갈이 팽창하게 된 동기가 무엇이었는지에 대해 주목할 필요가 있다. 15세기 당대의 연대기 작가인 주라라(Gomes Eanes de Zurara, 1410?~1474?)는 『기니의 발견과 정복에 관한 연대기』에서 포르투갈이 해양으로 팽창하게 된 동기를 다음과 같이 요약하고 있다. 첫째, 엔리케 왕자는 카나리아군도와 보자도르곶 너머의 미지의 땅에 대해 알고자 하는 탐험심이 강했고, 둘째, 아프리카 금광업자들과 거래함으로써 경제적인 이익을 얻을 수 있을 것으로 생각했다. 셋째, 이교도인 무어인 세력을 잠식시키기를 원했다. 넷째, 미개인을 기독교도로 개종시키고자 했다. 다섯째, 만약 전설로 전해 내려오는 사도 요한의 왕국을 발견한다면 이와 연합하여 이슬람교도를 협공할 수 있으리라 생각했다.[59] 주라라의 이와 같은 지적은 포르투갈의 해양탐험에 탐험심

---

54) Chaunu, Ibid., p.104.
55) Wallerstein, Modern World - System I, p.52.
56) Wallerstein, Ibid., p.48.
57) Pierre Chaunu, Séville et l'Altantique(1504~1650), VIII(1) ; Les Structures géographiques(Paris, 1959), p.60(Wallerstein, Ibid., p.48 재인용).
58) Wallerstein, Ibid., p.38.

과 선교적 목적, 경제적 필요성이 동시에 작용하고 있었음을 보여주고 있다.

그러나 유럽의 해외팽창을 구조사적인 시각에서 접근하고 있는 쇼뉘(Pierre Chaunu)는 현존하는 사료들 가운데는 탐험의 동기가 '십자군적인 신념(crusading spirit)'에 의해 고취된 것이라고 주장하는 것이 많다는 사실을 인정하면서도,[60] 포르투갈이 아프리카 연안으로 팽창하게 된 주요동기는 향료와 금을 찾으려는 것이었다고 주장하였다.[61]

한편, 유럽의 해외팽창을 자본주의의 성장 및 발전과 관련지어 세계 - 체제론적인 관점에서 분석하고 있는 월러스틴은 포르투갈이 해외로 팽창하게 된 동기를 다음과 같이 정리하고 있다. 지리적으로 포르투갈은 대서양 연안과 아프리카에 바로 인접해 있어 대서양으로 팽창하는 데 유리했고,[62] 이미 원거리 무역에서 많은 경험을 얻고 있었으며, 베네치아의 경쟁자인 제노바인들의 경제적인 지원을 받을 수 있었다는 것이다.[63]

그러나 이러한 요인들은 포르투갈이 해양으로 팽창하는 데 필요조건은 될 수 있지만 근본적인 동기였다고는 할 수 없다. 그리하여 월러스틴은 여기서 한 걸음 더 나아가, 당시 포르투갈만이 팽창하려는 의지와 그 가능성을 극대화할 수 있었다고 주장한다.[64]

당시 유럽은 금 · 식량 · 향료 · 섬유를 처리하기 위한 원료, 그리고 노동력 등 많은 것을 필요로 했다. 포르투갈의 경우, '발견사업(discovery enterprise)'으로부터 발생하는 이익은 귀족과 부르주아지, 심지어는 도시의 반*프롤레타리아 등에게 고루 분배되었다. 포르투갈과 같이 영토가 작은 국가에게 그러한 이익은 대단히 중요한 것이었으며, 대외적인 팽창은 국가의 수입을 확대하고 영광을 축적하는 지름길이기도 했다.

---

59) Gommes Eannes de Azurara, The Chronicle of the Discovery and Conquest of Guinea, vol.I, pp.27 - 30.
60) Chaunu, European Expansion, p.282.
61) Chaunu, Ibid., pp.263 · 298 참조.
62) 포르투갈 연안의 해양조류는 당시의 조선술造船術과 항해술 측면을 고려하면 선박들이 포르투갈의 항구에서 출항하는 데 매우 용이하였다. 포르투갈 연안의 조류와 풍향에 대해서는 쇼뉘, 앞의 책, 157쪽의 해류 · 풍향 개황도槪況圖를 참조하라.
63) Wallerstein, Modern World - System I, p.49.
64) Wallerstein, Ibid., p.51.

포르투갈은 당시 유럽의 많은 국가 중에서 내적인 정치적 투쟁을 겪지 않았던 곳이었으며, 식량을 경작할 토지도 부족했다. 그리하여 포르투갈인들 사이에서는 해양으로 진출하는 것에 대한 공감대가 형성되었으며, 젊은이들도 기꺼이 탐험에 나서게 되었다는 것이다.

한편, 부르주아지의 이익이 귀족의 이해와 상충되지 않았다는 이유도 있었다. 부르주아지들은 포르투갈의 좁은 시장이 갖는 한계에서 벗어나고자 노력했고, 자본이 부족했던 그들은 다행히도 베네치아와 경쟁관계에 있었던 제노바인들로부터 자본을 얻어 쓸 수 있었다는 것이다.[65] 위에서 살펴본 바와 같이, 월러스틴은 포르투갈이 해외로 팽창하게 된 배경을 주로 경제적인 동기론으로 설명하고 있다.

이들 이외에 포르투갈의 해양팽창사를 다루고 있는 연구자들은 포르투갈의 해양 탐험에서 미지의 기독교 왕국에 대한 탐험심과 선교적인 목적은 부차적인 것이었으며, 기니연안의 황금과 아프리카의 흑인노예, 인도산 향료 등을 추구하려는 경제적인 동기가 우선적이었다는 데 대해서는 대체적인 의견의 일치를 보이고 있다.[66]

그러나 이와는 달리, 포르투갈과 함께 유럽의 해외팽창을 주도한 스페인에 대해서는 연구자들의 견해가 다소 엇갈리고 있다. 피사로(Francisco Pizarro González, 1471 / 76?~1541)와 코르테스(Hernan Cortez : 1485~1547) 등에 의한 스페인의 신대륙으로의 진출은 경제적인 이득을 획득하는 것이 주목적이었다는 데 대해서는 별다른 이견이 없다. 그러나 콜럼버스의 대서양 탐험에 대해서는 다소 상반된 주장이 제기되고 있는 것이다.

흔히, 콜럼버스의 일차적인 관심은 동방의 향료와 황금이었다고 주장되어 오고 있다. 그러나 이와는 달리, 콜럼버스가 자신의 탐험을 신의 계시로 알았고, 자신

---

65) 이상 Wallerstein, Ibid., pp.51 - 52.

66) 포르투갈 해양팽창사를 전공한 대표적인 학자인 고디뉴(Magalhâes Godinho)는 포르투갈의 해양팽창 동기를 다음과 같이 요약하고 있다. 첫째, 금의 부족과 상거래 수단인 경화부족으로 인해 금생산지와 직접 거래하고 싶어했다. 둘째, 외국 물품구매에 대한 지급수단의 부족이 심각해졌을 때, 곡물의 부족은 오직 밀경작지나 파종지를 정복하거나 상업유통의 발전으로 해결할 수밖에 없었다. 셋째, 사탕수수 재배지와 제분소에서 노동력으로 활용할 노예가 필요하였다. 넷째, 염료제조와 비단가공에 필요한 염료용 재료의 수요가 급증했다. 다섯째, 수산자원의 확보를 위한 어로구역의 확대가 요구되었다. (Magalhâes Godinho, A Economia dos Descobrimentos Henriquinos, Lisbon, 1962, pp.80 - 81 : 최영수, 「포르투갈과 스페인의 식민정책에 관한 비교 연구」, 36 - 37쪽 재인용).

이 이교도를 개종시키고 성지를 회복하라는 신의 소명을 수행하고 있나고 생각했다는 주장도 만만치 않게 제기되고 있다. 콜럼버스를 탐욕스런 선원이자 금광을 찾고자 했던 사람, 노예상인으로 보려는 견해는 계속해서 주장되어 오고 있으나,[67] 15세기 신앙심의 견지에서 보면 이러한 견해는 비실제적인 것이 사실이다.[68] 콜럼버스의 종교적인 면은 오랫동안 간과되어 왔고, 콜럼버스 연구에서 가장 소홀히 취급되어 온 것이 그가 자서전으로 쓰려고 준비했던 『예언의 서(El Libro de las Profecias)』다. 이 『예언의 서』에는 성지 예루살렘의 회복과 모든 민족의 기독교로의 개종에 관한 문제가 언급되어 있고, 심지어 콜럼버스 자신이 최후의 날의 메시아(Messiah)라는 주장까지 포함되어 있다.[69]

물론 콜럼버스의 이러한 주장을 터무니없는 것이라고 생각할 수도 있겠지만, 그가 아직은 종교가 모든 생활의 중심을 이루고 있었던 15세기 사람이라는 점을 감안한다면 그리 터무니없는 것은 아니라고 할 수 있다. 윗츠(P. Watts)·플랜(J.L. Phelan)·맥긴(B. McGinn)·미로우(A. Milhou) 등 콜럼버스 탐험의 종교적 측면을 강조하는 학자들은 바로 이 『예언의 서』를 분석함으로써 콜럼버스를 탐험에 나서도록 만든 가장 중요한 자극제는 이교도를 개종시키고, 성지를 회복하라는 묵시론적인 전망(vision)이었다고 주장한다.[70] 콜럼버스의 둘째아들인 페르난도 콜론(Fernando Colón, 1488~1539)도 자신의 아버지를 '예수 - 전도자(Christoferens)'[71]로 형상화하면서 콜럼버스가 종교적인 목적을 위해 탐험에 나서게 되었다고 설명하고 있으며,[72] 라스 카사스(Bartolomé de Las Casas:1474~1566)도 그가 선교적인 의도에서 탐험을 감행했다고 주장하였다.[73]

---

67) Thomas Schlereth, Columbia, Columbus and Columbianism, pp.965 - 966 참조.

68) John Larner, The Certainty of Christopher Columbus ; Some Recent Studies, p.19.

69) Larner, Ibid., p.21 재인용.

70) Larner, Ibid., p.22.

71) 콜럼버스 탐험의 수로안내인이자 지도제작자였던 후앙 데 라 코사(Juan de la Cosa)는 1500년에 제작한 자신의 세계지도에 예수를 등에 업고 험한 바다를 헤쳐 나가는 '예수 - 전도자(Christoferens = Christ Bearer)'의 모습으로 콜럼버스를 묘사하고 있다. 페르난도도 이 지도의 영향을 받은 듯하다. 도판은 이 책의 콜럼버스 편에 실려 있으니 참조하라.

72) Ferdinand Columbus, trans. by Benjamin Keen, The Life of the Admiral Christopher Columbus by His Son Ferdinand, p.4.

73) Pauline Watts, Prophecy and Discovery ; On the Spiritual Origin of Christopher Columbus's Enterprise of the Indies, p.101 재인용.

그러나 해리스(H. Harrisse)와 로이스(C. de Lollis), 피스케(J. N. Fiske)와 비그너(H. Vignaud)·모리슨(S. Morison) 등 콜럼버스 전문연구자들은 콜럼버스의 탐험을 종교적인 측면에서 설명하는 견해에 반대하면서 경제적인 동기론을 지지하고 있다.[74] 이들은

> "콜럼버스가 신의 계시를 받고 탐험을 계획하게 되었다는 라스 카사스(Las Casas)
> 와 페르난도의 주장은 어떤 비판적인 논의도 허용하지 않는 견해이므로, 콜럼버스가
> 자신의 탐험에서 선교적인 측면을 강조했다는 것은 단지 언급하는 것으로 충분하
> 다."[75]고 주장한다.

한마디로 이들 콜럼버스 전문연구자들은 콜럼버스의 탐험에 나타난 종교적인 측면을 전면적으로 부정하고 있지는 않지만, 콜럼버스가 선교목적이나 신적인 영감(devine inspiration)을 받아 탐험에 나서게 된 것은 아니라고 보고 있는 것이다.

한편 로렌스(E. Lawrence)는 콜럼버스를 중세의 해적이며, 신세계에 노예제를 도입한 무식한 뱃사람으로 평가절하하여 그가 탐험에 나서게 된 것은 '황금궁전, 막대한 보화, 금광을 찾으려는 탐욕적인 목적'[76] 때문이었다고 주장하였으며, 풀(W.F. Poole)은 콜럼버스의 "아메리카 대륙 '발견'은 역사적인 우연이며, 그를 존경하기에는 너무나 탐욕스러웠다"[77]고 혹평하였다.

위에서 살펴본 바와 같이, 포르투갈이 해양으로의 팽창을 선도적으로 주도하고, 스페인이 신대륙으로 진출하게 된 배경에는 경제적인 동기가 주요한 요인으로 작용하였다는 데 대해서는 많은 학자들의 의견이 일치하고 있다. 그러나 콜럼버스가 대서양 탐험에 나서게 된 것에 대해서는 이교도를 개종시키고 성지를 탈환하기 위한 선교목적 때문이었다고 주장하는 종교적 동기론이 오늘날까지 계속해서 제기되고 있는 실정이다.

---

74) Watts, Ibid, p.83 참조.
75) Henry Vignaud, Histoire Critique de la grande entreprise, Paris, 1911, p.8(Watts, Prophecy and Discovery, p.83 각주 재인용).
76) Eugine Lawrence, The Mystery of Columbus, Harper's New Monthly Magazine, vol.84, Apr., 1892, p.728(Schlereth, Columbia, Columbus and Columbianism, p.965 재인용).
77) William F. Poole, Columbus and the Finding of the New World, Chicago, 1892(Schlereth, Columbia, Columbus and Columbianism, p.966 재인용).

이러한 주장이 나오게 된 배경에는 콜럼버스 자신이 신의 계시를 받고 탐험에 나서게 되었다고 주장했기 때문이기도 하지만, 그 근저에는 신대륙 발견으로 유럽이 비유럽 지역을 경제-문화적으로 능가할 수 있는 하나의 계기가 되었다는 점에서 그의 탐험을 미화하고 싶어하는 백인우월주의와 자민족 중심주의가 내재해 있기 때문이기도 하다.

이제까지 콜럼버스의 신대륙 탐험은 각 민족과 인종에 따라서 자기 편의적으로 해석되어 온 것이 사실이다. 미국인들은 콜럼버스를 신대륙에 발을 들여놓은 최초의 사람으로 자신들 정체성의 원천으로 간주하고 있으며,[78] 콜럼버스의 원 국적이 이탈리아라는 사실에 이탈리아인들은 크나큰 자부심을 갖는다.[79] 스페인 사람들은 콜럼버스의 탐험을 실질적으로 후원한 것이 스페인 국왕인 페르난도와 이사벨이었다는 점에서 신대륙 '발견'을 자기 선조들의 업적으로 미화하고 있으며, 라틴 아메리카인들은 콜럼버스를 남미대륙에 문명을 전해 준 사람으로 환영하기도 한다.[80]

이에 반해 중국과 노르만 계통의 민족들은 자기 선조들이 콜럼버스 이전에 아메리카 대륙에 선착先着했다고 주장하면서 콜럼버스에 의한 신대륙 '발견설'을 인정하지 않고 있다.[81] 또한 유럽인과 비유럽인의 입장에서 보더라도 유럽인들은 콜럼버스를 우상화하는 반면, 비유럽인들은 그를 신세계에 노예제를 도입한 식민주의자이자 노예주의자라고 비판한다.[82]

이렇듯 콜럼버스의 신대륙 '발견'은 자신이 미국인이나 유럽인, 또는 남미 원주민이나 백인, 또는 황인종이건 간에 역사적으로 우리 모두와 연관된 문제라고 할

---

78) 슐러레스(Thomas J. Schlereth)는 미국인들이 자기들의 집단적인 정체성을 확인하는 과정에서 콜럼버스를 미국의 영웅이자 국가적인 상징으로 만들어 가는 과정을 추적하고 있다. (Schlereth, Columbia, Columbus and Columbianism, pp.937-968 참조).

79) Larner, Certainty of Christopher Columbus, p.5.

80) Larner, Ibid., p.5.

81) 콜럼버스 도착 이전에 신대륙에 선착先着했던 민족에 대해서는 노르만인설·덴마크인설·포르투갈인설·중국인설 등이 주장되고 있다. 이에 대해서는 Charles E. Nowell, The Columbus Question, pp.804-807와 Larner, Certainty of Christopher Columbus, pp.3-4를 참조하라.

82) Larner, Certainty of Christopher Columbus, pp.5-7 ; Schlereth, Columbia, Columbus and Columbianism, pp.957-958 참조.

수 있겠다.[83]

　패리가 지적한 것처럼, 유럽의 해양팽창은 면밀한 계획하에 추진되었던 것은 아니었다.[84] 그것은 중세 때부터 전해져 오고 있던 씨팡고[85]와 카타이[86]에 관한 전언, 사도 요한의 왕국에 관한 풍문, 이베리아반도에서 전개되어 왔던 재정복전쟁, 모험가들의 야심 등 여러 가지 동기가 상호 결합하여 포르투갈의 엔리케 왕자의 선도로 시작되었다. 엔리케에서 콜럼버스 · 캐봇 · 바스쿠 다 가마 · 마젤란 등 초기 탐험가들의 목표는 명확했다. 그것은 씨팡고 · 카타이 · 인디즈 등으로 알려져 왔던 아시아로 가는 항로를 찾으려는 것이었다. 이들은 마르코 폴로의 『동방견문록』이나 만데빌(J. Mandeville)의 『여행기』 등에 '황금의 나라'로 묘사된 아시아로 가고자 했던 것이다.

　유럽팽창을 선도한 나라는 포르투갈이었지만, 실질적인 의미에서 유럽의 해양팽창을 촉발시킨 사람은 콜럼버스였다. 그는 인디즈를 목표로 대서양을 횡단하여 서인도제도에 도착함으로써 유럽의 모험가와 항해가들의 탐험열을 고취하였다. 콜럼버스의 대서양 탐험 이후 유럽의 항해가와 탐험가들은 콜럼버스가 도착한 땅의 실체를 밝혀내고, 인디즈로 갈 수 있는 항로를 찾아내려는 구체적인 목표를 설정할 수 있게 되었다.

　캐봇 · 베스푸치 · 마젤란은 콜럼버스처럼 대서양을 서쪽으로 항해하여 아시아로 갈 수 있다고 생각하여 '신대륙'쪽으로 항해하였다. 이에 반해 바스쿠 다 가마는 포르투갈이 이룩한 업적을 기반으로 하여 희망봉을 돌아 인도까지 항해하여 캘리

---

83) Nowell, Columbus Question, p.802.

84) Parry, 『약탈의 역사』, 11쪽.

85) 율(Yule)은 씨팡고(Cipango)는 중국어 Zhipankwe, 즉 일본국日本國을 가리킨다고 말한다. 그는 일본어로 にほん(Niphon)이란 용어의 중국어 형태인 Zhipan이란 용어는 '태양의 기원'이나 '태양이 뜨는 곳'을 의미한다고 설명하고 있다. H. Yule and H. Cordier, The Book of Ser Marco Polo, the Venetian, 2vols, 3rd ed.(London, 1903), p.238 ; Clements R. Markham, The Journal of Christopher Columbus and Documents relating to the Voyages of John Cabot and Gasper Corte Real, p.8 각주 재인용.

86) 카타이(Cathay)란 용어는 1123년부터 200년 동안 북중국을 통치했던 키탄契丹(Khitan)이라 불리는 사람들에게서 유래한 듯하며, 그 수도는 항주杭州로 당시는 망기(Mangi) 혹은 마친蠻子(Machin)으로 불리고 있었다.

컷에 도달함으로써 아시아 항로를 개척하였다.

희망봉을 돌아가는 인도항로는 포르투갈이 견고하게 장악하고 있었으므로 스페인·네덜란드·영국·프랑스 등은 아시아로 갈 수 있는 새로운 항로를 찾아야 했다. 비록 마젤란이 케이프혼 항로를 개척하기는 했지만, 케이프혼 항로는 너무 멀고 위험했기 때문에 아메리카대륙을 관통하여 아시아로 갈 수 있는 북서항로나, 유럽대륙을 돌아 아시아로 갈 수 있는 북동항로를 찾아야 했다. 프로비셔·데이비스·허드슨·배핀·베라자노·카르티에·라 살르·베링 등이 북서항로와 북동항로를 광범위하게 탐사하였지만, 항로를 찾는 데 실패하였다.

캡틴 쿡과 밴쿠버의 탐사로 북서항로는 존재하지 않는다는 사실이 확인되었고, 북동항로는 1878년에 이르러서야 노르덴시욀드의 항해로 그 실체가 드러났지만, 상업항로로 이용할 수 있는 항로가 아니었다. 비록 북서항로나 북동항로를 찾아나섰던 항해가들은 항로를 찾는 데는 실패했지만, 이들의 탐사를 후원한 스페인·네덜란드·영국·프랑스·러시아 등은 자신들이 후원한 항해가들이 처음으로 발견(?)했다는 사실을 근거로 들어 북아메리카·남아메리카·서인도제도·알래스카 등지를 식민지로 개발하기 시작하였다.

해양탐험이 전개되면서 고대 이래 남쪽바다 어딘가에 존재한다고 전해져 내려오던 '미지의 남방대륙'의 실재여부가 새로운 문제로 부각되었다. 이 문제는 타스만과 캡틴 쿡의 탐사로 존재하지 않는 것으로 확인되었고, 그 대신 '새로운 남방대륙'으로 호주와 뉴질랜드, 남태평양상의 수많은 섬의 존재가 알려지게 되었다.

이상에서 살펴본 바와 같이, 유럽의 해양팽창의 동기는 향료와 귀금속 등으로 상징되는 '아시아의 부'였으며, 결코 선교를 위한 것이 아니었다. 이슬람교도를 물리치고 기독교를 널리 전파하겠다는 종교적 동기론은 탐험항해를 후원했던 왕들이 발부한 특허장이나 항해가들과 후원자들이 맺은 계약서에 명확하게 표명되어 있기는 하다. 하지만, 이는 의례적인 수식어에 지나지 않았고, 쇼뉘가 지적한 것처럼 자기들의 세속적인 목적과 약탈적인 행위를 합리화해 보려는 일종의 심리적인 '보상현상'에 불과했다.

제 I 부 향료와 황금의 나라 인디즈로 가는 길

1장

대항해시대 유럽의 배와 항해*

15세기 유럽의 해양 팽창은 세계사의 전개에 매우 중요한 사건이었다. 인도항로와 신대륙 '발견(discovery)'[1]으로 상징되는 유럽의 해양 팽창은 당시까지 상호 고립적으로 발전해 오고 있던 여러 문명들을 연결시킴으로써 진정한 의미의 '세계사'가 형성되게 하는 하나의 계기가 되었고, 자본주의 경제의 형성과 발전에 큰 영향을 주었기 때문이다. 그러나 다른 한편에서는 유럽인에 의한 비유럽인의 지배가 시작되는 계기가 되었다는 점에서 비판적으로 보아야 한다는 시각도 존재한다.

흔히 유럽 해양팽창의 원인에 대해서는 기후적 요인론, 인구론, 경제적 동기론, 기술적 동기론, 종교적 동인론 등 다양한 견해가 제기되었다. 이 글에서는 유럽

---

* 원전 : 국립해양박물관 도록,『대항해시대: 바람에 실은 바람』(2016), 263 - 283쪽.
1) 흔히, 15세기에 이루어진 유럽인들의 해외 팽창을 '지리상의 발견'(discovery)이라고 칭하는 경우가 보통이지만, 필자는 '발견'이란 용어는 서구인들이 자기 선조들의 업적을 미화하고 합리화하려는 의도가 무의식적으로 내포된 개념이라 생각하기 때문에, 이 시기에 이루어진 역사적인 사건을 칭할 때에는 '발견'이란 말 대신 '탐험' 또는 '해양팽창'이란 용어를 사용할 것이다. 단, 서양 학자들의 논문이나 저서를 인용할 때는 그들이 사용한 용어를 그대로 사용한다. '발견'이란 용어 사용의 문제점에 대해서는 John R. Hale,『탐험시대』, 11 - 12쪽을 참조하라.

해양 팽창의 원인 내지 배경 중의 하나로 제기되고 있는 기술적 요인에 대해 검토해 볼 것이다. 선박과 범장이 개량되고 항해술이 발전함에 따라 유럽인들이 대양으로 팽창했다는 것이 기술적 동인론의 요지다. 그러나 이미 언급한 것과 같이, 기술적 발전이 없이는 유럽인들이 대양 항해를 할 수 없었겠지만, 그렇다고 기술적 발전으로 인해 유럽인들이 전세계 바다로 항해해 갔다고 볼 수는 없을 것이다. 필자는 유럽인들이 선박과 항해술이 발전했기 때문에 대양항해와 해양 팽창을 한 것이 아니라, 아프리카 연안 탐험과 대서양 탐험을 겪어가면서 그에 필요한 선박과 항해술을 개량 및 발전시켜나갔다는 입장을 갖고 있다. 이는 대항해시대 유럽의 배와 항해에 대한 상세한 검토를 통해 입증되기를 기대한다.

유럽의 대항해시대는 넓게는 엔리케 왕자가 아프리카 탐사를 시작했던 1400년대 초부터 제임스 쿡이 전세계 바다를 탐사했던 18세기 말까지로 볼 수 있다. 그러나 좁게는 엔리케 시대부터 마젤란 함대가 세계를 일주했던 15세기부터 16세기 중엽까지로 보는 것이 일반적이다. 따라서 여기에는 주로 15세기 초반부터 16세기 중엽까지 대항해시대 유럽의 항해선박사에 초점을 맞추어 정리해 볼 것이다.

1. 대항해시대 유럽의 배

1) 중세의 갈레아스와 코그

중세 유럽의 해상로는 대체로 북해 항로와 지중해 항로로 대별할 수 있다. 지중해 무역은 제노바와 베네치아 등의 이탈리아 도시국가들에 의해 주도되었으며, 흑해, 소아시아, 이베리아 반도, 브리튼 섬 등을 연결하였다. 이에 대해 한자 동맹이 주도했던 북해 무역은 발트해 연안에서 스칸디나비아, 서유럽과 브리튼 섬 등을 잇는 해상로였다.[2] 지중해 항로에서 이용된 배는 갈레아스(galleass) 선이었다. 지중해 항로를 주도했던 곳은 베네치아와 제노바 등의 이탈리아 도시국가로서 이들은 그리스·로마의 전통을 간직하고 있었다. 갈레아스 선은 그리스와 로마의 갤리(galley) 선이 범노선으로 발전된 형태라고 할 수 있다. 그리스와 로마의 갤리 선은 기본적으로 외대박이 돛대에 네모돛을 달고 있기는 했지만, 주된

---

2) E. Fayle (김성준 역), 『서양해운사』, 2 - 3장 참조.

동력원은 노(oar)였다. 그리스와 로마의 갤리 선의 장폭비는 10:1 정도로 '긴 배'(longship)에 속한다. 이에 대해 갈레아스 선은 긴 배에 속하지만, 장폭비가 4:1로 줄어들어 거친 바다에서도 견딜 수 있도록 개량되었다. 13세기 베네치아의 전형적인 갈레아스 선은 돛대 두 개에 각각 세모돛을 달았고, 좌우현에 노를 장비하였다.[3] 갈레아스 선은 비교적 잔잔한 지중해 해역에서만 활용되었던 것으로 보인다. 이는 주요 해사관련 어원사전이나 현대 영어사전에서 'galleass'란 낱말을 전혀 찾을 수 없다는 것으로도 입증된다.[4]

유럽의 범선에 세모돛이 주돛으로 사용되었다는 것은 매우 의미심장한 일이다. 그리스나 로마, 바이킹의 배들은 주로 노를 이용했고, 돛은 네모돛만을, 그것도 보조동력원으로 사용하는 데 그쳤다. 로마의 상선에서 윗돛(topsail)에 세모돛이 사용되기는 했지만, 어디까지나 보조 돛에 지나지 않았다. 유럽에서도 세모돛이 알려지기는 했었다. 이를테면 5세기 말~6세기 『일리아드(Iliad)』 수고본에 비잔틴 제국의 드로몬(dromon) 선에 관한 묘사에서 세모돛이 언급되어 있다. 880년 성 그레고리(St. Gregory of Nanzianzus)의 설교문 수고본에도 명백히 나타나 있다.[5] 그럼에도 불구하고 유럽인들에게 세모돛의 유용성을 소개한 사람들은 무어인(moor)들이었다는 것이 학계의 지배적인 여론이다.[6]

13세기 베네치아 갈레아스 선 모형[7]　　　Ostia의 유적지에 부조된 로마의 상선[8]

3) Peter Kemp, The History of the Ships, p.54
4) William Falconer, An Universal Dictionary of the Marine; W.H. Smyth, The Sailor's Word-Book of 1867.
5) R. Woodman, The History of the Ship, p.48.
6) Parry (김성준 역), 『약탈의 역사』, 38쪽.

1300년을 기준으로 북해 항로에서 주로 이용된 배는 코그(cog) 선이었다. 코그 (cog)란 낱말의 초기 형태는 코게(kogge)로, 948년 네덜란드의 기록에 처음으로 등장하였다. 이 낱말은 스칸디나비아어의 쿠곤(kuggon) 또는 쿠콘(kukkon)에서 유래한 것인데, 통을 닮은 용기나 불룩한 배腹를 일컬었다고 한다. 독일 브레머하 벤 국립해사박물관 학예사의 설명에 따르면, 코그(cog)란 옛 독일어로 '그릇' 또는 '용기'를 뜻한다고 하는데, 이는 코그가 결국 영어의 vessel과 같은 뜻에서 유래했 음을 의미한다. 프랑스에 정착한 노르만 족은 자신들의 코게 선 형태를 처음에는 라틴어의 배를 뜻하는 '나비스(navis)'에서 유래된 '네프'(nef)라고 불렀고, 영국의 노르만 족은 그저 '둥근 배'(round ship)라고 불렀다. 이후 유럽인들의 교류가 늘 어나면서 프리슬란트 명칭인 코게가 널리 쓰이게 되었고, 오늘날에는 영어인 코 그(cog) 선으로 널리 알려지게 되었다.

　　선형의 하나로서 '코그'란 단어가 처음 기록된 것은 9세기인데, 독일의 주요 도 시의 문장紋章(seal)에 묘사된 것 이외에 코그 선의 실체를 밝혀줄 만한 것이 없었 다. 그러던 중 1962년 독일 브레멘의 베제르(Weser) 강을 준설하는 과정에서 침 몰선이 발굴되었는데, 이 배로 인해 코그 선의 실체가 상당수 밝혀졌다. 보통 베 제르 코그 선으로 불리는 이 배는 브레머하벤 독일 국립해사박물관에 보존되어 있으며, 길이 23.27m, 너비 7.62m, 높이 7.02m, 적재부피 160㎥, 적재톤수 120톤 정도이다. 이 코그 선은 바닥판(용골)이 선수 끝에서 선미 끝까지 깔려져 있고, 선수재 근처의 뱃전판과 바닥판이 겹쳐져 철못으로 결합되어 있다. 외판과 외판 사이는 뱃밥으로 틀어막아 물이 스며드는 것을 방지했다. 잔존 목재의 탄소 연대 측정에 따르면, 베제르 코그 선은 대략 1380년 경의 것으로 추정되고 있다.[9]

　　12세기 즈음 독일에서 등장한 코그선은 첨저형 선저와 중앙타, 그리고 네모돛 을 장착하여 이후 유럽 범선의 원형을 제시해 주었다. 코그 선은 주로 독일을 중 심으로 북해와 발트해라는 거친 바다에서 항해하여 그 흔적이 많이 남아 있지 않 고, 베제르 코그 선 정도만이 그 실체의 일부를 보여주고 있을 뿐이다. 코그 선 은 유럽 선박 최초로 선미중앙타를 설치했고, 순전히 돛만으로 항해했다는 두 가

---

7) P. Kemp, The History of the Ships, p.54.
8) P. Kemp, The History of the Ships, p.33.
9) 김성준, 『역사와 범선』, 64 - 65쪽.

Livres des Mervilles(1307)의 Cog 삽화[10]

베제르 코그 선(1380)[11]

지 점에서 유럽선박사에서 특기할만한 배로서, 이후 유럽 범선의 원형이 되었다는 점에서 역사적 의의가 있다.

시간이 경과함에 따라 코그 선은 적재량 200톤에 이르는 큰 것도 건조되었고, 배의 외형도 서서히 달라졌다. 뱃머리는 점점 포르투갈의 카라벨 선처럼 둥근 형태를 띠게 되었고, 선수루와 선미루도 점점 높아졌다. 북해의 코그 선은 15세기 중엽 이베리아 반도에서 시작된 대양 탐험의 영향으로 급격한 변화를 겪었다. 오랫동안 돛대 하나에 네모돛 하나를 설치한 야거리 형태에서 돛대를 3개 설치한 세대박이로 진화되었던 것이다. 그 결과 대형 코그 선은 카라크 선이나 카라벨 선과 선형 면에서 큰 차이가 없게 되었다.[12]

2) 대항해시대의 카라크와 카라벨

갈레아스 선이 그리스와 로마의 전통을 발전적으로 계승한 배라면, 카라크 선은 지중해적 전통과 북해의 전통이 창조적으로 결합된 배였다. 십자군 전쟁기 말에 이르러 북해의 코그 선들이 지중해까지 진출했고, 14세기 초가 되면 일반화되었다.[13]

지중해 지역의 세모돛 배인 래틴(lateen)은 노어(knorr) 보다도 땅딸막한 선형을 갖고 있었다. 래틴은 주로 화물 수송을 위해 인구가 조밀한 연안이나 비교적

10) R. Woodman, History of the Ship, p.41.
11) S. McGrail, Ancient Boats and Ship, p.46.
12) 김성준, 『역사와 범선』, 68-69쪽.
13) R. Woodman, The History of the Ship, p.49.

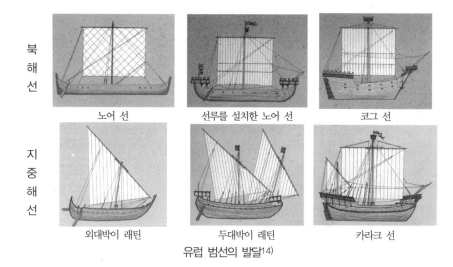

북해선	노어 선	선루를 설치한 노어 선	코그 선
지중해선	외대박이 래틴	두대박이 래틴	카라크 선

유럽 범선의 발달[14]

안전한 바다에서 활용되었다. 세모돛을 활용하여 맞바람에도 비스듬히 항해할 수 있다는 것이 래틴 선의 가장 큰 장점이었다. 1200년 즈음에 와서 래틴도 대형화되었다. 선루가 설치되고, 돛대가 하나에서 둘로 늘어났다. 14세기 중엽 북해선이 지중해 선에 영향을 미쳐 두 선형이 결합되어 두대박이 배로 네모돛과 세모돛을 함께 장착한 카라크 선이 등장하기에 이르렀다. 카라크 선의 원형은 두대박이로서 북유럽의 코그 선과 지중해의 두대박이 래틴 선이 결합된 것임을 알 수 있다.

카라크란 말의 기원은 불분명하다. 다만 중세 라틴어의 carraca와 이탈리아어의 caracca 등이 사용되었는데, 이 두 낱말은 상선을 뜻하는 아랍어 qurqur의 복수형 qaraqir에서 기원했을 것으로 추정되고 있다. 그런데 이 아랍어 자체는 '작은 배 (boat나 pinnacle)'를 뜻하는 그리스어 karkouros나 '마차에 짐을 싣다'를 뜻하는 라틴어 carricare(영어 charge의 어원)에서 기원했을 것으로 추정된다. 중세 라틴어 carraca가 스페인어의 carraca로 채택되고, 중세 프랑스어의 caraque를 경유하여 14세기 말 영어 carrack로 정착했다.[15]

카라크에는 네모돛과 세모돛을 함께 장착함으로써 맞바람에도 항해할 수 있었다. 네모돛의 경우 뒷바람일 때 유리하고, 세모돛은 맞바람일 때 네모돛 보다 항

14) J. Hale, 『탐험시대』, 86 - 87쪽.
15) Doughlas Harper, Online Ethmology Dictionary, at http://etymonline.com, 2001~2016.

해하는 데 이점이 있었다. 카라크의 선형은 선수루와 선미루가 있고, 선미에 고정타가 달려 있어서 북해선과 유사하다. 그러나 하체는 선수와 선미 다 같이 둥글게 되어 있어 지중해 식을 따르고 있다. 카라크 선은 14세기 말에 지중해와 이베리아 반도에서 처음 등장한 흔적이 짙다. 그러나 카라크 선이 널리 보급되기 시작한 것은 1450년 경 이후이고, 그 뒤 원양 항해가 빈번해지면서 급격히 발전하였다. 16세기 이후 범선의 전성시대에 나타난 모든 범선은 상선과 군선을 막론하고 모두 카라크형 범장을 개량해 간 것으로 카라크 선이야말로 전형적인 유럽 범선의 원형이라 할 수 있다.

카라크 선은 15세기 말에는 400톤 정도이던 것이 16세기에 이르러 1000톤에 이를 정도로 급격히 대형화되었다. 1500년 베네치아의 대형 카라크 선은 길이 30m, 너비 10m, 깊이 6.5m의 제원에, 각 현에 각각 28개씩 총 56개의 함포가 설치된 것도 있었다. 1520년 경 포르투갈의 군선은 6층 갑판에 140문 이상의 포를 장착한 것도 있었다.[16]

코그 선과 카라크 선은 그 기원이 불분명한 데 반해, 카라벨(caravel) 선의 기원이 포르투갈이라는 데는 별다른 이견이 없다. 카라벨의 어원은 caravela인데, caravela라는 말은 그리스어의 '딱정벌레'나 '가재'를 뜻하는 karabos에서 기원한 말로, 후기 라틴어에서는 '가죽으로 덮어씌운 작은 배'를 뜻하는 carabus로 활용되었다. 포르투갈에서는 '작은 배'인 caravo의 축소형 caravela로, 스페인에서는 carabela로, 프랑스에서는 15세기에 caravelle 형태로 각각 사용되었고, 영어에는 1520년대에 caravel로 정착되었다.[17] 카라벨라라는 낱말이 처음 기록된 것이 1255년인 것으로 미루어 카라벨라란 용어 자체는 포르투갈에서 이미 13세기 중엽에 사용된 것으로 보인다.[18] 하지만 13세기 중엽의 '카라벨라'란 말은 선형이라기 보다는 '작은 배(caravo)'의 축소형으로서 '아주 작은 배'라는 의미였을 것으로 보인다. 그러나 15세기 중엽에 새로운 범장을 갖춘 원양 항해선이 등장하자 포르투갈인들이 '작은 배(caravela)' 보다 큰 배라는 의미로 '카라벨'로 부르게 되었던 것은 자연스러운 일이었다.

---

16) 김재근, 『배의 역사』, 110 - 112쪽.
17) Douglhas Harper, Online Ethmology Dictionary, at http://etymonline.com, 2001~2016.
18) R. Woodman, The History of the Ship, p.56 ; 강석영·최영수, 『스페인·포르투갈사』, 388 - 389쪽.
19) P. Kemp, The History of the Ships, p.68.
20) R. Humble, The Explorer, p.49.

Caravel Latina[19]

Caravela Redonda[20]

1436년까지 아프리카 탐험에는 네모돛을 단 바르카(barca, 영어 barque) 또는 바리넬(barinel, 영어 balinger)이라는 배가 이용되었다. 그러나 보자도르 곶(Cape Bojador) 이남으로 점차 내려가면서 북동무역풍과 거친 바다에 적응할 수 있는 새로운 선형의 배가 필요하게 되었다. 보자도르 곶 이남까지 항해했던 질 이아니스(Gil Eanes, 1395~?)와 발다이아(Afonso Gonçalves Baldaia, 1415?~1481)는 네모돛만을 단 바르카 선으로 역풍과 역조시 포르투갈로 귀환하는 데 어려움을 겪었다.[21] 그리하여 엔리케 휘하의 누군가가 이집트와 튀니지아 연안에서 아랍인들이 사용하던 세모돛을 단 카라보스(carabos) 선과 네모돛을 단 포르투갈의 바르카와 속력이 빠른 카라벨라의 장점을 조합하여 카라벨(caravel) 선을 개발해냈다.[22] 초창기의 카라벨 선은 돛대를 두 개 설치하고, 각 돛대에는 세모돛과 네모돛을 달았으나, 15세기의 전형적인 카라벨 선은 돛대 세 개에 모두 세모돛을 달거나 앞돛대와 주돛대에는 네모돛을 달고 뒷돛대에는 세모돛을 달았다.

카라벨 선이 개발되기 이전에 유럽인들은 네모돛을 사용하였다. 그러나 네모돛은 바람을 많이 받기 때문에 맞바람이 불 때는 항해하기가 곤란했다. 이에 반해 아랍인들은 세모돛을 사용하였는데, 세모돛을 단 배는 돛의 면적을 크게 하는 데는 한계가 있었지만 맞바람이 불 때도 항해할 수 있다는 이점이 있었다. 물론 세

21) Luc Cuyvers, Into the Rising Sun, p.35.
22) D. Boorstin (이성범 역), 『발견자들 I』, 256쪽.
23) Hale, 『탐험시대』, 74쪽.

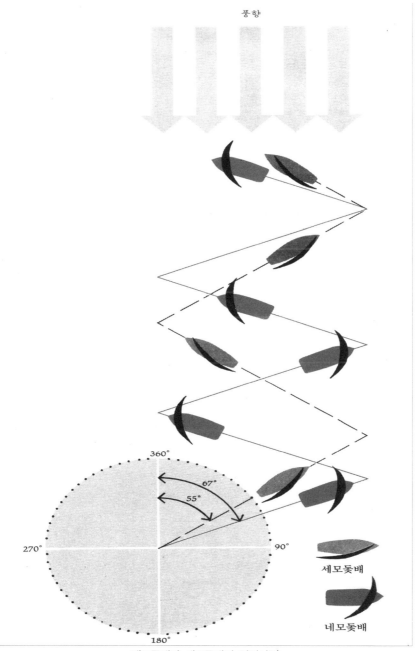

풍향

360°

67°

55°

270°   90°

180°

세모돛배

네모돛배

네모돛배와 세모돛배의 역진성[23]

모돛을 단다고 해도 정면에서 부는 맞바람을 맞으며 항해할 수 있었던 것은 아니다. 네모돛을 단 배는 맞바람을 피하기 위해 거의 정횡正横에 가까운 67도로 항해해야 했지만, 세모돛을 단 배는 55도까지 맞바람에 근접하여 항해할 수 있는 정도였다.

결국 1488년 바르톨로메 디아스(Bartolomeu Dias, 1450?~1500)의 항해 이후 카라벨 선은 바람이 센 원양항해용으로는 적합하지 않음이 판명되었다. 세모돛을 장착한 카라벨 선은 일정한 크기 이상으로 건조할 수 없어 원양항해에 필요한 충분한 식량과 비품을 선적할 수 없었던 것이다. 이와 같은 단점을 보완하기 위하여 15세기 말경에 카라벨라 레돈다(caravela redonda, '둥근 카라벨') 선이 개발되었다. 15세기 말에서 16세기 초에 이루어진 대부분의 해양탐험에는 주로 카라벨라 레돈다 선이 이용되었다. 이 배는 세 개의 돛대를 장비하였는데, 주돛대와 뒷돛대에는 세모돛을 달고, 앞돛대에는 네모돛을 달았다.

카라벨라 레돈다 선은 기본적으로 세대박이로서 네모돛과 세모돛을 모두 장착했다는 점에서 카라크 선과 차이가 없다. 그러나 카라크 선은 두대박이 일 수도 있고, 세대박이 일 수도 있다. 두대박이 카라크라면 주돛대에는 네모돛을 달고, 뒷돛대에는 세모돛을 달았고, 세대박이 카라크라면 앞돛대와 주돛대에는 네모돛을 달고, 뒷돛대에 세모돛을 달았다. 그러나 이것이 항구적으로 고정된 것이 아니었고, 필요에 따라 현장에서 범장을 교체할 수 있었다.[24]

---

24) Richard Humble, The Explorers, p.49.

2장

대항해시대 유럽의 항해술

   항해는 '특정 A점에서 목적지 B점까지 배를 조종하여 이동해가는 행위'를 말하며, 이를 위해서는 선위船位를 확인할 수 있어야 한다. 대항해시대는 물론 19세기까지도 지구상의 한 점 위에 있는 선위를 확정하는 것은 천문지리학적 지식을 요하는 과학의 한 분야였다. 중세의 지중해와 북해 항로는 기본적으로 육지를 보며 선위를 확인할 수 있었기 때문에 항해술이라고 해 봐야 돛이나 노를 이용하여 배를 이동시키는 게 전부였다고 할 수 있다. 그러나 포르투갈인들이 아프리카 연안을 탐사하여 대서양상으로 진출하게 됨에 따라 선위를 확인하는 것은 매우 중요한 일이 되었다. 대항해시대의 항해술을 살펴보기 위해서는 해도[1]와 선위를 확인하기 위해 활용된 각종 천측기구에 대한 이해가 선행되어야 한다. 그런 연후에 이와 같은 도구들을 활용하여 대항해시대 유럽의 항해자들이 어떻게 선위를 확인하였는지를 살펴보아야 한다.

---

1) 영어 chart는 후기 라틴어 charta(종이, 카드, 지도)에서 기원한 단어로 중세 프랑스어 charte (카드, 지도)를 경유하여 15~17세기 영어에서는 carte와 card 두 형태가 나 사용되었으나, 1400년 경 card가 '카드 놀이'로, 1570년대 이후 chart는 '항해용 해도'를 뜻하는 것으로 각각 분화되었다. Doughlas Harper, Online Ethmology Dictionary, at http://etymonline.com, 2001~2016.

1. 해도

중세의 대표적 항로였던 북해와 지중해 항로는 모두 연안 가까이 항해하거나 연안을 보지 못하더라도 하루 이틀 정도면 연안을 볼 수 있었기 때문에 선위를 확인하거나 목적지까지의 침로를 결정하는 것은 그리 어려운 일이 아니었다. 유럽 중세의 대표적인 지도는 마파 문디(Mappa - Mundi, 세계지도) 형 지도다. 이 지도는 성서聖書적 세계관을 표현한 것으로 뱃사람들이 항해용으로 사용하기에는 부적절했을 뿐만 아니라, 중세 초기 뱃사람들에게도 특별히 해도가 필요했던 것도 아니었다. 그러므로 당시까지 알려졌던 지중해 권을 비교적 상세하게 묘사한 지도가 유럽인이 아닌 아랍인에 의해 제작되었던 것은 어쩌면 당연한 일이었다. 시칠리아의 루지에로 2세(Ruggiero II, 1095~1154)의 궁정지리학자였던 모로코 태생의 이슬람인 알 이드리스(al - Idris, 1100~1166?)가 1138년에 '루지에로의 세계지도'를 제작하였다. 이 '세계 지도'는 루지에로 2세의 관할령을 표시하기 위한 것으로 프톨레마이오스의 지리관을 기초로 하여 경위선을 교차하는 방법으로 유럽과 아시아, 아프리카 북부 지역이 묘사되어 있다.[2] 이 지도는 당시로서는 가장 사실적인 묘사로서 명성을 얻었던 까닭에 후대에 필사본이 다수 제작되어 유포되었지만, 현재 옥스퍼드대학 보들리안 도서관에 1456년 필사본 한 점이 소장되어 있을 뿐이다.

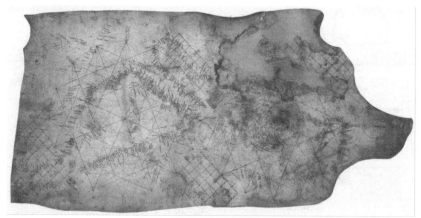

Carta Pisana(1300 경)[3]

---

2) John Rennie Short (김희상 옮김), 『지도, 살아있는 세상의 발견』, 145쪽.

중세 유럽에서 본격적인 항해용 해도가 등장한 것은 13세기 중엽에 이르러서였다. 이는 이 시기에 컴퍼스가 항해에 이용되기 시작하면서 항해용 해도에 방사형 침로를 삽입할 필요가 있었기 때문이다. 이렇게 해서 컴퍼스와 항로를 표시한 '포르톨라노'(portolano) 해도가 등장하였다. 이탈리아어의 'portolano'는 항구(harbour)를 뜻하는 명사 'porto'의 형용사형으로, 포르톨라노 해도는 침로, 정박지, 항만 등을 기록한 '항해안내서'를 뜻한다. 현재 전세계적으로 200여점의 포르톨라노 해도가 남아 있는데, 이 중 가장 오래된 것은 1275~1300년 사이에 제노바에서 제작된 것으로 추정되는 '피사 해도'(Carta Pisana, 현재 파리국립도서관 소장)다. 이탈리아의 피사에서 발견되어 '피사 해도'로 불리는 이 해도는 양피지 한 장에 그려졌는데, 지중해 전역과 흑해, 북아프리카의 모로코에서 오늘날 네덜란드에 이르는 영역이 묘사되어 있다.[4] 지중해 해역은 비교적 정확하게 그려졌으나 서유럽 지역은 정확성이 현저히 떨어진다. 이는 1300년 이전 지중해 항로와 북해 항로가 아직 이렇다 할 교류가 없었음을 시사한다. 어쨌든 '피사 해도'는 진정한 의미에서 최초의 해도'라는 점에서 역사적 의의가 있다.

포르톨라노 해도 가운데 유럽의 해안선이 비교적 정확하게 그려진 해도는 제노바의 베스콘테(Petrus Vesconte)가 1320년에 그린 해도다. 피사 해도에 비해 불과 한 세대 뒤에 제작되었음에도 유럽의 해안선이 실제 지형과 일치할 정도로 비교적 정확하게 묘사되었다. 베스콘테 해도에는 바다와 육지에 해도 특유의 컴퍼스 방위선이 표시되어 있고, 대서양, 지중해, 흑해, 아조프 해가 비교적 정확하게 묘사되어 있다. 베스콘테 해도는 중세의 TO지도의 방위 설정을 따라서 아시아를 위쪽에, 유럽을 왼쪽에, 북아프리카를 오른쪽에 각각 배치하였다. 이전 포르톨라노들이 안내문이 주고, 해도는 부록으로 첨가되었던 데 반해, 베스콘테 해도는 해도 자체가 본래의 지위를 차지했다는 점에서도 의의가 있었다.[5]

같은 포르톨라노 해도지만 제작된 지역에 따라 스페인의 카탈로니아에서 제작된 해도는 카탈란 해도(Catalan chart)로 불리는 게 보통이다. 중세 해도의 진전은

---

3) Hale, 『탐험시대』, 77쪽.
4) 량얼핑梁二平 (하진이 옮김), 『세계사의 운명을 바꾼 해도』, p.74.
5) 량얼핑梁二平, 『세계사의 운명을 바꾼 해도』, 78 - 79쪽.
6) 량얼핑梁二平, 『세계사의 운명을 바꾼 해도』, 79쪽.

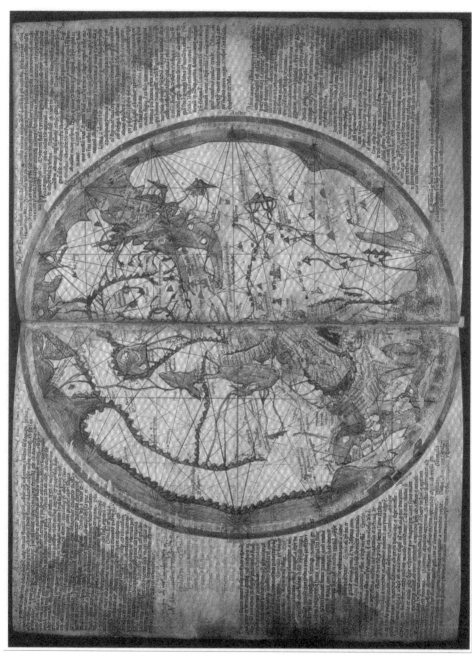

베스콘테의 세계 지도(1320)[6]

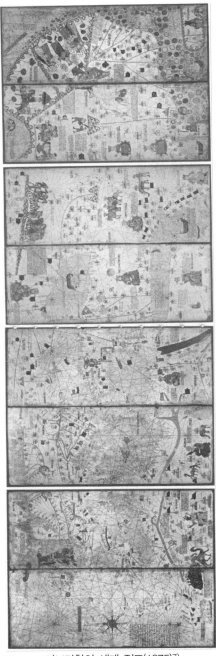

아브라함의 세계 전도(1375)[7]

카탈란 해도에서 절정을 이루게 된다. 마요르카의 팔마 섬 출신의 유태인 지도제
작자인 크레스케 아브라함(Cresques Abraham, 1325~1387)이 1375년에 카탈루냐
지도첩(Catalan Atlas)을 제작했다. 길이 69cm, 너비 49cm 양피지 여섯 장을 붙
여 지도를 그린 뒤 얇은 널빤지에 한 장씩 붙였으나, 시간이 흐르면서 널빤지의
가운데 접힌 부분이 떨어져 나가 현재는 12장의 지도첩으로 파리국립도서관에 소
장되어 있다. 이 지도첩의 중앙에는 예루살렘을 배치하고, 북쪽을 위에 배치하여
실제 방위 배치와 일치하게 제작되었다. 아브라함의 카탈란 지도첩에는 지브롤터
해협에서 동중국해에 이르는 유라시아 대륙과 아프리카 북부지역을 묘사하고 있
다. 이 세계 지도는 '중세 시대 가장 아름답고 완벽한 세계지도첩'으로 평가되고
있다.[8]

Andrea Bianco의 세계지도(1436)

Cornaro Atlas 중 General Map(1485)[9]

주경철 교수는 콜럼버스가 1차 항해 때 1375년판 카탈란 해도(아브라함의 1375
년 Catalan Atlas를 지칭)나 안드레아 비앙코(Andrea Bianco)의 1436년 포르톨라노
해도를 사용했을 것으로 추정했다.[10] 이에 대해 제임스 켈리는 1983년 콜럼버스 1
차 항해의 항로를 시뮬레이션 할 때, 베네치아의 코르나로(Cornaro) 가문의 일원
중 한 명이 제작했을 것으로 추정되는 1485년판 Cornaro Atlas(British Library,

---

7) 량얼핑梁二平, 세계사의 운명을 바꾼 해도』, 82 - 83쪽.
8) 량얼핑梁二平, 『세계사의 운명을 바꾼 해도』, 81 - 82쪽.
9) www.https://en.wikipedia.org/wiki/Bianco_world_map and
   https://en.wikipedia.org/wiki/Cornaro_Atlas(2016.5.13.).
10) 주경철, 『크리스토퍼 콜럼버스 - 종말론적 신비주의자』, 96쪽.

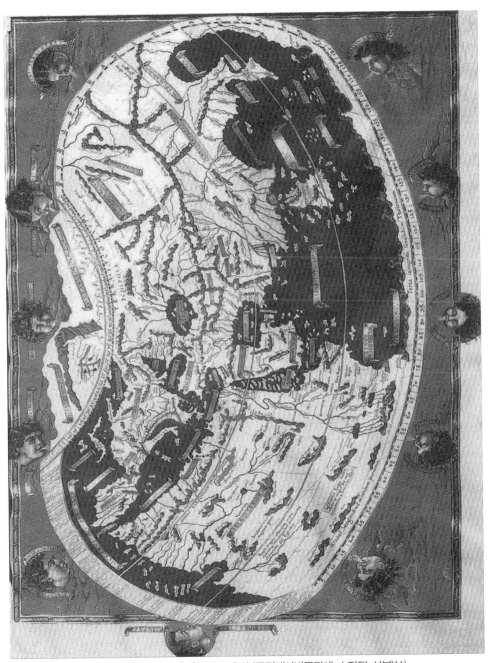

Ptolemaios의 세계지도(1480, 리스본국립해사박물관에 소장된 사본)[11]

Egerton MS 73)에 포함된 'Ginea Portogalexe(포르투갈령 기니)'를 사용했을 것으로 추정하였다.[12) Ginea Portogalexe는 Cornaro Atlas에 포함된 31번째 지도로, 이베리아 반도 서해안과 케이프 베르데 제도 북서해안, 아프리카의 황금해안까지 묘사되어 있다.[13) 콜럼버스가 실제 어떤 해도를 사용했는지는 확인할 수 없지만, 분명한 것은 그가 유럽 해역에서는 포르톨라노 해도를 사용했을 것이라는 데는 이견이 없다. 그러나 대서양 너머에 대해서는 토스카넬리적 지리관을 머릿속에 그리고 있었을 것이라는 것이 그의 아들 페르난도의 견해다.[14)

대항해시대의 지리학에서 빼놓을 수 없는 것은 프톨레마이오스(Klaudios Ptolemaios, 100?~170?)의 세계지도다. 프톨레마이오스는 로마 시민권을 가진 그리스계 이집트 학자로서 고대 천문학과 지리학을 집대성한 인물이다. 그는 『천문학집성』(Almagest) 13권과 『지리학』(Geographia) 8권을 저술하였는데, 그의 원전은 1000여년 동안이나 유럽에서 자취를 감추었다. 다행히도 아랍인들이 그의 원전을 아랍어로 보존하고 있어서 12세기에 『천문학집성』이 이탈리아와 스페인에서 라틴어로 번역되어 유럽에 재수입되었다. 『지리학』은 동로마의 그리스인 학자 플라누데스(Maximus Planudes, 1260?~1305?)에 의해 재발견되어 1300년 경 그의 라틴어 번역본이 유럽에 재수입되었다. 그러나 이 라틴어 번역본에는 지도는 첨부되지 않은 채 지도 제작방법과 세계가 원형이라는 이론만 실려 있었다. 프톨레마이오스의 지도가 첨부된 『지리학』 필사본이 콘스탄티노플에서 유럽으로 전해진 것은 15세기 초엽에 이르러서였다.[15)

우리가 사용하고 있는 일반적 세계 지도이자 진정한 의미에서 항해용 전문 해도가 등장한 것은 벨기에의 지도제작자 메르카토르(Gerardus Mercator, 1512~1590)에 의해서였다. 메르카토르는 1569년 Atlas 3권을 간행했는데, 이 가운데 포함된 세계지도는 원명이 〈항해자들이 사용할 수 있도록 새로 수정되고 증보된 지구 전

11) 오지 도시아키應地利明, 『세계지도의 탄생』, 13쪽.
12) James E. Kelly, Jr., "In the Wake of Columbus on a Portolan Chart."
13) Catalogue of the Manuscript Maps, Charts, And Plans and of the Topographical Drawings in the British Museum, Vol. 1, p.19.
14) Ferdinand Columbus, The Life of the Admiral Christopher Columbus by his son Ferdinand, pp.19-23. 토스카넬리 지도는 이 책 4장을 참조.
15) 량얼핑粱二平, 『세계사의 운명을 바꾼 해도』, 58쪽.
16) With Permission of Mercator Museum, Sint-Niklaas, Belgium.

Mercator의 세계 지도(1569)[16]

도)(Nova et Aucta Orbis Terrae Descriptio ad Usum Navigantium Emendate Accommodata)인 것에서 확인할 수 있듯이, 항해자들이 목적지까지의 침로를 손쉽게 확인할 수 있도록 제작되었다.

메르카토르는 3차원의 입체형상인 지구를 2차원인 평면에 도시하고, 항해자들의 침로를 직선으로 나타내기 위해 다음과 같은 과정을 걸쳐 1569년 세계 지도를 제작하였다. ① 지구상에 점으로 표시된 항정선(rhumb line, loxodromes)을 사각의 경위선망 위에 옮겨 그린다. ② 이어 이 항정선이 일직선이 되도록 경·위도선 사이의 간격을 조정한다. 이는 결과적으로 고위도 지방의 면적을 크게 확대하는 결과를 초래하였다. 그러나 지구상의 두 지점 간의 각도는 지구 위에서의 각도와 일치하게 되었다. 이는 결과적으로 항해용으로 제작한다는 메르카토르의 본래 목적에 따라 항정선이 직선으로 나타낼 수 있게 했다. 실제로 메르카토르는 1569년 세계 지도에 대서양, 인도양, 태평양 등 각 대양별로 항정선을 교차선으로 그려 넣어 항해자들이 쉽게 침로로 활용할 수 있도록 하였다.[17] 메르카토르 해도의 출현으로 인해 항정선이 지표면상에서의 각도와 동일한 각도로 해도에 도시되었다. 거리 또한 같은 위도에서 측정했을 때 비교적 쉽게 계산할 수 있다는 항해용 해도의 두 가지 조건을 모두 충족시킬 수 있게 되었다.[18] 메르카토르 해도는 18세기 이후 오늘날까지 표준 해도로 널리 이용되고 있다.

2. 컴퍼스와 천측기구

이미 앞에서 언급한 것처럼, 지구상의 바다를 항해하기 위해서는 현재의 선위와 목적지까지의 침로를 알아야 한다. 침로를 확인하기 위한 기구가 컴퍼스이고, 대양에서 선위를 확인하기 위해서는 태양이나 별들의 고도를 측정하여 천측력을 활용하여 본선의 위도를 결정해야 한다. 경도를 결정하는 문제는 훨씬 어려운 문제로서 이는 18세기 중엽 이후에 크로노미터라는 정밀 시계가 개발될 때까지 기다려야만 했다.

---

17) 김성준·루크 카이버스, 「메르카토르 해도의 항해사적 공헌」, 186쪽.
18) Bernard Kay (박계수 역), 『항해의 역사』, 264-265쪽.

1) 컴퍼스

흔히 자성을 이용하여 남북을 가리키는 기구를 나침반이라 일컫고, 이를 처음으로 발명한 것은 중국인이며, 중국인이 발명한 나침반을 아랍인에 의해 유럽에 전해졌다는 것이 하나의 상식처럼 널리 퍼져 있다. 그러나 이는 분명 잘못된 상식이다. 우선 중국인이 발명한 것은 컴퍼스나 나침반이 아니라 사남司南으로 기원전 4세기 『귀곡자鬼谷子』에 처음으로 언급된 바 있다. 중국과학사가인 왕 전두오王振鐸가 복원한 사남은 반盤과 숟가락 모양의 지남기指南器로 이루어져서 지남기를 반盤에 올려놓고 돌리면 사남의 손잡이 부분이 남쪽을 가리키게 된다.[19] 중국인들은 나침반이란 용어를 일체 사용하지 않고 있으며, 나경羅經, 나반羅盤, 나침羅針 / 나경羅經, 지남指南 / 지남침指南針이라고 부른다. 다만 최근 대만인들은 이를 지북기指北器[20]라고 부르기도 하지만, 이는 최근 서양의 영향에 의한 것이다. 정작 나침반이란 용어는 막부 말기 일본인들이 만들어낸 나침반 또는 나침의羅針儀에서 유래한 것이다.[21]

또한 나침반을 영어 'compass'라고 할 경우 이를 중국인이 발명했다는 주장은 더욱 역사적 사실에 부합되지 않는다. 왜냐하면 'compass'의 어원인 'compasso'는 이탈리아인이 1250~65년 경 만든 '해도'와 '항해안내서'를 지칭하는 것이기 때문이다. 어쨌든 중국인들이 자성을 활용하여 지남기를 개발했다는 것은 분명 사실이다. 그러나 중국인들이 지남기를 항해에 처음으로 이용한 것은 1100년 전후로서, 물에 띄운 자침, 즉 지남부침指南浮針이었다.

중국인의 지남기구와 관련해서는 기원전 4세기 사남 출현 이후 16세기 유럽식 건나침반이 도입될 때까지 역사적인 발전 과정을 추적할 수가 있다. 이에 반해 유럽의 지남기구는 1180년 대 지남부침을 항해에 사용한 이후부터는 역사적 발전 과정을 추적할 수 있지만, 그 이전의 지남기구의 흔적을 추적하기가 매우 어렵다.

---

19) 王振鐸, 司南指南針與羅經盤 - 中國古代有關靜磁學知識之發現及發明 - 上 · 中 · 下.
20) 2016년 3월 대만 국립카오슝해양대학교를 방문했을 때 교내 잡화점에서 지문항해 실습용 컴퍼스를 1점 구입했는데, 포장지에 指北器라고 표기되어 있어 중국인 학자들과 매우 흥미있는 대화를 나눈 바 있다.
21) 笹原宏之, 「羅針盤の詰源」, 『日本醫事新報』(週刊), No.4651, 2013.6.15, p.73, at http://www.jmedj.co.jp/article/detail.php?article_id=16520(2016.10.10.).
22) 王振鐸, 「司南指南針與羅經盤」上, p.245.
23) 孫珖圻, 『中國古代航海史』, p.441.

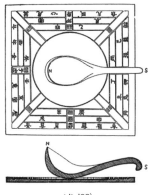

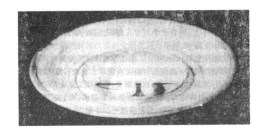

사남[22]   북송대 지남부침[23]

그런 까닭에 유럽인이 중국인들로부터 지남기를 수용했을 것이라는 설이 오늘날
까지도 지속되고 있다. 그러나 이에 대해서는 아직까지 이렇다 할 역사적 증거나
문헌 기록은 발견되지 않고 있다. 오히려 유럽인들이 독자적으로 지남기구를 발
전시켰다는 주장도 있다. 유럽인들에게 지남부침을 전해주었다는 아랍인들이 항해
에 지남부침을 사용한 시점은 1282년이고, 유럽인은 1187년에 이미 항해에 지남
부침을 사용하였기 때문이다.[24]

파리대학의 교수를 역임한 뒤, 브리튼으로 귀국하여 시렌스터(Cirencester) 대수
도원장인 된 알렉산더 네캄(Alexander Neckam, 1157~1217)이 1187년에 쓴 기록
을 항해용 지남기에 관한 유럽 최초의 문헌증거라는 데 이견이 없다. 네캄은 「사
물의 본질에 대하여」(De Naturis Rerum) 제98장에서 다음과 같이 적고 있다.

선원들이 바다를 항해할 때 구름이 끼어 더 이상 해를 볼 수 없거나 칠흑같이 어
두운 밤에 어느 방향으로 조선해 가야할 지를 모를 때 선원들은 바늘을 자석에 문
지른 다음 돌린다. 바늘(needle)이 멈추면 바늘 끝이 정확히 북쪽을 가리킨다.[25]

---

24) 김성준 외, 「항해 나침반의 사용 시점에 관한 동서양 비교 연구」, 413 - 424쪽.

25) "The sailors, moreover, as they sail over the sea, when in cloudy weather, they can no
longer profit by the light of the sun or when the world is wrapped up in the darkness of
the shades of night and they are ignorant to what point of the compass their ship's course
is directed, they touch the magnet with a needle, which is whirled round in a circle until,
when its motion ceases its point looks direct to the north." Amir Aczel, The Riddle of the

네캄이 언급한 기사에서, '바늘'을 '갈대나 지푸라기에 끼워 물에 띄웠다'는 구체적인 언급은 없지만, 1203~1208년 사이에 구요데 프로방스(Guyot de Provins)라는 수도사가 쓴 장시 〈La Bible(성서)〉를 보면, 그것이 부자침浮磁針(floating magnetized needle)이었음을 알 수 있다.

유럽인들이 오늘날 우리들이 사용하는 것과 유사한 축침(pivoted compass)에 대해 기록한 것은 1269년이었다. 1269년, 앙

Peregrinus의 Pivoting Compass[26]

주 공작의 프랑스 군이 이탈리아의 남부 루체라(Lucera)를 포위할 당시 참전했던 페레그리누스(Petrus Peregrinus = Pierre Pélerin de Maricourt)는 피카르디(Picardy)에 있는 친구 시게리우스(Sigerius de Faucoucourt)에게 장문의 편지를 보냈는데, 이 편지에는 자기 나침반에 대한 중요한 내용을 담고 있었다. 페레그리누스는 이 서한에서 '쌍축침雙軸針(a double - pivoted compass needle[27])'과, 부침浮針(floating needle)에 대해 언급하고 있다. 페레그리누스가 언급한 축침은 '축 위에 바늘이 얹어져 있고, 상자의 뚜껑은 유리로 만들어져 있었으며, 상자의 각 모서리에는 방위각을 표시해 별의 위치를 살필 수 있도록 고안되었다.'[28]

1250~65년 사이에야 compasso란 낱말이 등장했는데, 흥미로운 것은 'compasso'란 말은 오늘날 우리가 사용하는 용어인 지남기구가 아니었다는 점이다. 'compasso'는 1250~1265년 사이에 이탈리아에서 등장한 항해용 해도, 즉 'portolano'(항해 안내서)와 'carta'(즉 해도)를 가리키는 용어였다. 'compasso'는 라틴어 com(함께) + passus(한 걸음)를 합성하여 만들어진 낱말로, 프랑스어 동사 'compasser'(측정하

Compass(Harcourt, 2001), p.29; J.B. Hewson, A History of the Practice of Navigation, p.49.

26) Petrus Peregrinus, The Letter of Petrus Peregrinus on the Magenet, tr. by Brother Arnold, p.28.

27) W.E. May, A History of Marine Navigation, p.46.

28) Alan Gurney, Compass, A Story of Exploration and Innovation, 2004, 강미경 옮김, 『나침반, 항해와 탐험의 역사』, 41쪽.

29) W.E. May, A History of Marine Navigation, p.51.

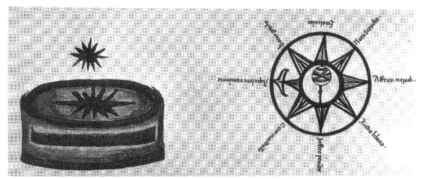

Gregorio Dati의 La Sfera(1380)에 묘사된 컴퍼스와 컴퍼스 카드[29]

다)의 고대 프랑스어 명사 'compas'(원, 반지름, 양각기)를 거쳐 1300년경 space, area, extent, circumstance 등의 뜻으로 영어에 유입되었다. 영어 단어 compass에 '나침반' 내지 '지남기'란 의미가 더해진 것은 14세기 중반이었는데, 이는 나침반의 모양이 둥글고, 양각기의 다리 모양처럼 뾰족한 침이 있기 때문이었다.[31]

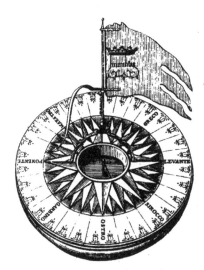

15세기 유럽의 컴퍼스 [30]

유럽의 경우 대체로 13세기 중엽 보울(bowl)에 들어 있고, 뾰족한 침 위에 올려져 있는 자침으로 구성된 컴퍼스가 항해에 이용되었다. 이탈리아의 다티(Gregorio Dati)가 쓴 La Sfera(1280)에는 여러 장의 컴퍼스와 컴퍼스 카드가 묘사되어 있다. 전해오는 이야기에 따르면 1302년 이탈리아 아말피의 Flavio Gioia가 이와 같은 드라이 축침을 사용한 컴퍼스(dry pivoted compass)를 발명했다고 한다. 하지만, 이것이 조작된 이야기라는 사실은 이제 더 이상 논의의 여지가 없이 명백하다.[32] 어쨌

30) D. Casterreagh, Great Age of Exploration, p.161.
31) 김성준, 『해사영어의 어원』, 139쪽.
32) Amir Aczel (김진준 역), 『나침반의 수수께끼』, 75 - 88쪽을 참조하라.

든 엔리케 휘하의 항해가들이 아프리카 탐사를 시작했던 1420년대에 컴퍼스는 항해에 없어서는 안될 필수품이었음은 두말 할 나위없다.

2) 천측기구

1419년 엔리케 왕자가 아프리카 탐사대를 파견한 이래 포르투갈의 항해자들은 포르투갈과 같은 자오선을 따라 남하한 뒤 그대로 북상하여 귀환하였다. 따라서 아프리카 연안을 항해했던 포르투갈 항해자들로서는 자신들의 위치, 즉 선위를 확정하는 것은 리스본에서 얼마나 아래로 내려왔는가를 확정하는 단순한 문제였다. 이를 확인하는 것은 비교적 쉬운 일이었는데, 북극성의 고도, 즉 관측자가 바라보는 북극성의 고도를 측정하면 그만이었다. 왜냐하면 북극성은 지구의 북극점 상단, 즉 정북에 위치하고 있기 때문에 관측자가 북극성을 바라보는 고도가 곧 위도가 되기 때문이다. 15세기 당시에는 아직 지구의 둘레가 정확히 얼마인지에 대해서는 학자에 따라 다양한 의견이 존재했다. 하지만, 북극성의 고도에 위도 1도의 길이(이를테면, 9세기 아랍의 알프라가노(Alfragano)의 설에 따르면 적도 1도 = 56⅔마일)를 곱하면 간단하게 거리를 환산해 낼 수 있었다.

유럽인들이 천측용으로 이용한 기구는 원측의圓測儀(astrolabe)[33]였다. 원측의는 본래 아랍인들이 천체를 측정하기 위해 사용하던 기구였는데, 조프리 초서(Geoffrey Chaucer, 1343~1400)가 1391년에 쓴 『원측의론』(Treaties on the Astrolabe)에서 원측의의 모양을 묘사하고 있다.[34] 그러나 원측의는 육상에서 천측을 하는 천문학자들 사이에 널리 이용되었지만, 항해용으로는 사분의에 비해 뒤늦게 활용되었다. 원측의로 천측하고 있는 모습을 묘사한 그림 가운데 현재 남아 있는 것 중에서 가장 오래된 것은 1528년 포르투갈의 디에고 히베이후(Diego Ribeiro)가 제작한 해도다.[35] 항해사가인 테일러(E.G.R. Taylor)와 메이(May) 제독은 원측의가 유럽인들에게 비교적 일찍 알려졌지만, 항해용 천측기구로 이용되기 시작한 것은 포르투갈인들이 원측의를 활용하여 위도를 측정하는 방법을 도시하여 소개한

---

33) 일본에서는 천원의天円儀로 번역함.
34) Geoffrey Chaucer, ed. by Walter W. Skeat, Treatise on the Astrolabe, p.6 in www.hti.umich.edu/ cgi(2003.5.25).
35) E.G.R. Taylor, The Geometrical Seaman, p.45.

1480년 경이라고 밝히고 있다.[36] 해운사가인 페일(Fayle)도 마르틴 베하임(Martin Behaim, 1459?~1507)이 1480년 항해 목적으로 활용한 이후 널리 이용되기에 이르렀다고 밝히고 있다.[37]

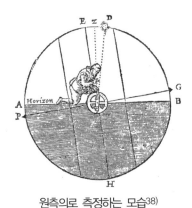

원측의로 측정하는 모습[38]

사분의로 측정하는 모습[39]

원측의가 육상 천측용으로 아랍에서 유럽으로 유입된 것에 비해 유럽인들이 15세기 초에 초보 수준의 사분의(quadrant)를 개발했다. 사분의는 원측의와 비슷한 원리를 이용했지만, 원측의보다 가볍고 간단해서 사용하기 편리해 포르투갈 항해자들이 널리 이용하였다. 테일러는 사분의가 1450년 이전에 항해용으로 널리 이용되었다고 보고 있고,[40] 메이(May) 제독은 1460년 경에 사분의를 사용했다는 최초의 기록을 확인할 수 있다고 밝히고 있다. 메이 제독은 '1432년 아조레스 군도의 발견과 1434년 질 이아니스가 보자도르 곶에 도달했을 때에도 사분의를 사용하여 북극성 고도를 측정하여 선위를 확인하지 않으면 안 되었을 것'이라고 덧붙이고 있다.[41] 따라서 보자도르 곶에 도달하기 직전인 1430년 전후 엔리케 휘하의 포르투갈 항해자들이 북극성의 고도를 측정할 때 이용한 것은 원측의가 아니라 사

---

36) E.G.R. Taylor, The Geometrical Seaman, p.46; May, A History of Marine Navigation, p.120.
37) E. Fayle, (김성준 역), 『서양해운사』, 149쪽.
38) E.G.R. Taylor, The Geometrical Seaman, p.45.
39) May, A History of Marine Navigation, p.120.
40) E.G.R. Taylor, The Geometrical Seamen, p.41.
41) May, A History of Marine Navigation, p.119.

분의였다. 사분의는 배가 흔들릴 경우 원측의보다 훨씬 부정확할 수밖에 없었다. 포르투갈 항해자들이 1480년 대 이후 원측의를 도입하고, 영국인 항해자들의 사분의를 항해용으로 널리 이용하지 않았던 것은 바로 이러한 불편함 때문이었다.[42]

포르투갈과 스페인에 비해 대양항해에 뒤늦게 뛰어든 영국인들은 후발주자로서의 이점을 십분 활용하여 사분의와 원측의의 불편함을 개선하여 천측기구의 개량을 선도하였다. 직각기 자체는 천문학자들의 천체 관측용으로 기원전 400년 경 칼데아인(Chaldeans)들이 발명한 것으로 추정되고 있지만, 항해용으로 사용할 것을 처음으로 제안한 사람은 1514년 요한 베르너(Johann Werner, 1468~1522)였다. 직각기는 사용법이 간단했지만, 해를 직접 눈으로 바라봐야 했기 때문에 눈부심과 망막을 상할 염려가 있었다. 이를 방지하기 위해 1574년 윌리엄 버언(William Bourne, 1535?~1582)은 『해양지배론』(A Regiment for the Sea)이라는 책에서 두 개의 유리로 된 시준경視準鏡(vane)을 달 것을 제안하였다.

해를 직접 관찰해야 하는 직각기의 단점을 보완하기 위해 해를 등지고 관측하는 후측의(back - staff, Davis's back - staff)를 처음으로 제안한 사람은 월터 롤리 휘하에서 활동한 영국의 수학자인 토마스 해리엇(Thomas Harriot, 1560?~1621)이었다. 하지만 이를 실용적으로 개발한 사람은 영국의 항해가이자 북서항로 탐사가인 존 데이비스(John Davis, 1550?~1605)였다. 후측의를 흔히 Davis's back - staff 라고 부르는 것은 이와 같은 연유 때문이다. 그는 1594년 『항해자 비록』(Seaman's Secrets)에서 후측의를 제안하고 있다. 최초의 후측의는 이후 데이비스 자신뿐만 아니라 스토니(Sturney)와 셀러(Seller) 등에 의해 개량되어 18세기 말까지 항해용 천측기로 널리 이용되었다.[43]

비교적 단순한 원측의와 사분의, 직각기를 개량한 정밀천측기구인 팔분의(Octant)와 육분의(Sextant)는 18세기 이후에야 개발되었다. 팔분의는 1730년 존 해들리(John Hadley, 1682~1744)가 개발하여 개량을 거듭하였다. 1752년에는 독일의 천문학자인 요한 토비아스 마이어(Johann Tobias Mayer, 1752~1830)가 달천측력(lunar table)을 완성하여 항해자들이 달을 측정하여 경도를 계산할 수 있는 발판을 마련했다. 팔분의는 90도 이상을 측정할 수 없다는 것과 목재 기체器體가 안정적이지

---

42) J.H. Parry, 『약탈의 역사』, 33쪽.
43) May, A History of Marine Navigation, pp.123 - 127.

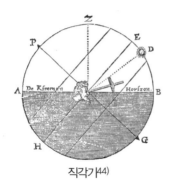

직각기[44)   데이비스의 후측의[45)

못한 단점 때문에 달의 고도를 정확하게 측정하는 데 어려움이 있었다. 이를 보완하기 위해 존 캠벨(John Campbell, 1720~1790) 제독이 해들리의 팔분의의 아크(arc)를 기존 45도에서 60도로 확대하여 최대 120도까지 측정할 수 있도록 하고, 기체를 황동(brass)으로 만들 것을 제안하였다. 그의 제안을 받아들인 경도위원회가 존 버드(John Bird, 1709~1776)로 하여금 1759년 육분의를 제작하게 하였다.[46) 육분의에 이르러 천측기구는 정점에 이르러 오늘날까지 이용되고 있다.

3) 선위측정술

선위 측정이 어려웠던 범선 시대에 항해사의 업무 중 어려운 3개의 L(The three L's)이 있었는데, 그것은 log(선속), lead(수심), latitude(위도)였다.[48) 이 가운데 latitude는 '북극성'(Polaris)이 있어서 어느 정도 정확하게 측정할 수 있었다. 이를 테면 15세기 중엽 포르투갈의 뱃사람들이 아프리카 서해안을 탐사할 때에도 위도는 그럭저럭 엇비슷하게 측정할 수 있었다. 원측이나 사분의 등으로 북극성의 고도를 측정하면 북극성의 고도가 곧 대략의 위도가 되었다. 북극성은 북위 90도 지점에 있기 때문에 지구의 각 지점에서 북극성을 보는 각도가 곧 해당 지점의

---

44) Taylor, Geometrical Seaman, p.39.
45) May, A History of Marine Navigation, p.126.
46) May, A History of Marine Navigation, p.147.
47) 김우숙, 『세상을 바꾼 항해술의 발달』, 67쪽.
48) Frank C. Bowen, Sea Slang, 1930, p.140. 이에 대해 Layton은 look - out, lead, latitude를 3 L로 보았다. Layton, Dictionary of Nautical Words and Terms. cited by 佐波宣平, 『海の英語』, pp.238 - 239.

위도와 같게 된다. 이를 도시화해서 설명해 보면 다음과 같다.〈그림 A〉

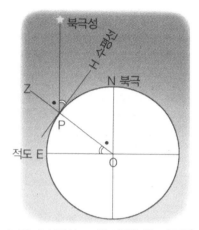

〈그림 A〉 북극성 고도를 이용한 위도 측정[49]

① 선분 NO // 선분 ★P

② ∠NOP = ∠★PZ

③ ∠NOE = ∠ZPH = 90°

④ ∴ ∠★PH(북극성 고도) = ∠POE(위도)

포르투갈 항해가들은 1456년 북위 10도 선상까지 도달하였는데, 이는 북극성이 거의 수평선상에 위치한다는 것을 뜻한다. 따라서 1456년 경 감비아 강 이남까지 항해한 카다모스토, 고메스, 크리스타옹 등은 위도를 측정하기 매우 어려워졌다. 1460년 엔리케 왕자가 사망하고, 포르투갈의 아프리카 탐험은 잠시 소강 상태에 들어갔다. 하지만 곧 적도를 통과하여 남위도로 진출하여 1488년에는 바르톨레메 디아스가 희망봉까지 도달했다. 적도 이남으로 진출함에 따라 포르투갈 항해가들은 더 이상 북극성을 목측할 수 없게 되었다. 그들은 이제 해의 고도를 측정하여 위도를 알아내는 방법을 찾아야 했다. 해의 고도를 측정하여 위도를 알아내는 방법은 북극성 고도측정법 보다 더욱 복잡하여 15세기 말에야 포르투갈에서 개발되었다. 이를 도시화해서 설명해 보면 다음과 같다.〈그림 B〉

① 천정天頂 ⊥ 수평선

② ∠A = ∠B

③ 90° - H(sun) = A

④ 천정 A° 일 때의 태양의 적위(d)를 Almanac에서 찾음.

⑤ 태양의 적위 d + A = Lat.

---

49) 김우숙, 『세상을 바꾼 항해술의 발달』, 67쪽.

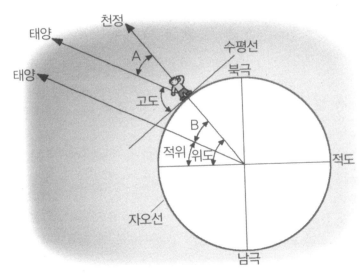

〈그림 B〉 태양을 이용한 위도 측정[49)]

　이처럼 해나 혹성의 고도를 측정하여 위도를 계산해내기 위해서는 해나 혹성의 적위(d, declination)를 계산해 놓은 천측력(Almanac)이 필요했다.[50)] 천측력(Almanac)은 1478년 아브라함 자쿠토(Abraham Zacuto, 1452~1515)라는 유태계 스페인인에 의해 유럽에 처음으로 소개되었다. 살라망카에서 태어난 자쿠토는 1492년 스페인의 유태인 축출로 인해 포르투갈의 리스본으로 이주하여, 포르투갈의 궁정 천문학자가 되었다. 그는 살라망카에 머물렀을 때인 1478년 경 헤브류어로 출간한 Ha - hibbur Ha - gadol(לודגה רוביחה, The Great Book)은 살라망카를 기준으로 태양과 달, 5개의 혹성의 위치를 나타내는 일련의 표로 나타낸 것이다. 1481년 후앙 데 살라야(Juan de Salaya)와 자쿠토는 이 표를 카스티아어로 번역에 착수하였고, 포르투갈의 주앙 2세(Joao II)의 왕실 의사이자 자문관인 호세 비지뉴(José Vizinho)에 의해 라틴어로 번역되어 1496년 『천측력』(Tabulae tabularum Celestium motuum sive Almanach perpetuum, Book of Tables on the celestial motions or the Perpetual Almanac)이라는 제목으로 출판되었다.[51)]

---

50) 김성준, 『영화에 빠진 바다』, 156 - 157쪽.
51) http://en.wikipedia.org/wiki/Abraham_Zacuto(2015.1.20.).

Zacuto's Almanac[52]

포르투갈인들이 아프리카 연안에서 귀항할 때 이용한 항로를 보통 볼타 다 귀네(Volta da Guiné), 또는 사르가소 아크(Sargasso Arc)라고 불렀다. 이 항로는 볼타 강가에 세운 엘미나(El Mina) 상관에서 귀국할 때 무역풍을 우현에서 받아 대서양의 서쪽으로 멀리 나간 뒤 북쪽으로 침로를 바꾸어 편서풍을 타고 테주(Tejo) 강으로 항해하는 것이었다. 그러나 남위 35도 이하로 내려가면 여름에는 강력한 극풍(Polar Winds)이 서쪽에서 불어 귀항하는 데 도움이 되었다. 이렇게 하여 15세기가 끝날 무렵 또 다른 커다란 아크(Arc)가 알려지게 되었는데, 이를

---

52) http://en.wikipedia.org/wiki/Abraham_Zacuto(2016. 5.10).

볼타 도 브레질(Volta do Bresil) 또는 세인트 로크 곶 아크(Cape St Roque Arc)로 불렸다. 포르투갈 배들은 시에라리온 주변의 아프리카 해안을 떠나 바람을 좌현에서 받으면서 대서양의 먼 곳으로 나아가고, 만약 필요하다면 브라질 곶의 남쪽에서 육지에 접근하거나 계속 남쪽으로 항해하여 남동무역풍을 받은 뒤 울부짖는 40도대에서 인도양으로 빠져나갔다. 이것이 바스쿠 다가마나 카브랄이 이용한 항로였다.53)

자쿠토의 『천측력』(Almanac)은 원양항해술을 크게 발전시켰다. 이로써 북극성뿐만 아니라 태양의 고도를 측정하여 위도를 비교적 정확하게 측정할 수 있게 되었기 때문이다. 그러나 경도의 측정은 이보다 훨씬 어려워 1760년 영국의 목수 해리슨(John Harrison)이 정밀시계인 크로노미터(Chronometer)를 제작하고, 이를 제임스 쿡(James Cook)이 2차 항해에서 실증함으로써 비교적 정확하게 측정할 수 있었다.

이제까지 15세기 초부터 16세기 중엽까지 대항해시대의 유럽의 배와 항해에 대해 정리해 보았다. 선박은 중세적 전통의 갈레아스 선과 코그 선에 바탕을 두고 아랍 배의 장점을 조합하여 카라크 선과 카라벨 선으로 발전해 갔음을 확인하였다. 항해술 또한 항로가 지중해와 북해 항로로 각각 독립적으로 해상무역을 전개했던 중세 초기에는 연안 항해 위주였기 때문에 해도나 항해술이 발전할 여지는 별로 없었다. 그러나 1300년 전후로 양 항로가 해상을 통한 직접 교통을 하기 시작함에 따라 점차 컴퍼스의 중요성이 커졌고, 해도도 발전하기 시작하였다. 해도는 중세의 포르톨라노 해도를 중심으로 발전하기 시작하여 포르투갈의 항해자들이 아프리카 연안을 탐사해 가기 시작하면서 점차 실제 모습을 더해 가기 시작했다. 포르투갈 항해자들이 적도 이북의 아프리카 연안을 탐사할 때는 북극성의 고도를 측정하면 손쉽게 위도를 결정할 수 있었다. 포르투갈 항해자들은 리스본과 비슷한 자오선을 따라 남향 항해를 했기 때문에 위도만 결정하면 본인들의 지리학적 위치를 확인하는 데 큰 어려움이 없었다.

그러나 아프리카 적도 이남으로 진출함에 따라 북극성을 목측할 수 없게 되자,

53) Joseph Needham (김주식 옮김), 『동양항해선박사』, 355 - 356쪽.

포르투갈인들은 해와 기타 혹성을 측정하여 위도를 측정하는 방법을 고안해 냈다. 이를 위해서는 해와 혹성의 적위(d)를 측정해 놓은 천측력이 필수적으로 필요했다. 1478년 자쿠토가 천측력을 헤브류어로 발간한 데 이어 카탈루냐어가 출간되었고, 드디어 1496년 비지뉴에 의해 라틴어 번역본이 발간되었다. 이로써 대양을 항해하는 항해자들은 북극성과 해의 고도를 측정하여 위도를 결정할 수 있었다. 경도 문제는 위도 보다 훨씬 복잡한 문제여서 1770년 해리슨이 정밀 시계를 제작함으로써 비교적 정확하게 계산해 낼 수 있었다.

이상에서 정리해 본 것처럼, 유럽의 해양팽창에서 선박과 항해술의 발달은 유럽인들의 대항해의 원인으로 작용한 것이 아니라, 일차적으로는 항로가 멀어져감에 따라 발생한 기존 선박과 항해술의 문제를 해결해 가는 과정에서 이루어진 결과였고, 이차적으로는 그 발전이 다시 유럽인들로 하여금 대양 항로를 가능하도록 만든 필요·충분조건이 되었던 것이다.

3장

항해하지 않은 항해자 엔리케 왕자

엔리케 왕자[1]

1. 세우타 원정

유럽의 해양팽창을 선도한 나라는 포르투갈이다. 그러나 포르투갈이 처음부터 계획적이고 거국적으로 해양팽창을 기도했던 것은 아니다. 유럽의 해양팽창을 주도했던 사람은 '항해자(Navigator)'라는 별칭을 얻은 엔리케 왕자(Prince Henry the Navigator, 1394~1460)였다.[2] 아프리카 북단으로의 원정시 잠시 배를 탄 것을 제외하고는 전문적으로 배를 타본 적도 없는 엔리케 왕자를 처음으로 '항해자'라는 별칭으로 부른 것은 독일 역사학자인 하인리히 셰퍼(Heinrich Schäfer, 1883~1943)와 구스타프 데 페에르(Gustave de Veer)였다고 한다. 하지만, 이것이 널리 퍼지게 된 것은 영국의 역사학자인 레이먼드 비즐리(Raymond Beazley, 1868~1955)에 의해서였다. 비즐리는 1895년 엔리케 왕자의 일대기를 편찬하면서 서명을 『항해자 헨리』(Henry the Navigator)로 붙였다. 그러나 정작 포르투갈에서는 '엔리케 왕

---

1) 이병철, 『위대한 탐험』, 33쪽.
2) J.H. Parry, 『약탈의 역사』, 17쪽.

자'(Infante dom Henrique, Prince Henry)로 칭하는 게 일반적이다.[3]

엔리케는 1394년 3월 4일 주앙 1세(재위 1385~1433)와 잉글랜드 랭카스터 가문의 필리파(Phillippa of Lancaster, 1387~1415) 왕비의 세 아들 중 막내로 포르투갈 포르투(Porto)에서 태어났다. 그의 모친 필리파는 영국의 헨리 4세(재위 1399~1413)의 누이동생이었는데, 엔리케라는 그의 이름은 영국명으로 헨리였다.[4] 어린 시절부터 두아르테(Don Duarte)와 페드로(Don Pedro) 두 형과 더불어 기사 수업을 받으며 자란 엔리케가 대외활동에 본격적으로 모습을 드러내기 시작한 것은 21살 때인 1415년 8월 21일이었다. 이 때 포르투갈은 세우타요새를 점령하기 위한 작전을 감행하였다. 아프리카 북단에 위치하고 있는 세우타는 당시 북아프리카 이슬람권의 무역중심지였다. 주앙 1세는 국내 불만세력들의 관심을 해외로 돌려 중앙집권책을 강화하고, 아프리카산 금의 유입통로인 지브롤터 해협의 통항권을 확보함과 동시에,[5] 기사서임을 받으려고 후보로 나선 세 아들에게 마상시합(tournament)이 아닌 실전에서 전과를 올릴 기회를 주기 위하여 세우타 원정을 감행하게 되었던 것이다.[6] 세우타 원정은 종교적·군사적·정치적·경제적 목적이 총망라된 포르투갈 대외팽창의 서막이었다. 큰형 두아르테, 둘째형 페드로와 함께 함대를 이끌고 원정에 나선 엔리케는 8월 22일, 세우타를 공략한 지 불과 하루 만에 도시를 완전히 점령하는 성과를 거두었다. 이 원정에서 포르투갈군은 고작 여덟 명만이 전사하는 피해를 입었을 뿐이다.[7]

세우타 원정의 성공으로 포르투갈은 이슬람세력권 안에 하나의 거점을 마련할 수 있었다. 세우타는 모로코로 진출할 수 있는 전진기지이자 지브롤터를 공격할 수 있는 공격기지였다.[8] 주앙 1세는 소수의 수비대만 남겨놓고 본국으로 귀환하였으나, 무슬림의 공격에 대비하기 위하여 엔리케를 세우타 총독으로 임명하였다. 그러나 급박한 위험이 없는 한 세우타에 반드시 상주할 필요는 없다고 허락하였다.

엔리케는 세우타에서 이른바 '침묵의 교역[언어가 통하지 않는 무슬림 상인들과

---

3) https://en.wikipedia.org/wiki/Prince_Henry_the_Navigator(2018.10.10.).
4) 김명섭, 『대서양문명사』, 139쪽.
5) 최영수, 「포르투갈과 스페인의 식민정책에 관한 비교 연구」, 60쪽.
6) Raymond Beazely, Prince Henry the Navigator, p.148 ; Parry, 『약탈의 역사』, 16쪽.
7) Luc Cuyvers, 『역사와 바다』, 402쪽.
8) Parry, 『약탈의 역사』, 16쪽.

세우타 점령(1414. 8. 22)[9]

아프리카인 사이의 거래'에 대해 알게 된다.[10] 그는 침묵의 교역을 통해 쌀·
밀·소금 등의 일상물품과 후추·정향丁香·생강 등의 이국적인 동양상품이 거래
되고 있음을 목격하고 이에 관심을 갖기 시작하였다.[11]

　　모로코의 무슬림 세력은 1418년 그라나다의 무슬림 왕국과 연합하여 세우타를
탈환하기 위해 공격해 왔다. 본국에 머물고 있던 엔리케는 수비대를 원조하기 위
해 세우타로 돌아왔으나, 이미 수비대가 무슬림 세력을 격퇴하고 난 다음이었다.
엔리케는 군사를 동원한 참에 무슬림의 본거지인 이베리아반도의 그라나다를 공
격하기로 마음먹고 함대를 준비하기 시작하였다. 그러나 공격준비가 거의 완료되
어 가던 시점에 주앙 1세가 원정을 중지시켰기 때문에 엔리케는 리스본으로 되돌
아갈 수밖에 없었다.

---

9) 포르투갈의 포르투시의 Sâo Bento역에 전시되어 있는 Jorge Colaso의 타일화.
10) Boorstin, 『발견자들 I』, 251쪽.
11) 이병철, 『위대한 탐험』, 33쪽.

2. 대서양 섬으로의 식민 활동

부왕인 주앙 1세는 국사를 돕도록 엔리케를 내정해 놓고 있었으나 그는 이를 사양하였다. 이렇게 되자 주앙 1세는 그를 포르투갈 남단 알가르브(Algarve)의 총독으로 임명하였다.(1419) 엔리케는 이듬해인 1420년 교황의 후원을 받는 산티아고 기사단과 아비스 기사단과 더불어 포르투갈의 3대 기사단 중의 하나인 그리스도 기사단의 그랑 마에스트로(Gran Maestro, 기사단장)에 임명되었다.12)

엔리케는 오늘날의 세인트 빈센트곶에 거류지를 만들고, 1419년부터 비록 소규모이긴 하지만 정규적으로 원정대를 파견하여 대서양상의 섬과 아프리카 서해안을 탐험하기 시작하였다. 14세기 초 유럽인들은 이미 카나리아 제도·마데이라 제도·아조레스 제도가 존재하고 있다는 사실은 이미 알고 있었다. 14세기에 제작된 포르톨라노(Portolano) 지도에는 카나리아와 마데이라 제도가 그려져 있었고, 비록 막연하게나마 아조레스 제도의 존재에 대해서도 암시하고 있었다. 중세 이래 카탈루냐인과 프랑스인들, 심지어 신부를 유괴하여 아조레스로 항해했다고 전해지는 마친(Robert Machin, 14세기)이라는 잉글랜드인이 대시양의 마데이라와 여러 섬으로 항해했었다는 이야기들이 전해져 오고 있었다.13)

포르투갈인들이 대서양상의 섬 가운데 가장 먼저 관심을 가진 곳은 카나리아제도였다. 라스 팔마스(Las Palmas)·란자로테(Lanzarote)·푸에르트 벤투라(Puerte Ventura)·테네리페(Tenerife)·팔마(Palma)·이에로(Hiero)·고메라(Gomera) 등 7개 섬으로 이루어진 카나리아 제도는 이미 8세기 지도에도 나타나 있었고, 중세이래 '행운의 섬'으로 알려져 있을만큼 유럽인들에게는 오래 전부터 그 존재가 알려져 있었다.

카나리아 제도는 14세기에 유럽의 여러 나라의 원정대에 의해 일시적으로 점유되거나 정복되기도 했고, 재발견되기도 했다. 포르투갈의 경우, 아퐁소 4세(Afonso IV, 1325~1357)가 교황 클레멘트 6세(Clelement VI)에게 보낸 서한에는 "카나리아 제도를 처음 발견한 사람은 포르투갈인들이다"라고 언급되어 있는 것을 비롯해, 세우타 원정 당시 엔리케 왕자가 조직했던 원정대의 함장이었던 주앙 드 카스드루(Dn João

---

12) 김명섭, 『대서양문명사』, 141쪽.
13) Parry, 『약탈의 역사』, 78쪽.

de Castro)가 그랑 카나리아 섬까지 항해한 바도 있었다. 그러나 포르투갈이 카나리아제도의 일부를 점유한 것은 잠시였을 뿐, 스페인의 강력한 정책으로 1466년 이후 포르투갈은 카나리아제도에서 완전히 철수하였다.[14]

카나리아제도에 이어 포르투갈의 활동망에 포착된 곳은 마데이라 제도였다. 세우타 원정에 참전한 바 있었던 주앙 곤살베스 자르쿠(João Gonçalves Zarco, 1390?~1471)와 트리스타옹 바스 테이세이라(Tristão Vaz Teixeira, 1395?~1480)가 아프리카 해안을 따라 갈 수 있는 데까지 항해한 뒤 목격한 바를 상세히 기록하고 식물들을 채집하여 오라는 명령을 받고, 1418년 배 2척을 이끌고 항해에 나섰다. 이들은 항해에 나선 지 며칠 만에 폭풍에 밀려 무인도에 표착하였다. 이들은 이 섬을 포르투 산투(Porto Santo)라 이름 짓고 식물 표본을 채취하여 3일만에 귀환하였다.[15]

대서양에서 무인도를 발견했다는 보고를 받은 엔리케 왕자는 다시 주앙 곤살베스와 바르톨로메 페레스텔루(Bartolomeu Perestelo)를 몇 명의 이주민들과 함께 포르토 산투로 보내 식민을 시작하였다. 당시 페레스텔루는 토끼를 데리고 가 포르투 산투에 풀어 놓았다. 2년 뒤 이들이 다시 되돌아 왔을 때는 토끼들이 엄청나게 번식하여 섬을 거의 점령할 정도였다. 농작물을 보호하기 위해 토끼를 아무리 잡아 죽여도 좀체 그 수가 줄어들지 않자 포르투갈의 정착민들이 결국 식민을 포기하고 귀국하여 버렸다. 포르투 산투의 총독으로 임명된 페레스텔루는 토끼를 박멸하기 위해 포르투 산투에 농작물을 심지 않고 소를 놓아길렀지만, 30여년이 흐른 뒤에도 사람들은 포르투 산투 섬에 관한 이야기만 나오면 토끼에 대해 언급했다.

몇 년 뒤 엔리케 왕자는 다시 곤살베스와 바스 테이세이라를 파견하였는데, 이들은 포르투 산투 서쪽에서 섬 하나를 발견하였다. 엔리케는 곤살베스와 이주민들을 보내 이 섬에 식민을 시도하였다. 이주민들은 이 섬에 나무가 울창한 것을 보고 '마데이라'(Madeira, 포르투갈어 '나무')라고 이름 지었다. 부인과 열두 살 된 아들, 두 딸과 함께 마데이라로 이주한 곤살베스는 농작물을 가꾸기 위해 무성한 나무를 태워버리도록 했다. 불은 삽시간에 섬 전체로 번져갔고, 이주민들은 모두

---

14) 강석영 · 최영수, 『스페인 · 포르투갈사』, 382쪽.

15) 강석영 · 최영수, 『스페인 · 포르투갈사』, 382쪽 ; Jean Fritz (이용인 옮김), 『세계 탐험 이야기』, 37 - 39쪽.

배로 피신하여 포르투갈로 귀국하였다. 그러나 곤살베스 가족은 미처 피신하지 못하여 구조대가 도착할 때까지 새나 물고기를 잡아 먹으며 버텼다. 한참 뒤 구조대가 도착할 때까지도 섬의 한쪽에서는 여전히 불길이 타올랐고, 그 후 7년 동안이나 연기가 피어올랐다고 전해지고 있다.[16] 엔리케 왕자는 시칠리아산 사탕수수와 크레타산 포도 나무를 이식하도록 지시했다. 그는 1452년 사탕수수를 빻는 풍차를 세우고 자본을 투자하기도 했고, 이후 마데이라는 설탕과 포도주를 생산하여 수출하였다. 그러나 16세기에 브라질산 설탕이 포르투갈 시장을 휩쓸게 되자 마데이라는 포도주 생산에 주력하게 되었다.[17]

카나리아와 마데이라 제도에 이어 대서양 서방의 아조레스 제도 또한 엔리케의 지도하에 재발견되었다. 1427년 엔리케 휘하의 디오고 드 실베스(Diogo de Silves, ?)가 아조레스 제도의 몇몇 섬을 발견하였고, 1431년에 곤살루 벨류 카브랄(Gonçalo Velho Cabral, 1400?~1460?)이 지휘하는 원정대가 파견되어 정착촌을 건설하였다.[18] 폰타 델 가다·상 미겔·산타 마리아·파이알·피코·플로레스·코르부 등으로 이루어진 아조레스 제도는 현재 포르투갈령으로 파인애플, 차, 잎담배 등을 주로 재배한다.

3. 아프리카 서해안 탐사

1433년 주앙 1세가 사망하자 엔리케의 큰형인 두아르테(재위 1433~1438)가 왕위를 계승하였다. 원래 팽창주의자가 아니었던 두아르테는 1437년 탕헤르원정이 실패하고 막내동생 페르난도(Fernando)가 무어인들의 포로가 되자 아프리카 탐사에 대한 흥미를 잃고 말았다. 무어인들은 세우타를 반환하고 보상금을 지급하면 페르난도를 석방하겠다고 제안했으나, 포르투갈 궁정은 이 제의를 거부하고 세우타를 유지하기로 결정했다. 그 때문에 페르난도는 수감생활을 하다가 사망하였다.(1443) 두아르테는 막내동생을 구하지 못한 죄책감에 사로잡혀 페르난도가 포로가 된 지 1년만인 1438년, 재위에 오른 지 불과 5년 만에 사망하였다.

---

16) 이상 진 프리츠, 『세계 탐험 이야기』, 39 - 40쪽.
17) Parry, 『약탈의 역사』, 79쪽.
18) 강석영·최영수, 『스페인·포르투갈사』, 383쪽.

두아르테의 장남 아퐁소 5세(재위 1438~1481)는 6살의 어린 나이로 왕위를 이었기 때문에 모친인 아라곤의 레오노르(Leonor, 섭정 1438~1441)가 섭정하였다. 엔리케와 그의 이복형제 아퐁소 데 바르셀로스(Afonso de Barcelos) 등의 팽창주의자들은 레오노르의 섭정을 지지했으나, 엔리케의 둘째형 페드로는 레오노르의 반대편에 섰다. 당시 페드로는 리스본과 기타 도시의 부르주아 계층과 하층민의 지원으로 큰 세력을 형성하고 있었다. 1438년부터 3년여에 걸쳐 벌어진 시민전투에서 승리한 페드로 중심의 온건파는 레오노르를 몰아내고 대신 페드로(섭정 1441~1448)를 섭정으로 옹립하였다.

궁정이 혼란에 빠져 있는 동안 엔리케는 형수인 레오노르를 지지함으로써 원만한 관계를 유지했다. 그러나 애초부터 궁정의 일이나 정치에 관심이 없었던 그는 둘째형 페드로가 형수 레오노르를 몰아내고 섭정을 맡게 되었을 때도 역시 페드로와 원만한 관계를 유지하였다.[19] 사실 페드로는 엔리케의 해양탐험을 격려한 적도 있었다. 1425년부터 잉글랜드 · 플랑드르 · 독일 · 헝가리 등 전유럽을 순회하기 시작한 페드로는 1428년 귀국하는 길에 이탈리아에서 구한 마르코폴로의『동방견문록』을 포르투갈어로 번역하도록 하여 엔리케에게 준 적이 있었다. 그러나 페드로 역시 두아르테와 마찬가지로 팽창주의자는 아니었다.

궁정에서 권력싸움이 진행되는 동안 아프리카 탐험은 지지부진해져 1419년 원정대를 처음 파견한 이래 15년 동안 아무런 성과도 거두지 못했다. 이는 주로 두 가지 이유 때문이었다. 첫째, 당시 뱃사람들은 아랍인들이 남쪽 어딘가에 있다고 믿어온 '암흑의 녹색바다'(Green Sea of Darkness)에 대한 두려움으로 남쪽 바다로 항해하는 것을 꺼려했다. 둘째, 당시 뱃사람들은 열대지역의 바다는 그곳의 날씨만큼이나 뜨겁기 때문에 그 해역을 항해하게 되면 모두 검둥이가 될 것이라고 생각하여 항해하기를 주저하였다. 그러나 이와

질 이아니스[20]

19) 강석영 · 최영수,『스페인 · 포르투갈사』, 388 - 389쪽.
20) https://en.wikipedia.org/wiki/Gil_Eanes.

같은 두려움은 1434년 질 이아니스가 보자도르 곶까지 항해한 뒤 무사히 귀환하여 남쪽 바다도 북쪽 바다와 마찬가지로 항해할 수 있다는 사실을 입증함으로써 극복되었다.

또 다른 심리적 장애물은 아프리카 탐험을 통해 어떠한 경제적 이득도 얻을 수 없다는 생각이었다. 그러나 이러한 회의론은 1441년 안타옹 곤살베스(Antão Gonçalves)가 이끄는 원정대가 보자도르곶 남쪽 해안에서 사금덩이와 쇠가죽 방패, 타조 알 그리고 흑인 10명을 데려옴으로써 극복될 수 있었다.[21] 엔리케의 생애와 활동을 다룬 『기니발견과 정복에 관한 연대기』의 집필자 주라라는 1448년까지 약 50여척이 보자도르곶과 블랑코곶(블랑코곶에는 1442년에 도달했다) 사이에서 흑인노예 927명을 포르투갈로 들여왔다고 기록하였다.[22]

주라라는 흑인들이 포르투갈에 도착할 당시 비참한 정경을 다음과 같이 생생히 묘사하고 있다

"선원들은 아침 일찍부터 사로잡아 온 흑인들을 상륙시킬 준비를 하기 시작했다. 그들은 기묘한 몰골을 하고 있었다. 그 중 일부는 피부가 하얗고 준수한 외모에 건장해 보이기도 했지만, 다른 흑인들은 에티오피아인들처럼 새까맣고 매우 추하게 생겼다. 그러나 그 같은 몰골을 한 인간을 일말의 동정심도 갖지 않고 바라볼 수 있을 만큼 독한 사람이 있을 수 있을까? … 비록 그들이 하는 말을 알아들을 수는 없었지만, 그 소리는 그들의 처참한 모습을 그대로 반영해 주고 있었다. 그러나 선원들은 그들이 더 큰 고통을 느끼도록 아버지로부터 아들을, 남편으로부터 아내를, 형제들로부터 형제를 떼어놓기 시작했다."[23]

그렇다고 주라라가 흑인들에 대해 동정적인 태도를 취했다고 생각해서는 안된다. 그는 당시 대부분의 포르투갈인들처럼 흑인노예들을 '하나의 전리품' 정도로 생각하고 있었다.[25]

---

21) 진 프리츠, 『세계 탐험 이야기』, 47쪽.
22) cited by Luc Cuyvers, Into the Rising Sun, p.41.
23) Gomes Eannes de Azurara, The Chronicle of the Discovery and Conquest of Guinea, vol. I, pp.81 - 82.
24) 이병철, 『위대한 탐험』, 35쪽.
25) 당시 포르투갈인들이 흑인노예들에 대해 어떤 태도를 보였는지에 대해서는 K. G. Jayne,

포르투갈 최초의 노예사냥[24]

아프리카 노예무역에 대한 수요가 늘어나자 엔리케는 1448년 블랑코곶 아르깅 (Arguim)섬에 요새와 상관을 짓고 본격적으로 노예무역을 전개하였다. 아르깅요 새는 유럽 최초의 해외상관이었다.[26]

아프리카 서해안탐사는 엔리케의 둘째형 페드로가 섭정직을 수행하고 있던 1443년까지는 누구에게나 개방되어 있었다. 아프리카 연안무역을 원하는 사람들은 이익금의 5분의 1만 왕실에 납부하면 누구나 참여할 수 있었다. 그러나 1443년 이후 보자도르곶 너머에 대한 항해와 교역권이 엔리케에게 독점·양여되면서 구입한 상품가격의 5분의 1에서 10분의 1에 상당하는 금액을 왕실에 납부해야 했다.[27]

시일이 지남에 따라 엔리케 휘하의 항해가들은 차츰 아프리카 서해안을 따라 남하하기 시작하였다. 1445년에는 디니스 디아스(Dinis Dias)가 세네갈강에 도달하였고(당시에는 세네갈강이 나일강의 지류라고 생각했다), 1446년에는 트리스타옹이 베르데곶을 지나 감비아(Gambia)강에 도달하였다.

자신의 주도하에 이루어진 발견의 경제적인 가치를 깨달은 엔리케는 1448년 기니연안에 대한 탐사와 교역에 관한 전권을 국왕으로부터 획득하였다.(9.15) 또한 교황으로부터는 아프리카 탐험에 참가하는 모든 사람들의 완전면제권을 획득

　　Vasco da Gama and His Successors, pp. 20 - 23을 참조하라.
26) Parry, 『약탈의 역사』, 54쪽.
27) 강석영·최영수, 『스페인·포르투갈사』, 384쪽.

함으로써 기니탐험을 종교적인 면에서도 매력적인 것으로 만들었다.[28] 이와 함께 아프리카 흑인들을 기독교도로 개종시킬 수 있는 독점권도 인정해 주었다. 1436년 반포된 로마누스 폰티펙스(Romanus Pontifex, 로마 교황 교서)는 미정복된 땅들에 대한 포르투갈인들의 정복 활동을 종교적으로 합리화시켜 준 바 있었고, 1452년 공포된 둠 디베르사스(Dum Diversas, Until Different)와 1456년 발포된 칼릭스투스 3세의 교서도 포르투갈 기사단의 해외정복사업을 종교적으로 후원해 주는 근거가 되었다. 교황의 교서들은 포르투갈 기사단의 해외원정사업을 새로운 십자군 운동으로 인정해 주었고, 원정에 참여하는 기사단원들에게는 면죄부를 배부해 줄 것을 약속함으로써 포르투갈의 해외원정사업이 기독교 신앙사업의 일환임을 보증해 주었다.[29]

엔리케 휘하에는 포르투갈 뱃사람들만 있었던 것은 아니다. 엔리케는 자신이 보유하고 있던 독점권을 포르투갈인뿐만 아니라 외국인들에게도 동일하게 적용하였다. 베네치아 출신인 카다모스토(Alvise Cadamosto, 1432~1511)는 엔리케로부터 특허장을 발부받아 아프리카 서해안을 탐사하여 케이프 베르데제도를 발견하였다.(1456)

엔리케가 이처럼 열성적으로 아프리카 탐험을 조직하고 후원했던 동기는 무엇이었을까? 아주라라는 엔리케가 아프리카 탐험을 조직했던 이유를 다섯 가지로 설명하고 있다. 첫째, 엔리케는 카나리아제도와 보자도르곶 너머에 무엇이 있는지 알고 싶어 했다. 둘째, 아프리카 금광업자들과 거래함으로써 경제적인 이익을 얻을 수 있을 것으로 생각했다. 셋째, 이교도인 무어인 세력을 잠식시키기를 원했다. 넷째, 미개인을 기독교도로 개종시키고자 했다. 다섯째, 만약 전설로 전해 내려오는 사도 요한의 왕국을 발견한다면 이와 연합하여 이슬람교도를 협공할 수 있으리라 생각했다.[30] 조지프 니덤도 포르투갈인들의 아프리카 연안 발견은 부수적인 업적에 불과하고, 인도로 가는 우회로를 발견하여 이슬람 세계를 배후에서 기습하려 한 것이 본래의 목적이었다고 보았다.[31]

---

28) Parry, 『약탈의 역사』, 54쪽.
29) 김명섭, 『대서양문명사』, 145쪽.
30) Gommes Eannes de Azurara, The Chronicle of the Discovery and Conquest of Guinea, vol.I, pp.27 - 30.
31) 조지프 니덤 , 『동양항해선박사』, 387쪽.

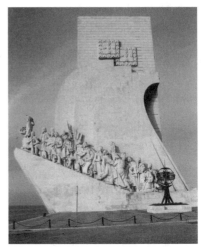

엔리케와 그의 항해가들을 조각한 발견탑(리스본 테주강 입구)

　이와 같은 믿음은 사도 요한이 다스린다는 전설상의 기독교 왕국이 아프리카 어딘가에 있다는 풍문이 전해짐으로써 더욱 증폭되었다. 엔리케는 사도 요한의 왕국을 찾는다면 동맹을 맺어 이슬람교도를 협공할 수 있을 것이라고 생각했던 것이다. 이러한 생각은 십자군원정 이래 유럽 기독교권에서 지속되고 있었던 목표이기도 했다.

　이처럼 엔리케가 아프리카 탐험을 조직하고 후원했던 것은 어떤 새로운 이념이나 기대에서 시작한 것이 결코 아니다. 오히려 중세적인 동기와 지식을 바탕으로 아프리카 탐험에 나섰던 것이다.[32]

　엔리케는 아프리카 탐험에 대한 독점권과 노예무역을 통해 막대한 부를 쌓았으나, 평생 독신으로 살았다. 평생을 독신으로 보냈다고 하여 그를 신앙심이 깊었던 인물로 생각해서는 안된다. 교황에게 충성을 맹세한 기사단원들은 속세의 신분을 버리고, 청빈·복종·순결을 지킬 의무를 떠안아야 했다. 포르투갈의 3대 기사단인 그리스도 기사단의 단장(Gran Master of the Military Order of Christ)이었던 엔리케는 기사단의 수칙대로 평생을 독신으로 보내긴 했지만, 사생아 딸을 낳기도 하는 등 결코 순수한 신앙심을 갖고 있었던 인물은 아니었다. 1433년 맏형 두아르테

---

32) Parry, 『약탈의 역사』, 17쪽.

는 엔리케에게 "낭비벽과 무질서한 습관, 약속을 잘 지키지 않는 것, 자금조달을 위해 무슨 일이든 저지르는 행위"에 대해 주의하라는 견책을 내리기도 했다.[33]

엔리케는 말년에 이르러서는 소유재산을 교회와 기사단, 휘하 부하들에게 양도하였다. 1458년 그는 노예와 금을 팔아 얻은 이익의 20분의 1을 그리스도기사단에, 그리고 나머지는 자신의 '해상왕국'을 인계한 후계자에게 주도록 조치했다.(12.28) 이와 비슷한 방식으로 자신이 포르투 산투와 마데이라에 세운 교회가 벌어들

엔리케 왕자 좌상(리스본해양박물관)

이는 수입을 앞서 말한 그리스도기사단에게 주고, 세속재산은 모두 포르투갈왕에게 양도하였다.(1460.9.18) 한평생을 아프리카 탐험에 헌신하여 유럽팽창의 길을 닦은 엔리케는 1460년 11월 13일 사그레스에서 생을 마감하였다.[34] 패리는 엔리케 왕자를 다음과 같이 평가하였다.

"엔리케 왕자는 급변하던 당 시대에 옛것과 새것 가운데 가장 훌륭한 것만을 수용한 인물이었다. 그는 은둔자이면서도 사업가였고, 금욕과 관용의 인물이기도 했다. 그는 기사단의 통솔자인 동시에 뱃사람·상인·지도제작자·항해기기 제작자들의 벗이기도 했고, 신앙심 깊은 카톨릭교도인 동시에 새로운 학문과 과학의 후원자였다. 유럽의 해양팽창은 과거와 단절함으로써 시작된 것이 아니라 지난 수세기 동안 진행되어 온 십자군원정을 통해 얻은 희망과 좌절의 산물로서 엔리케 왕자의 통솔하에 시작되었던 것이다."[35]

유럽팽창의 기원을 모두 엔리케에게 돌리는 것은 잘못이다. 하지만 그가 이를 선도했다는 사실을 부정할 수 있는 사람은 아무도 없을 것이다.

---

33) 김명섭, 『대서양문명사』, 148쪽.
34) 엔리케의 말년생애에 대해서는 Beazely, Henry the Navigator, pp.299-304을 참조.
35) Parry, 『약탈의 역사』, 17쪽.

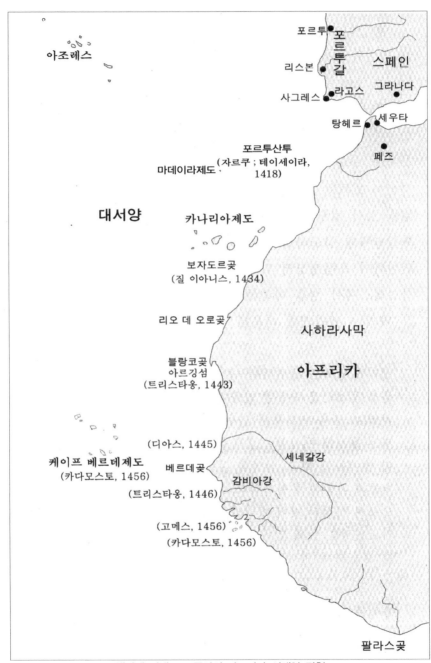

포르투
포르투갈
스페인
리스본
그라나다
사그레스
라고스
세우타
탕헤르
페즈

아조레스

포르투산투
(자르쿠 ; 테이세이라, 1418)
마데이라제도

대서양

카나리아제도

보자도르곶
(질 이아니스, 1434)

리오 데 오로곶

사하라사막

블랑코곶
아르깅섬
(트리스타웅, 1443)

아프리카

(디아스, 1445)

케이프 베르데제도
(카다모스토, 1456)

베르데곶
세네갈강

(트리스타웅, 1446)

감비아강

(고메스, 1456)
(카다모스토, 1456)

팔라스곶

엔리케 시대 포르투갈의 아프리카 서해안 탐험

4장

인디즈로 착각한 크리스토퍼 콜럼버스

콜럼버스[1]

1. 콜럼버스의 생애

크리스토퍼 콜럼버스(Christopher Columbus, 1451?~1506)는 신대륙을 발견한 사람으로 널리 알려져 있다. 그러나 그는 결코 신대륙을 처음으로 발견한 사람이 아니었을 뿐만 아니라, 자신이 도착한 곳을 '인디즈'(Indies)라고 믿고 있었다.

콜럼버스의 출생에 대해서는 몇 가지 설이 있으나, 대체로 1451년경에 제노바나 제노바 인근 작은 마을(Nervi · Cuguero 또는 Bugiasco)에서 부친 도메니코 콜롬보(Domenico Colombo)와 모친 수잔나 폰타나로사(Susanna Fontanarossa) 사이에서 출생했다는 설이 일반적으로 받아들여지고 있다. 콜럼버스의 형제로는 형 둘과 남동생 둘, 그리고 누이동생 둘이 있었던 것으로 전해지고 있다. 두 형과 누이 동생 1명에 대해서는 알려진 것이 없고, 남동생 바르톨로메 콜론(Bartolomé Colón, 1461?~1514)과 디에고 콜론(Diego Colón, Giacomo에서 개명, 1468?~1515), 그리고 누이동생 비안치네타(Bianchinetta)만이 알려져 있을 뿐이다.[2]

---

1) Venzke, 『콜럼버스』, 19쪽.
2) 라스 카사스 (박광순 역), 『콜럼버스의 항해록』, 11 - 12쪽.

그의 둘째아들인 페르난도는 콜럼버스가 14세 때부터 항해에 종사했다고 전하고 있다. 콜럼버스는 1476년 항해도중에 배가 난파되자 포르투갈의 리스본으로 이주·정착하여 필리파 모니스 페레스트렐루(Filipa Moniz Perestrelo, 1455?~1485?)와 결혼하였다.(1479) 펠리파의 부친인 바르톨로메 페레스트렐루(Bartolomeu Perestrelo)는 이탈리아 출신으로서 포르투갈이 거주하며 산티아고 기사단의 일원으로 엔리케의 대서양 사업에 중요한 역할을 담당했던 인물이었다.[3] 그러나 콜럼버스의 결혼생활은 이듬해 펠리파가 장남 디에고(Diego Colón, 1480?~1526)를 출산한 뒤 눈을 감으면서 끝이 났다.

콜럼버스는 포르투갈에 머무는 동안 아프리카 탐험에 관한 여러 가지 새로운 소식과 토스카넬리(Paolo dal Pozzo Toscanelli, 1397~1482)의 주장, 피에르 다이이 (Pierre d'Ailly, 1351~1420) 추기경의 『세계의 상』(Imago Mundi) 등에서 얻은 정보를 종합하여 대서양쪽으로 항해하면 인디즈에 더 빨리 도달할 수 있을 것이라고 생각하였다.

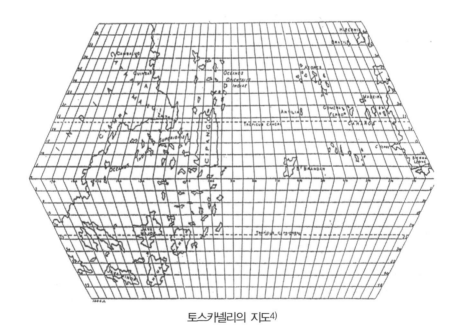

토스카넬리의 지도[4]

---

3) 김명섭, 『대서양 문명사』, 146 - 147쪽.

콜럼버스는 1484년 포르투갈의 주앙 2세에게 계획을 설명하고 대서양 탐험에 대한 후원을 요청하였으나 거절당했다. 그 후 4년여가 지난 뒤 다시 한번 포르투갈 궁정에 후원을 요청했으나 역시 마찬가지였다. 콜럼버스는 동생인 바르톨로뮤 콜론을 프랑스와 잉글랜드로 보내 후원을 요청하는 한편, 자신은 스페인 궁정에 후원을 요청하였다. 콜럼버스는 세번씩이나 스페인 궁정에 후원을 요청하였지만 거절당하였다. 당시 그라나다 무슬림 세력을 상대로 재정복전쟁을 벌이고 있던 스페인 궁정은 해양탐사에 신경을 쓸 여력이 없었다. 콜럼버스는 스페인이 이베리아반도의 무슬림의 최후거점인 그라나다를 정복하고 난 뒤인 1492년 초에야 스페인 궁정으로부터 후원을 얻을 수 있었다.

스페인의 후원을 얻은 콜럼버스는 1492년부터 1504년까지 약 12년 동안 네 차례에 걸쳐 대서양 탐험을 실시하였다. 그는 자신이 도착한 곳을 인디즈(Indies)로 생각했기 때문에 카리브해의 원주민을 인디언이라고 불렀다. 콜럼버스는 1506년 5월 20일, 스페인의 바야돌리드에서 사망할 때까지 자신이 발견한 곳이 인디즈라고 주장했다. 그러나 1498년 인도항로를 개척한 포르투갈에 의해 인도의 실체가 알려지고, 베스푸치 등의 탐험으로 콜럼버스가 발견한 곳이 새로운 대륙이라는 사실이 알려짐에 따라 콜럼버스가 도착한 카리브해 지역은 서인도로 불려지게 되었다. 그러나 요즈음은 미국의 원주민을 인디언이라고 부르는 것이 잘못되었다는 사실을 인식하기 시작하면서 '네이티브 어메리칸'(Native Americans)이라고 부르기도 한다.

2. 콜럼버스의 이름에 얽힌 이야기

콜럼버스는 영어식 이름인 크리스토퍼 콜럼버스로 널리 알려져 있다. 하지만 그의 본국인 이탈리아에서는 크리스토포로 콜롬보(Christoforo Colombo)로, 스페인에서는 크리스토발 콜론(Cristóbal Colón)으로 불린다. 크리스토퍼의 원형인 크리스토퍼런스(Christoferens)는 예수를 의미하는 크리스트(Christ)와 운반자(Bearer)를 뜻하는 써런스(Ferens)가 합성된 말로, 콜럼버스의 이름인 크리스토퍼는 결국

---

4) Robert F. Fuson, trans. by, The Log of Columbus. p.28.

'예수 전도자(Christ Bearer)'라는 뜻이 된다. 따라서 많은 사람들이 콜럼버스가 대서양 항해를 나섰던 이유는, 바로 그의 이름에 나타나 있는 것처럼, 기독교를 전파하려는 종교적 동기 때문이었다고 주장해 왔다. 이러한 주장은 특히 콜럼버스의 아들인 페르난도가 쓴 『콜럼버스 전기』에 잘 나타나 있다.

"우리가 그를 라틴식 이름인 크리스토포루스 콜로누스(Christophorus Colonus)로 부른다면, 성자 크리스토퍼 콜럼버스가 위험천만한 망망대해 너머로 예수를 전파했기 때문에 그런 이름을 얻게 되었다고 말할 수 있을 것이다.5)"

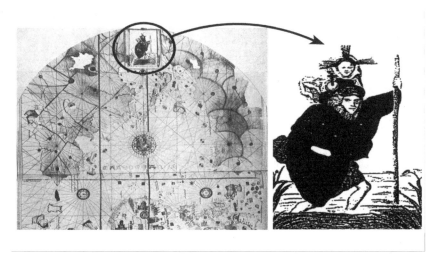

후앙 데 라 코사가 그린 세계전도에 예수 – 전도자로 묘사된 콜럼버스6)

콜럼버스와 관련하여 이름과 함께 학자들 사이에 논쟁이 되고 있는 것은 과연 그가 글을 읽을 수 있었는가 하는 문제다. 현재까지 연구된 바에 따르면, 콜럼버스가 정규교육을 받지는 않았지만, 성년이 되어서 이탈리아어와 스페인어·라틴어를 어느 정도 읽고 쓸 줄 알았다는 쪽으로 의견이 모아지고 있다. 그의 교육정도가 논란의 대상이 되는 것은 아마도 그의 서명 때문일 것이다. 콜럼버스는 스페인 국왕 페르난도와 이사벨과 맺은 계약서를 비롯한 각종 문서에 매우 특이한 서

---

5) Ferdinand Columbus, The Life of Christopher Columbus by his Son Ferdinand, p.4.
6) Skelton, 『탐험지도의 역사』, 92쪽.

명을 사용하였다. 콜럼버스가 마치 암호와도 같은 서명을 사용한 것은 그가 문맹이라는 주장을 뒷받침하는 중요한 근거가 되었다.

현재 남아 있는 사료에 따르면, 콜럼버스는 세 가지 종류의 서명을 사용하였다. 1492년 이전에는 단순히 'Xpoferens'라고 서명하였으나 스페인 국왕과 맺은 '산타 페(Santa Fé, 성스러운 믿음)' 계약서에는 다른 서명을 사용하였다. 또 서인도제도에 도착한 이후에는 서명 아래에 '제독(Al Mirante)'이라는 직위명을 부기하였다.[7] 콜럼버스가 마치 암호와도 같은 쓴 서명의 의미에 대해서는 크게 두

<1492년 이전>

<산타페 계약서>

<카리브제도 발견 뒤>

콜럼버스의 친필서명

가지 해석이 있다. 이를 라틴어의 약자로 생각하는 사람들은 'Servus Suplex Altissimi Salvatoris Christus Maria Yosef'의 머릿글자를 딴 것으로 이해하여, 콜럼버스가 '예수·구세주·마리아와 요셉의 미천한 종복(The humble servant of Christ, the Supreme Saviour, Mary and Joseph)'이라는 뜻에서 이렇게 썼다고 추정하고 있다. 맨 아래의 Xpoferens는 Christopfer를 뜻한다. 또 다른 사람들은 이를 스페인어로 해석하여 'Servidor sus Altezas, Secras Christo Maria, Ysabel'의 머릿글자를 딴 것이라고 주장하고 있다. 이는 '예수 그리스도·마리아와 이사벨 여왕의 종복(the Servant of their three Highness, the Sacred Christ, Mary and Isabel)'이라는 뜻이다.[8]

3. 크리스토발과 콜론, 콜럼버스의 날

콜럼버스는 서인도제도를 비롯하여 중남미 일대를 주로 탐험하였다. 따라서 그의 발자취는 북미와 중남미 일대에 많이 남아 있다. 가장 널리 알려진 지명은 '크

---

7) Duncan Castlereagh, The Great Age of Exploration, p.127.
8) William E. Curtis, ed. by, The Existing Autographs of C. Columbus, in American Historical Association ; Annual Report(1895), p.451.

리스토발'항이다. 1914년 파나마운하 건설에 필요한 물품을 수용하기 위해 개발된 크리스토발항은 파나마운하의 대서양쪽에 있는 항구로 1979년까지 미국의 관할하에 있다가 파나마에 반환되었다. 크리스토발 바로 인근에는 '콜론'이라는 작은 항이 있는데, 이 항구 또한 콜럼버스의 스페인식 이름인 크리스토발 콜론에서 유래하였다. 이외에도 남미 북부에 위치한 나라 콜롬비아에는 '크리스토발 콜론'(해발 5800m)이라는 산이 있다.

콜럼버스는 총 네 차례에 걸쳐 서인도제도와 중남미 지역을 탐험하였다. 1차항해(1492~1493) 때는 쿠바와 아이티섬을 탐험하였고, 2차항해(1493~1496) 때는 도미니카·푸에르토 리코·자메이카 등을 탐험하였으며, 3차항해(1498~1500) 때는 트리니다드섬, 베네수엘라의 에스쿠도 블랑코곶 등을 탐험하였다. 4차항해(1502~1504) 때는 마르티니크섬·온두라스·코스타 리카·니카라구아·파나마지협 부근의 벨렌강까지 탐험하였다. 따라서 파나마해협의 대서양쪽 마지막 항구나 콜롬비아 북부의 산이름에 콜럼버스의 이름을 사용한 것은 위와 같은 역사적인 배경이 있었기 때문이다.

콜럼버스 뱅크

1492년 10월 12일[오늘날 달력으로는 10월 21일] 콜럼버스가 처음 도착한 '산살바도르[San Salvador, 성스러운 구세쥐'가 어디인지에 대해서는 바하마제도의 캣(Cat Is.)·롱(Long Is.)·크룩트(Crooked Is.)·워트링(Watling Is.) 등 여러 가지 의견

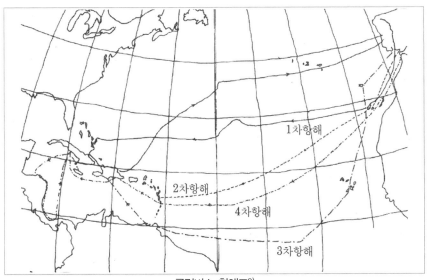

콜럼버스 항해도[9]

이 제시되고 있다. 그러나 대체로 워트링섬일 것으로 추정되고 있어 오늘날 워트 링 섬을 산살바도로 섬으로 부르고 있다. 콜럼버스는 1차탐험 때 산살바도르섬에 도착한 뒤 올드 바하마해협을 통과하여 쿠바와 아이티(콜럼버스는 이 섬을 '작은 스페인'이라는 뜻으로 Española라고 불렀다)섬을 탐험하였다. 이 때 콜럼버스가 항해한 쿠바섬과 바하마제도 사이의 수역을 '콜럼버스 뱅크(Columbus Bank)'라 부르는데, 이곳은 콜럼버스가 네 차례에 걸쳐 서인도제도를 탐험할 때 주로 이용 한 해역이다.

콜럼버스가 중남미에 잠시 상륙한 것을 제외하고 아메리카 대륙은 말할 것도 없고, 미국 본토 어디에도 발을 내딛지 않았지만, 오늘날 미국의 여러 주에서는 10월 두번째 월요일을 '콜럼버스의 날'(Columbus Day)로 기념하고 있다. 신대륙 의 명칭이 콜럼버스가 아닌 아메리고 베스푸치의 이름에서 유래한 것에서 미루어 짐작할 수 있는 것처럼, 콜럼버스가 아메리카 대륙의 발견자라는 지위를 얻게 되 기까지는 오랜 시간이 흐른 뒤였다. 1792년에야 콜럼버스를 기념하는 행사가 뉴 욕에서 처음으로 열렸고, 곧이어 워싱턴 시(city of Washington)가 콜럼비아 특별

---

9) Cecil Jane, Four Voyage of Columbus, f.xii.

지구(D.C., District of Columbia)로 명명되어 미연방공화국의 수도가 되었다. 콜럼버스의 날이 처음 생긴 것은 1869년이었다. 이 해 10월 12일 샌프란시스코에 거주하는 이탈리아인들이 콜럼버스 서인도 도착 기념행사를 하면서 그 날을 '콜럼버스의 날(Columbus Day)'로 부르기 시작한 데서부터 유래되었던 것이다. 콜럼버스 서인도 도착 400주년이 되는 1892년에는 뉴욕의 콜럼버스 거리(Columbus Avenue)에 콜럼버스 동상에 세워지고, 시카고에서는 콜럼버스 전시회가 대대적으로 열렸다. 10월 12일을 '콜럼버스의 날'로 지정한 것은 1937년 루즈벨트 대통령이었는데, 10월 두번째 월요일로 확정된 것은 1971년이다.[10]

4. 콜럼버스의 달걀

콜럼버스와 관련한 역사적 일화 가운데 가장 유명한 것은 '콜럼버스의 달걀'일 것이다. 존 글렌(Jon Glen) 감독이 콜럼버스 서인도 도착 500주년 기념작으로 1992년에 만든 「크리스토퍼 콜럼버스 : 발견」이란 영화에서는 콜럼버스가 대서양 쪽으로 항해하려는 것을 꺼려하는 선원들을 설득하기 위해 지구가 둥글다는 사실을 확인시켜 주기 위해 달걀을 이용한 것으로 묘사되고 있다. 하지만 이것은 역사적 사실의 선후를 뒤바꾼 오류이다. 콜럼버스의 달걀은 콜럼버스가 서인도에서 되돌아오고 난 뒤 벌어진 환영연에서 비롯된 이야기이기 때문이다.

콜럼버스와 달걀에 얽힌 이야기가 처음으로 기록된 것은 1565년이었다. 이탈리아인 지롤라모 벤조니(Girolamo Benzoni, 1519~1572)는 『신세계의 역사』(A History of New World)라는 책에서 콜럼버스가 서인도에서 돌아오고 난 뒤 추기경이 주최한 환영연에서 바로 콜럼버스와 달걀에 관한 일화가 일어났었다고 소개하고 있다. 그는 자신은 "환영연에 참석하지는 않았지만, 그러한 일이 있었다는 풍문을 들었기 때문에 자신의 책에 소개하는 것이 잘못된 일은 아니라고 생각한다. 달걀 세우기는 예전부터 다른 방법으로 해왔으나, 당시에는 신기하게 받아들여졌다"고 밝히고 있다.

그러나 콜럼버스 이전에도 달걀을 깨뜨려 세웠다는 일화가 전해져오고 있었다. 르네상스 시대 미술사가인 바자리(Giorgis Vasari, 1511~1574)는 『이탈리아 르네

---

10) http://www.usemb.se/Holidays/celebrate/Columbus.html(2004. 12.28).

상스 미술가 열전』(1550)에 '브루넬레스코(Filippo Brunellesco, 1377~1440)와 달 걀에 얽힌 다음과 같은 일화를 소개한 바 있다. 중세에 번영을 누리던 피렌체는 1296년부터 대성당을 건축하기 시작했는데, 건축 책임자가 원형 지붕(dome 또는 cupola)을 완성하기 전에 죽고 말았다. 이후 1세기 동안 경간이 넓은 원형 지붕 을 완성하기 위해 갖은 방법이 동원하였으나, 누구도 성공하지 못했다. 1407년 피렌체 당국은 예배당을 완성하기 위해 여러 나라의 건축가들을 초청하여 돔을 완성할 수 있는 방법을 연구하도록 했다. 브루넬레스코는 이미 돔을 완성할 수 있는 설계도와 모형까지 제작해 놓고 이 집회에 참가하여 자신이 돔을 완성할 수 있다고 얘기했지만, 자기가 고안한 건축법을 타인들이 도용할 것을 꺼려하여 공 개하지는 않았다. 다른 건축가들은 건축 책임을 브루넬레스코에게 맡기는 것에 반대하면서 그가 제안한 방법을 면밀하게 조사해야 한다고 주장하였다.

그러자 브루넬레스코는 '미끄러운 대리석 위에 달걀을 세울 수 있는 사람에게 돔 건설을 맡기자'고 제안했다. 여러 건축가들이 달걀을 세워보려고 시도했으나 제대로 되지 않자, '처음 제안한 사람이 세워보라'는 말이 나왔다. 브루넬레스코가 달걀 끝 을 대리석 위에 깨뜨려 세우자 참석자들이 '그렇게 한다면 자기들도 할 수 있다'고 비웃었다. 이에 브루넬레스코는 '내가 원형 지붕을 만드는 방법을 당신들에게 보여준 뒤에는 당신들도 내가 알고 있는 것과 같은 일을 할 수 있을 것'이라고 대답했다.

바자리는 브루넬레스코와 달걀에 얽힌 이야기를 일화가 발생한 지 130년이 흐 른 뒤에 썼고, 벤조니는 그 보다 15년 뒤에 비슷한 이야기를 썼다. 섯클리프 부부 는 베조니가 브루넬레스코의 달걀에 관한 이야기를 적당히 개작하여 콜럼버스에게 적용했을 가능성이 있다고 밝히고 있다.[11] 콜럼버스의 달걀은 처음 시도하는 일이 얼마나 중요한 가를 웅변적으로 보여주는 일화로 지금도 자주 회자되고 있다.

5. 콜럼버스와 콜럼비아

콜럼버스라는 명칭을 지명으로 사용한 곳도 있다. 미국 조지아주의 서부와 텍 사스주의 휴스턴 인근, 미시시피주 동부의 소도시 등이 '콜럼버스'라는 지명을 사

---

11) A Sutcliffe & A.P.D. Sutcliffe(신효선 옮김), 『과학사의 뒷이야기 IV』, 249-255쪽.

용하고 있으며, 특히 오하이오주는 주도州都가 콜럼버스다. 오하이오의 주도인 콜럼버스는 1812년에 오하이오의 정치 및 행정의 중심지로 개발되기 시작하여 크리스토퍼 콜럼버스의 이름을 따 콜럼버스로 명명되었다.[12]

미국은 아메리고 베스푸치(Amerigo Vespucci:1451~1512)의 이름을 본떠 유나이티드 스테이츠 어브 아메리카(United States of America)라고 쓰고 있지만, 국명 이외에는 베스푸치와 연관된 지명을 찾을 수 없다는 사실은 의외이면서도 흥미롭다. 이는 미국인들이 국가적 정체성의 원천을 베스푸치보다는 콜럼버스에서 찾고 있음을 반증한다.

카톨릭계 일각에서는 콜럼버스를 성인으로 추대하려는 운동을 벌이기도 했다. 그를 성인으로 추대하려는 움직임은 19세기 중반 이탈리아와 미국에서 시작되었다. 특히 미국 내 여러 이탈리아계 단체와 카톨릭 평신도회인 콜럼버스 기사단(Knight of Columbus)은 그를 성인으로 추존해 줄 것을 교황청에 요청하였다. 그러나 교황청은 그가 베아트리츠 엔리케스와 동거했다는 사실과 기적을 행하였다는 증거가 부족하다는 점을 들어 이 요청을 받아들이지 않았다.[13]

콜럼버스와 연관된 또 하나의 단어가 '콜럼비아(Columbia)'다. 콜럼비아는 콜럼버스의 여성형으로, 말하자면 콜럼버스의 이상화된 배후자인 셈이다. 콜럼비아영화사는 콜럼비아를 형상화한 '햇불 든 여인'을 트레이드마크로 사용하였다. 콜럼비아라는 말을 처음으로 사용한 사람은 매사추세츠주 대법관을 역임한 사뮤엘 시월(S. Sewall)로 알려지고 있다. 그는 1697년에 '신세계'를 가리키는 단어로 콜럼비아를 사용하였다.[14] 또한 필립 프레노(P. Freneau)라는 시인은 이를 보다 구체화시켜 1777년 '아메리카'를 가리키는 용어로 콜럼비아를 사용했던 것으로 알려져 있다.[15] 이 후 콜럼비아라는 명칭은 각종 사회단체·전도단 등에 광범위하게 사용되었다. 그 결과 1892년 '신대륙발견 4백주년'을 맞아 미국국명을 바꾸려는 움직임까지 일어났다. 아메리카를 대신할 국명으로 제안된 이름 가운데 가장 많이 나온 의견은 단연 콜럼비아를 사용한 유나이티드 스테이츠 어브 콜럼비아(United

---

12) New Encyclopaedia of Britannica(1988).
13) Thomas Schlereth, Columbia, Columbus and Columbianism, p.957.
14) Schlereth, Ibid., p.939.
15) Schlereth, Ibid., p.939.

콜럼버스 시와 콜럼비아 시

States of Columbia)였다. 그밖에 자유를 여성화한 프레도니아(Fredonia)와 애팔래치나(Appalachina)·알레가니아(Alleghania) 등도 있었다.

'콜럼비아'를 지명으로 사용하고 있는 곳으로는 사우스캐롤라이나주와 미주리주가 있는데, 이 중 사우스캐롤라이나 주는 1786년 콜럼비아를 주도로 삼았다.

콜럼비아를 국명으로 사용한 나라도 있다. 베네수엘라·페루·에쿠아도르·브라질과 국경을 접하고 있는 남아메리카의 '콜럼비아'가 바로 그 나라이다. 이 나라가 국명을 콜럼비아로 한 것은 콜럼버스가 4차항해 때 이곳에 잠시 상륙했기 때문이다. 1719년부터 스페인의 식민지가 된 콜럼비아는, 1810년부터 독립운동을 벌여 1819년부터 2년여 동안 대콜럼비아국(Grand Columbia)이라는 연방제 국가를 건설하였다. 그러나 1829년과 1830년에 베네수엘라와 에쿠아도르가 각각 독립해 나가자 1831년에 나머지 여러 주가 뉴그라나다(New Granada)공화국을 건설하였다가 1886년에 콜럼비아공화국으로 발전하여 오늘에 이르고 있다.

대학 가운데도 콜럼비아를 교명으로 사용한 콜럼비아대학이 있다. 1754년 설립되어 현재 뉴욕에 소재하고 있는 이 대학은 영국 왕립대학으로 설립되어 초기에는 '킹스 컬리지(King's College)'로 불렸다. 그러다가 미국이 독립하고 난 뒤인 1784년에 콜럼비아 컬리지로, 그 후 1912년에 다시 콜럼비아대학으로 개명되었다.

6. 콜롬보(?)

콜럼버스와 유사한 명칭을 지명으로 사용한 곳으로는 스리랑카의 수도인 콜롬보(Colombo)가 있다. 언뜻 보면 콜롬보가 콜럼버스의 이탈리아 이름인 콜롬보와 같기 때문에 콜럼버스와 연관된 지명이 아닐까 하고 생각할 수 있다. 그러나 사실 콜롬보는 콜럼버스와는 전혀 무관한 지명이다. 스리랑카어로 콜롬보의 원형은 콜람바(Kolamba)인데, 이것이 변화하여 오늘날 콜롬보가 되었다고 한다.

콜람바의 뜻에 대해서는 두 가지 설이 있다. 하나는 콜람바가 옛 스리랑카어로 '항구'나 '나루터'를 뜻한다는 설과, 다른 하나는 포르투갈인들이 콜람바를 나뭇잎을 뜻하는 콜라(kola)와 망고를 뜻하는 암바(amba)가 결합된 말로 생각해 '망고나뭇잎(Kolamba)'을 뜻한다는 설이다. 그러나 대체적으로 전자라고 생각하는 쪽이 우세하다.[16]

콜럼버스가 역사전개에 끼친 영향력은 참으로 막대한 것이었다. 옥수수와 담배, 고추, 감자 등이 콜럼버스의 직간접적인 역할을 통해 유럽과 전 세계에 전파되었고,[17] 원주민이 거주했던 신대륙은 인종이 교체되고 유럽 문명이 이식되었다. 유럽은 신대륙을 약탈하고 구대륙을 침탈함으로써 자본을 축적하고 문명을 발전시킬 수 있는 기틀을 마련할 수 있었다.

콜럼버스가 신대륙을 발견했다는 주장은 역사적 사실과는 배치된다. 우선 신대륙에는 어메리칸 네이티브와 잉카족, 마야족, 아즈텍족, 카리브해의 원주민들이 이미 수천 년 동안 거주하고 있었고, 콜럼버스 자신도 카리브 제도 이외의 신대륙 그 어느 지점에도 발을 내딛은 바 없었다. 뿐만 아니라, 유언장에서조차도 여전히 자신이 아시아에 도달했다고 주장했기 때문이다. 게다가 그가 카리브 제도가 도착하기 500여년 전인 992년(또는 1002년)에 노르웨이 출신의 레이프(Lief Ericksson)라는 바이킹이 지금의 뉴펀들랜드 어딘가에 도착한 바 있었고,[18] 최근에는 중국의 정화 함대 중 일부가 아메리카 대륙에까지 항해한 적이 있었다는 주장이 나오고 있다.[19] 그럼에도 불구하고 콜럼버스가 역사 전개에 끼친 영향을 과

---

16) New Encyclopaedia of Britannica(1988).
17) 〈음식 문화의 뿌리를 찾아서〉, KTV, 2004. 8.30(고추), 9.2(감자), 9.4(옥수수).
18) 김성준, 『영화로 읽는 바다의 역사』, 123 - 124쪽.

소평가할 수는 없다. 왜냐하면 그의 항해 이후 비로소 세계는 하나로 통합될 기초가 마련되었기 때문이다.

애덤 스미스는 『국부론』에서 신대륙 발견을 "역사상 가장 위대한 사건 가운데 하나였다"[20]고 평가하였다. 콜럼버스는 세계역사상 가장 널리 알려진 뱃사람이자 유능한 항해가일 뿐만 아니라, '역사상 가장 많은 영향력을 끼친 100인의 인물'에 선정될 만큼 중요한 인물이다.

콜럼버스는 마이클 하트가 선정한 '세계를 움직인 100인'가운데 9위를 차지했다.[21] '세계를 움직인 100인' 가운데 10위 안에 든 인물들을 살펴보면, 1위 마호메트, 2위 뉴턴, 3위 예수, 4위 석가모니, 5위 공자, 6위 바울, 7위 채륜, 8위 구텐베르크, 9위 콜럼버스, 10위 아인슈타인 등이다.

한편 언론인 부부인 바바라 보우어스 부부와 헨리 고트리브 부부가 1999년 초에 펴낸 『1000년, 1000인』이라는 책에서는 콜럼버스가 2위를 차지하였다. 지난 1천년 동안 세계사에 영향을 끼친 1000명의 인물을 뽑아 순위를 매긴 이 책에 따르면, 구텐베르크가 1위를 차지했고, 콜럼버스가 그 뒤를 이어 2위를 차지한 것으로 나타났다. 그밖에 3위 루터, 4위 갈릴레이, 5위 셰익스피어, 6위 뉴턴, 7위 다윈, 8위 아퀴나스, 9위 다빈치, 10위 베토벤 순이다.

19) Gavin Menzies, 1421 : The Year China Discovered America(William Morrow, 2002).
20) Adam Smith, 『국부론』 하, 123쪽.
21) Michael Hart (김평옥 옮김), 『세계사를 바꾼 사람들』.

5장

북미대륙에 첫발을 내딛은 유럽인 존 캐봇

존 캐봇[1]

1. 북아메리카 본토의 첫발자국

존 캐봇은 콜럼버스·마젤란·베스푸치에 비해 일반인들에게 그리 널리 알려진 인물이 아니다. 그저 오늘날의 뉴펀들랜드 지역을 탐험한 사람으로 기억되고 있을 뿐이다. 아메리카 대륙을 처음 '발견'(?)했다는 명성을 얻은 콜럼버스와 아메리카 대륙에 자신의 이름을 남긴 베스푸치는 널리 알려져 있는 데 비해, 근대 이후 북미대륙에 처음 발을 내딛은 캐봇의 이름이 이들의 이름에 가려져 있는 것은 사실이다.

그러나 엄밀히 얘기한다면 콜럼버스가 상륙한 곳은 카리브제도였지 아메리카 본토가 아니었고, 베스푸치가 탐험한 곳은 주로 남미대륙이었다. 근대 이후 유럽인으로서 북아메리카 본토에 처음으로 발을 들여놓은 사람은 존 캐봇이다. 존 캐봇의 이탈리아식 이름은 지오반니 카보토(Giovanni Caboto, 1450?~1500?)인데, 그의 성 카보토는 이탈리아어로 '연안 선원'(coastal sailor)을 뜻한다.[2] 존 캐벗은 이탈리아

---

1) www.google.co.kr.(2018.10.5)
2) https://en.wikipedia.org/wiki/Cabot_family(2018. 10.16).

가 아닌 영국왕실에 복무하였고 영어식 이름이 널리 알려져 있기 때문에 여기에서는 영어식 이름을 사용하기로 한다.

콜럼버스가 대서양 서쪽으로 항해하면 아시아 대륙에 도달할 수 있다고 생각했던 것처럼, 존 캐봇도 대서양을 서쪽으로 항해하면 아프리카로 돌아서 가는 항로보다 더 빨리 아시아에 도달할 수 있을 것이라고 생각하였다. 그가 콜럼버스로부터 어떤 영향을 받았는가에 대해서는 논란이 분분하지만, 대체로 그의 독자적인 결론이었던 것으로 간주되고 있다. 다만 캐봇은 콜럼버스가 본토를 발견하지 못하고 카리브 제도의 섬 밖에 볼 수 없었던 것은 그가 너무 남쪽으로 항해했기 때문이었다고 생각했다. 캐봇은 향료나 비단은 아시아의 북쪽 지역에서 산출되기 때문에 항로를 북쪽으로 잡으면 아시아 대륙 본토로 직접 갈 수 있을 것으로 생각했던 것으로 알려지고 있다.[3]

존 캐봇은 두 차례에 걸쳐 대서양 횡단항해를 하였다. 첫번째 항해에서는 뉴펀들랜드 연안에 도달하였고, 두번째 항해에 대해서는 그가 실제로 항해했는지의 여부를 놓고 상반된 주장이 제기되고 있다.

대부분의 초창기 탐험가들과 마찬가지로 존 캐봇의 어린 시절은 정확히 알려진 바가 없다.[4] 현재까지 알려진 것을 정리해 보면, 존 캐봇은 1450년경 이탈리아의 제노바에서 출생하여 1461년 베네치아로 이주한 것으로 추정되며, 1476년에는 베네치아의 시민권을 획득한 것으로 보인다.[5] 존 캐봇은 세 아들을 두었는데, 둘째 세바스천을 제외한 장남 루이스(Lewis)와 삼남 상시우스(Sancius)에 대해서는 알려진 것이 거의 없다.

베네치아 상업회사에 고용된 존 캐봇은 지중해 동해안과 레반트 등지로 항해하면서 항해술을 익혔다. 이 때 서쪽으로 항해하더라도 아시아에 도달할 수 있을 것이라는 생각을 굳히게 된 것으로 보인다. 그는 1484년 가족들과 함께 런던으로 이주하였다. 그 이후 약 10년 동안 캐봇이 어디에서 거주하였고, 무엇을 하였는가에 대해서는 알려진 바가 없지만, 홍해를 거쳐 이슬람의 성지인 메카에 다녀온

---

3) 프리츠, 『세계 탐험 이야기』, 110쪽.
4) 존 캐봇과 세바스천 캐봇에 대해서는 Frederick Ober, John and Sebastian Cabot을 참조하라.
5) 존 캐봇의 출생지를 잉글랜드라고 주장하는 문서도 있으나, 이 문서는 1837년에 작성된 것이어서 그 진위여부가 의문시되고 있다. James A. Williamson, ed., The Voyages of the Cabots and the English Discovery of North America under Henry VII and Henry VIII, pp. 20 - 21 참조.

적이 있었던 것만은 분명한 것으로 알려지고 있다.[6] 그 사이에 캐봇은 런던·세비야·리스본 등을 오가며 대서양 횡단항해에 대한 후원을 얻고자 하였으나 후원을 얻지 못하자, 1493년에서 1495년 사이에 브리스틀로 이사했다. 이 무렵 포르투갈은 아프리카 남단인 희망봉에 도달하여 인도항로를 개척할 것이 확실시되는 시점이었다. 또한 스페인은 이슬람세력을 몰아내는 재정복전쟁을 한창 진행하고 있었기 때문에 이들 두 왕실이 존 캐봇의 대서양 횡단탐험에 별 흥미를 느끼지 못했던 것은 어쩌면 당연한 일이었다.

그러나 장미전쟁을 겪은 뒤 왕위에 오른 영국의 헨리 7세(1485~1509)는 1496년 존 캐봇의 제안을 받아들여 정식으로 특허장을 발부하였다.(3.5) 헨리 7세가 존 캐봇의 탐험계획을 후원하기로 결정하게 된 것은 콜럼버스의 대서양 항해 이후 카타이와 인디즈로 가는 항로가 발견될 가능성이 점점 높아가고 있었기 때문이었다. 콜럼버스는 산살바도르를 발견한 뒤 1493년 3월 15일 팔로스항으로 귀환하여 아시아에 도달하였다고 주장하였고, 포르투갈은 이미 1488년에 희망봉까지 도달해 있었다. 헨리 7세가 존 캐봇의 북서항로 탐험을 후원해 주기로 결정한 것은 당시 유럽왕실 사이에 팽배해 있던 탐험열과 경쟁욕이 상호작용한 결과였다고 할 수 있다. 헨리 7세가 존 캐봇에게 발부한 특허장의 내용은 다음과 같다.

존 캐봇과 그의 세 아들인 루이스·세바스천·상시우스에게 하사한 특허장

"짐은… 이들이… 이교도와 불신자들의 모든 도서·국가·지역과 지방, 그리고 지금까지 기독교인에게 알려지지 않은 지구상의 모든 지역을 탐사하고 발견하며 찾아내기 위하여, 동과 서 그리고 북쪽의 모든 지역과 국가 및 해양의 항해에 필요한 모든 직권·청원권을 부여하노라. 존과 그의 아들 또는 그의 상속인들은 짐의 가신 자격으로 그들이 발견할 모든 촌락·도시·성곽·도시를 정복하여 점령하고 소유할 수 있으며, 이에 대한 통치권·소유권·재판권은 짐에게 속한다. 그러나 캐봇 부자와 상속인 등이 위의 항해에서 얻은 모든 성과·이익금·소득 및 상품 등을 차지할 수 있도록 허용한다. 모든 운항에 대하여 브리스틀에 입항할 경우 이들이 치른 모든 종류의 임금과 비용을 공제하고, 항해에서 얻은 이익금의 5분의 1을 물품이나 현금으로 납부하도록 한다. 짐은 또한 이들이 새로 발견할 장소에서 가져올 모든 상품과 특정상품에 대해서는 관세를 모두 면제한다.…"[7]

---

6) 프리츠, 『세계 탐험 이야기』, 110쪽.
7) Letters Patent Granted to the Cabots, in Janet Hampden, ed., Voyages and Documents(Oxford

존 캐봇에게 발부된 특허장의 내용은 스페인 왕실이 콜럼버스와 맺은 계약서와 비슷하다. 탐험대를 준비하는 데 드는 비용은 브리스틀 상인들이 부담한 것으로 알려져 있다. 그는 1496년 '매튜(Mathew)호'를 이끌고 "북서항로를 통해 카타이를 발견한 뒤, 인디즈를 발견하기 위해"[8] 브리스틀항을 출항하였으나, 식량부족·악천후·선원들의 불평불만 등으로 곧 되돌아올 수밖에 없었다. 이로써 존 캐봇의 1차 시도는 무위로 끝나고 말았다.

2. 뉴펀들랜드와 래브라도

존 캐봇은 이듬해에 본격적으로 1차 항해에 나서게 된다. 1497년 5월 2일 존 캐봇은 선원 18명과 함께 매튜호를 타고 브리스틀항을 출항하였다.[9] 그는 아일랜드까지 직진한 뒤 곧장 북서항로로 항해하여 1497년 6월 24일 새벽에 육지를 초인初認(made out)[10]하고, 이 날이 '성 요한의 대축일'인 것을 기념하여 이곳을 '성 요한'(St. John)이라고 이름 붙였다.[11] 그러나 존 캐봇의 항해일기와 지도 등이

존 캐벗의 기함 매튜호 복원선(브리스틀항)

소실되었기 때문에 그가 상륙한 지점이 어디인지 확실하지 않다. 당대의 기록에 존 캐봇이 "700리그 떨어진 지점에서 대륙을 발견하고, 해안 300리그를 항해한 뒤 귀로에 새롭고 큰 두 개의 비옥한 섬을 발견했다"[12]고 기록되어 있는 것으로

Univ. Press, 1958), pp.8 - 9.

8) Hampden, ed., Voyages and Document, p.11.

9) Maurice Toby's Account of John Cabot's Voyage, in James A. Williamson, ed. by, The Voyages of the Cabots, p.27.

10) 항해중 처음으로 인지했다는 뜻의 항해용어.

11) 프리츠, 『세계 탐험 이야기』, 112쪽.

12) Lorenzo Pasqualigo to his Brothers at Venice, 1497, Aug. 23 ; News sent from London to the Duke of Milan, 1497, Aug. 24, in Williamson, ed., Ibid., pp.29 - 30 ; Parry, 『약탈의 역

미루어, 뉴펀들랜드에 상륙한 뒤 노바 스코셔쪽으로 항해해 간 것으로 추측하고 있을 뿐이다.[13] 탐사대의 일원이었던 것으로 보이는 존 데이(John Day)라는 사람이 1497~98년 사이에 콜럼버스에게 보낸 편지가 남아 있는데, 여기에 캐봇 일행이 목격한 바에 대해 다음과 같이 기록되어 있다.

"거기에는 돛대를 수없이 만들 수 있을만큼 커다란 나무들이 즐비해 있었다. 또 땅에는 누군가가 불을 피웠던 흔적도 있었다. 길들인 게 분명한 짐승의 배설물도 있었다. 아울러 푸성귀들도 많이 보였다. 팔뚝만한 길이의 붉은 색 막대기도 있었는데, 양쪽 끝에는 구멍이 뚫려 있었다."[14]

존 캐봇이 항해에서 귀환하고 난 뒤 그가 탐험한 지역은 '새로 발견된 땅'이라는 뜻으로 뉴펀들랜드(Newfound land)로 불려지게 되었고, 그 지명은 오늘날에도 그대로 사용되고 있다. 뉴펀들랜드라는 지명은 캐나다령인 뉴펀들랜드섬과 캐나다의 뉴펀들랜드주에도 사용되고 있다. 누가 이 지역을 뉴펀들랜드라고 부르기 시작했는지에 대해서는 정확하게 알려져 있지 않다. 존 캐봇은 이 지역을 '처음 본 땅'이란 뜻으로 '프리마 비스타(Prima Vista, land of First Seen)로 명명했지만, 선원들이 뉴펀들랜드라고 부르기 시작한 것으로 알려져 있다.[15]

캐봇은 다시 뉴펀들랜드 연안을 탐사하여 현재의 케이프 브레톤(Cape Breton)섬 북단의 노스(North)곶을 '발견곶(Cape Discovery)'으로 명명하였다. 캐봇은 뉴펀들랜드섬의 서부에서는 세인트 조지곶을 명명하였고, 남부에서는 프랑스령인 생피에르(St. Pierre)섬과 미켈론(Miquelon)섬을 발견하여 트리니티 아일랜드(Trinity Is.)라고 명명했으며, 레스(Rase)곶은 잉글랜드곶이라고 명명했다.

사료에 따르면, 뉴펀들랜드해안을 처음으로 초인한 사람은 캐봇선단의 일원이던 엔리케 페르난데스(Henrique Fernandes)라는 포르투갈인이었는데, 그는 본래 농부

사」, 133쪽 참조.
13) Ober, John & Sebastian Cabot, p.81.
14) 프리츠, 『세계 탐험 이야기』, 113쪽.
15) Ober, John & Sebastian Cabot, pp.105 - 106. 그러나 저널리스트인 진 프리츠는 "헨리 7세가 '캐봇이 발견한 땅을 '뉴펀들랜드'로 부르도록 했다"고 쓰고 있다. 프리츠, 『세계 탐험 이야기』, 112쪽.

존 캐봇, 콜럼버스, 베라자노의 항로

여서 '라브라도르'(labrador, 스페인어로 농부)라는 별명으로 불리고 있었다. 따라서 캐봇이 처음 상륙한 해안을 랜드어브래브라도(land of Labrador)로, 그리고 뉴펀들랜드와 이어져 있는 해역은 래브라도해로 불려지게 되었다.[16] 래브라도는 래브라도고원과 래브라도반도 등의 지명에도 사용되고 있다.

캐봇은 자신이 아시아의 북동연안에 도착한 것으로 착각한 채 1497년 브리스틀항으로 귀환하였다.(8.6) 그는 헨리 7세에게 '자신이 발견한 땅은 기후가 온화하고, 현재 아이슬랜드 어장에 의존하고 있는 잉글랜드의 어획량을 대체할 정도로 풍부한

---

16) Williamson, The Voyages of the Cabots, pp.41 - 42 ; Parry, 『약탈의 역사』, 133~134쪽; 프리츠, 『세계 탐험 이야기』, 116쪽.

존 캐봇이 탐사한 지역

어장이 있다고 보고하였다.[17] 새로운 땅을 발견한 대가로 상당액의 연금[18]을 받게
된 캐봇은 다시 한번 뉴펀들랜드로 가서 그 곳에서부터 카타이와 인디즈로 가는
항로를 탐사할 수 있도록 후원해 줄 것을 요청하였다. 헨리 7세는 1498년 그의 요
청을 받아들여 캐봇의 2차항해를 후원하는 특허장을 발부하였다.(2.3)[19] 캐봇은 배
5척, 선원 200명과 함께 2차항해에 나섰으나, 출항직후 배 한 척이 손상을 입어
아일랜드에 닻을 내렸다. 당대의 일부사료에 따르면, 그가 아메리카까지 무사히
도착한 것으로 되어 있지만, 다른 사료에는 항해도중에 실종된 것으로 기록되어

---

17) Williamson, Ibid., pp.30 - 31.
18) 1497년 12월 13일 헨리 7세는 존 캐봇에게 연간 20파운드의 연금을 지불하겠다는 증서를
발부하였고, 1498년 2월 22일에 다시 연금 지불을 약속하는 보증서를 발급하였으며, 1498
년 3월 25일에는 브리스틀 세관이 헨리 7세가 발부한 증서에 따라 연금 20파운드 중 10파
운드를 지불했다는 기록이 남아 있다. (Williamson, Ibid., pp.33 - 34).
19) 이 특허장 원문은 Williamson, Ibid., pp.35 - 36를 참조할 것.

있다.[20] 어쨌든 그는 1499년경에 사망한 것으로 추정된다.

캐봇과 관련된 지명으로는 뉴펀들랜드와 래브라도 이외에 캐봇해협이 있다. 캐봇해협은 뉴펀들랜드섬과 노바 스코셔의 케이프 브레톤섬 사이에 있는 길이 60마일 가량 되는 해협으로 대서양과 세인트 로렌스만을 연결하는 해상로이다. 캐봇해협은 존 캐봇이 2차항해 때 항해했던 해협으로, 그의 이름을 따서 붙여진 것이다.

3. 세바스천 캐봇

존 캐봇의 세 아들 가운데 우리에게 가장 널리 알려진 사람은 세바스천 캐봇(Sebastian Cabot, 1476~1557)이다. 그는 탐험가·지도제작자·스페인의 수석수로안내인(Pilot Major)으로 당대에 가장 저명한 항해가 가운데 한 사람이었다. 존 캐봇과 마찬가지로 그의 어린 시절에 대해서도 성확하게 알려진 것은 없다. 세바스천 캐봇의 출생지 역시 이탈리아 베네치아와 제노바, 영국 브리스틀이라는 설이 대립하고 있다.[21] 그렇지만 그 자신이 "어린 아이였을 때 아버지(존 캐봇)가 베네치아에서 런던으로 이주했다"고 기록하고 있는

세바스천 캐봇(브리스틀박물관)

것으로 미루어 일반적으로 베네치아에서 태어난 것으로 추정되고 있다.[22]

그가 부친인 존 캐봇과 함께 두 차례에 걸쳐 북미연안을 탐사한 뒤 10여년 동안 무엇을 했는지에 대해서는 확실하게 알려진 것이 없다. 헨리 7세는 캐봇 부자의 탐사 이후 1502년부터 1506년까지 브리스틀의 모험상인들과, 주앙 곤살베스

20) ref. An Anonymous London Chronicle on the Voyage of 1498, in Williamson, Ibid., p.36.
21) Ober, John and Sebastian Cabot, pp.112, 114.
22) Hampden, ed., Voyages & Documents, pp.10 - 11. 연대기 작가인 피터 마터(Peter Martyr)는 그가 "베네치아에서 태어나 브리튼 섬에서 자랐다"고 적고 있고(Williamson, The Voyage of the Cabots, p.71), 오버(Ober)도 베네치아설을 지지하고 있다.(Ober, John and Sebastian Cabot, p.118).

(João Gonçalves, 1390?~1471)와 프란시스코 페르난데스(Francisco Fernándes)와 같은 포르투갈인들에게 뉴펀들랜드 해역을 탐사하여 카타이와 인디즈로 가는 항로를 찾도록 했다.[23] 그러나 헨리 7세가 후원한 항해가 중에 세바스천 캐봇의 이름은 나타나 있지 않다.

그의 행적이 다시 나타난 것은 1512년이다. 헨리 8세(Henry VIII : 1509~1547)는 1512년 봄 프랑스의 루이 12세(Louis XII : 1498~1515)와 적대관계에 있던 아라곤의 페르난도(재위 1479~1516)를 돕기 위해 이베리아반도로 건너가게 된다. 당시 그의 궁정 지도제작자로 복무하고 있던 세바스천이 항해가로서 이들을 인솔한 것으로 보인다. 탐험에는 관심이 없었던 헨리 8세로부터 이렇다 할 대접을 받지 못하고 있던 세바스천은 스페인에 도착한 뒤 페르난도의 궁정에 정착하였다. 페르난도는 1512년 10월 20일 세바스천 캐봇을 스페인의 해양 대선장(sea captain)으로 임명하고, 연금 5만 마라베디스(maravedis)를 지급하였다.[24]

세바스천 캐봇은 스페인에 정착한 뒤에도 탐사항해에 종사한 것으로 보이지만, 남아 있는 사료가 없기 때문에 정확하게 알려진 것은 없다. 그는 1515년 스페인 궁정으로부터 항해에 이용될 해도를 개정하고 제작하는 일을 맡고 있는 위원회의 위원으로 임명되었다.[25] 당시 스페인 궁정은 탐사 및 발견항해에 전력을 기울이고 있었기 때문에 세바스천이 맡은 일은 아주 중요한 일이었다. 1516년 세바스천 캐봇은 탐사항해를 지휘하기로 예정되어 있었지만, 페르난도의 갑작스러운 죽음으로 이 탐험은 취소되었다.[26]

페르난도의 뒤를 이어 스페인까지 통치하게 된 신성로마제국의 카를로스 1세(Carlos I, 스페인 왕위 재위 1516~1556, 신성로마제국의 Karl V)의 궁정에서 복무하게 된 세바스천 캐봇은 스페인 서인도위원회의 위원이 된 데 이어, 1518년 2월에는 3대 수석수로안내인으로 임명되었다. 스페인의 수석수로안내인은 항해와 관련된 일을 맡고 있는 최고책임자로서, 그의 승인없이는 어떠한 선박도 서인도로 항해할 수 없었다.[27] 스페인의 수석수로안내인으로는 아메리고 베스푸치가 처음

23) Williamson, The Voyage of the Cabots, pp.66 - 69 ; Ober, John and Sebastian Cabot, p.147.
24) Ober, John and Sebastian Cabot, p.154.
25) Ober, Ibid., p.160.
26) Ober, Ibid., p.164.
27) Ober, Ibid., p.161.

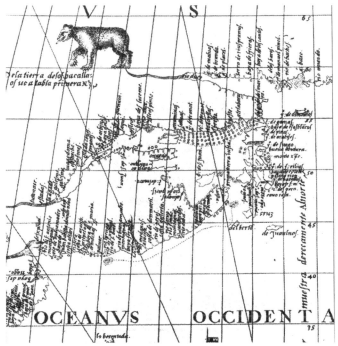

세바스천 캐봇이 그린 세계지도의 북아메리카 부분[28]

으로 임명되었고, 2대 수석수로안내인은 리오 데 라 플라타 유역을 처음으로 탐
사한 솔리스(Juan Díaz de Solís, 1470?~1516)가 맡은 바 있었다. 세바스천 캐봇
은 수석수로안내인으로서 탐사항해에는 직접 나서지 않았고, 세비야에 머물면서
스페인의 탐사항해를 관장하였다.

세바스천 캐봇은 스페인에 머무는 동안에도 영국왕실과 관계를 지속하고 있었
던 것으로 보인다. 그는 1520년에 헨리 8세의 측근이었던 "울지(Wolsey) 추기경
으로부터 영국으로 와서 탐사항해를 지휘해 달라는 제의를 받았다"고 밝히고 있
고, 이듬해인 1521년에도 헨리 8세의 측근이었던 브라운(Sir Wolston Brown)과
윙크펠트(Sir Robert Wynkfeld)가 "런던상인들에게 세바스천이 탐사항해를 지휘할
수 있도록 배 5척을 준비하도록 했다"는 내용의 사료가 남아 있다. 그러나 이는
보통 사실이 아닌 것으로 밝혀지고 있다. 카를로스 1세와 같이 당당한 군주가 자

---

28) Skelton, 『탐험지도의 역사』, 114쪽.

기 휘하의 수석수로안내인이었던 세바스천에게 다른 나라 군주를 위해 탐사항해를 지휘하도록 허용했을 까닭이 없었고, 세바스천 캐봇도 이미 스페인에서 상당한 지위를 확보하고 있었기 때문이다.[29]

세바스천 캐봇은 1522년에서 1523년 사이에 본향인 베네치아 공화국과 북서항로를 찾는 탐사항해를 후원하는 문제에 대해 협상을 벌였다. 그러나 협상과정에서 베네치아공화국의 10인위원회(Council of Ten)가 세바스천이 당시 최강의 군주였던 카를로스 1세 휘하에 복무하고 있다는 점을 염려하였고, 그가 영국과 이중으로 협상을 벌이고 있다는 사실을 알고 협상을 철회하는 바람에 실현되지 못하였다.[30]

세바스천 캐봇은 결국 스페인에 머물며 카를로스 1세의 지원을 받아 1526년 4월에 배 세 척과 200여명을 이끌고 향료제도를 찾아 나섰으나, 리오 데 라 플라타 유역과 남미연안을 탐험하는 데 그쳤다.[31] 세바스천의 탐사의 결과 아르헨티나라는 말이 유래되었는데, 그 전말은 다음과 같다. 1494년 체결된 토르데시야스 조약에 따라 스페인은 신대륙 쪽에서 우선권을 갖게 되었고, 신대륙을 관통하여 아시아로 가는 항로를 발견하는 데 주력하였다. 스페인은 1515년 솔리스를 파견하여 남미 대륙을 관통하는 항로를 탐사하도록 하였다. 1516년 2월 큰 가람 어귀에 도착한 솔리스는 이곳을 '청수해淸水海'라는 뜻으로 '엘 마르 둘체'(El Mar Dulce)라고 명명하였다. 솔리스는 강을 거슬러 탐사하던 중 원주민들에게 살해당했지만, 생존한 그의 부하들이 당시 스페인 왕실에 복무하며 탐사 항해를 총괄하고 있던 세바스천 캐봇에게 엘 마르 둘체 상류에 광석이 풍부하다는 말을 전하였다.

세바스천은 1526년 스페인 왕의 명으로 남미 대륙을 관통하는 아시아의 향료제도로 가는 항로를 찾아 나섰다. 엘 마르 둘체에 도달한 세바스천은 가람 어귀의 원주민들이 은 장신구를 하고 있는 것을 보고, 그 가람을 '은 가람'이란 뜻으로 '리오 데 라 플라타'(Rio de la Plata)라고 이름 지었다. 이후 이 지역은 자연스럽게 은의 땅으로 널리 알려지게 되었고, 1554년에 발간된 세계지도에 '테라 아르젠툼'(Terra Argentum)으로 명명되기에 이르렀다. 테라는 '땅'을, 아르젠툼(argentum)

---

29) 이상 Ober, op.cit., pp.169 - 171.
30) 이에 대한 자세한 내막에 대해서는 Ober, Ibid., pp.172 - 186를 참조할 것.
31) Ober, Ibid., pp.201 - 242.

은 '은'을 뜻하는 라틴어이다. 오늘날의 아르헨티나(Argentina)라는 나라이름이 사용된 것은 1860년 이후이다.

아르헨티나의 수도인 부에노스 아이레스(Buenos Aires) 또한 이 시기 탐험과 관련되어 있는 명칭이다. 1500년 포르투갈의 카브랄과 1526년 스페인의 후원을 받은 세바스천 캐봇의 탐사로 브라질 북동부 지역이 포르투갈 영역에 속한다는 사실이 확인되었다. 그 결과 포르투갈인들이 브라질 북동부 지역으로 활발하게 진출하여 1531년 오늘날 산토스(Santos) 인근에 상 빈센테(San Vincente) 식민지를 건설하였다. 이러한 포르투갈의 움직임에 대항하여 스페인은 1535년에 멘도자(Pedro de Mendoza, 1487~1537)를 대장으로 하는 탐사대를 파견하였다. 멘도자는 라 플라타 강 어귀에 거주지를 건설하고, 이곳의 '맑은 공기'에 인상을 받아 이곳을 부에노스 아이레스라고 이름 붙였다. 이 식민지는 곧 토착 원주민들의 공격을 받아 파괴되어 버린 뒤 거의 50여년 동안 방치되어 있다가 1580년 후앙 데 하라이(Juan de Garay, 1528~1583)에 의해 재건되었다. 이후 부에노스 아이레스는 스페인의 남미 식민거점으로 꾸준히 발전을 거듭하였다. 1816년 라 플라타 강 인근의 여러 식민지들이 독립을 선언하고, 리오 데 라 플라타 연합(United Province of the Rio de la Plata)를 구성하였을 때 부에노스 아이레스를 수도로 삼았다.

세바스천은 3년 동안의 탐험을 실패로 이끈 책임을 지고 아프리카로 축출되었지만, 2년 뒤 사면되어 수석수로안내인으로 복귀하였다. 그는 스페인의 수석수로안내인으로 재직하면서 1544년에 북미 북동연안의 지도를 제작하기도 하였다.

세바스천 캐봇은 1548년에 영국의 에드워드 6세(Edward VI, 1547~1553)로부터 166파운드의 종신연금과 기사로 서임해 주겠다는 제의를 받고 영국으로 이주하였다.[32] 그는 유럽에서 동양으로 가는 북동항로를 찾기 위해 조직된 머스코비(Muscoby)회사의 초대총독으로 임명되었다. 세바스천 캐봇은 북동항로를 탐색하기 위해 몇 차례 탐험을 지휘하였지만 모두 실패하였다. 그러나 그의 뒤를 이어 휴 윌러비(Hugh Willoughby, 1500?~1554)가 이끄는 모험회사의 선단이 1553년에 파견되어 러시아와의 무역로를 개설하였다. 이 선단의 배 중 두 척은 노스케이프

---

32) 『세바스천 캐봇의 전기(Life of Sebastian Cabot)』를 쓴 Hayward는 "세바스천 캐봇이 화이트홀에서 기사로 서임되었다"고 밝히고 있지만, 이를 입증할 만한 증거는 없다. (Ober, Ibid., pp.265, 268).

근처에서 선원들은 동사하고 배는 침몰하였으나, 리처드 챈셜러(Richard Chanecellor, ?~1556)가 이끄는 에드워드호는 백해로 진입하여 러시아 서북방의 아르한겔스크에 도달함으로써 러시아와의 무역로를 개척하였다. 세바스천 캐봇은 이후 별다른 성과를 올리지 못한 채 1557년 런던에서 사망하였다.

캐봇 부자는 원래 탐사목적이었던 카타이나 인디즈로 가는 북서항로를 발견하는 데 실패하였고, 뉴펀들랜드에서 황금이나 향료 등을 발견하지도 못했다. 그러나 그들은 뉴펀들랜드 해역의 대구어장을 발견함으로써 북대서양 어업이 발전하는 데 크게 기여하였다. 패리는 북대서양 어업의 중요성에 대해 다음과 같이 언급하였다.

> "매년 일정기간 동안 아사직전의 상태에서 살아가야 했던 유럽인들에게 북대서양 어업의 발전은 그 자체만으로 경제적인 대사건이었다."[33]

존 캐봇 이후 북아메리카 북동해안은 험프리 길버트(Humphrey Gilbert, 1539?~1583) · 자크 카르티에 · 베라자노 · 마틴 프로비셔 등의 탐험무대가 되었다.

---

33) Parry, 『약탈의 역사』, 136쪽.

6장

인디즈항로를 개척한 바스쿠 다 가마

바스쿠 다가마

1. 포르투갈 궁정의 정치적 격변

엔리케 휘하의 항해가들이 베르데곶에 도달한 무렵인 1446년, 14세가 된 아퐁소 5세는 성년이 되어 법적인 권한을 행사할 자격을 갖추게 되었다. 그러나 엔리케의 둘째형인 페드로는 여전히 섭정직을 행사하려 했다. 이에 아퐁소 5세와 페드로 사이에 권력투쟁이 벌어지게 되는데, 당시 엔리케는 조카인 아퐁소 5세를 지지하였다. 페드로는 조카에게 반기를 들고 대항하였으나, 1449년 리스본 근교의 전투에서 참패하여 사망하였다. 이제 아퐁소 5세는 왕권을 실질적으로 행사할 수 있게 되었다.

페드로는 부르주아 하층계급을 배경으로 세력권을 형성했던 데 반해, 아퐁소 5세는 귀족을 중심으로 한 팽창주의 세력을 배경으로 하였다. 따라서 아퐁소 5세 통치 중반부터는 궁정내 정신廷臣이 많아지고, 은급이 증가하였으며, 많은 토지가 하사되는 등 귀족중심으로 정치가 이루어졌다. 오스만 투르크(1296~1922)는 1453년 콘스탄티노플을 점령한 데 이어 1456년에는 오늘날 세르비아의 수도인 베오그라드(Beograd)를 포위하였다. 교황 니콜라우스 5세(Nicolaus V:1447~1455)는 유럽 각국의 왕들에게 십자군에 참여하여 성전을 벌일 것을 호소했지만, 별다른 호응을 얻지 못하였다. 다만 포르투갈의 아퐁소 5세만이 적극적으로 참여할 것을 약속하고 1만 2000명의 십자군을 모집하였다.

그러나 원정준비가 진행되는 동안 교황이 사망하고, 투르크도 물러나자 십자군 원정계획은 취소되었다. 아퐁소 5세는 이 때 모집한 십자군을 해산하지 않고 아프리카 원정에 활용하여, 아프리카 북단의 세우타와 탕헤르 사이의 알카세르 세케르(Alcácer Cequer)를 점령하였다. 그러나 대내외적인 정세가 한가로이 아프리카 탐험을 계속할 수 있는 상황이 아니었기 때문에 엔리케가 사망한 1460년 이후 포르투갈의 해양탐험은 잠시 중단되었다.

아퐁소 5세의 귀족 옹호정책은 이웃나라인 카스티야왕국에까지 전해져 카스티야의 일부 귀족들은 그가 카스티야의 왕위까지 겸하기를 바라고 있었다. 당시 카스티야왕국은 엔리케 4세의 여동생인 이사벨(재위 1474~1504)이 왕위계승자로 내정되어 있었으나, 1469년 그녀가 아라곤의 페르난도와 결혼함으로써 양국이 통합될 상황에 놓여 있었다. 이는 이베리아반도의 세력균형이 깨지는 것을 의미했다. 이런 상황에서 아퐁소 5세는 1475년 카스티야 침공을 감행하였다. 그는 카스티야 귀족들이 자신을 후원할 것이라고 기대하였다. 또한 명분상으로도 이사벨이 카스티야의 후안 2세와 그의 둘째부인인 포르투갈 출신의 이사벨 왕후 사이에서 태어났기 때문에 아퐁소 5세가 카스티야의 왕위를 요구할 수도 있었다. 그러나 그는 기대한 만큼의 지원을 얻지 못했다.

아퐁소 5세는 1476년 토로(Toro) 부근 전투에서 부상당해 후퇴하였다. 전쟁에서 패한 포르투갈은 1479년 카스티야와 〈알카소바스 조약〉을 체결하여 이사벨이 카스티야의 왕위를 계승한 것에 대한 정당성을 인정하였다. 그러나 서아프리카에 대한 무역독점과 식민 및 탐험, 스페인에 귀속된 카나리아제도의 일부 섬을 제외한 나머지 대서양상의 알려진 섬에 대한 소유권은 포르투갈이 가진다는 점을 인정받았다.[1] 아퐁소 5세는 카스티야에서는 실패했지만, 아프리카에서는 승승장구했다. 그는 1481년 아프리카 아르질라(Arzila)와 탕헤르를 점령함으로써 '포르투갈과 알가르브의 왕이자 아프리카의 왕'이라는 칭호를 얻었다.[2] 그러나 그는 얼마 있

---

1) Parry, 『약탈의 역사』, 80쪽.
2) 강석영 · 최영수, 『스페인 · 포르투갈사』, 389쪽.

지 않아 사망하였다.

주앙 2세(1481~1495)가 왕위를 계승하자 오랫동안 중단되었던 아프리카 탐험이 재개되었다. 주앙 2세는 당대에 가장 유능하고 결단력 있는 군주 가운데 한 명이었다. 그는 지리학자로서 지리상 '발견'에 지대한 관심을 갖고 있었다. 그가 즉위하고 난 뒤 처음으로 공포한 법령 가운데는 '기니연안을 방문하는 외국선박은 사전조처 없이 침몰 또는 나포될 것'이라는 내용이 포함되어 있었다.[3] 주앙 2세는 법령의 실질적 집행을 위해서는 아르깅보다 더 강력한 요새가 필요하다고 생각하여 1482년 아프리카 북서해안인 베닌(Benin)해안에 엘미나(Elmina)요새를 축조하였다. 엘미나요새는 기니 연안에서 생산되는 저질후추인 말라게트(malaguette) 교역을 함으로써 아프리카 무역의 중심지로 번영을 누렸고, 아프리카 탐험을 지휘하기 위한 전략기지로 활용되었다.

2. 히망봉

주앙 2세가 고용한 선장 가운데 특출했던 사람은 디오구 카옹(Diogo Cão, 1452?~1486?)과 바르톨로메 디아스(Bartolomeu Diaz, 1450?~1500)였다. 디오구 카옹은 1483년에 아프리카 탐험에 나서 콩고강 하구에 도달하여 상류까지 탐험하고 귀국하였으며, 3년 뒤에는 크로스(Cross)곶까지 항해하였다.

디아스 선단의 사옹 크리스토바웅 호와
사옹 판타레이웅호[4]

그런데 이 즈음에 중세 때부터 전해져 내려오던 사도 요한(Prester John)에 대한 새로운 풍문이 무성해졌다. 그것은 사도 요한의 왕국이 아비시니아(Abyssinia, 오늘날의 Ethiopia) 근방에 자리잡고 있다는 소문이었다. 중세 이후 이베리아 반도에 자리를 잡고 있던 무어인에 대한 재정복운동을 전개하면서 왕국으로 성장해 왔던 포르투갈에게 사도 요한의 왕국이 아비시

3) Parry, 『약탈의 역사』, 58쪽.
4) https://en.wikipedia.org/wiki/Bartolomeu_Dias(2018.10.16.).

니아에 자리잡고 있다는 것은 희소식이 아닐 수 없었다. 만약 그것이 사실이라면 사도 요한의 왕국과 동맹을 맺어 무어인을 협공할 수 있었기 때문이다.

주앙 2세는 이 소문을 확인하기 위하여 육로와 해로 두 방향으로 탐사대를 파견하였다. 육로로는 페드로 다 쿠비양(Pedro da Covilhã, 1460?~1530?)을, 해로로는 디아스를 각각 파견하였다. 1487년에 포르투갈을 출발한 쿠비양은 아덴을 경유하여 1488년에 캘리컷에 도착하였다. 그는 인도 남서해안인 말라바르해안을 조사한 뒤, 1490년 카이로로 되돌아오던 도중에 사자를 통해 카나노르 · 캘리컷 · 고아 등을 방문하여 보고들은 바와, 인도까지 해로를 이용하여 갈 수 있다는 내용을 담은 보고서를 주앙 2세에게 보낸 것으로 알려지고 있다. 그러나 쿠비양의 보고서는 포르투갈의 궁정에 전해지지 않았다.[5] 쿠비양은 아비시니아왕인 알렉산더의 신임을 얻어 현지 여인과 결혼한 후 그 곳에 정착하여 여생을 마쳤다.

사도 요한의 왕국을 찾기 위해 해로로 파견된 디아스는 1487년 8월 사웅 크리스토바웅[São Cristóvão, 선장 디아스(Dias)] · 사웅 판타레아웅[São Pantaleão, 선장 인판테(João Infante)] · 보급선[선장 페루(Pêro) 또는 디오구 디아스(Diogo Dias)] 등 세 척의 배를 이끌고 포르투갈을 출항하였다.[6] 아프리카 서해안을 따라 연안항해를 계속한 디아스는 1487년 12월 4일 세인트 바바라(St. Barbara)에 도착하였고, 12월 8일에는 아프리카 서남단인 월비스만(Gulf of Walvis)에 도착하였다. 디아스는 이곳에 보급선을 남겨놓고 연안항해를 계속하려 했지만, 아프리카 연안에 흐르고 있는 빠른 조류 때문에 육지에서 벗어나 13일 동안이나 폭풍 속에서 항해하다가 1488년 2월 3일 마침내 아프리카 최남단인 모젤(Mossel)만에 도달하였다.

탐사대는 식수를 구하기 위해 해안에 배를 정박시키고 상륙하여 돌기둥을 세우고, 이곳에 아프리카 원주민인들이 소를 몰고 있는 것을 보고 '목동의 만'이라고 이름 붙였다.[7] 식수 보급을 끝낸 디아스는 왕의 명령에 따라 인도양 쪽으로 항해하려고 하였으나, 선원들은 악천후로 고생을 한데다 보급선도 월비스만에 머물고 있었기 때문에 더 이상 항해하기를 거부했다. 결국 디아스는 선원들로부터 자신

---

5) Cuyvers, Into the Rising Sun, p.75.
6) 16세기 포르투갈의 연대기작가인 바로스(João de Barros)는 1486년 8월로 기록하고 있으나, 이는 착오다.
7) 프리츠, 『세계 탐험 이야기』, 58쪽.

들이 귀항하기로 결의하였다는 서명을 받아낸 다음 귀항하는 데 동의했다. 보급선과 합류하기 위해 월비스만으로 회항하던 디아스 일행은 도중에 '희망봉'을 목격하였다. 연대기 작가인 바로스(Barros)에 따르면, 디아스는 이곳에서 심한 폭풍우로 고생했기 때문에 이곳을 '폭풍우곶'(Cabo do Padram)이라고 명명했지만, 주앙 2세가 인디즈항로를 개척할 수 있는 희망이 커졌다는 의미에서 '희망봉'(Cabo de Boa Speranza, Cape of Good Hope)으로 개명했다고 한다.[8] 디아스는 1488년 12월 포르투갈로 귀환하였다.

바르톨로메 디아스는 1497년 가마의 인도항로 개척에도 참여하였고, 1500년 페드로 카브랄(Pedro Álvares Cabral, 1467?~1520?)이 지휘했던 2차 인도항해에도 동행하였다. 다 가마의 인도 항로 개척 이후 2번째 조직된 카브랄의 인도 원정대는 총 13척으로 구성되었는데, 디아스는 그 가운데 한 척을 지휘하였다. 이 탐사대는 대서양에서 폭풍우에 떠밀려 우연히 브라질에 도착한 뒤 다시 인도로 향하게 되었는데, 희망봉 해역을 항해하던 도중 1500년 5월 29일 폭풍우로 배 4척[또는 6척]이 실종되었다.[9] 이때 디아스가 지휘하던 배 한 척도 실종되었다. 희망봉 해역은 디아스의 구원처이자 영원한 안식처가 된 셈이다.

쿠비양과 디아스의 탐사로 인디즈로 갈 수 있는 가능성은 한층 높아졌지만, 포르투갈 내 분위기는 탐험에 대해 그다지 호의적이지 않았다. 당대의 연대기 작가인 페레이라는 당시의 여론을 다음과 같이 전하고 있다.

"왕[주앙 2세]이 파견한 원정대가 발견한 [아프리카]해안에서 이익이 될 만한 것이 나오지 않았다고 해서 왕을 비난해서는 안된다. 오히려 아무 쓸모없고 사람들을 기쁘게 할 만한 그 어떤 것도 산출해내지 못하는 그 땅을 비난해야 한다."[10]

게다가 1492년 콜럼버스가 서인도제도를 발견하고 자신이 인디즈에 도달했다고 떠벌리고 다니게 되자 상황은 급변하였다. 유능한 지리학자이기도 했던 주앙 2세는 콜럼버스의 주장을 믿지 않았지만 대서양쪽에서 새로운 땅이 '발견'되었다는 것

---

8) Skelton, 『탐험지도의 역사』, 62-63쪽.
9) 프리츠는 이때 난파당했던 배의 수를 4척(63쪽) 또는 6척(106쪽)이라고 각각 밝히고 있다. 프리츠, 『세계 탐험 이야기』, 63, 106쪽 참조.
10) quoted in Hart, Sea Road to Indies, p.84.

은 그 곳이 인디즈든 아니든 간에 포르투갈에게는 반가운 일이 아니었다.

포르투갈은 스페인령 카나리아제도의 일부 섬을 제외한 대서양상의 모든 섬을 포르투갈령으로 한다는 1479년 〈알카소바스 협정(Treaty of Alcáçovas)〉을 스페인과 체결한 바 있었다. 주앙 2세는 이 조약을 근거로 하여 콜럼버스가 발견한 땅이 포르투갈령이라고 주장하였다. 양국은 결국 교황에게 이 문제를 해결해 주도록 요청하였다. 당시 교황이었던 스페인 출신인 알렉산더 6세(1492~1503)는 1493년에 〈인테르 카에테라(Inter Caetera: Among other Works)〉라는 교서를 통해 아조레스 제도와 베르데곶 서방 100리그상에 가상의 선을 긋고 그 동쪽은 포르투갈령으로, 그 서쪽은 스페인령으로 한다고 선언하였다. 그러나 주앙 2세는 이 경계선을 서방 370리그로 옮겨주도록 요구했다. 스페인이 이를 받아들임으로써 양국 사이에 〈토르데시야스 조약〉(1494)이 체결되었다. 포르투갈은 뒤에 이 조약을 근거로 브라질을 자국령으로 삼을 수 있었다.

상황이 이렇게 되자 주앙 2세는 인디즈항로 탐사를 재개하기로 했다. 주앙 2세는 1494년 브라간사(Bragança) 출신인 주앙을 총책임자로 지명하고, 디아스에게 선박건조를 감독하도록 지시했다.[11] 그러나 1495년 주앙 2세가 사망한 뒤 인디즈항로 탐사계획은 다시 유보되었다. 주앙 2세의 뒤를 이어 그의 처남 – 주앙 2세는 마누엘의 누이와 결혼했다 – 인 마누엘 1세(Don Manuel I, 1495~1521)가 왕위를 계승하고 인디즈 탐사계획을 재추진하였는데, 이 때 인디즈 탐사대장으로 선택된 사람이 바로 바스쿠 다 가마(Vasco da Gama, 1st Count of Vidigueira, 1460?~1524)였다.

동 마누엘 1세(리스본해양박물관)

---

11) Hart, Ibid., p.84.

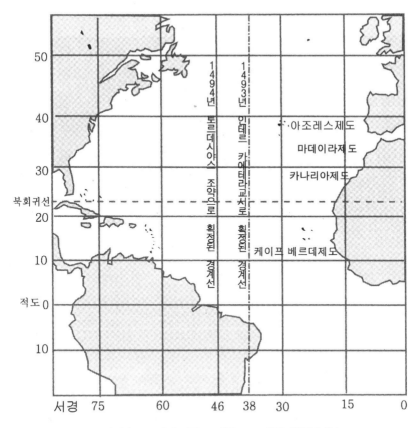

50

1
4
9
4
년

1
4
9
3
년

40 · · 아조레스제도
마데이라제도

30 카나리아제도

토
르
데
시
아
스

인
테
르
·
카
에
테
라

북회귀선 20
적도 0
10

조
약
으
로

확
정
된

경
계
선

교
서
로

확
정
된

경
계
선

케이프 베르데제도

서경 75 60 46 38 30 15 0

토르데시아스 조약에 따른 스페인 – 포르투갈 영토분계선

3. 인디즈 항로의 개척

바스쿠 다 가마는 포르투갈의 알렌테주(Alentejo)해안에 위치한 시네스(Sines)에서 시네스 요새의 총독(civil governor of Sines)이었던 에스테바웅 다 가마(Estêvão da Gama, 1430?~1497)의 셋째아들로 태어났다.(1460년경) 그의 어린 시절에 대해서는 에보라(Évora)에서 수학과 항해술 등을 배웠다는 것 이외에는 알려진 사실이 별로 없다. 1492년에 주앙 2세는 포르투갈 선박을 약탈하는 프랑스 해적선을 나포하는 임무를 가마에게 부여하고, 그를 리스본 남부의 세투발(Setúbal)과 알가르브(Algarve)로 파견했다. 가마는 이 임무를 훌륭하게 완수함으로써 지휘관으로서의 자질을 인정받았다.

마누엘 1세로부터 대장기를 받고 있는 가마

　원래 인디즈 탐사대는 가마의 아버지 에스테바웅이 지휘하기로 예정되어 있었다. 그러나 에스테바웅이 사망하자 가마가 인계한 것으로 알려졌다. 그러나 주앙 2세가 그를 선정하고 마누엘 1세가 임명한 것인지, 아니면 처음부터 마누엘 1세가 선정한 것인지는 밝혀져 있지 않다. 한 연대기 작가는 그의 형 파울로 다 가마가 지휘관으로 임명되었으나, 그가 병으로 임무를 제대로 수행하지 못하자 바스쿠 다 가마가 승계했다고 주장하기도 하였다.[12]

　바스쿠 다 가마는 2년여 동안 탐사준비를 한 뒤 탐사선 3척과 보급선 1척을 건조하였다. 선단은 가마가 직접 조선한 120톤급인 캐럭선 사웅 가브리엘(São Gabriel)호를 비롯하여, 120톤급인 사웅 라파엘[São Rafael, 선장 파울로 다 가마(Paulo da Gama, 1465?~1499)]호와 50톤급인 사웅 미구엘[São Miguel = Berrio, 선장 니콜라우 코엘루(Nicolau Coelho)], 2백 톤급인 보급선[선장 곤잘루 누네스(Gonçalo Nunes)] 등 총 4척으로 구성되었다. 탐사기간을 고려하여 식량은 3년치를 준비하였고, 선원 170여 명이 동행하였다. 선원 가운데는 아랍인 2명과 아프리카의 반투(Bantu) 원주민 1명도 끼어 있었다.

12) quoted in Hart, Ibid., p.107.
13) 김재근, 『배의 역사』, 122쪽.

바스쿠 다 가마의 기함 사웅 가브리엘 호[13]

1497년 7월 8일 리스본 입구의 레스텔로(Restelo)를 출항한 가마 선단은 바르톨로메 디아스가 조선한 배와 함께 케이프 베르데제도까지 남하하였다. 1488년에 희망봉까지 탐사한 바 있는 디아스는, 디오구 데 아삼부하(Diogo de Azambuja, 1432~1518)가 1482년 가나 연안의 황금해안에 구축한 사웅 조르게 다 미나(São Jorge da Mina)요새에 소속되어 항해업무에 종사하고 있다가, 이 때 미나요새로 귀항하던 길이었다. 가마의 선단은 1497년 7월 15일 카나리아제도를 거쳐 아프리카 연안을 따라 남진하여 7월 26일 케이프 베르데제도의 산티아고(Santiago)에 도착한 뒤 8월 2일까지 머물면서 식량과 식수 등을 새로 수급하고 항해중 고장난 활대를 수리하였다.[14]

8월 3일 산티아고를 출항한 가마는 북쪽으로 강하게 흐르는 기니만 해류를 피하기 위해 대서양 남부를 돌아서 희망봉으로 가는 항로를 택하여 11월 7일 남아프리카 남서부의 세인트 헬레나(St. Helena : 다 가마가 명명)만에 도착하였다. 11월 16일 세인트 헬레나만을 출발한 가마는 항해를 계속했으나, 역풍으로 항해하기가 어려워 11월 22일에야 희망봉을 돌았다. 이어 3일 뒤인 25일 모젤만에 정박한 그는 그 곳을 처음으로 발견했다는 표식으로 돌기둥을 세웠다. 당시 탐사선들은 새로 발견되는 땅의 소유권을 입증하고 항해표지로도 이용하기 위해 돌기둥을 싣고

---

14) A Journal of the First Voyages of Vasco da Gama in 1497~98, in Charles Ley, ed. by, Portuguese Voyage, 1498~1663, p.7.

15) 이병철, 『위대한 탐험』, 39쪽.

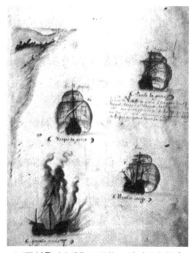

보급선을 불태우고 있는 가마 선단15)

다녔다. 가마는 보급선을 해체하기 위하여 보급선에 실린 선박용품을 모두 다른 배로 옮겨야 했기 때문에 13일 동안이나 이곳에 머물렀다.

12월 8일 항해를 재개한 가마는 이미 디아스가 항해한 해역을 넘어서 있었다. 성탄절에 나탈(Natal : 포르투갈어로 크리스마스라는 뜻임, 다 가마가 명명) 해안에 도착한 가마선단은 1498년 1월 11일에는 나탈해안과 모잠비크 사이에 있는 작은 강에 5일간 정박하였다. 그는 이곳의 원주민들과 매우 좋은 관계를 유지하였기 때문에 이 지역을 '좋은 사람들의 땅(Terra da Boa Gente)'이라 불렀고, 강은 '구리강(Rio do Cobre)'이라고 이름지었다.

가마는 1498년 1월 25일 오늘날 모잠비크에 속하는 켈리마네(Quelimane)강에 이르렀다. 이곳에서 가마는 고된 항해로 이미 지칠 대로 지친 선원들에게 휴식시간을 주었다. 식수와 식량을 새로이 마련해야 했고, 또 사웅 라파엘호의 돛도 수리해야 했던 가마선단은 2월 24일까지 이곳에 머물렀다. 가마는 또 이곳에다 사웅 라파엘호에 싣고 온 돌기둥을 세운 뒤, 이를 '사웅 라파엘의 기둥'이라 명명하였고, 켈리마네강은 '좋은 징조의 강(Rio dos Bons Senhais)'이라 이름을 지었다.

1498년 2월 24일 항해를 재개한 가마일행은 다음달 2일 모잠비크에 도착했다. 이곳의 주민들은 가마일행을 이슬람교도로 생각하여 융숭하게 접대하였으나, 곧 그들이 기독교도라는 사실을 알게 되자 가마일행을 죽이려고 획책했다. 그럼에도 모잠비크의 통치자는 가마에게 인디즈로 가는 항로를 안내해 줄 수로안내인 두 명을 보내주었다. 그러나 그 중 한 명은 가마일행이 기독교도라는 사실을 알고 도망쳤고, 남아 있던 한 명은 실력이 그리 신통치 못했다.

사정이 이렇게 되자 가마는 곧 출항하여 아프리카 동쪽 해안을 따라 항해하면서 식수와 식량을 수급하는 한편, 인디즈로 가는 정보와 유능한 수로안내인을 구하고자 했다. 가마일행은 모잠비크 인근에 머무르는 동안, 원주민들과 교역하고 있던 아랍상인들로부터 사도 요한의 왕국이 내륙 깊숙한 곳에 자리잡고 있다는 풍문을 전해 듣는다. 그러나 항해의 목적지가 사도 요한의 왕국이 아니라 인디즈 였기 때문에 가마는 항해를 재개하였다.

모잠비크 해안을 거슬러 북상한 가마는 1498년 4월 7일 케냐의 몸바사(Mombassa)에 도착하였다. 몸바사의 통치자가 두 명의 백인 기독교도를 통해 양과 각종 과일을 보내오자, 가마는 이에 대한 답례로 산호로 만든 구슬목걸이를 보내주는 등 우호적인 관계를 유지하였다. 당시 가마 선단에 동승했던 선원의 항해일지에 따르면, 가마가 성령(Holy Ghost)[16]의 그림을 몸바사의 통치자에게 보냈는데, 이를 본 몸바사의 통치자가 정향·후추·옥수수 등을 구입하여 선적할 수 있도록 허용하였다고 한다.

다시 출항한 가마일행은 4월 14일 케냐의 말린디(Malindi)에 도착하였다. 가마는 이곳에서 인디즈로 가는 항로를 안내해 줄 수로안내인을 만나게 된다. 말린디의 토후가 소개해 준 수로안내인은 이븐 마지드(Ibn Majid, 1421~1500?)라는 이슬람교도였다. 항해일지에 따르면, 그 수로안내인은 기독교도라고 되어 있지만, 실제로는 구자라트(Gujarat) 출신의 이슬람교도였다.[17] 항해일지에는 "이븐 마지드가 모잠비크 해안에 대해 얘기한 내용이 자신들이 목격한 것과 일치했기 때문에 그를 신뢰하게 되었다"[18]고 기록되어 있다.

'성난 바다의 사자'라고 자칭했던 이븐 마지드는 당대 이슬람 세계 최고의 항해가로 인정받고 있었다. 그가 1490년에 출간한 『바다와 항해 기초 입문서』(Kitabal-Fawa'id, Book of Lessons on the Foundation of the Sea and Navigation)는 홍해와 인도양의 항해정보를 포함하여 당대의 해양과학을 총망라한 해설서로서 아랍권에서는 가장 권위있는 항해안내서였다. 바로 이슬람 세계 최고의 항해가가 유럽인들의 앞잡이가 되었던 셈이다. 훗날 아랍의 역사가들은 이븐 마지드가 제정신을 잃을 만큼 술에 취해 있었기 때문에 다 가마에게 인도 항로를 안내해주는 잘못을 저질렀다고 기록하였다.[19]

---

16) 편역자의 보충설명에 따르면, 시바(Shiva) 왕과 그의 아내의 화신(Journal of Vasco da Gama, in Charles Ley, ed. by, Portuguese Voyage, p.21 각주 참조).
17) Journal of Vasco da Gama, in Charles Ley, ed. by, Portuguese Voyage, p.26.
18) Journal of Vasco da Gama, in Charles Ley, ed. by, Portuguese Voyage, p.26.
19) 김명섭, 『대서양문명사』, 102-103쪽.

가마는 이븐 마지드의 안내를 받아 4월 24일 말린디를 출항하여 24일간 인도양을 횡단한 뒤 인도의 서해안에 도착, 5월 19일에는 카푸아(Capua)에 닻을 내렸다. 원래 캘리컷을 목표로 하였으나, 이븐 마지드의 착각으로 캘리컷에서 7마일가량 떨어진 카푸아에 닻을 내리게 된 것이다. 가마는 이튿날 캘리컷에 도착함으로써 목표로 했던 인디즈항로를 개척하게 되었다.

항구에 정박하자 가마는 튀니스에서 데리고 온 두 명의 무어인을 상륙시켰다. 무어인들은 캘리컷 관헌들이 "이렇게 먼 곳까지 온 이유가 무엇이냐?"고 묻자, "기독교도와 향료를 찾기 위해서 왔다"고 대답하였다. 이들 무어인은 캘리컷 관헌들로부터 극진한 접대를 받고 캘리컷 관헌 1명과 함께 배로 돌아왔다. 가마 선단의 배에 오른 캘리컷 관헌은 배에 오르자마자 "당신들은 행운의 탐사대야! 이곳에는 홍옥과 에메랄드가 가득하지. 그처럼 막대한 부를 당신들 나라로 가져갈 수 있게 된 것을 신에게 감사해야 할 게야'라고 말했다.[20] 탐사대원들은 놀라지 않을 수 없었다. 자신들 나라에서 그렇게 멀리 떨어져 있는 인디즈에서 자기 나라 말[영역본 사료에는 'our language'로 되어 있음]을 할 줄 아는 사람을 만나리라고는 꿈에도 생각하지 못했기 때문이다. 항해일지 작가는 캘리컷의 첫 인상을 다음과 같이 기록하고 있다.

"캘리컷에는 기독교도들이 거주하고 있다. 그들은 얼굴빛이 황갈색이다. … 그들은 또한 대개 턱수염을 기르고 있으며, 귀를 뚫어 금 귀걸이를 하고 있었다. 그들은 하체에만 옷을 걸치고 있을 뿐, 상체에는 아무것도 걸치지 않은 채 돌아다닌다. … 이곳의 여자들은 대체적으로 못생겼고 키가 작다. 여자들은 목걸이와 팔찌를 차고 있었으며, 발가락에도 장신구를 하고 있었다. 이 곳 사람들은 성격이 모두 온순한 게 틀림없다. 그러나 그들의 첫인상은 욕심이 많고 무지한 것처럼 보였다."[21]

가마는 캘리컷을 다스리는 자모린 통치자와 협상을 하는 데 3개월을 소비해야 했다. 자모린의 통치자를 접견한 가마는 "우리들은 포르투갈왕의 사절들이며, 우리들이 캘리컷에 온 목적은 이 지역을 다스린다고 알려진 기독교도 군주를 찾으려는 것이지 금이나 은을 찾으려는 것이 아니다. 포르투갈에도 금과 은은 많이

---

20) Journal of Vasco da Gama, in Charles Ley, ed. by, Portuguese Voyage, pp. 27 - 28.
21) Journal of Vasco da Gama, in Charles Ley, ed. by, Portuguese Voyage, p. 28.

있기 때문에 그런 것은 필요하지 않다"고 설득하였다.

그러나 자모린의 통치자는 가마가 헌상한 물건이 보잘것없는 것에 실망하였다. 가마의 진상품은 예복 12벌, 진홍빛 두건 4장, 모자 6개, 산호로 만든 현악기 4기, 대야 4개, 설탕 1통, 기름 2통, 꿀 2통이 전부였다.[22] 가마가 "단순히 발견을 목적으로 이곳에 왔다"고 설명하자, 자모린의 통치자는 "그렇다면 발견하고자 하는 것이 보석이냐 사람이냐? 또 사람을 발견하려고 왔다면 왜 아무것도 가지고 오지 않았느냐"고 되물었다.

가마는 "이와같이 위대한 발견을 할 수 있었던 행운을 기뻐하며, … 우리가 목표로 했던 나라를 발견함과 동시에 향료와 귀금속도 발견할 수 있었지만, 이 나라 사람들과 좋은 관계를 맺는다는 것이 불가능해 보이기 때문에 이곳을 떠나는 것이 좋겠다"고 생각하고, 1498년 8월 하순 캘리컷을 출항하였다.[23]

가마가 자모린과 무역조약을 체결하는 데 실패했던 것은 포르투갈에서 가져온 물건이 당시 캘리컷에서 거래되고 있는 물건에 비해 조악했기 때문이기도 했지만, 이슬람 상인들이 자모린 통치자가 기독교도와 조약을 맺는 것을 방해했기 때문이기도 했다.

캘리컷을 출항한 가마는 인도 서해안을 북상하여 고아 근처 안지디브(Anjidiv)섬을 거쳐 10월에 인도를 출항하였다. 그러나 이 때는 인도양에 편서풍이 불 때여서 아라비아해를 건너는 데 꼬박 3개월 가량을 소비해야 했다. 인도양을 횡단하는 도중에 많은 선원들이 사망하였다.

1499년 1월 8일, 아프리카의 말린디로 되돌아온 가마는 선원들이 크게 줄어 배의 규모를 줄일 수밖에 없었다. 사웅 라파엘호를 불태우고, 사웅 가브리엘호와 사웅 미구엘(별칭 : 베리오)호 등 두 척만 남긴 가마 선단은 1499년 2월 1일 모잠비크에 정박한 뒤, 희망봉을 돌았다.(3.20) 희망봉을 돈 이후 아프리카 서해안을 항해하던 4월말, 두 배는 폭풍우 속에서 서로 헤어지게 되었다. 니콜라우 코엘루가 지휘한 사웅 미구엘호는 그 해 7월 10일 포르투갈의 테주강으로 귀환하였다.

아프리카 서해안에서 사웅 미구엘호와 헤어진 가마는 아조레스의 테르세이라(Terceira)섬으로 향하였다. 그런데 이곳에서 가마의 형인 파울루(Paulo da Gama,

---

22) 프리츠, 『세계 탐험 이야기』, 97쪽.
23) Journal of Vasco da Gama, in Charles Ley, ed. by, Portuguese Voyage, pp.34-37.

1465?~1499)가 사망하였다. 이에 뒷수습을 위해 가마 자신은 테르세이라에 남고, 주앙 다사(Joã Dasa)에게 사웅 가브리엘 호의 지휘권을 맡겨 포르투갈로 귀환시켰다. 가마는 1499년 9월 9일 혼자서 리스본으로 귀국하였다. 마누엘 1세는 그에게 귀족칭호를 부여하고, 매년 1000 크루사도스(Cruzados)의 연금과 영지를 부상으로 부여하였다. 가마는 1500년경 귀족의 딸인 카테리나 데 아타이데(Caterina de Atàide)와 결혼한 것으로 알려져 있다. 가마의 선단에 동행했던 170여명의 선원 가운데 귀환한 사람은 55명 내외에 불과했고, 나머지는 항해도중 괴혈병 등으로 사망하였다.[24]

4. 동양무역의 확대

페드로 카브랄[25]

가마가 귀국했을 당시 포르투갈 왕실은 인도에 재외상관을 설치하고 왕의 특허장을 가진 선단을 정기적으로 파견하는 문제 등 조직적으로 동양무역을 전개하기 위한 일련의 계획을 수립해 놓고 있었다. 마누엘 1세는 카브랄을 사령관으로 하여 13척으로 구성된 대규모 탐사대를 캘리컷으로 파견하였다. 이 탐사대에는 다 가마와 함께 항해한 바 있었던 니콜라우 코엘루(Nicolau Coelho, 1460?~1502), 그리고 디에구 디아스(Diego Dias = Diogo Gomes, 1450~1500)와 바르톨레메 디아스도 동행하였다.[26]

---

24) 다 가마의 인디즈 탐사에 참가한 인원에 대해서는 여러 가지 설이 있다. 세르니기(Sernigi)는 보급선을 제외하고 총 120명이 탐사에 나섰다고 기록하고 있으며, 카스탄에다(Castanheda)와 고에스(Goes)는 총 148명 중 55명이 귀환했다고 밝히고 있다. 한편 바로스는 탐사대원은 총 160명이었다고 밝히고 있고, 코레아(Correa)는 260명이었다고 적고 있다. 현재까지의 연구를 종합해 보면, 탐사대원은 170여 명이었고, 그 중 1/3인 55명 내외가 귀환한 것으로 추정된다. (E.G. Ravenstein, Trans. and ed. by, The Journal of the First Voyage of Vasco da Gama 1497~1499, pp.173 - 174).

25) https://en.wikipedia.org/wiki/Pedro_%C3%81lvares_Cabral(2018.10.16).

26) 프리츠, 『세계 탐험 이야기』, 103쪽.

1500년 3월 9일 리스본을 출항한 카브랄은 동승한 디아스의 안내를 받아 기니만 연안의 무풍지대를 피하기 위해 남서쪽으로 항로를 잡았으나 대서양을 횡단하여 남미 연안에 표착하고 말았다.(4.22) 카브랄은 이때가 부활절 주일이었기 때문에 처음 목격한 원뿔 모양의 산을 '이스터 산(Mt. Easter)이라고 명명하고,[27] 섬을 '트루크로스(True Cross)섬'으로 명명하였지만, 나중에 마누엘 1세가 섬의 이름을 '홀리크로스(Holy Cross)섬'으로 개명하였다. 카브랄이 도착한 남미 연안은 오늘날의 브라질로, 1494년에 스페인과 맺은 〈토르데시야스 조약〉에 따라 포르투갈의 식민지로 개발되었다.

카브랄은 이곳에서 10여 일 정도 정박한 뒤 발견소식을 본국에 알리기 위해 배 한 척을 포르투갈로 보낸 뒤 다시 항해에 나섰다. 희망봉 해역을 항해하던 도중 수로안내인으로 승선했던 디아스가 사망하는 사고가 발생하였으나, 카브랄은 1500년 항해를 계속하여 마침내 캘리컷에 도착하였다.(9.13) 카브랄 일행은 캘리컷을 다스리는 자모린의 통치자로부터 환영을 받고 상관을 설치하였다. 그러나 이슬람 상인들이 포르투갈 상관을 습격하여 포르투갈 사람을 살해한 사건이 발생하였다.(1500.12.17) 뒤늦게 상관으로 돌아와 이 사실을 안 카브랄은 캘리컷에 포격을 가하고 이슬람의 상선 10척을 나포하여 선원들을 살해하였다.

이런 일련의 사건으로 캘리컷에서 평화적으로 무역을 할 수 없다고 판단한 카브랄은, 캘리컷 남쪽에 있는 코친(Cochin)으로 이동하여 상관을 설치하고 남은 6척의 배에 향료를 선적한 뒤, 다시 북상하여 카나노르에 들러 상관을 설치하였다. 그리고 나서 1501년 1월 16일 귀항길에 올라 테주강으로 귀환하였다.(6.23)

캘리컷에서 상관이 습격되는 불상사가 발생했다는 사실을 보고받은 마누엘 1세는 보다 강력하게 무장한 3차 인도함대를 파견하였다. 원래 이 탐사대는 카브랄이 지휘하기로 내정되어 있었으나, 결국 가마에게 지휘권이 넘겨졌다.(1502.1) 총 14척으로 이루어진 3차 인도함대를 지휘하게 된 가마는 5척 단위로 선단을 묶어 각 함대의 지휘권을 친척들에게 맡겼다.

1502년 2월 포르투갈을 출항한 함대는 베르데곶을 거쳐 아프리카 동부의 소팔라(Sofala)항구에 정박하였다.(6.14) 다시 아프리카 동해안을 북상하면서 연안항해

---

27) 프리츠, 『세계 탐험 이야기』, 104쪽.
28) https://en.wikipedia.org/wiki/Pedro_%C3%81lvares_Cabral(2018.10.16).

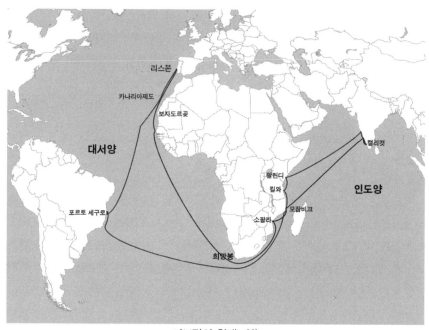

카브랄의 항해도28)

를 계속한 가마의 3차 인도함대는 모잠비크를 경유하여 지금의 탄자니아에 속하는 킬와(Kilwa)로 향하였다. 지난번 카브랄이 킬와에 들렀을 때 그 곳의 통치자인 아미르 이브라임(Amir Ibraim)은 카브랄 일행을 적대적으로 대한 적이 있었다. 이에 가마는 아미르 이브라임에게 만약 포르투갈에 복속하지 않고 마누엘왕에게 충성을 맹세하지 않는다면 킬와를 불사르겠다고 강압하여, 마침내 아미르로부터 복속을 받아내었다.

가마는 인도양을 횡단하여 캘리컷과 적대관계에 있는 카나노르항으로 항해하였다. 고아에 도착한 가마일행은 메카를 참배한 뒤 귀향중이던 이슬람 순례자들을 태운 메리(Meri) 호와 마주치게 된다. 가마는 메리 호를 정지시킨 뒤, 배에 타고 있던 순례자들에게 귀중품을 내놓으라고 요구하였지만, 선뜻 내놓지 않았다. 당시 상황을 가마의 선원 중 한 명은 다음과 같이 묘사하였다.

"우리는 380명의 남녀노소가 타고 있는 배 한 척을 나포하였다. 우리는 그들로부터 1만 2000 두캇의 돈과 그밖에 1만 두캇에 상당하는 물건을 빼앗았다. 우리는 8

월 1일에 배와 배에 타고 있던 모든 사람들을 불태워 버렸다."[29]

가마는 카나노르의 통치자와 동맹을 맺은 뒤 다시 캘리컷으로 향하였다. 10월 30일 가마가 캘리컷에 도착하자 자모린의 통치자는 우호적으로 나왔다. 그러나 가마는 이를 거절하고 항구에서 이슬람 사람들을 추방하겠다고 최후통첩을 보냈다. 그리고 자신의 말이 빈말이 아님을 입증하기 위해 항구에 포격을 가하고, 장식품을 팔기 위해 자신의 배에 올라온 힌두인 38명을 학살하였다. 이에 캘리컷 해안에서는 이슬람 선단과 가마의 선단 사이에 해전이 벌어지게 되었다. 그러나 이슬람 선단이 대포로 무장된 포르투갈 선단을 이길 수는 없었다. 비록 소규모이긴 했지만, 캘리컷 앞바다에서 벌어졌던 이 해전에 대해 패리는 다음과 같이 평가하였다.

"캘리컷 해전은 유럽인들에게 무장만 잘 갖춘다면 어떤 아시아 함대도 격파할 수 있다는 자신감을 주었다는 점에서 중요하였다."[30]

그 뒤 가마는 코친항으로 가기 위해 남쪽으로 항해하였다. 이 때 자모린과 적대관계에 있던 코친의 통치자도 동행하였다. 코친은 이미 포르투갈과 동맹을 맺고 있었다. 코친과 동맹관계를 재구축하고 향료 등을 구한 뒤 다시 카나노르에 들른 가마 선단은 1503년 2월 20일, 카나노르를 출발하여 모잠비크와 희망봉을 경유한 뒤 에 입항하였다.(10.11) 가마는 인도를 떠나면서 배 5척을 남겨두었는데, 이는 유럽인들이 아시아에 주둔시킨 최초의 상주 해군력이었다.[31]

포르투갈로 귀환한 가마는 고향 시네스시의 통치권을 약속받았으나, 사웅 티아구 수도회(São Tiago order)가 이를 거부하자 통치권을 둘러싸고 양측간에 갈등이 표출되었다. 가마는 공직에서 은퇴한 뒤 에보라시에 머물렀다. 그는 이후 여러 가지 특권과 연금도 하사받았다. 가마는 은퇴 이후에도 1505년까지 인도문제에 대해 왕에게 조언을 했으며, 1519년에는 비디게이라(Vidigueira) 백작으로 서임

---

29) Boorstin, 『발견자들 I』, 278쪽 재인용.
30) Parry, 『약탈의 역사』, 68쪽.
31) Boorstin, 『발견자들 I』, 279쪽.
32) 이병철, 『위대한 탐험』, 39쪽.

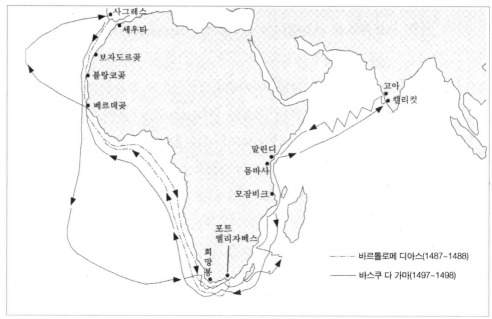

사그레스
세우타
보자도르곶
블랑코곶
베르데곶
고아
캘리컷
말린디
몸바사
모잠비크
포트
엘리자베스
회
망
봉

----- 바르톨로메 디아스(1487~1488)
——— 바스쿠 다 가마(1497~1498)

디아스와 다 가마의 항해도[32]

되었다.

1521년 마누엘 1세가 죽자 왕위를 계승한 주앙 3세(1521~1557)는 1524년 가마를 인도책임자로 임명하였다. 그 해 9월 인도의 고아에 도착한 가마는 전임자의 지배하에 빚어진 행정적 혼란을 바로잡는 데 진력하였으나, 과로 등 여러 가지 이유로 병석에 눕게 되어 1524년 12월 24일 코친에서 사망하였다. 그의 시신은 1538년 포르투갈로 이송되었다. 바스쿠 다 가마는 마이클 하트가 선정한 역사상 영향을 끼친 100인의 인물 가운데 84위를 차지하였다.

가마의 항해로 엔리케 이래 70여 년 동안 계속되었던 인도항로가 개척되었다. 가마의 인도항로 개척은 역사상 중요한 영향을 끼쳤다. 첫째는 이제까지 육로를 통해서, 그것도 간접적인 방식으로 통교해 왔던 유럽과 동양이 해로를 통해 직접 통교할 수 있게 되었다는 점이다.[33] 인도항로가 개척되기 전까지 동양물품은 여

---

33) Jayne, Vasco da Gama and His Successors, p.v.

러 경로를 거쳐 유럽으로 전해졌다. 그 결과 동양물품은 유럽에서 고가에 팔리게 되었다. 그러나 이제 동양물품이 해로를 통해 대량으로 공급될 수 있게 되었다.

크리스트수도회의 기사로
형상화된 바스쿠 다 가마

그 동안 학계에서는 다 가마의 인도 항로의 개척으로 향료의 가격이 대폭 하락했다고 알려져 왔었다. 그러나 프레드릭 레인(Frederic Lane)은 다 가마의 인도 항로 개척으로 향료 가격이 오히려 올랐다고 주장하였다.[34] 레인의 주장에 따르면, 베네치아 인들은 이집트의 술탄들로부터 향료를 구입해 갔는데, 포르투갈인들이 인도 항로 개척으로 캘리컷에서 홍해 항로를 차단하게 되자 향료 공급 가격이 상승했다는 것이다. 포르투갈이라는 새로운 경쟁자가 나타나자 이집트의 지역 통치자들은 베네치아 상인들에게 공급하는 향료 가격의 인상을 요구하였고, 1503년 베네치아인들은 협상 끝에 스포르타당(per sporta) 105두캇을 지불한다는 데 동의하지 않을 수 없었다. 이어 1502~04년 사이에 다시 후추 가격이 상승하여 베네치아 시장에서 스포르투당 144 - 180두캇에 이르렀는데, 이는 화물당(per cargo) 80 - 100두캇에 해당한다.

인도 항로 개척 뒤 포르투갈인들은 일시적으로 후추를 비싸게 팔려고 했으나, 1506년에 화물당 52두캇으로 고정시켰다. 이렇게 되자 베네치아의 향료 가격도 리스본의 시장의 영향을 받지 않을 수 없었다. 그에 따라 1509년 베네치아의 후추 가격도 52두캇으로 내려갔다. 52두캇은 15세기 후반 후추의 일반적인 가격이었다. 포르투갈인들은 이보다 낮은 수준으로 후추 가격을 내리려 하지 않았고, 향료 시장의 대부분을 장악한 뒤에는 향료 가격을 오히려 올렸다는 것이다.

인도와 자바, 말레이 반도 등지에서 재배되던 후추는 당시 이 지역의 국제어였던 산스크리트어로 '피파리'(pippali)라고 불렸는데, 영어의 '페퍼'(pepper)가 바로 여기에서 유래한 것이다.[35] 유럽인들에게 후추는 정말로 필요했던 물품이었다.

---

34) Frederic C. Lane, "Pepper Price before Da Gama," pp.590 - 597.
35) 김명섭, 『대서양문명사』, 115쪽.

17세기 이후 겨울용 가축사료가 완벽하게 개발될 때까지 유럽의 축산업은 매년 일과 번식에 필요한 만큼만 가축 수를 유지하고, 나머지는 죽여서 고기를 절여 보존해야 했다. 소금으로 염장할 수도 있었지만, 그렇게 되면 수분이 너무 빠져버려 맛이 없어지고 질겨지게 된다. 그러므로 유럽인들의 입장에서 후추는 사치품이 아니라 필수품이었던 것이다.[36]

베네치아의 후추 가격 (기준 : ducat per cargo)

연도	가격	연도	가격
1420	96 - 125	1499	69 - 80
1430	60	1500	87 - 100
1439	52	1501	62 - 130
1450	40.5	1502	90 - 100
1462	49.5	1503	80 - 100
1470	53 - 70	1504	100
1480	48.5 - 53	1509	52
1498	56 - 57	1510	65

자료 : Lane, "Pepper Price before Da Gama," p.597.

어쨌든 인도 항로 개척은 유럽인의 일상생활과 경제생활을 크게 변화시켰던 것만은 분명하다. 이런 의미에서 애덤 스미스는 가마의 인도항로 개척을 콜럼버스의 신대륙 발견과 함께 역사상 가장 위대한 사건 가운데 하나로 손꼽았던 것이다.

둘째는 동양의 실태를 목격한 유럽인들이 압도적인 무력을 바탕으로 동양을 잠식해 들어갈 수 있게 되었다는 점이다. 포르투갈의 뒤를 이어, 네덜란드와 영국이 해양팽창의 대열에 뛰어들게 됨으로써 유럽 각국은 동양무역을 차지하기 위한 각축전을 벌이게 되었다.

셋째는 이 과정에서 유럽인들은 세계의 헤게모니를 장악해 갔고, 비유럽인에 대해 잔악한 행위를 서슴지 않았다. 다가마와 카브랄은 무력한 어부를 고문하였고, 알메이다는 호위를 데리고 들어왔던 나이르인(Nair)의 두 눈을 못 쓰게 만들어버렸다. 알부케르케는 아라비아 해 연안에서 자신에게 투항해 온 남자들의 손과 여자들의 코를 잘라버렸다. 이밖에도 1505년 몸바사 약탈, 1506년 오자(Oja),

---

36) 조지프 니덤, 『동양항해선박사』, 370 - 371쪽.

브라와(Brawa), 소코트라(Socotra)에 대한 유린, 1528년 몸바사에 대한 2차 소각, 1587년 파자(Faza), 몸바사 그리고 만다(Manda)에 대한 소각 등의 만행을 저질렀다. 포르투갈인들은 아라비아의 순례선(Meri호)과 싸워 승객들을 수장시켰고, 인도의 모든 도시에서 처형된 이슬람교도의 손발을 불태웠으며, 말라카에서는 동맹자인 자바의 수장들을 살해하였고, 오르무즈의 술탄과 관련된 사람들을 시뻘겋게 달구어진 그릇으로 눈을 멀게 만들어버렸다.[37]

---

37) 조지프 니덤, 『동양항해선박사』, 358쪽.

7장

새로운 대륙을 확인한 아메리고 베스푸치

베스푸치[1]

1. 베스푸치의 생애

가장 널리 알려진 인명은 아메리고 베스푸치(Amerigo Vespucci, 1454~1512)일 것이다. 왜냐하면 오늘날 세계 초강대국인 아메리카(America)가 바로 그의 이름에서 유래되었기 때문이다. 그러나 그의 생애와 업적에 대해서는 거의 알려지지 않은 것이 사실이다. 아메리고 베스푸치는 1454년 이탈리아 피렌체의 공중인이던 나스타지오(Nastagio)의 아들로 태어났다.[2] 그의 가문에는 미술사가인 바자리, 시인 루도비코 아리오스토(Ludovico Ariosto, 1474~1533)화가 보티첼리·레오나르도 다빈치 등이 출입하는 등 피렌체의 명문가에 속했다. 특히 다 빈치는 베스푸치 할아버지의 초상화를, 보티첼리는 베스푸치의 초상화를 그리기도 했다.

베스푸치는 젊은 시절, 당시 피렌체의 정권을 장악하고 있던 메디치가의 사업

1) Frederick Pohl, Amerigo Vespucci ; Pilot Major, f.2.
2) 아메리고 베스푸치의 초년생애에 대해서는 Germán Archiniegas, Amerigo and the New World, pp.3 - 49을 참조하라.
3) Germán Archiniegas, Amerigo and the New World, f.175.

보티첼리가 그린 베스푸치의 초상[3]

을 도우면서 책과 지도를 수집하고, 우주형
상학과 천문학을 공부하였다. 베스푸치는
1492년 스페인에 파견되어 피렌체의 메디치
가의 사업을 관리하다가 얼마 후 독립하여
세비야에 선박용품상을 차렸다. 이때부터 그
는 항해에 대해 직접 보고 듣게 되면서 차츰
탐험 쪽에 관심을 갖게 되었다. 그리하여 그
는 1499년 이후 두 차례에 걸쳐 아메리카
대륙을 탐험하고 콜럼버스가 발견한 대륙이
인디즈나 카타이 또는 씨팡고가 아니라 이제
까지 알려지지 않았던 새로운 대륙이라는 사
실을 깨달았다.

베스푸치는 1508년 3월 스페인 수로청의 수석수로안내인으로 임명되어 주로 경
도를 결정하는 방법을 연구하는 데 몰두하였다. 그러나 항해도중 걸린 말라리아
로 후사後嗣없이 아내 마리아 세레소(Maria Cerezo)만 남긴 채 1512년 세비야에서
사망하였다.(2.22)

2. 베스푸치의 1차항해 ; 브라질과 베네수엘라

베스푸치 항해에 대해서는 두 가지 사료가 남아 있다. 한 사료에는 그가 두 차례
항해했다고 기록되어 있는 데 반해, 다른 한 사료에는 그가 총 네 차례 항해를 한
것으로 기록되어 있다. 따라서 베스푸치의 항해에 대해서는 의견이 분분했으나, 결국
『아메리고의 4차항해(Quattuor Americi Navigations)』 또는 『신세계(Novus Mundus)』
등의 제목으로 발행된 사료가 위조된 것으로 밝혀져, 두 차례 항해설이 널리 받아들
여지게 되었다.[4] 이 사료들이 위조되었음을 보여주는 결정적인 단서는 콜럼버스가
신대륙에 도착한 해를 1492년이 아닌 1497년으로 기록하고 있다는 것이다.[5]

---

4) Parry, 『약탈의 역사』, 104쪽.
5) 프리츠, 『세계 탐험 이야기』, 129쪽.

프톨레마이오스의 지도의 인디즈 부분 윤곽[6]

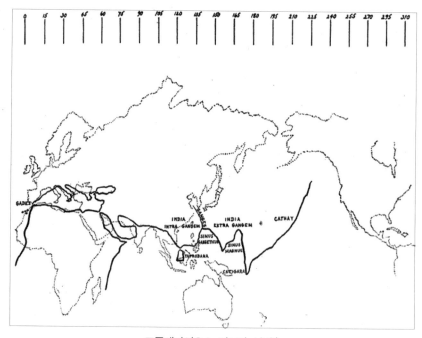

프톨레마이오스 지도와 실제[7]

베스푸치는 첫번째 항해에서는 스페인 탐험대의 일원으로 참가하였고, 두번째 항해 때는 포르투갈 탐험대의 일원으로 참가하였다. 상인이자 당시 이탈리아의 권세가인 메디치 가문의 대리인으로서 출세가도를 달리고 있던 베스푸치가 항해에 나서게 된 이유는 무엇이었을까? 베스푸치는 자신이 항해에 나선 이유에 대해 다음과 같이 쓰고 있다.

"나는 프톨레마이오스가 카티가라(Catigara)곶이라고 말한 갑岬을 찾기로 결심하였다. 카티가라곶은 시누스 마그누스(Sinus Magnus)와 연결되어 있는 곳이다."[8]

프톨레마이오스는 카티가라를 적도 아래에 있는 것으로 표시하였는데, 베스푸치는 이곳을 찾아내어 그 때까지 콜럼버스가 발견하지 못한 인디즈로 가는 항로를 찾고자 했던 것이다. 베스푸치는 1499년 알론소 데 오예다(Alonso de Ojeda, 1468?~1515)와 후앙 데 라 코사(Juan de la Cosa, 1450?~1510)가 이끄는 원정대에 끼어 항해에 나섰다. 오예다는 이미 콜럼버스의 2차항해 때 동행하여 카리브해 연안을 탐험한 적이 있었다. 오예다는 콜럼버스가 아시아로 가는 항로를 발견하지 못하자 다시 스페인 왕실과 동양으로 가는 항로를 발견하기로 계약을 맺고 항해에 나섰던 것이다. 당시 베스푸치의 역할이 무엇이었는가에 대해 일부 사람들은 단순한 여행객이었다고 주장하기도 하고, 다른 사람들은 그가 천문 관측을 통해 함대의 항로를 결정하는 임무를 맡고 있었다고 주장하기도 한다.[9]

오예다의 탐험대는 1499년 5월 18일 스페인의 카디스항을 출항한 뒤 카나리아 제도를 경유하여 콜럼버스가 3차항해때 도착한 바 있는 기아나(Guiana) 근처에 도착하였다. 여기서 탐험대는 두 척씩 나누어 각각 다른 곳을 탐험했다. 오예다가 이끄는 탐험대는 콜럼버스가 '진주해안(Coast of Pearl)'이라고 명명한 해안에 도착한 뒤 북쪽으로 항해하고, 베스푸치가 속한 탐험대는 오늘날 브라질의 북부 해안에 도달한 뒤 브라질 해안을 따라 남하하였다. 베스푸치는 대서양 3700여 마일을 항해하여 1499년 6월 27일경 브라질 북부 해안의 카시오포레곶(Cape Cassio -

---

6) Pohl, Amerigo Vespucci, p.19.
7) Pohl, Amerigo Vespucci, p.22.
8) quoted in Frederick Pohl, Amerigo Vespucci ; Pilot Major, pp.40 · 50.
9) 프리츠, 『세계 탐험 이야기』, 123쪽.

pore) 부근에 도착하였다. 당시 기록에 따르면, 베스푸치 일행은 24일여 만에 대서양을 횡단하였다. 이는 베스푸치가 직선항로로 항해했다고 가정해 볼 때 시간당 6노트 이상의 속력으로 매우 빠르게 항해한 것으로, 순풍을 타고 항해하였음을 알수 있다.

유럽인으로서 브라질 해안에 상륙한 사람은 베스푸치가 처음이었다.[10] 그의 뒤를 이어 7개월 뒤인 1500년 2월에 빈센트 야아네즈 핀손(Vicente Yáñez Pinzón, 1461?~1514)이, 그리고 10개월 뒤인 1500년 4월에는 카브랄이 브라질 해안에 각각 상륙하였다. 베스푸치 일행은 자기들이 상륙한 브라질 북부 해안을 전설에 신들이 먹는 음식으로 알려진 암브로시아(Ambrosia)의 이름을 따서 '세인트 암브로스(St. Ambrose)의 땅'이라고 명명하였다. 이는 브라질에 대한 최초의 명명이었다.[11]

베스푸치는 브라질 북부해안을 따라 내려오다가 아마존강 하구에서 큰 섬을 발견하고 '세인트 엘모의 섬'이라고 명명하였는데, 이 섬이 현재의 마라주섬(Ilha de Marajo)이다. 베스푸치는 아마존 하구에서는 사람이 거주하고 있다는 흔적을 찾지 못했지만, 내륙에서 불을 피운 흔적을 발견하였다. 따라서 아마존을 '숨겨진 불의 강(Rio de Foco Cecho)'이라고 명명하였다. 이것이 아마존에 대한 최초의 명명이었다.[12]

25여일 동안 아마존 유역을 탐사한 베스푸치는 다시 700~800마일을 더 남하하였다. 1499년 7월 중순경에는 오늘날 사용 루이스(São Luis)가 있는 상 마르코스(St. Marcos)만에 도달하여, 그 곳을 '아름다운 만(Golfo Fremoso)'이라고 명명하였다. 프톨레마이오스의 지도에 따르면, 남위 8° 30'선상에 있는 카티가라곶에서 대양으로 진출할 수 있어야 했는데, 브라질 해안이 계속 이어지자 베스푸치는 실망하였다. 결국 베스푸치는 7월 24일 경 오늘날의 아카라우(Aracau) 부근에서 회항하기로 하고 대양으로 뱃머리를 돌렸다.

베스푸치가 다시 브라질 해안을 보게 된 것은 1499년 8월 4일이었다. 이 때 베스푸치는 오늘날의 오랑주(Orange : 베스푸치는 이곳을 세인트 도미니크곶이라고 명명하였다)곶을 초인한 뒤 계속 남미 북부해안을 따라 북상하였다. 베스푸치

---

10) Pohl, Amerigo Vespucci, p.52.
11) Pohl, Ibid., p.53.
12) Pohl, Ibid., p.54.

는 9월 초순 남미 북안의 베네수엘라 부근에 도달하였다. 그는 베네수엘라만 앞에 위치하고 있는 보네르섬에 소방목蘇坊木인 브라질우드(brazilwood)가 많이 자생하고 있는 것을 보고, 이 섬을 '브라질우드섬'(Brazilwood island)이라고 이름지었다.[13] 브라질리아(Brasilia)는 중세 이래로 대서양상에 존재한다고 알려져 있던 전설상의 섬이었고, 붉은색 염료를 채취하는 나무의 이름이기도 했다. 그래서 베스푸치는 이 섬을 브라질우드섬이라고 명명했던 것이다. 브라질이라는 지명이 처음으로 지도에 나타난 것은 1511년이었다.[14]

남미지역에 브라질이라는 지명을 사용한 것도 베스푸치가 처음이었다. 베스푸치는 보네르섬 옆의 쿠라사웅(Curasão)섬을 '거인의 섬'이라고 명명한 뒤, 이 섬에서 서쪽으로 항해하여 아루바(Aruba)섬을 발견했다. 베스푸치는 이 섬에 사람들이 거주하고 있는 것을 확인했는데, 집이 물 위에 지어져 있는 것을 보고 베네치아를 연상하여 '작은 베네치아'라는 뜻으로 베네수엘라(Venezuella)라고 명명했다. 이 명칭은 오늘날 남미 북부에 자리잡은 베네수엘라 공화국의 국명으로 사용되고 있지만, 베스푸치는 아루바섬에 대해서만 베네수엘라라는 명칭을 사용하였다.[15]

이 지점에 이르자 좀조개들이 뱃바닥을 심하게 좀먹고 있었고, 식량도 점점 떨어져 가기 시작했다. 해안은 좀처럼 끝이 보이지 않았다. 그 때문에 베스푸치 일행은 콜럼비아 북부의 라과히라(Laguajira)반도에서 항해를 중단하고 에스파뇰라로 회항할 수밖에 없었다.(1499.9.16)

베스푸치는 자신이 남미연안을 주파한 거리가 700리그 이상인 것으로 추산하였다. 1리그는 로마식 마일로는 4마일에 해당하기 때문에 700리그는 2800마일에 해당한다. 실제로 그가 항해한 거리는 약 3000마일에 달했다. 베스푸치는 에스파뇰라에서 배를 수리하고 1499년 11월 말경 에스파뇰라를 출항하였으나 바하마제도에서 악천후를 만나 1500년 2월까지 서인도제도에 머물러 있어야만 했다. 베스푸치는 3월에 귀항길에 올라 1500년 6월 중순경에 카디스로 귀항하였다.

그는 세비야로 돌아온 뒤 로렌조 메디치에게 쓴 편지에서 "해안을 따라 400리그를 계속 항해한 결과 이곳이 대륙이라는 결론을 내리게 되었다. 이 대륙은 동

---

13) Pohl, Ibid., p.69.
14) 프리츠, 『세계 탐험 이야기』, 105쪽.
15) Pohl, Amerigo Vespucci, p.69.

아메리고 베스푸치의 항해도[16]

쪽으로는 아시아의 끝이며, 서쪽으로는 아시아의 시발점이다"[17]라고 하여 여전히
프톨레마이오스의 지리관에서 벗어나지 못했음을 보여주고 있다.

　1494년에 체결된 〈토르데시야스 조약〉에 따르면, 베르데곶 서방 370리그 동쪽
은 포르투갈령에, 그 서쪽은 스페인령에 속했다. 그러나 아직 경도를 정확하게 측
정하는 방법이 알려져 있지 않았기 때문에 이 경계선이 어디인지는 불명확했다.

　1차항해 때 달과 북극성 등을 측정하여 경도를 알아내는 방법을 실험했던 베
스푸치는 자신이 1차항해 때 탐험한 브라질 해안이 포르투갈령에 속한다고 생각
했다. 때문에 베스푸치는 1차항해 때 포르투갈령에 속한 영역을 스페인의 후원을

---

16) Pohl, Ibid., p.138.
17) Vespucci's Letter from Seville, 1500, in Pohl, Amerigo Vespucci, p.83.

받아 탐험한 셈이 되었다. 이는 정치적으로 미묘한 문제를 일으킬 수가 있었다. 왜냐하면 당시 포르투갈과 스페인은 서로 경쟁관계에 있었기 때문이다. 그래서 베스푸치는 포르투갈국왕으로부터 후원을 얻어 두번째 항해에 나서기로 결심하였다.

포르투갈은 1500년 3월에 카브랄을 지휘관으로 하는 2차 인도탐험단을 파견하였는데, 바스쿠 다 가마의 항로를 따라 케이프 베르데제도에서 남서쪽으로 항해한 카브랄은 남위 8°선상의 브라질 해안에 표착하고 말았다. 이 때문에 포르투갈의 마누엘 1세는 이미 브라질 해안에 대해 잘 알고 있었다. 이러한 당시의 상황이 마누엘로 하여금 베스푸치의 요청을 받아들이도록 하여, 결국 마누엘 1세는 베스푸치에게 선박 세 척을 준비해 주었다.

베스푸치는 1501년 탐사선 세 척을 이끌고 리스본을 출항하였다.(5.13.) 8월 15일 64일간의 항해를 마친 베스푸치는 남위 5° 부근의 브라질 해안에 도착하여 이곳을 세인트 로코(St. Rocco)곶이라고 명명했다. 이곳이 바로 오늘날 포르투갈식 철자로 바뀐 상 로퀘(São Roque)곶이다. 브라질 해안을 따라 남하한 베스푸치는 1501년 8월 28일 남위 8°선의 레시페(Recipe) 조금 아래쪽에 도착하여 그곳을 성 어거스틴곶이라고 명명한 뒤 9월 13일까지 머물렀다.

베스푸치는 남미 동해안을 따라 탐사를 계속하면서 곶과 만·강 등에 이름을 붙였다. 대표적인 것만 들어보면, 1502년 1월 6일 리우데자네이루에 도착하여 그곳을 '왕의 만(Baie de Reis)'이라고 명명했고, 리우데자네이루의 유명한 바위산인 코르코바도(Corcovado)는 '바위산(Pinachullo Detencio)'으로 이름지었다. 베스푸치는 역사상 리우데자네이루를 처음으로 탐사한 항해가였다.[18]

베스푸치는 1월 말 오늘날의 상파울루 아래 부근을 카나노르라 명명하고, 포르투갈령으로 삼았다. 베스푸치가 이곳을 카나노르라고 명명한 것은 그가 이 지역을 프톨레마이오스가 묘사한 인도지방으로 착각했기 때문이다. 카나노르는 오늘날 인도의 서해안 지역에 있는 곳인데, 베스푸치는 카나노르의 경도를 서경 47° 52'으로 계산하였다. 이 계산에 따르면, 카나노르는 〈토르데시야스 조약〉에 규정된 케이프 베르데제도에서 370리그에 해당되는 곳으로서, 포르투갈령에 속한 마지막 지점이었다. 실제로 베스푸치가 카나노르라고 명명한 지점의 경도는 서경 47° 50'

---

18) Pohl, Ibid., p.117.

에 해당하는 지역으로 베스푸치의 추산은 단지 경도 2' 밖에 오차가 없을 정도로 정확했다.

베스푸치는 라 플라타(La Plata)강을 '거대한 강(Rio Giordan)'으로 명명하는 등 남미 동해안을 따라 계속 남하했다. 훗날 포르투갈은 라 플라타강 유역을 자기 영토라고 주장하기도 했다. 이는 포르투갈의 후원을 받은 아메리고 베스푸치가 그 곳을 발견했기 때문이었다. 실제로 16세기에 발간된 지도에는 라 플라타강이 '아메리고의 바다(Mare Ameriacum)'로 표기되어 있기도 했다.19)

베스푸치는 1502년 2월 27일 아르헨티나 남단의 남위 49° 18' 지점에 도착하였다. 그러나 당시 남위도상에서는 여름이 거의 끝나가고 있었기 때문에 더 이상 남하하지 못하고 회항했다. 베스푸치는 이 지점을 상훌리앙(San Julian)이라고 명명하였는데, 오늘날에도 그대로 사용되고 있다. 베스푸치는 1502년 3월에서 5월까지 다시 남미 동해안을 거슬러 올라와 적도를 통과한 뒤(5.27), 아조레스제도를 거쳐서 6월[또 다른 사료에는 9월로 되어 있음]에 리스본으로 귀항했다.

리스본으로 귀환한 베스푸치는 포르투갈에 오래 머물러있지 않고 스페인으로 이주하였는데, 그 이유는 뚜렷하지 않다. 그러나 대체로 다음 두 가지 이유 때문으로 보인다. 첫째, 당시 포르투갈 정부는 해외로 정보가 유출되는 것을 막기 위해 탐험과 관련된 해도와 항해기록을 엄격히 관리하고 있었다. 따라서 베스푸치가 2차항해 때 작성한 지도와 항해기록을 모두 압수하였다. 자신이 공들여 작성한 지도와 항해기록을 빼앗긴 베스푸치는 기분이 상해 스페인으로 이주할 생각을 하게 되었다. 두번째, 그는 자신이 카나노르라고 명명한 상파울루 부근 이남지역을 스페인 지역이라 생각하였다. 따라서 인도로 가는 서방항로를 찾고 있던 베스푸치로서는 새로운 항해를 준비하지 않을 수 없었고, 결국 그 때문에 스페인으로 이주한 것으로 추측된다.

스페인으로 이주한 베스푸치는 상무원商貿院(Casa de Contratacion)에 소속되어 1505년과 1507년 두 차례에 걸쳐 무역항해에 종사하였다. 그러던 중 1507년 11월 스페인의 국왕 페르난도가 후앙 데 라 코사·빈센테 야아녜스 핀손·후앙 디아스 데 솔리스·베스푸치를 비롯한 당대 최고의 항해가들에게 새로운 탐사항해

---

19) Pohl, Ibid., p.121.

를 하도록 지시함에 따라 새로운 일을 하게 되었다.

베스푸치는 선박 4척과 선용품을 공급하는 책임을 맡았으나, 항해에는 직접 참가하지 않았다. 페르난도는 이후 1508년 수로청을 신설한 뒤 베스푸치를 총책임자인 수석수로안내인(Pilot Major)으로 임명했다. 초대 수석수로안내인이 된 베스푸치는 해도를 개정하고 선박과 선원들의 자격을 심사하며, 경도측정법을 교육하는 등의 업무를 관장했다.

바르톨로메 콜론의 지도(1503)[20]

20) Pohl, Ibid., p.140.

3. 아메리카의 유래

아메리고 베스푸치의 탐사항해 이후 남미대륙의 실체가 점차 유럽인들에게 알려지게 되었다. 사실 베스푸치 자신은 이 대륙 전체에 이름을 붙이지는 않았다. 오늘날 우리들이 신대륙이라고 부르는 아메리카 대륙을 '신세계'라고 부른 최초의 인물은 콜럼버스의 동생인 바르톨로메 콜론이었다. 그는 1503년에 발간한 지도에서 북미대륙을 아시아(Asia)로, 남미대륙을 '신세계(Mondo Novo)'로 각각 명명하였다.

그러나 바르톨로메 콜론이 사용한 신세계라는 명칭은 새로 발견된 땅이라는 의미보다는 이미 알려져 있는 '아시아에서 동쪽으로 뻗어 있는, 최근에 발견된 땅'이라는 의미를 지니고 있었다.

새로이 발견된 신대륙에 아메리고 베스푸치의 이름을 따서 붙인 사람은 지리학자 마티아스 링만(Matthias Ringmann, 1482~1511)과 마르틴 발트제뮬러(Martin Waldseemüller, 1470?~1520)였다. 링만은 1507년 『천지학입문(Cosmographae Introductio)』이라는 책의 서문에 포함된 지도에 새로 발견된 대륙의 명칭으로 베스푸치의 이름을 사용하고, 그 이유를 다음과 같이 밝혔다.

> "오늘날 지구의 여러 부분(구대륙)은 광범위하게 탐험되었는데, 그 중 새로운 대륙은 아메리고 베스푸치에 의해 발견되었다. 유럽과 아시아라는 명칭이 여자이름에서 유래되었음을 고려해 볼 때, 나는 이 네번째 대륙을 발견인인 아메리고(Amerigo)의 이름을 따서 '아메리고의 땅', 즉 '아메리게(amerige)' 또는 '아메리카(america)'라고 부르는 데 대해 그 누구도 반대하지 못할 것이라고 생각한다."[21]

그러나 링만은 아메리카를 남미대륙에만 국한하여 사용하였다. 이 당시 스페인 사람들은 신대륙을 '신세계' 또는 '인디즈 제국'이라고 부르고 있었다. 링만이 1511년 죽자 발트제뮬러는 포르투갈과 스페인이 경쟁관계에 있다는 사실을 깨닫고, 1516년 지도의 최종판에서는 '아메리카'라는 지명을 지워버렸다. 그러나 이미 아메리카라는 말이 널리 퍼져버린 뒤여서 바로 잡을 수 없었다.[22]

---

21) quoted in Archiniegas, Amerigo Vespucci, p.296.
22) 프리츠, 『세계 탐험 이야기』, 130쪽.

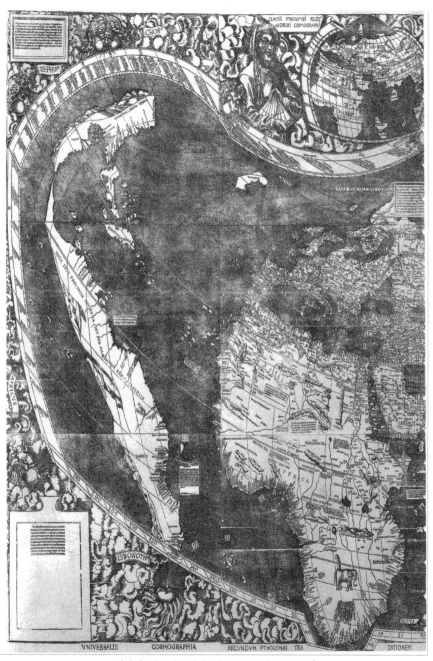

링만과 발트제뮬러의 지도 중 대서양 부분[23)]

아메리카라는 명칭을 아메리카 대륙 전체를 지칭하는 용어로 사용한 사람은 메르카토르(Gerardus Mercator, 1512~1594)였다. 메르카토르 도법으로 유명한 그는 1538년 자신이 발간한 『성지전도(A Map of Holy Land)』에서 아메리카 대륙을 남북으로 구분하고, 각각 '북아메리카'와 '남아메리카'로 지칭하였다. 따라서 이후 아메리고 베스푸치의 이름은 신대륙 전체를 가리키는 용어가 되었다.

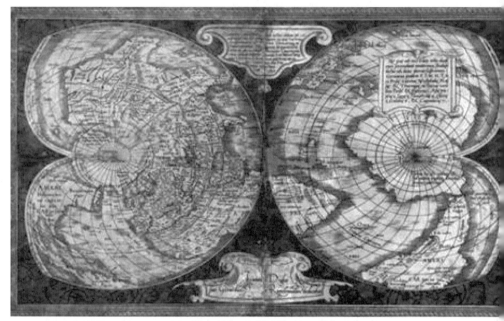

메르카토르의 성지전도(1538)[24]

베스푸치는 콜럼버스나 마젤란에 비해 그리 잘 알려진 인물이 아니다. 그렇다고 해서 베스푸치가 이룩한 업적을 과소평가해서는 안될 것 같다. 베스푸치는 아메리카 대륙이 당시 사람들이 믿고 있던 것처럼 아시아 대륙의 일부가 아닌, 독립된 대륙이라는 사실을 알고 있었다. 또한 유럽인으로서는 최초로 브라질 해안에 상륙하였다. 그는 적도해류의 존재를 인식한 최초의 항해가였을 뿐만 아니라,

23) Germán Archiniegas, Amerigo and the New World, f.303.
24) With Permission of Mercator Museum, Sint - Niklaas, Belgium.

대서양 서반구에서 적도 아래로 항해한 최초의 항해가이기도 했다.

그러나 아메리고 베스푸치는 대체로 인색한 평가를 받아왔다. 랠프 에머슨(R. Emerson : 1803~1882)은 "이 드넓은 아메리카가 한 도둑의 이름에서 유래되었다는 것은 이상한 일이다. 세비야의 피클장사였으며, 한번도 항해를 해보지 못한 원정대 수부장水夫長의 심부름꾼에 지나지 않았던 아메리고 베스푸치가 콜럼버스를 밀어내고 지구의 절반을 차지하는 대륙에 자신의 이름을 남겼다"[25]라고 말하기까지 했다.

그러나 베스푸치를 이렇게 평가절하하는 것은 온당치 못하다. 비록 그가 프톨레마이오스적인 지리관에서 벗어나지는 못했지만, 학술적으로 위도와 경도의 측정법을 실험하고 개선했으며, 아메리카가 새로운 대륙이라는 사실을 제대로 인식한 최초의 사람이었다. 1719년 베스푸치의 고향인 피렌체 시민들은 그의 업적을 기리기 위해 생가에 다음과 같은 명판銘板을 세웠다.

아메리고 베스푸치

아메리카를 발견하여 그 자신의 이름과 조국의 이름을 빛나게 한 훌륭한 피렌체인, 세계를 넓힌 인물.[26]

---

25) Boorstin, 『발견자들 I』, 381쪽 재인용.
26) Boorstin, 앞의 책, 382쪽.

8장

태평양을 남해로 명명한 발보아

발보아[1]

1. 별 볼일 없던 건달

항해자들이 가장 자주 접하게 되는 항구는 아마도 발보아항일 것이다. 왜냐하면 파나마운하를 통과해야 하는 항해자들은 태평양 쪽의 항구인 발보아항을 통과해야 하기 때문이다. 발보아항이 사람 이름에서 유래한 사실을 아는 독자라 할지라도 그가 어떠한 인물인지는 잘 모르고 있는 경우가 많다. 사실 바스코 누녜즈데 발보아(Vasco Núñez de Balboa, 1475~1519)에 대해서는 최초로 다리엔지협을 통과하여 '태평양'(당시에는 '남해')을 목격한 사람이었다는 점 이외에는 알려진 것이 별로 없다.

발보아는 1475년 스페인 카스티야의 하층귀족 가문에서 태어났다. 연대기 작가인 오비에도 이 발데스(Obiedo y Valdés, 1478~1557)에 따르면, "발보아 가문은 유복한 집안이었으며, 서인도제도에서 부를 쌓으려 했다"[2]고 한다. 발보아의 초년

---

1) John Gilbert, Charting the Vast Pacific, p.47.
2) New Encyclopaedia of Britannica(1988) 재인용.

다리엔 지협3)

기 삶은 거의 알려져 있는 바가 없고, 다만 1500년 이후의 행적만이 알려져 있을 뿐이다.

1500년 발보아는 바스티다스(Rodrigo de Bastidas, 1465~1527)가 조직한 탐험대의 일원으로 참가하여 오늘날의 콜롬비아 연안을 탐험하였다. 얼마 뒤 그는 콜럼버스가 개척한 에스파뇰라의 산토도밍고에 정착하여 토지를 배당받았으나, 배당받은 토지는 경작하지 않고 빚으로 생활하다 파산지경에 몰리게 되었다. 결국 발보아는 1510년 빚쟁이들의 손아귀에서 벗어나기 위해 엔씨소(Martín Fernández de Enciso, 1470?~1528)가 조직한 선단에 몰래 숨어들어 에스피뇰라를 탈출하려 했다. 법률가인 엔씨소는 알론소 데 오예다가 개척한 우라바(Uraba)해안에 새로운 식민지를 개척하기 위해 선단을 조직한 사람이었다.

발보아는 엔씨소 선단 중 한 선박 안의 식량궤짝 속에 숨어드는 데는 성공하였으나 출항직후에 발각되었다. 화가 난 엔씨소는 그것이 무인도라 할지라도 가장 먼저 발견되는 섬에 발보아를 내려놓겠다고 계획하였다. 그러나 일은 뜻대로 되지 않았다. 항해도중 우라바 해안의 식민지를 탈출한 배 한 척을 만나게 되는데, 그 배는 훗날 잉카제국을 정복한 피사로(Francisco Pizzaro, 1471?~1541)가 지휘하고 있었다. 드넓은 대서양에서 선박이 서로 마주친다는 것은 당시로서는 거의 기적에 가까운 일이었다. 피사로의 말에 의하면, 그들은 오예다가 지배한 식민지에 있었는데 원주민의 반란으로 상황이 어려워지자 오예다는 도망쳐 버렸고, 남은 70여명은 두 척의 범선에 나눠 타고 도망쳐 나왔다. 불행하게도 한 척은 침몰하고 그들만이 간신히 빠져 나오는 길이었다.

상황이 이렇게 되자 엔씨소는 원래 목표로 했던 우라바해안으로 갈 수가 없었

---

3) Zweig, 『광기와 우연의 역사』, 13쪽.

다. 남은 길은 에스파뇰라로 돌아가는 방법밖에 없었다. 그러나 발보아가 나서서 엔씨소와 식민지 이주민들을 설득시켰다. 발보아는 '바스티다스와 함께 중앙아메리카 연안을 항해한 적이 있었는데, 다리엔 근처의 원주민들은 온순한 편이고, 인근의 강가에 사금이 많이 묻혀 있는 것을 보았으니 그 쪽으로 가서 식민지를 건설하'고 제안했다. 결국 엔씨소 일행은 다리엔으로 향하게 되었다.

2. 다리엔 식민지 경영자

콜럼버스의 장남 디에고 콜론[4]

다리엔 식민지가 엔씨소의 감독하에 들어가는 것은 당연한 일이었다. 하지만 엔씨소는 정착민들로부터 적잖은 반발을 사고 있었다. 그것은 스페인 법률가 출신인 그가 지나치게 엄격한 규율로 식민지를 경영하려 했기 때문이다. 발보아는 이 틈을 이용하여 정착민들의 후원을 얻어 엔씨소를 축출하는 데 성공했다. 당시 다리엔 만의 총책임자는 콜럼버스의 장남 디에고 콜론(Diego Colón, 1479?~1526)이었다. 디에고는 콜럼버스가 죽은 뒤 스페인 국왕인 페르난도에게 아버지와 맺은 계약에 따라 서인도제도의 부왕으로 임명해 줄 것을 요청하였다. 그러나 페르난도는 그를 부왕이 아닌 총독으로 임명하였다.(1508) 디에고는 새로운 식민지를 '산타 마리아 델 안티과 델 다리엔(Santa Maria del Antigua del Darien)'이라고 명명했다. 이 지명은 곧 안티과로 줄여 부르게 되었는데, 이곳이 오늘날 과테말라의 사카테페케스(Sacatepéquez)의 주도인 안티과다. 다리엔 만에 속한 안티과에서는 오예다, 니쿠에사(Diego de Nicuesa, ?~1511), 엔씨소 세 사람이 서로 통치권을 주장하며 내분을 일으키고 있었다. 결국 발보아의 제안에 따라 실시한 정주민의 직접 선거를 통해 발보아가 안티과의 책임자로 선출되었다.[5]

---

4) https://es.wikipedia.org/wiki/Diego_Col%C3%B3n(2018.10.10.).
5) 프리츠, 『세계 탐험 이야기』, 149쪽.

디에고 콜론은 발보아를 다리엔 식민지의 정당한 책임자로 인정해 주었다. 그러나 엔씨소가 가만히 있을 리 없었다. 엔씨소는 발보아가 자신의 권리를 부당하게 침해했다는 사실을 제소하기 위해 귀국길에 올랐다. 따라서 발보아는 국왕에게서 자신이 행한 비행을 면책받기 위해 어떤 가시적인 성과를 올려야만 했다. 가장 확실한 방법은 황금을 발견하여 스페인 왕실에 헌상하는 것이었다. 그는 피사로와 함께 인근 원주민들을 상대로 금붙이를 약탈하는 일에 열중하기 시작했다.

원주민을 약탈하는 과정에서 붙잡힌 카레타(Careta)라는 추장이 발보아에게 자신과 동맹을 맺으면 황금을 찾는 데 협조하겠으며, 또 그 충성의 표시로 자신의 딸을 주겠다고 제안했다. 이 제안을 받아들이기로 한 발보아는 카레타의 딸과 결혼하고, 카레타 부족과 함께 인근 원주민들을 차례차례 복속시켜 나갔다. 발보아는 일생 동안 카레타의 딸을 성실한 아내로 대했다고 전해진다.

이로써 인근에 명성을 날리게 된 그는 원주민들의 대추장인 코마그레(Comagre)와 접촉할 수 있었다. 코마그레 추장은 발보아의 환심을 사기 위해 그를 초대한 뒤 4000온스(약 113kg)의 황금을 선물로 주면서 남쪽바다에는 '금으로 접시를 만들고, 심지어 돛과 노도 황금으로 만들어 사용하는 종족이 살고 있다'는 정보를 주었다. 여기서 추장이 말한 남쪽바다는 태평양이며, 황금의 나라는 잉카제국이다.

발보아는 일단 에스파뇰라의 왕실 금고관리인인 피사몬테(Pisamonte)에게 법률이 정하는 바에 따라 대추장 코마그레에게 받은 4000온스의 금 가운데 5분의 1인 800온스(약 22.6kg)의 금을 세금으로 납부하였다.

3. 남해와 페루

발보아는 자신의 비합법적인 행위를 정당화하기 위해 치밀한 계획을 세웠다. 그는 부하를 스페인 궁정에 보내 '자신이 곧 황금의 나라를 얻게 될 것이라는 사실과 이를 위해 1000명의 군사를 지원해 줄 것'을 요청하도록 했다. 그러나 이미 귀국해 있던 엔씨소가 재판에서 "발보아가 저지른 행위는 불법이며 자신에게 손해배상을 해야 함은 물론, 불법행위에 대해 처벌을 받아야 한다"는 판결을 받아놓은 상태라는 소식이 전해졌다.

스페인왕 페르난도는 다리엔 식민지의 총독으로 다비아(Pedrarias Dávila =

Pedro Arias de Ávilla, 1440?~1531)를 임명하였다. 발보아에게는 시간이 없었다. 스페인 왕실의 관리들이 도착하기 전에 황금의 나라를 발견하는 것만이 처벌을 피할 수 있는 유일한 방법이었다. 발보아는 원주민들이 얘기하는 황금의 나라를 찾아 나서기로 했다. 발보아는 1513년 스페인군인 190명과 800여명의 원주민으로 구성된 원정대를 이끌고 아클라(Acla)를 향해 산타마리아를 출발하였다.(9.1) 아클라는 다리엔지협 중에서 가장 좁은 지역이다. 발보아 일행은 다리엔지협 맨 꼭대기에 올라서서 태평양을 목격하고(9.25), 태평양을 인디언의 말에 따라 '남해(Mar del Sur)'라고 명명하였다. 이는 유럽인들이 태평양에 붙인 최초의 명칭이다.[6]

태평양에 도달한 발보아[7]

발보아는 원정대를 몇 개 그룹으로 나누어 해안으로 가는 가장 빠른 길을 알아보도록 했다. 마르틴(Alonso Martin)이 지휘하는 그룹이 태평양 해안에 제일 먼저 도착하였고, 발보아는 이보다 하루 뒤에 도달했다.(1513.9.27) 그는 해안에 도

6) Boorstin, 『발견자들 I』, 402쪽.
7) John Gilbert, Charting the Vast Pacific, p.10.

착하여 이곳이 카스티야왕령임을 선언하기 위해 정중한 의식을 거행하였다.

> "나는 카스티야왕의 이름과 왕권을 위하여 이 바다와 땅과 해안과 항구와 섬들을 합법적으로 영원히 인수하노라. … 이 바다와 땅은 세계가 지속되는 한 영원히 카스티야 왕의 것이다."[8]

발보아 일행은 이곳에서 원주민들로부터 질 좋은 진주 200여 개와 황금조각을 얻었다. 또 황금의 나라인 비루(Biru)에 대한 정보도 듣게 되었는데, 우리가 요즘 사용하는 페루(Peru)라는 말은 바로 여기에서 유래된 것이다.[9]

원주민들이 얘기하는 남쪽바다를 발견했으니 이제 남은 일은 황금의 나라 '비루'를 찾는 일이었다. 그러나 다리엔지협을 통과할 때 190명의 대원 중 대부분을 돌려보내 30여명 정도로 축소된 발보아 일행이 황금의 제국을 정복하는 것은 불가능했다. 결국 그들은 원주민들의 계속된 공격을 받으며 악전고투 끝에 4달만에 진주와 6000페소에 상당하는 금을 갖고 안티과로 귀환했다.(1514.1.19)[10]

발보아가 귀환했을 당시 안티과에는 '엔씨소의 고소 내용이 사실인지를 확인하기 위한' 왕의 대리인이 파견되어 있었다. 그러나 왕의 대리인은 발보아가 정주민들에게 인기가 있다는 사실을 확인하고 아무런 조치도 취하지 않은 채 석달 동안 안티과에 머물러 있었다. 그 사이 신임총독으로 임명된 다비야가 2000여명의 정주민을 대동하고 스페인을 출항하였다.(1514.4) 그는 2개월 여의 항해 끝에 산타마리아에 도착하였다. 신임총독 다비야에게 내려진 임무는 두 가지였다. 하나는 발보아에게 전임총독 엔씨소를 축출한 죄를 묻는 것이었고, 다른 하나는 발보아가 보고한 남해와 황금의 나라를 정복하는 일이었다.

그러나 발보아는 이미 남해를 발견한 상태였고, 황금의 나라를 발견하는 일도 시간문제로 보였기 때문에 다비야가 발보아에게 죄를 묻는다는 것은 실제로는 불가능했다. 왜냐하면 발보아는 다리엔에서 이미 상당한 권위를 확립한 상태였기 때문이다. 결국 다비야는 다리엔 식민지를 '황금의 카스티야(Castilla del Oro)'로

---

8) Stefan Zweig (안인희 역), 『광기와 우연의 역사』, 36쪽 재인용.
9) Zweig, 앞의 책, 37쪽.
10) 프리츠, 『세계 탐험 이야기』, 156쪽.

개명하고, 발보아를 남해 및 파나마·코이바주의 총독으로 임명하였다.

4. 발보아의 최후

　좁은 지역에 두 명의 통치자가 존재하면 서로 사이가 좋지 않게 마련이다. 다비야와 발보아 역시 서로 대립하였다. 이들을 화해시키기 위해 다리엔의 주교 후안 데 케베도(Juan de Quevedo, 1450?~1519)가 나섰다. 케베도 주교는 스페인에 있는 다비야의 딸 마리아(Maria)와 발보아를 결혼시켜 두 사람을 화해시키려고 시도하였다. 그러나 이 중재는 성공하지 못했다. 다비야가 사법권과 군사력을 소유하고 있는 한 자신의 목숨이 위태롭다는 사실을 잘 알고 있던 발보아는 점차 죄어오는 다비야의 사슬에서 벗어나고 싶었다. 이를 위해 그는 남해를 탐사하고 정복할 원정대를 조직하게 해 줄 것을 요청했다. 다비야는 이를 순순히 허락해 주었다. 다비야의 입장에서 보면 발보아가 실패하든 성공하든 그에게는 별로 해로울 것이 없었다. 발보아가 원정에서 실패한다면 그것을 구실 삼아 그를 처치할 수 있었고, 설사 성공하더라도 그때까지 시간을 벌 수 있었기 때문이다.

　마침내 발보아는 예순세 살의 질투심 강한 다비야의 손아귀에서 벗어날 기회를 잡았다. 이런 경과로 그는 1517년에서 1518년까지 상 미구엘(San Miguel)만을 탐사하게 된 것이다. 발보아가 탐사에 여념이 없는 동안 스페인 본국에는 다비야가 식민지를 통치하기에는 부적절한 인물이라는 보고가 들어가 있었다. 곧 새로운 총독이 임명되어 다비야의 행적을 조사할 것이라는 소식이 다리엔 식민지에도 전해졌다. 만약 이렇게 된다면 다비야에게는 그와 대립관계에 있던 발보아가 몹시 껄끄러운 존재가 될 것이 틀림없었다.

프란시스코 피사로[11]

　다비야는 새로운 총독이 도착하기 전에 발보아를 제거하기로 마음먹었다. 그는 마침 배

---

11) Zweig, 『광기와 우연의 역사』, 43쪽.

를 수리하기 위해 파나마만에 정박중이던 발보아
를 체포해 오도록 피사로를 파견하였다. 피사로는
발보아가 엔씨소의 선단에 타고 있을 때 처음 만
난 이후 남해(태평양)를 발견할 때도 동행했던 각
별한 사이였다. 그러나 피사로는 발보아만큼이나
명예심과 야망이 큰 인물이었다. 다비야는 발보아
와 그의 측근들을 반역죄·원주민학대죄 등의 죄
목으로 재판에 회부하였다. 에스피노사(Gaspar de
Espinosa)가 주재한 재판에서 발보아는 사형선고
를 받아 동료 4명과 함께 처형되었다.(1519.1)

파나마 발보아 동전

패리는 1520년대까지를 '직업적인 탐험가'의 시대로, 1520년에서 1550년까지를
'직업적인 정복자'(conquistador)의 시대로 각각 구분한 바 있다.[12] 그러나 패리가
직업적인 탐험가의 시대라고 구분한 1520년대 이전에 활동했던 발보아는 엄격한
의미에서 탐험가는 아니었다. 발보아는 항해자나 탐험가라기보다는 정복자에 가까
운 인물이었다. 당대의 연대기 작가인 피터 마터(Peter Martyr, 1457~1526)의 기
록을 보면, 발보아는 피사로·코르테스 등과 같은 잔인한 정복자들의 선구자적인
모습을 보여주고 있음을 확인할 수 있다.

> "발보아는 개를 풀어 원주민들[콰레콰(Quarequa)부족] 중 40명을 물어뜯어 죽게
> 했다. 스페인인들은 벌거벗고 지내는 콰레콰 부족들과 싸울 때는 보통 개를 이용했
> 다. 개들은 콰레콰부족의 원주민들이 마치 멧돼지나 겁에 질린 사슴이라도 되는 듯
> 무자비하게 공격해댔다."[13]

발보아와 절친한 관계였던 피사로가 잉카제국을 잔인하게 정복하게 되었던 것
도 어쩌면 발보아가 엔씨소를 축출하고 원주민들을 약탈하는 과정을 직접 체험한
결과였는지도 모른다. 비록 발보아는 정복자였지만 그의 이름은 파나마운하와 안

---

12) Parry, 『약탈의 역사』, 109쪽.
13) Boorstin, 『발견자들 I』, 400 - 402쪽 재인용.

콘 힐(Ancon Hill) 사이에 위치한 항구와 파나마의 통화 단위에 명명되어 기억되고 있다. 파나마는 세계에서 유일하게 자국의 지폐를 발행하지 않고, 미국의 달러화를 그대로 통용하고 동전만 발행하여 사용하고 있다. 파나마에서 통용되고 있는 동전의 단위로 발보아가 쓰이고 있는데, 1발보아는 미화 100센트에 해당한다.

9장

마젤란항로를 개척한 퍼디난드 마젤란

마젤란[1]

1. 마젤란의 초기생애

하트가 선정한 역사전개에 영향을 끼친 100인의 인물 가운데 항해가는 콜럼버스와 바스쿠 다 가마 단 두 사람뿐이다. 이들의 뒤를 이어 마젤란이 109위에 올라 있다. 마젤란(1480?~1521)의 포르투갈식 이름은 페르나웅 드 마갈랴에스(Fernão de Magalhães)이고, 그가 복무한 스페인식으로는 에르난도 또는 페르난도 데 마가야네스(Hernando 또는 Fernando de Magellanes)지만, 영어식 이름인 퍼디난드 마젤란(Ferdinand Magellan)으로 더 널리 알려져 있다. 따라서 독자들에게 혼란을 주지 않기 위해 영어식 이름을 사용하기로 한다.

마젤란의 초기생애에 대해서는 알려진 바가 거의 없다. 출생지도 유언장에 나타나 있는 사브로사(Sabroza)라고 알려져 있었으나, 유언장이 위조된 것으로 밝혀짐에 따라 정확한 것 같지는 않다. 그 대신 포르투갈 북부 해안지방인 포르투에서 태어났다는 수장이 설득력있게 제기되고 있다. 출생연도도 1480년쯤인 것으로

---

1) Frederick A. Ober, Heroes of American History ; Magellan, f.2.

추정되고 있으나, 이것 역시 정확한 것은 아니다. 다만 그가 포르투갈의 하층귀족 계급인 피다우구(fidalgo) 계층에 속했으며, 어린 시절 주앙 2세의 왕비인 레오노르의 시동侍童노릇을 했다는 것 정도가 확실하게 알려져 있다.[2]

포르투갈의 귀족 계급

구분	명칭
상층 귀족	Dukedoms (공작) Marquisates (후작) Counties (백작) Viscountcies (자작) Baronies (남작)
하층 귀족	Fidalgo Cavaleiro (기사 귀족) Fidalgo Escudeiro (향사 귀족) Moço Fidalgo (소장少壯 귀족) Fidalgo Capelão (성직귀족)

마젤란이 처음 해상생활을 시작하게 된 것은 그의 나이 25살 때이다. 포르투갈의 초대 인도총독인 알메이다(Francisco de Almeida, 1450~1510)의 함대가 출항할 때 마젤란은 그 일원으로 참가했다. 당시 알메이다 함대에는 총 1500여 명의 사병들이 있었는데, 그는 평범한 사병(Sobre Saliente) 가운데 한 사람이었다. 당시 마젤란은 부대원들·견습선원들과 함께 같은 선실에서 먹고 자고 생활하는 한낱 '이름없는 병사'에 지나지 않았다.[3]

1506년 마젤란은 인도 서해안의 카나노르에 있었던 자모린과의 해상전투(3.16) 이후 다시 사료상에서 사라졌다. 이 전투에서 11척에 불과한 포르투갈 함대는 자모린의 배 200여 척을 맞아 승리를 거두었다. 그러나 포르투갈 함대는 이 전투에서 80여 명이 죽었고, 200여 명이 부상당하는 피해를 입었다. 마젤란도 이 전투에서 부상을 당하여 다른 부상자들과 함께 아프리카로 옮겨졌다. 이후 마젤란의 행적이 잠시 사료상에서 사라졌다.

---

2) 마젤란의 초기생애에 대해서는 Charles Parr, Ferdinand Magellan, Circumnavigator, pp. 29-128을 참조하라.
3) Stefan Zweig, 『마젤란』, 52쪽.

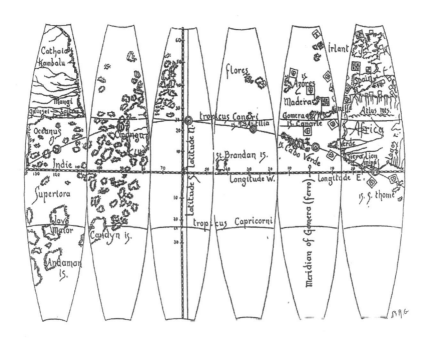

마르틴 베하임의 지구의를 펼쳐 놓은 지도(1492)[4]

그러다가 마젤란이 다시 사료에 나타난 것은 1510년경이다. 알메이다에 이어 인도총독으로 취임한 알부케르케((Afonso de Albuquerque, 1453?~1515)가 1510년 10월 고아의 포위문제에 대해 자문을 구한 사람들의 명단이 남아 있는데, 여기에 마젤란의 이름이 나타나 있다. 마젤란은 알부케르케 총독 휘하에서 복무하는 동안 몰루카제도를 왕복하는 등의 활약으로 포르투갈로 귀국할 때에는 이미 선장으로 승진해 있었다.(1512) 리스본으로 귀국한 마젤란은 비록 하층이기는 했지만 피다우구라는 귀족신분에 속했고, 한때 궁정에서 왕비의 시동이었던 덕분에 피다우구 에스쿠데이루(fidalgo escudeiro, 향사귀족) 계층으로 상승하고 연금도 받을 수 있게 되었다.[5]

1513년 마젤란은 포르투갈의 마누엘 1세가 모로코의 무어인 해적들을 소탕하기 위해 정벌대를 모집하자, 이에 지원하여 하급병사로 출전하였으나 선투도중 부상

---

4) Morison, Admiral of the Ocean Sea, pp.66 - 67.
5) Boorstin, 『발견자들 I』, 404쪽.

을 당했다. 상이용사가 된 마젤란은 다른 장교 한 명과 함께 모로코의 무어인들에게 빼앗은 가축을 관리하는 포획관리관으로 일을 했다. 그가 포획관리관으로 일하는 동안 가축을 도난당하는 사건이 발생하였다. 이 사건과 관련하여 마젤란과 그의 동료는 포획한 가축의 일부를 무어인들에게 되팔았거나 무어인들이 훔쳐가는 것을 방조했다는 혐의를 받게 되었다. 마젤란은 포획관리관 자리를 미련없이 버리고 리스본으로 귀국하였다. 마누엘 1세를 알현하여 자신의 무죄를 입증하려는 의도에서였다. 그러나 끝내 왕에게 신임을 얻지 못한 그는 결국 포르투갈을 떠나기로 마음먹었다.

한편 그는 수학자이자 점성가인 팔레이루(Rui Faleiro, 1480?~1523)와 사귀면서 향료가 나는 곳으로 갈 수 있는 방법을 모색했다. 알메이다와 알부케르케 함대에 복무하면서 향료제도에 가본 적이 있었던 마젤란은 향료제도가 스페인령에 속할 가능성이 크다고 생각하였다. 포르투갈이 스페인과 체결한 〈토르데시야스 조약〉에 따르면, 베르데곶 서방 370리그의 자오선을 기준으로 그 서쪽은 스페인령에, 동쪽은 포르투갈령에 속하게 되어 있었다. 마젤란은 만약 희망봉을 돌아가는 포르투갈 항로를 이용하지 않고 아메리카 대륙을 돌아 향료제도까지 항해해 갈 수만 있다면 막대한 이익을 올릴 수 있을 것이라고 생각했다.

루이 팔레이루[6]

프란시스코 세항[7]

6) www.google.co.kr.
7) https://en.wikipedia.org/wiki/Francisco_Serr%C3%A3o(2018.10.10).

그가 향료제도에 가고자 했던 이유는 또 있었다. 그것은 향료제도에 속한 테르나테섬에 정착한 마젤란의 절친한 친구 프란시스코 세랑(Francisco Serrão, ?~1521)이 "나는 이곳에서 바스쿠 다 가마가 발견한 세계보다 더 풍요로운 세계를 발견했다"[8]는 편지를 보내왔기 때문이다. 세랑이 보낸 편지에 따르면, 향료제도로 가는 항로는 희망봉을 돌아가는 것보다 아메리카 대륙을 돌아가는 것이 훨씬 더 가까웠다. 마젤란은 1492년에 발간된 마르틴 베하임(Martin Behaim, 1459-1507)의 지구의를 보고 자신의 생각을 더욱 확신하게 되었다.

2. 스페인으로 이주

마젤란은 1517년 세비야로 이주하였다.(10.20) 당시 스페인은 열여덟 살의 카를로스 1세가 통치하고 있었다. 마젤란은 서쪽항로를 따라 지구를 절반쯤 돌아 인도대륙에 도달하려는 자신의 웅대한 탐험계획을 감행하기 위해 빈틈없이 준비를 했다. 그는 세비야에서 병기청장으로 있던 바르보사(Barboza)의 딸 바바라(Barbara)와 결혼하여 스페인 시민권을 얻었다. 그의 나이 서른일곱 살 때였다.

마젤란은 장인 바르보사, 친구 팔레이루, 상무원의 사무장 후앙 데 아란다(Juan de Aranda) 등의 도움을 받아 스페인궁정에 후원을 요청하였다. 스페인궁정은 궁정평의회를 구성하여 마젤란의 탐험계획을 심사하도록 하였다. 4명의 심사위원 중 부르고스(Burgos)의 폰세카(Juan Rodriguez de Fonseca, 1451~1524) 주교가 마젤란의 계획을 적극 지원함으로써 어렵게 스페인 궁정의 후원을 받을 수 있었다. 1518년 3월 22일 칼 5세는 마젤란·팔레이루와 정식으로 계약을 체결하였다. 계약서의 내용은 다음과 같다.

> "발견될 나라에서 얻어지는 전 수입의 20분의 1을 마젤란과 팔레이루에게 주며, 6개 이상의 섬을 발견할 경우에는 2개 섬에 대한 특별권을 인정한다. 콜럼버스와 맺은 계약과 마찬가지로, 발견된 모든 육지와 섬들의 귀족이나 총독의 지위를 당사자와 그 자손들에게 세습할 것을 인정한다."[9]

---

8) Zweig, 『마젤란』, 70쪽 재인용.
9) Zweig, 앞의 책, 121쪽 재인용.

한편, 카를로스 1세가 마젤란과 계약을 체결했다는 소식이 전해지자 포르투갈은 스페인 주재 포르투갈 대사인 알바로 다 코스타(Alvaro da Costa)와 세비야 주재 포르투갈 영사인 세바스천 알바레스(Sebastian Alvarez)를 통해 방해공작을 폈다. 하지만 이 방해공작은 성공하지 못했다.

1년 5개월 동안의 준비기간을 거친 마젤란은 마침내 1519년 세비야항을 떠나 산루카르(Sanlucar)항으로 이동하였다.(8.10) 탐험단은 선박 5척으로 구성되었는데, 대부분 포르투갈·이탈리아·프랑스·그리스인들이었고, 비록 한명이긴 했지만 영국인도 포함되어 있었다.[10] 5척의 배 중 가장 큰 배인 산 안토니오(San Antonio)호는 약 120톤급의 갈레온(galleon)선으로 후안 데 카르타헤나(Juan de Cartagena)가 선장으로 임명되었다. 두번째로 큰 트리니다드(Trinidad) 호는 110톤급으로 마젤란이 직접 지휘하였다. 그밖에 90톤급의 콘셉시온(Concepción) 호는 가스파 케사다(Gaspar de Quesada)가, 85톤급의 빅토리아(Victoria) 호는 루이스 멘도사(Luis Mendoza)가, 75톤급의 산티아고(Santiago) 호는 주앙 세항(João Serrão)이 지휘를 맡았다. 선원은 트리니다드호에 55명, 산 안토니아호에 60명, 콘셉시온호에 45명, 산티아고호에 32명, 빅토리아호에 43명 등 총 235명으로 구성되었다.[11]

마젤란 함대

선명	톤수	선장	선원
트리니다드	110	마젤란	55
산 안토니오	120	카르타헤나	60
콘셉시온	90	케사다	45
빅토리아	85	멘도사	43
산티아고	75	세항	32

마젤란과 함께 탐험을 계획했던 팔레이루는 실제 탐험에는 나서지 않았다. 그는 출항직전 카를로스 1세로부터 탐험대의 총사령관으로 임명되었는데도 항해에 나서지 않은 것이다. 한편 마젤란 일행은 산루카르항에서 한달 가량 머문 뒤 1519년

---

10) Boorstin, 『발견자들 I』, 405쪽.

11) Unique Facts about Oceania: Ferdinand Magellan, at www.sheppardsoftware.com (2017.02.17).

억사석인 탐험길에 올랐다. (9.20)

마젤란은 선박 사이의 원활한 의사소통을 위해 불빛신호체계를 고안하였다. 즉 야간에 기함 트리니다드호의 고물(선미)에 밝혀놓은 횃불을 보고 나머지 선박들이 뒤를 따르도록 했다. 만약 횃불 이외에 두 개의 불빛이 더 있으면 속력을 늦추거나 풍향이 좋지 않으므로 진로를 바꾸겠다는 신호였다. 횃불 하나와 세 개의 불빛이 켜져 있으면 소나기가 예상되니 아래쪽 돛을 접으라는 것이었고, 횃불 하나와 불빛 네 개가 켜져 있으면 모든 돛을 내리라는 신호였다. 또한 대포소리가 들리면 근처에 깊은 수렁이나 모래톱이 있으니 주의하라는 신호였다. 그리고 네 척의 배는 매일 저녁 어둠이 내리기 전에 기함 트리니다드호로 다가와 야간항해를 위한 지시를 받아야 하였다.

3. 첫번째 반란과 몬테비데오

1519년 9월 26일, 카나리아제도의 테네리페(Teneriffe)에 도착한 탐험대는 일주일 동안 머문 뒤 출항했다. (10.3) 항로는 남서향으로 곧바로 나아가 브라질로 가려는 예정항로보다 더 남하하여 시에라 리온(Siera Leone)까지 내려갔다. 대서양으로 접어든 지 보름 정도 지났을 때 카르타헤나가 지휘하던 산안토니아호가 저녁명령을 받으러 오지 않았다. 이는 함대 부사령관인 카르타헤나가 포르투갈 사람인 마젤란에게 공공연히 도전한 것이다. 마젤란은 이 때 사병 한 명이 저지른 풍기문란죄를 다스린다는 명목하에 나머지 네 명의 선장들을 트리니다드호로 불러들였다. 이 자리에서 마젤란은 카르타헤나를 구속한 뒤 빅토리아호의 선장인 멘도사로 하여금 카르타헤나를 감시하게 하였다. 그리고 안토니오 데 코카를 산안토니아호의 새 선장으로 임명했다.

첫번째 반란을 진압한 마젤란함대는 리우데자네이루에 도착했다. (1519.12.13) 그 곳은 포르투갈의 탐험가 레모스(Gaspar de Lemos)가 1502년 1월 1일에 발견하여 '1월의 강'이라는 뜻으로 명명한 곳이다.[12] 1498년 다가마가 인도에서 귀항한 뒤 포르투갈은 곧 카브랄을 대장으로 하는 원정대를 인도로 파견했다. 이프리

---

12) Ober, Ferdinand Magellan, p.130.

카 연안을 따라 항해하던 카브랄은 기니 연안에서 바람에 떠밀려 브라질 북동부 연안에 도착했다. 경도를 측정한 결과 이 지역이 포르투갈 영역에 속하게 된다는 사실이 알려졌다. 포르투갈은 곧 레모스를 대장으로 하는 탐사대를 파견하였다. 레모스는 브라질 북동부 연안을 따라 항해하던 도중 1502년 1월 1일 큰 만의 어귀에 도착했다. 레모스는 이 만을 강으로 착각하여, '1월의 강'(Rio de Janeiro)이라고 이름 지었다. 리우데자네이루는 시드니·나폴리와 함께 세계 3대 미항의 하나로 인정받고 있으며, 1763~1960년까지 포르투갈 식민지와 브라질의 수도였다.

그로부터 한동안 휴식을 취한 마젤란함대는 리우데자네이루를 출항하여(1519.12.26), 광활한 평지 위에 우뚝 솟아 있는 구릉지대에 도착했다.(1520.1.10) 마젤란은 이 구릉을 몬테비디(Monte Vidi : 멀리서 보이는 산)라 명명했는데,[13] 이곳이 현재 우루과이의 수도인 몬테비데오(Montevideo)다. 마젤란은 이곳에서 대양으로 나가는 수로가 있는지를 알아보기 위해 라플라타(La Plata)강을 정찰하도록 했으나 끝내 수로를 발견하지 못했다.(1520.2.2) 마젤란함대는 남미의 동해안을 계속 남하하여 산마티아스(San Matias)만에 도착했다가 악명높은 팜페로스(Pamperos)라는 돌풍과 눈보라·우박 등과 싸우면서 계속 남하했다. 그러나 더 이상의 항해는 어려워 결국 아메리고 베스푸치가 잠시 들렀던 상훌리안항에 입항했다.(1520.3.31)

4. 상훌리안항에서의 두번째 반란

상훌리안항에서 후안 데 카르타헤나와 안토니오 데 코카·케사다 등이 주동한 두번째 반란이 일어났다. 반란자들은 마젤란이 말하는 남해로 통하는 출구가 발견되지 않자 스페인으로 되돌아가야 한다고 주장했다. 이 때 산안토니오호의 선장은 메스퀴타였는데, 반란자들은 메스퀴타를 체포하고 지휘권을 후안 세바스티안 델 카노(Juan Sebastián del Cano, 1486?~1526)에게 넘겨주었다. 델카노는 바스크인으로 마젤란이 죽고 난 뒤 빅토리아호를 지휘하여 세계를 일주한 최초의 인물이 된 선장이다.

---

13) Zweig, 『마젤란』, 175쪽.
14) 이병철, 『위대한 탐험』, 48쪽.

5척 가운데 산안토니오호·콘셉시온호·빅토
리아호 등 3척은 마젤란에 반기를 든 선장이 지
휘하게 되었고, 산티아고호의 상황은 알 수 없었
다. 마젤란이 확실하게 장악할 수 있는 선박은
트리니다드호 한 척뿐이었다. 반란자들은 회항할
것을 요구하는 청원서를 마젤란에게 보냈다. 그
러나 마젤란은 청원서를 들고 온 자들을 체포해
버렸다. 마젤란은 반란군 진압계획을 치밀하게
짰다. 그는 우선 청원서를 들고 온 선원들이 타
고 왔던 보트에 자신이 가장 신임하는 병기장

세바스티안 델 카노[14]

곤살로 고메스 데 에스피노사와 부하 5명을 태운 뒤, 빅토리아호의 함장 루이스
데 멘도사에게 자신의 편지를 전하는 척하면서 빅토리아호를 기습하도록 했다.
당시 빅토리아호에는 60명의 선원들이 타고 있었으므로 반란자들로서는 겨우 6명
이 자신들을 기습하리라고는 미처 생각하지 못했다.

기습공격이 성공하자마자 곧 마젤란의 처남인 두아르테 바르보사가 이끄는 15
명의 증원군이 빅토리아호에 승선하였다. 함장을 잃은 빅토리아호의 선원들은 대
항할 엄두를 내지 못하고 진압되고 말았다. 이렇게 되자 산티아고호도 자연히 마
젤란 측에 가담하게 되어 상황은 3 대 2로 마젤란 측에게 유리하게 전개되었다.
이제 산안토니오호와 콘셉시온호 2척만이 반란세력으로 남게 되었다. 마젤란은
이들이 도망치지 못하도록 상훌리안만을 봉쇄한 뒤, 먼저 콘셉시온호로 선원들을
보내 진압하고 이어 산안토니오호도 진압하였다.

두번째 반란을 진압한 마젤란은, 반란에 가담한 선원들을 모두 처벌할 경우 탐
사대원 5분의 1을 잃게 되어 항해를 계속하기가 곤란할 것이라 생각했다. 마젤란
은 가스파 케사다를 희생양으로 처형하고, 반란을 주도한 카르타헤나와 신부 1명
을 상훌리안만에 내려놓고 떠나기로 결정했다. 마젤란 일행은 상훌리안만에서 겨
울을 나기 위해 8월 24일까지 머무른 뒤, 그 달 말에 이르러 상훌리안을 출항한
다는 계획하에 산티아고호를 정탐하도록 보냈다. 그러나 일마 후 산티아고호가
좌초되어 이제 기함인 트리니다드호와 빅토리아호·산안토니오호·콘셉시온호 등
4척만이 남게 되었다.

5. 처녀곶과 마젤란해협

마젤란 해협[15)](#)

마젤란 일행은 산타크루즈(Santa Cruz)강에 이르러(8.26) 출구를 찾기 시작했으나 헛수고였다. 그들은 1520년 10월 18일이 되서야 산타크루즈강을 빠져 나올 수 있었고, 남쪽으로 계속 항해하여 마침내 마젤란해협 입구에 도달하였다.(10.21) 마젤란은 이곳을 처녀곶(Cabo de la Virgenes)이라고 이름 지었다.[16)](#)

일단 정찰해 보기로 결정한 마젤란은 산안토니오호와 콘셉시온호를 파견하고, 기함 트리니다드호와 빅토리아호는 해협입구에서 기다리기로 했다. 산안토니오호와 콘셉시온호는 마젤란해협이 대양으로 나가는 해협이라는 사실을 확인한 뒤 되돌아왔다.

마젤란 일행은 마젤란해협을 통과하기 시작했다.(1520. 10.25) 해협을 통과하던 마젤란은 해협의 아래쪽에서 연기가 피어오르는 섬을 보고 티에라 델 푸에고 (Tierra de Fuego : 불의 땅)라고 이름 지었다. 이 섬에서 연기가 피어올랐던 것은 원주민들이 불 지피는 방법을 몰라 계속해서 불을 지피고 있었기 때문이었다. 또한 마젤란은 해협 위쪽의 원주민들이 거인에 가까울 정도로 키가 큰 것을 보고 그들을 '큰 발을 가진 사람'이라는 뜻으로 '파타고니아(Patagonia)'라고 불렀고,[17)](#) 해협을 '모든 성인들의 해협(Str. of All Saint)'이라 이름 지었다. 그러나 후대 사람들이 그를 기념하기 위하여 마젤란해협으로 개칭했다.[18)](#)

마젤란은 산안토니오호와 콘셉시온호는 남동쪽으로, 트리니다드호와 빅토리아호는 남서쪽으로 항해하도록 지시했다. 늦어도 닷새 뒤에는 되돌아오라고 지시했으나 1520년 11월 8일, 메스퀴타가 지휘하던 산안토니아호는 스페인으로 도망가고, 세항이 지휘하던 콘셉시온호만이 되돌아왔다. 산안토니아호는 1521년 6월 6일 세

15) Zweig, 『마젤란』, 219쪽.
16) Ober, F. Magellan, p.171.
17) 프리츠, 『세계 탐험 이야기』, 183쪽.
18) Parr, F. Magellan, Circumnavigator, p.321.

마젤란 해협 통과도[19]

비야로 귀항했다.

트리니다드호와 비토리아호·콘셉시온호 등 세 척만 남게 된 마젤란선단은 태평양으로 진입했다.(1520.11.28) 마젤란은 2885마일에 달하는 마젤란해협을 통과하는 데 36일 동안 지루한 항해를 계속해야 했다. 마젤란은 마젤란해협을 빠져나오는 지점의 곶을 '열망의 곶(Cabo Deseado)'이라고 이름 지었다.

6. 오케아노 파키피코 : 태평양

악천후로 고생한 마젤란해협에 비하면, 마젤란이 접어든 바다는 잔잔하기 이를 데 없었다. 그는 이를 보고 '잔잔한 바다'라는 뜻으로 태평양(Oceano Pacifico)이라고 이름 지었다.[20] 마젤란 일행은 태평양을 북서침로로 항해하여 동인도제도쪽으로 계속 항해하였다. 그들이 태평양을 항해하는 동안 육지를 발견한 것은 단 두 번 뿐이었다. 처음 도착한 섬은 무인도였던 데다가 동식물 어느 것도 살고 있지 않았다. 그들은 이곳을 '불행한 섬'이라고 이름 붙였다. 그들이 두 번째 만난

---

19) Zweig, 『마젤란』, 237쪽.
20) Parr, Ibid., p.321.

세부의 산 페드로 요새에 서 있는
안토니오 피가페타

육지에 도착한 것은 1521년 3월 6일의 일이었다. 그들이 태평양으로 들어선 것이 전년도 11월 28일의 일이었으니, 그들은 장장 98일 동안이나 태평양을 항해한 셈이다. 그러니 그들의 상황이 어떠했을지는 충분히 짐작할 수 있다. 당시 마젤란함대의 일원으로 참가했다가 스페인으로 귀항하여 항해기를 남긴 안토니오 피가페타(Antonio Pigafetta, 1491?~1543?)는 당시의 상황을 다음과 같이 기록하고 있다.

"우리는 석 달 스무 날 동안 신선한 것이라고는 아무 것도 먹지 못했다. 우리는 더 이상 비스킷이라고 할 수 없는 벌레가 득실거리는 비스킷을 먹어야 했다. 선내에는 쥐똥이 여기저기 널려 있었다. 우리는 썩어 냄새나는 물을 마셔야 했고, 활대를 덮었던 소가죽도 먹어치웠다. 가죽이 여러 해 동안 비바람에 절어 돌처럼 딱딱해졌기 때문에 부드럽게 만들기 위해 너댓새 동안 바닷물에 담가두었다가 불에 구워 삼켰다. 우리는 톱밥도 자주 먹었다. 쥐는 한 마리에 반 두캇에 거래되었는데, 그것마저도 구할 수가 없었다. 그러나 이보다 더 비참했던 것은 선원들의 잇몸이 부어 올라 아무 것도 먹을 수 없었다는 것이다. 19명이 잇몸이 붓는 병으로 죽었고, 25명 내지 30명이 팔이나 다리, 기타 다른 곳이 아파 드러누운 사람이 많아 성한 사람이 별로 없었다."[21]

그나마 다행스러운 것은 날씨였다. 1만 2천 마일을 항해하는 동안 마젤란 일행

21) Antonio Pigafetta, First Voyage around the World, in ed. by Charles E. Nowell, Magellan's Voyage Around the World, p.122 - 123.

은 한번도 폭풍우를 만나지 않았다. 그들이 태평양을 횡단해 처음으로 도착한 섬에서는 원주민들이 벌떼처럼 달려들어 갑판으로 올라와 이것저것을 뜯어갔고, 심지어 트리니다드호의 보트까지 가지고 가 버렸다. 마젤란은 이 섬을 '도둑의 섬'이라는 뜻에서 라드론섬(Ladrones)이라고 이름지었는데[22] 이 섬이 바로 괌이다. 여기에서 원기를 회복한 마젤란 일행은 일주일 뒤인 3월 16일 필리핀제도의 사마르(Samar)섬에 도착하였다.

7. 필리핀 막탄섬에서의 최후

1521년 3월 25일 마젤란 일행은 사마르섬을 출발하여 마사바섬을 거쳐 세부(Cebu)섬으로 이동하였다.(4.7) 세부는 라자(Raja : 인도나 동남아시아의 토후)인 후마본(Humabon)이 다스리고 있었다. 마젤란은 후마본에게 카를로스(Carlos)라는 세례명을 주고, 그의 아내에게는 후안나(Juanna)라는 세례명을 주는 등 우호적인 관계를 유지하였다.

그는 세부 맞은 편에 있는 막탄(Mactan)이라는 작은 섬의 라자(Raja)인 라푸라푸(Lapu - Lapu)가 오래 전부터 세부에 대항하고 있다는 사실을 알게 되었다. 후마본과 우호적인 관계를 유지하고 있던 마젤란으로서는 그를 돕지 않을 수 없었다. 1521년 4월 26일 마젤란은 부하 60명을 이끌고 막탄섬을 정복하러 나섰다. 그러나 막탄의 원주민 1500여 명은 라푸라푸 추장의 지휘하에 그들에게 대항할 만반의 준비를 갖추고 있었다. 결국, 이 싸움에서 마젤란은 최후를 맞이했다.(4.27)

막탄섬의 라푸－라푸 싱

---

22) Ober, F. Magellan, p.200.

마젤란의 최후

　지도자를 잃은 원정대는 얼마 후 다시 한번 타격을 입게 된다. 마젤란이 신임하던 세항과 두아르테 바르보사가 세부의 라자에게 속아 살해당한 것이다. 3명의 지도자를 잃은 원정대에는 115명 정도만이 남게 되었다. 세 척이나 되는 배가 필요없다고 판단한 그들은 콘셉시온호를 불태워 버렸다.(5.4) 이제 트리니다드호와 빅토리아호 두 척만이 남게 되었다. 빅토리아호는 세바스티안 델 카노가, 트리니다드호는 고메스 데 에스피노자(Gomes de Espinoza)가 각각 지휘하고, 총함대사령관은 키잡이인 폰세로(Fonsero)가 맡기로 했다.

　1521년 남은 두 척의 배는 티도레(Tidore)에 도착하여 향료를 선적하기 시작했다.(11.8) 그러나 12월 18일 트리니다드호의 돛이 부서지게 되자 수리를 끝내는 대로 태평양쪽으로 항해하기로 하고, 빅토리아호는 인도양쪽으로 항해하기로 하였다. 빅토리아호는 같은 달 21일 남은 47명을 태우고 귀항길에 올랐다. 빅토리아호에는 47명의 유럽인 이외에 19명의 원주민이 함께 타고 있었다.

마젤란 선단 중 생존한 18명

이름 (국적 또는 본향)	직위
Juan Sebastián del Cano (Getaria, Spain)	선장(Master)
Francisco Albo (Rodas, in Tui, Galicia)	수로안내인(Pilot)
Miguel de Rodas (in Tui, Galicia)	수로안내인(Pilot)
Juan de Acurio (Bermeo)	수로안내인(Pilot)
Antonio Lombardo (Pigafetta) (Vicenza)	서기
Martín de Judicibus (Genoa)	조리장
Hernándo de Bustamante (Alcántara)	일반선원
Nicholas the Greek, from Nafplion	일반선원
Miguel Sánchez (Rodas, in Tui, Galicia)	일반선원
Antonio Hernández Colmenero (Huelva)	일반선원
Francisco Rodrigues (Seville, Portugal)	일반선원
Juan Rodríguez (Huelva)	일반선원
Diego Carmena (Baiona, Galicia)	일반선원
Hans of Aachen, (Holy Roman Empire)	포수
Juan de Arratia (Bilbao)	숙련선원
Vasco Gómez Gallego (Baiona, Galicia)	숙련선원
Juan de Santandrés (Cueto, Cantabria)	견습선원
Juan de Zubileta (Barakaldo)	급사

한편, 트리니다드호는 수리를 마치고 태평양쪽으로 항해했으나, 포르투갈 사람들에게 나포되었다. 빅토리아호는 1522년 인도양을 횡단하고 희망봉을 돌아 세비야항으로 귀항하였다.(9.6) 만3년에서 12일이 모자라는 대항해가 완수된 것이다. 이 때 귀환한 사람은 겨우 18명뿐이었다. 당시 빅토리아호가 싣고 온 향료는 26톤에 불과했다. 그러나 향료의 판매금은 항해비용을 충당하고도 500두캇의 순이익을 남겼다.[23] 마젤란은 비록 항해를 완수하지는 못했지만, 스페인에 향료 제도로 통하는 귀중한 선물을 안겼다. 그러나 카를로스 1세는 향료제도의 중요성을 깨닫지 못하고 포르투갈에게 35만 두캇에 팔아버리고 말았다.[24]

---

23) Zweig, 『마젤란』, 313쪽.

세부 막탄 섬에 세워진 마젤란 기념탑

　사실 최초로 세계를 주항한 선장은 마젤란이 아니라 델 카노였다. 그러나 원정을 계획하고 추진한 사람이 마젤란이었기 때문에 그렇게 인식되어 온 것이다. 마젤란은 세계 곳곳에 자신의 발자취를 남겨놓았다. 마젤란 해협에는 자신의 이름을 남겼고, 태평양·몬테비데오·처녀곶·티에라 델 푸에고 등은 오늘날까지 그가 명명한 이름을 그대로 사용하고 있다. 부어스틴(Daniel Boorstin)은 "정신적인 면에서나 지적인 면은 물론, 실제적인 면에서도 마젤란은 콜럼버스나 다 가마가 이룩한 그 이상의 업적을 이룩했다"[25]고 평가했다.

24) 프리츠, 『세계 탐험 이야기』, 195쪽.
25) Boorstin, 『발견자들 I』, 406쪽.

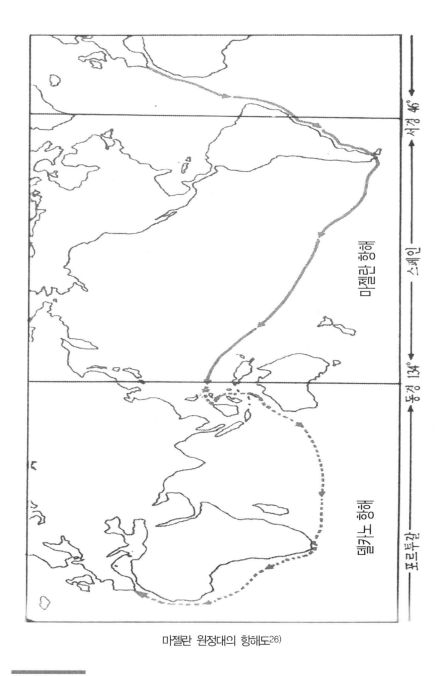

마젤란 원정대의 항해도[26]

---

26) 이병철, 『위대한 탐험』, 49쪽.

제Ⅱ부 아시아로 가는 새로운 길 : 북동 · 북서항로

10장

뉴욕을 탐사한 지오바니 다 베라자노

지오바니 다 베라자노[1]

1. 아시아로 가는 새로운 항로

1492년 콜럼버스가 서인도제도에 도달한 뒤 유럽은 항해열에 휩싸이게 된다. 1420년 이후 70여 년간 아시아로 가는 해상로를 발견하기 위해 아프리카 서해안을 탐험했던 포르투갈은 콜럼버스가 아시아 서쪽에 도달했다는 주장을 반신반의하여 〈토르데시야스 조약〉(1494)을 스페인과 체결하였다. 교황 알렉산더 2세의 중재로 성사된 이 조약은 베르데곶 서쪽 370리그를 경계로 동쪽은 포르투갈, 서쪽은 스페인의 영역으로 한다는 내용이었다.

이 조약에 의거하여 1498년 바스쿠 다 가마가 개척한 인도항로는 포르투갈의 영역이 되어 포르투갈은 향료무역을 독점하여 막대한 부를 쌓을 수 있었다. 또한 스페인은 서인도제도가 아시아의 일부가 아니라는 사실이 밝혀졌음에도 불구하고 서인도제도에서 산출되는 여러 가지 산물을 통해 막대한 경제적 이익을 얻고 있었다.

15세기 중엽 대항해시대가 개막된 이후 유럽인들은 동양으로 가는 최단항로를

---

1) https://en.wikipedia.org/wiki/Giovanni_da_Verrazzano(2018.10.5).

찾는 데 혈안이 되었다. 희망봉을 돌아가는 인도항로는 이미 포르투갈이 완전히 장악하고 있었기 때문에 네덜란드·영국·프랑스의 항해자들은 다른 항로를 찾아야만 했다. 지구가 둥글다는 사실을 잘 알고 있던 항해자들은 '향료와 황금의 나라'로 상징되는 카타이와 인디즈로 가는 항로는 희망봉을 돌아서 가는 것보다 북극해를 가로질러 가는 북동항로가 훨씬 더 빠를 것이라고 생각했다. 휴 윌러비·리처드 챈설러·빌렘 바렌츠(Willem Barents, 1550?~1597) 등이 북동항로를 탐사하였으나, 항로를 발견하는 데 실패했다. 그 대신 16세기 초엽까지 유럽 정치무대에 낯선 존재였던 러시아와 교류를 트는 부수적인 성과를 거두었다.

또 다른 항로는 북아메리카를 관통하든가 북단을 돌아 아시아로 가는 북서항로였다. 북서항로 탐험은 캐벗 부자 이후 프로비셔·데이비스·허드슨·배핀 등의 영국인들이 주도함으로써 영국은 이후 북아메리카에서 유리한 고지를 차지하게 되었다.

그렇다고 프랑스가 영국이나 스페인의 활동을 가만히 지켜보고만 있었던 것은 아니었다. 프랑스도 탐험시대 초창기부터 이탈리아 출신인 지오바니 다 베라자노 (Giovanni da Verrazzano, 1485?~1527)를 후원하여 북미 북동연안을 탐사하도록 했다. 또한 프랑스는 자크 카르티에(1491~1557)가 세인트 로렌스강 유역을 탐사함으로써 몬트리올을 확보한 데 이어, 라 살르(1643~1687)가 미국 동부의 루이지애나지역을 탐험하도록 후원함으로써 이들 지역에 대한 선점권을 주장할 수 있는 발판을 마련했다.

2. 베라자노의 사나포항해

1485년경 이탈리아 피렌체 인근의 발 디 그레베(Val di Greve)에서 출생한 것[2]으로 전해지고 있는 지오바니 다 베라자노는 피렌체에서 상류계층의 교육을 받은 뒤 프랑스 노르망디의 디에쁘(Dieppe)로 이주하여 스페인과 포르투갈의 상선을 약탈한 사나포私拿捕(privateering) 선장으로 널리 알려져 있다. 그의 초창기 이력에

---

2) Henry Murphy, The Voyage of Verrazzano, p.134. 이 책에는 베라자노의 서한과 그와 관련된 당대의 사료 등이 모두 포함되어 있기 때문에 그에 대해서는 이 책을 주로 참고하였다.

대해서는 알려진 것이 없고, 다만 1508년 오베르(Thomas Aubert)가 주도한 탐사항해에 동행하여 뉴펀들랜드까지 항해한 것만이 확실한 것으로 밝혀지고 있다. 그러나 그의 주업이 탐사항해나 무역항해가 아니라 사나포 항해였다는 것은 그 자신이 남긴 서한이나 다른 문서를 통해 확인되고 있다.[3]

베라자노는 1521년 에스파뇰라에서 스페인으로 귀항중이던 선박 1척을 나포하여 금 8만 두캇과 진주 600파운드 상당을 약탈했고, 이듬해에도 카디스에서 카나리아제도로 항해중이던 선박 7척을 나포했다.[5] 그는 1522년 '포르투갈이 아직 발견하지 못한 다른 왕국을 아시아에서 발견하기 위하여 브라질 연안을 탐험'하려고 계획했다.[6] 그러나 당시 프랑스와 포르투갈 궁정 사이에 적대감이 커져가고 있었기 때문에 이 계획은 성사되지 못했다.

베라자노는 1522년 11월 코르테스가 잉카제국의 몬테주마(Montezuma)로부터 노략질하여 스페인으로 보낸 보물선 3척 가운데 2척을 세인트 빈센트 곳(Cape St. Vincent) 인근에서 나포했다. 당대의 연대기 작가인 피터 마터는 베라자노가 약탈한 보물 및 재화의 가치를 약 60만 두캇(150만 달러상당) 이상이었다고 전하고 있다.[7] 잉카제국의 보물선을 본 프랑스와 1세(François I, 1515~1547)는 1523

도펭 호에 새겨진 문장紋章[4]

년 배 4척을 파견하여 아시아로 가는 항로와 금광을 찾아보도록 했다.

베라자노는 1523년 배 4척을 이끌고 '새로운 왕국을 발견하기 위하여 출항'했지만,[8] 악천후로 인해 2척을 잃고 노르만다(Normanda)호와 도펭(Dauphin, 돌고래)호만 브레타뉴로 피난했다. 브레타뉴에서 배를 수리한 베라자노는 이듬해인 1524년 도펭호와 선원 50명을 이끌고 마데이라로 출항했다.(1.17)

베라자노는 서쪽으로 800리그를 항해한 뒤, 다시 서북서쪽으로 400리그를 항해

3) Murphy, Ibid., pp.136 - 137.
4) Murphy, Ibid., p.44.
5) Murphy, Ibid., p.138.
6) Francisco d'Andrade, Chronicle of John III, quoted in Murphy, Ibid., p.138.
7) quoted in Murphy, Ibid., p.143.
8) Murphy, Ibid., p.3.

하여 3월 초 북위 34° 부근에 도착했다. 베라자노가 북미연안에 도착한 날에 대해서는 3월 7일이라는 설과 3월 20일이라는 설이 있다.[9] 그는 피어곶(Cape Fear) 인근에 상륙한 뒤 북아메리카 해안을 북상하면서 탐사를 계속하여 원주민들과 접촉하기도 했다. 베라자노는 아메리카 원주민들에 대해 "허리부분을 제외하고 나체로 나다녔으며, 가무잡잡하다"고 묘사했다.[10] 그는 자신이 도착한 곳이 '약초와 향료 · 금이 발견되는 것으로 미루어 동양에 인접한 곳'이라고 생각했다.[11]

베라자노는 8살배기 원주민 아이 한 명을 프랑스로 데려가기 위해 붙잡은 뒤, 뉴욕 · 블록 아일랜드(Block Is.) · 내러갠셋만(Narragansett Bay) 등을 탐험했다. 그는 북미 북동연안을 따라 북상하면서 탐험을 계속하여 북위 50° 부근까지 탐사한 뒤 7월 초 귀국했다.

베라자노는 귀국하여 프랑스와 1세에게 '이곳에 사람들이 거주하고 있는 것을 발견했으며, 이들 원주민들은 아무 종교도 믿지 않고 있어, 쉽게 개종시킬 수 있을 것'이라고 보고했다.[12] 그는 또한 이 서한에 다음과 같이 적었다.

"이번 항해의 목적은 중국과 아시아의 극동 지역 해안에 도착하는 것이었다. 항해 중에 나는 미처 생각지 못했던 새로운 육지를 발견하게 되었는데, 그 육지가 장벽이 되어서 더 이상 진행하기가 어려웠다. 내가 정말로 새로운 육지를 발견한 것이라면, 아시아의 바다(태평양)로 통하는 해협도 어딘가에 분명히 있을 것이다."[13]

베라자노는 자신이 탐험한 지역을 지도로 만든 뒤, 그 지역을 누벨 프랑스(Nouvelle France, 이하 New France)라고 명명했다.[14] 새로 발견한 지역의 이름을 명명할 때 구대륙의 지역명이나 인명을 사용한 경우는 베라자노가 처음이었다.[15] 그의 형제 지롤라모 다 베라자노(Girolamo da Verrazzano)는 기존 세계지도 위에 베라자노가 그린 부분을 덧붙여 새로운 세계전도를 제작했다. 여기에는

---

9) Murphy, Ibid., pp.3-4의 각주 2번 참조.
10) quoted in Murphy, Ibid., p.5.
11) quoted in Murphy, Ibid., p.5.
12) quoted in Murphy, Ibid., p.7.
13) 프리츠, 『세계 탐험 이야기』, 164쪽 재인용.
14) Skelton, 『탐험지도의 역사』, 117쪽.
15) New Encyclopaedia of Britannica(1988).

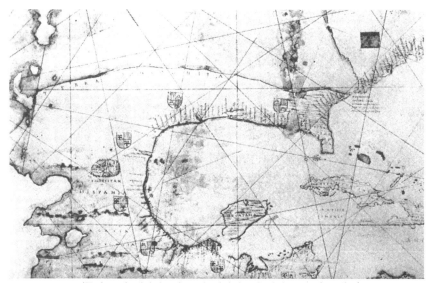

지롤라모 다 베라자노가 그린 세계지도의 신대륙 부분(1529)[16]

노룸베가(Norumbega : 뉴잉글랜드의 당시 지명)의 남쪽 북위 40° 부근에 대서양
과 베라자노해를 격리하고 있는 작은 지협이 나타나 있는데, 이 지협은 실제로는
하트라스(Hattras)곶의 사주였다.[17]

　19세기 역사가인 헨리 머피(Henry Murphy)는 베라자노와 관련된 각종 사료와
지롤라모의 세계지도 등을 비교 · 검토하여 그가 북미 북동연안을 발견했다는 설
을 날조된 것이라고 주장했다. 당대 연대기 작가인 피터 마터는 1524년 8월 3일
자 서한에서 "프랑스의 해적인 '플로린'(Florin, 플로렌스, 즉 피렌체 사람)이 18만
두캇에 상당하는 화물을 싣고 동인도제도에서부터 돌아오던 포르투갈 배 한 척을
나포하였다"[18]고 언급하고 있다. 머피는 이 서한에 플로린으로 언급되어 있는 사
람이 바로 지오바니 다 베라자노라고 보았다.[19] 따라서 그는 "비슷한 시기에 베
라자노가 북미 북동연안을 탐사하고, 포르투갈의 동인도 무역선을 동시에 나포했
다는 것은 불가능하다"[20]고 본 것이다.

---

16) Skelton, 『탐험지도의 역사』, 117쪽.
17) Skelton, 『탐험지도의 역사』, 117쪽.
18) quoted in Murphy, The Voyage of Verrazzano, p.145.
19) Murphy, Ibid., p.136.

머피는 이외에도 베라자노가 북미 북동연안을 탐사했다는 주장을 뒷받침하는 유일한 증거인 프랑스와 1세에게 보낸 서한이 아메리고 베스푸치의 서한을 모방한 흔적이 곳곳에 발견되고 있고, 지롤라모가 제작한 지도와도 모순되고 있다는 점 등을 그의 서한이 날조되었다는 것을 입증해 주는 유력한 증거로 제시하고 있다.[21] 헨리 머피는 현재 남아 있는 사료에 후앙 플로린(Juan Florin), 또는 플로렌틴(Florentine), 또는 플로렌스 사람으로 언급된 사람이 바로 '지오바니 다 베라자노'였다는 점을 각종 사료를 비교 검토하여 밝혀내고 있다. 그는 프랑스와 1세의 후원을 받은 베라자노가 이 지역을 탐사했다는 점을 들어 자국령으로 삼고자 했기 때문에 프랑스측이 베라자노의 서한을 날조하였다고 주장했다.

베라자노는 이후 두 차례 탐험을 더 한 것으로 알려져 있다. 한 차례는 브라질에 상륙하여 염료를 채취하는 염료의 재료가 되는 소방목을 가지고 귀국했다. 또

베라자노의 항로(1524)[22]

한 차례는 지롤라모와 함께 탐험에 나서 플로리다·바하마 군도 등을 경유하여 소앤틸레스제도 등을 탐사했다. 그러나 소앤틸레스제도의 과들루프(Guadeloupe) 인근 바다에 닻을 내리고 상륙을 시도하다가, 카리브해의 식인부족에게 잡혀 먹혔다고 연대기 작가 라무시오(Ramusio)는 전하고 있다.[23]

그러나 베라자노의 서한이 날조되었다고 주장한 머피는 그의 행적을 이와는 다르게 정리하고 있다. 1525년 파비아(Pavia)전투에서 스페인에게 패한 프랑스와 1세가 스페인에 억류되어 있는 동안 프랑스 사나포선의 활동은 잠시 중단되었다. 따라서 베라자노의 사나포활동도 일시 중지되었다. 그러나 1526년 프랑스와 1세가 석방되자 베라자노는 샤보(Philippe de Chabot, 1492?~1543) 제독과 계약을 맺고 탐사항해를 계획했다. 그러나 1526년 1월 마드리드조약으로

20) Murphy, Ibid., p.145.
21) Murphy, Ibid., pp.7, 91~115.
22) https://en.wikipedia.org/wiki/Giovanni_da_Verrazzano.
23) Ramusio, Discourse on Labrador, the Baccalalos and New France, vol.III, fol.417, quoted in Murphy, The Voyage of Verrazzano, pp.134-135.

스페인과 프랑스 사이에 평화가 회복되어 있었기 때문에 이 항해 계획은 실제로는 사나포항해였다. 따라서 스페인인들과 포르투 갈인들은 프랑스의 사나포선 선장인 베라자노를 잡기 위해 노력하였다. 마침내 스페인인들이 1527년 가을에 그를 체포하여 처형했다는 것이다.(11)[24]

그러나 저명한 지도사학자인 스켈튼을 비롯한 대부분의 학자들은 베라자노가 북미 동해안을 탐사하였다는 사실을 인정하고

뉴욕 베라자노해협의 현수교

있다.[25] 따라서 유럽인으로서는 처음으로 뉴욕연안을 탐사한 베라자노의 이름은 뉴욕의 브룩클린과 스테이튼(Staten)섬 사이의 베라자노해협에 붙여져 기억되고 있다. 베라자노는 이탈리아인이었지만, 프랑스의 후원을 받아 탐험에 나섰기 때문에 프랑스가 신대륙에 대한 선점권을 주장할 수 있는 근거를 제공했다.

24) Murphy, Ibid., pp.147 - 148.
25) Skelton, 『탐험지도의 역사』, 116 - 118쪽 ; Murphy, The Voyage of Verrazzano, p.2.

11장

몬트리올을 명명한 자크 카르티에

자크 카르티에[1]

1. 몬트리올을 명명한 자크 카르티에

프랑스인으로서 왕실의 후원을 받아 북아메리카를 처음 탐험한 항해가는 자크 카르티에(Jacques Cartier, 1491~1557)다. 1491년 프랑스 브레타뉴의 생 말로(St. Malo)에서 태어난 카르티에는 세 차례에 걸쳐 북아메리카 북동연안을 탐험함으로써 훗날 프랑스가 캐나다 지역에 대한 선점권을 주장할 수 있는 확고한 기반을 마련해 주었다. 대부분의 초창기 탐험가들과 마찬가지로 그의 초창기 이력에 대해서는 알려진 바가 별로 없지만, 그의 탐험에 대해서는 비교적 상세하게 알려져 있다.

생 말로를 중심으로 어업에 종사하던 카르티에는 대서양 발견사업에 관심을 갖게 되어, 1533년 샤보(Phillipe de Chabot, 1492~1543) 제독에게 "베라자노가 시작한 아메리카 연안에 대한 탐사를 계속해 보고 싶다"고 제안했다.[2] 샤보 제독을 통해 카르티에의 제안을 보고 받은 프랑스와 1세는 배 2척을 마련해 주고, 북아

---

1) 화가 : Théophile Hamel, 1844 경, https://en.wikipedia.org/wiki/Jacques_Cartier(2018.10.5).
2) quoted in Henry Burrage, ed. by, Early English and French Voyages, p.3.

메리카 북동연안을 탐사하도록 했다. 프랑스와 1세가 발부한 특허장에 따르면, 카르티에의 항해 목적이 두 가지였음을 알 수 있다. 하나는 "많은 양의 금은보화를 가진 나라를 찾기 위해 '신대륙'(Terre Neuve)으로 항해하는 것"이었고, 다른 하나는 "신대륙 북부에서 동양의 바다로 빠지는 통로를 발견하는 것"이었다.[3]

1534년 4월 20일, 60톤급 배 2척에 각각 61명의 탐사대원을 태우고 북서항로를 찾기 위하여[4] 생 말로를 출항한 카르티에는 대서양을 항해하여 북위 48° 30′ 지점의 뉴펀들랜드에 도착했다.(5.10) 현재 남아 있는 카르티에의 1차항해 관련 사료에는 부오나 비스타(Buona Vista)로 표기되어 있다. 일부 학자들은 부오나 비스타가 캐봇이 프리마 비스타(Prima Vista)라고 명명한 곳으로 보고 있다.[5] 카르티에 선단은 생 말로를 출항한 지 불과 20일만에 3700여마일의 대서양을 횡단한 셈이다. 이는 7.7노트 이상의 속력으로 항해한 것이어서 당시로서는 특기할만한 항해기록이었다. 그는 뉴펀들랜드해안을 남하하면서 탐사를 계속하여 6월 초 뉴펀들랜드 본토와 뉴펀들랜드섬 상단 사이에 있는 벨섬(Belle Isle)을 목격하고 성 캐더린섬(St. Katherines Is,)으로 명명한 뒤,[6] 벨 아일해협을 통과하였다. 카르티에는 뉴펀들랜드 남해안의 브래도어만(Bradore Bay)을 탐사한 뒤, 세인트 로렌스만으로 진입했다.

세인트 로렌스만 서쪽에서 가스페(Gaspé)반도를 탐사한 카르티에는 이 곳에서 인디안 추장의 아들인 테그노아그니(Taignoagny)와 도마가야(Domagaya)를 배에 태워 동북동 방향으로 항해하여 앤티코스티(Anti Costi)섬의 남해안에 도달했다.(7.27) 그는 앤티코스티섬을 일주 항해하여 세인트 로렌스강의 입구까지 도달했다. 카르티에는 래브라도 남해안과 앤티코스티섬 사이의 해협을 성 피터(St. Peter)의 날에 통과하였기 때문에 성 피터해협으로 명명했다.[7] 이 해협은 후에 최초의 통과자인 그를 기념하여 자크 카르티에해협으로 개명되었고, 가스페반도에 자리잡고 있는 산은 자크 카르티에산으로 명명되어 오늘에 이르고 있다.[8]

---

3) 김명섭, 『대서양문명사』, 379 - 380쪽.

4) The First Relation of Jacques Carthier of St. Malo, 1534, in Burrage, ed. by, Early English and French Voyages,, pp.4, 14.

5) Burrage, ed. by, Ibid., p.4 각주 2번 참조.

6) The First Relation of Jacques Carthier of St. Malo, 1534, in Burrage, ed. by, Ibid., p.7.

7) The First Relation of Jacques Carthier of St. Malo, 1534, in Burrage, ed. by, Ibid., p.28.

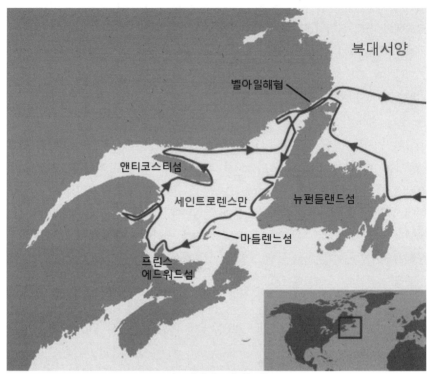

카르티에의 1차 항로[9]

　카르티에는 앤티코스티섬 서단에 도달하여 세인트 로렌스강 입구를 발견하기 직전에 항로를 남쪽으로 돌려 세인트 로렌스강을 지나쳐 버리고 세인트 로렌스만으로 회항했다. 뉴펀들랜드해안을 남하하여 세인트 로렌스만 일대를 탐사했지만, 항로를 발견하는 데 실패하고, 1534년 8월 15일 귀항길에 오른 카르티에는 테그노아그니와 도마가야를 대동하고 생말로로 귀환했다.(9.5) 카르티에는 1차 항해를 통해 원래 탐사 목적이었던 금은보화와 새로운 항로를 발견하지는 못했으나, 엄청난 규모의 땅을 프랑스 왕에게 헌상하고, 인디언 추장의 아들들을 통해 원주민 언어들 핵심어 54개를 정리할 수 있었다.[10]

8) New Encyclopaedia of Britannica(1988).
9) https://en.wikipedia.org/wiki/Jacques_Cartier(2018.10.9.).
10) 김명섭, 『대서양문명사』, 383쪽.

카르티에의 1차탐사 결과에 호기심을 느낀 프랑스와 1세는 이듬해 그에게 배 3
척을 주어 다시 북서항로를 탐사해 보도록 했다. '프랑스 국왕의 선장이자 수로안
내인'[11]으로 임명된 카르티에는 1535년 100톤급 큰 헤르미나(great Hermina)호,
60톤급 작은 헤르미나(little Hermina)호, 40톤급 헤르메릴론(Hermeillon)호 등 세
척과 테그노아그니와 도마가야를 대동하고 생 말로를 출항했다.(5.19)[12]

출항직후 악천후로 서로 헤어지게 된 탐사선 중 카르티에가 총지휘한 큰 헤르
미나호가 먼저 뉴펀들랜드에 도착했고(7.7), 나머지 두 척은 7월 26일에 합류했
다. 카르티에는 앤티코스티섬을 탐사하고 필리지만(Pillage Bay)을 세인트 로렌스
만(St. Lawrence bay)이라고 명명했다.[13] 후에 세인트 로렌스만이라는 지명은 이
해역 전체를 가리키는 것으로 확대되었다. 앤티코스티섬을 일주하여 섬이라는 사
실을 확인한 카르티에는 1차항해 때 지나친 세인트 로렌스강을 발견했다.

탐사의 주목적이 '북서항로를 발견하는 것'[14]이었기 때문에 세인트 로렌스강을
보고 항로를 발견할 수 있을지도 모른다고 생각한 카르티에는 테그노아그니와 도
마가야의 인도를 받아 세인트 로렌스강을 거슬러 올라가면서 탐사를 계속했다.
그는 세인트 로렌스강을 탐사하는 동안 이 지역에 거주하고 있는 인디언 부족과
접촉하면서 퀘벡까지 거슬러 올라갔다. 1535년 9월 내내 세인트 로렌스강을 탐사
한 카르티에는 10월 3일 세인트 로렌스강 중간에 자리잡고 있는 섬에 근거지를
마련한 뒤, 이곳을 '왕의 구릉'이란 뜻으로 '몬트리올'(Montreal = Mont + Réal)이라
고 이름지었다.[15] 몬트리올은 이후 프랑스의 식민지로 개발되었다가, 1760년에
영국의 식민지가 되었으며, 1843년부터 1848년까지는 캐나다의 수도이기도 했다.

카르티에는 인디언들로부터 강 상류에 황금과 구리가 풍부한 땅이 있다는 말을
전해 듣고 1535년 10월 말에서 11월까지 세인트 로렌스강의 상류쪽을 탐사하였
다. 카르티에는 온타리오호(Lake Ontario)까지 탐사한 것으로 보이는데, 그는 이
곳이 플로리다와 연결되어 있는 것으로 착각했다.[16] 12월이 다가오자 카르티에는

---

11) Burrage, ed. by, Early English and French Voyages, p.35.
12) Cartier's Second Voyage, in Burrage, ed. by, Ibid., p.37.
13) Cartier's Second Voyage, in Burrage, ed. by, Ibid., p.40.
14) Cartier's Second Voyage, in Burrage, ed. by, Ibid., p.42.
15) Cartier's Second Voyage, in Burrage, ed. by, Ibid., p.59.
16) Cartier's Second Voyage, in Burrage, ed. by, Ibid., p.72.

겨울이 닥칠 것에 대비하여 퀘벡의 근거지로 되돌아오지 않을 수 없었다. 퀘벡에서 겨울을 보내는 동안 탐사대원 110명 가운데 8명이 괴혈병으로 사망했고, 50여명이 괴혈병에 걸려 병세가 악화되어 갔다.[17] 다행히 도마가야가 비슷한 병에 시달리다가 쥬스와 나뭇잎 즙을 복용하여 괴혈병을 치료하는 것을 보고 원주민들의 도움을 받아 괴혈병을 치료할 수 있었다.[18]

세인트 로렌스강의 얼음이 풀리길 기다리며 겨울을 보낸 카르티에는 원주민 추장을 프랑스로 데리고 간다면 더 많은 재정지원을 받을 수 있을 것이라 생각하여 원주민 추장 도나코나(Donacona)를 생포했다. 카르티에는 1536년 5월 도나코나 추장과 그의 두 아들을 포함하여 원주민 10명을 대동하고 귀향길에 올라 생 말로로 귀환했다.(7.6)[19] 도나코나와 두 아들을 비롯한 원주민 10명 9명이 프랑스에 도착한 지 5년 이내에 사망하고 말았다.[20]

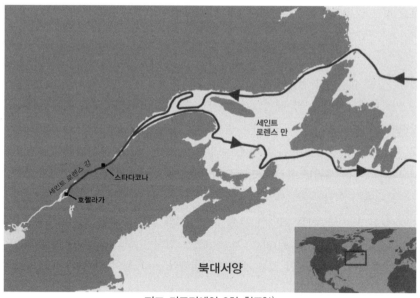

자크 카르티에의 2차 항로[21]

17) Cartier's Second Voyage, in Burrage, ed. by, Ibid., p.73.
18) Cartier's Second Voyage, in Burrage, ed. by, Ibid., p.76.
19) Cartier's Second Voyage, in Burrage, ed. by, Early English and French Voyages,, pp.79, 86.
20) 김명섭, 『대서양문명사』, 386쪽.

카르티에가 2차항해를 마치고 귀국했을 때, 프랑스와 1세는 전쟁에 휘말려 더 이상 탐험에 신경 쓸 여력이 없었다. 그러나 1541년 프랑스와 1세는 스페인이 〈토르데시야스 조약〉을 근거로 이 지역에 대한 소유권을 주장할 것에 대비하여 귀족 로베르발(Jean - François Roberval, 1500?~1560)을 식민지 총독으로 파견하고, 퀘벡을 프랑스의 식민지로 개발할 것을 결정했다. 이때 카르티에는 '프랑스 국왕의 선단의 총사령관이자 수석수로안내인'[22]으로 임명되어 로베르발을 보좌하는 역할을 맡게 되었다. 카르티에의 3차 원정에는 선원, 조선공, 목수, 기와공, 무기 제조공, 밧줄 제조공, 석탄공, 포도주 양조인, 농부, 약제사, 금세공인, 재봉사, 의사, 교회 소속 인사 등 총 374명으로 구성되었다. 로베르발은 식민행정의 전권 뿐만 아니라 새롭게 정복할 모든 땅에서 사형권과 사면권을 포함한 모든 권한이 부여되어 있었다. 단순히 아시아로 통하는 항로를 찾고자 했던 카르티에의 탐사 원정이 본격적인 식민지 사업으로 전환되기 시작했던 것이다.[23]

로베르발은 옹플뢰(Honfleur)에서 식민지를 건설하는 데 필요한 준비를 하기로 하고, 카르티에에게 배 5척을 이끌고 먼저 출발하도록 명령했다.[24] 카르티에는 1541년 먼저 퀘벡으로 출발하였고(5.23),[25] 로베르발은 이듬해(1542) 출발했다. 카르티에는 세인트 로렌스강으로 진입하여 몬트리올에 잠시 머무른 뒤 태평양으로 빠져나가는 출구를 찾아보았으나, 급류 때문에 실패했다.

퀘벡으로 돌아온 카르티에는 레드클리프(Redclyff)언덕에 요새를 건립하고 그 해 겨울을 이 곳에서 났다. 그러나 날씨가 너무나 추웠기 때문에 휘하의 대원들을 제대로 통솔하지 못했다. 그 결과 인디언들과 불화가 조성되었지만, 그 대신 귀금속을 함유한 것으로 추정되는 광석을 대량으로 발견했다. 카르티에는 이 소식을 전하기 위하여 두 척을 프랑스로 파견했다.[26]

식량이 부족하여 더 이상 탐사가 불가능하다고 판단한 카르티에는 로베르발이

---

21) https://en.wikipedia.org/wiki/Jacques_Cartier(2018.10.9).
22) Burrage, ed. by, Early English and French Voyages,, p.91.
23) 김명섭, 『대서양문명사』, 387쪽.
24) The Third Voyage of Discovery made by Captaine Jacques Cartier, 1541, in Burrage, ed. by, Early English and French Voyages, p.94.
25) Burrage, ed. by, Early English and French Voyages, p.95 각주 1번 참조.
26) The Third Voyage of Discovery made by Captaine Jacques Cartier, 1541, Burrage, ed., Ibid., pp.98 - 99.

도착하기도 전에 귀로에 올랐으나, 도중에 잠시 들른 뉴펀들랜드에서 로베르발 일행과 마주치게 되었다.(1542.6) 로베르발은 카르티에에게 퀘벡으로 돌아가 식민지 개척사업에 협조하라고 지시했다. 그러나 카르티에는 그날 밤 몰래 귀로에 올랐다. 카르티에의 3차항해를 기록한 사료중 이 부분이 누락되었기 때문에 그가 언제 어떤 경로를 통해 귀국했는지에 대해서는 알려진 것이 없다. 해클루트가 편집한 사료에는 카르티에의 3차항해 출항연도가 1540년으로 되어 있지만, 박스터 (Baxter)가 편집한 사료에는 1541년으로 되어 있다. 헨리 버리지는 "카르티에가 1540년에 출항하여 1541년 여름에 귀항했다면, 1542년 6월에 뉴펀들랜드에서 로베르발과 마주칠 수 없었다"는 점을 들어 카르티에의 3차항해 출항연도를 1541년으로 보고 있다.[27] 카르티에는 귀국하여 프랑스와 1세에게 금강석으로 추정되는 원석을 헌납하였다. 카르티에는 이후 생 말로에서 여생을 보내다가 1557년 9월 1일 사망했다.

프랑스 왕실은 카르티에가 가져온 광석이 쓸모없는 원광석으로 밝혀지고, 로베르발이 이끈 퀘벡 식민지 건설도 실패하자 이후 반세기 동안 이 지역에는 아무런 관심을 보이지 않았다. 북아메리카에 대한 프랑스 왕실의 관심은 다소 수그러들었지만, 그렇다고 완전히 사라진 것은 아니었다. 카르티에에 이어 캐나다의 뉴프랑스 지역을 탐사한 사람으로는 샹플랭(Samuel de Champlain, 1574~1635)이 있다. 지도제작에 뛰어났던 샹플랭은 1608년 뉴프랑스에 퀘벡을 건설하고 이 곳을 거점으로 리슐리외강을 거슬러 올라가 그의 이름이 붙게 된 샹플랭호를 탐사하였고, 서쪽으로는 휴런(Huron)호와 온타리오(Ontario)호까지 항해하였다. 또 그의 부하 장 니콜레(Jean Nicolet)는 카누를 타고 미시간호를 거슬러 올라가 위스콘신강까지 도달한 것으로 보인다. 이러한 탐사성과를 바탕으로 프랑스는 1663년에 뉴프랑스를 왕령으로 삼았다.

카르티에의 이름이 역사 위로 떠오른 것은 1837년 경 영국인들의 지배를 받아오던 퀘벡인들의 노력에 의해서였다. 1845년 몬트리올의 한 광장에 그의 이름이 붙는 등 카르티에는 프랑스어권 캐나다인들의 정체성을 상징하는 이름으로 부상되었던 것이다.[28]

---

27) Burrage, ed. by, Ibid., p.92.
28) 김명섭, 『대서양문명사』, 390쪽.

카르티에 관련 지명

12장

프로비셔만을 명명한 마틴 프로비셔

Sir Martin Frobisher(1577)[1]

영국인으로서 북서항로를 처음으로 조직적으로 탐사한 항해가는 마틴 프로비셔
(Sir Martin Frobisher, 1535?~1594)였다. 1535년경 잉글랜드의 요크셔(Yorkshire)
에서 태어난 프로비셔는 1576년 6월 7일 마이클 로크(Michael Locke)의 후원을
받아 30톤급인 가브리엘(Gabriel)호와 마이클(Micheal)호, 정탐선 1척 등 세 척을
이끌고 카타이로 통하는 북서항로를 찾기 위해 레트클리프(Ratcliffe)를 출항했다.[2]
그러나 정탐선의 선수 활대가 부러지는 바람에 데프트포드(Deptford)에 들러 수리
를 마친 뒤 6월 8일에야 정식으로 항해에 나설 수 있었다.

프로비셔 선단은 위도 50°에서 60° 사이의 북대서양을 항해하여 래브라도해안
에 도착했다.(7.28)[4] 7월 말에서 8월에 걸쳐 래브라도해안을 북상하면서 연안을
탐사하고 수심을 측정하면서 북서항로를 찾아보았지만, 안개와 얼음 때문에 제대

---

1) 화가 Cornelis Ketel, https://en.wikipedia.org/wiki/Martin_Frobisher(2018.10.9).
2) Christopher Hall, The First Voyage of M. Frobisher, in Janet Hampden, ed. by Voyages and Documents, p.147.
3) Skelton, 『탐험지도의 역사』, 160쪽.
4) Ibid., p.151.

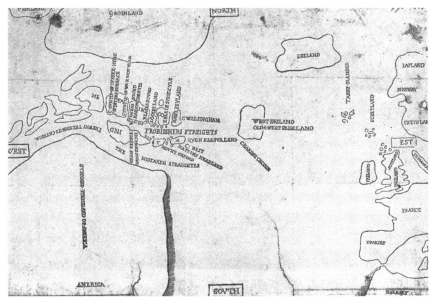

1576년~1578년 프로비셔의 북동 항해를 보여주는 해도[3]
탐사대원의 일원이었던 James Beare가 그린 것으로 추정됨

로 탐사하지 못했다. 탐사도중 한 섬에서 원주민과 맞닥뜨리게 된다.(8.19) 당시 가브리엘호의 선장이었던 크리스토퍼 홀(Christopher Hall)은 이들의 인상에 대하여 다음과 같이 적고 있다.

"길게 늘어뜨린 검은머리, 넓은 얼굴, 평평한 코, 그을린 피부 등 원주민의 생김새는 타타르인처럼 보였다. 그들은 물개가죽을 걸치고 있었다. 여자들도 머리카락을 곱게 빗어 내린 것을 제외하고는 외견상 남자들과 별반 다르지 않았다."[5]

프로비셔 일행은 원주민들에게 칼과 장난감·종 등을 건네주며 호의를 보이려고 노력했지만, 원주민들은 보트 한 척과 탐사대원 5명을 끌고 가 버렸다. 일주일 동안 탐사대원을 찾아보았지만, 이들을 찾는 데 실패한 프로비셔는 귀항길에 올라 잉글랜드로 귀환했다.(10.1)

---

5) Christopher Hall, The First Voyage of M. Frobisher, in Janet Hampden, ed. by Voyages and Documents, p.153.

당시에는 허드슨해협이, 이전에 북서항로를 탐사한 항해자들이 북미 북동연안에 있을 것으로 추정하였던 태평양으로 통하는 해협일 것이라고 생각되고 있었다. 그러나 프로비셔는 허드슨해협이 당시 일반적으로 알려지고 있었던 것과는 달리, 태평양으로 통하는 해협이 아니라 '닫혀진 만'이라고 생각해 '오인된 해협(Mistaken Str.)'이라고 이름지었다.[6] 허드슨해협은 실제로는 닫혀진 만이었으며, 이는 1800년경에 이르러서야 확인되었다.[7] 그리고 배핀섬 입구를 해협이라고 생각하여 자신의 이름을 따 프로비셔해협이라 명명했으나,[8] 훗날 이곳은 닫혀진 만으로 판명되어 프로비셔만으로 개칭되었다.[9]

프로비셔는 1차항해에서 래브라도해안에 도착한 뒤 해안을 따라 북상하면서, 허드슨해협과 배핀섬을 거쳐 배핀만까지 탐사했다. 그러나 아시아로 통하는 항로를 발견하지 못했다. 그 대신 금이 함유된 것으로 추정되는 원광석과 원주민 1명을 데리고 귀국했다. 프로비셔가 데려온 원주민은 곧 사망했지만, 원광석을 본 후원자들은 북서항로를 발견하지 못하더라도 스페인인들이 멕시코에서 발견한 것과 같은 금광이나 은광을 발견할 수 있을 것으로 생각하여 곧 2차항해를 준비했다.

프로비셔는 다시 한 번 마이클 로크의 후원을 받아, 1577년 가브리엘호와 마이클호 · 에이드(Ayde)호 등을 이끌고 카타이와 인디즈로 통하는 북서항로와 금은광을 발견하기 위하여 2차항해에 나섰다.(5.31) 총사령관인 프로비셔가 지휘한 200톤급 에이드호에는 선원과 군인 등 100여명이 승선했고, 부사령관인 크리스토퍼 홀이 지휘한 가브리엘호에는 18명이 승선했으며, 마이클호에는 16명이 승선했다.[10]

브리튼섬의 동해안을 따라 북상한 뒤, 1차항해 때처럼 위도 50°에서 60° 사이를 서북서 항로로 항해한 프로비셔 선단은 1577년 그린랜드(탐사대는 Frisland로 부름[11])에 도착했다.(7.4) 4일 동안 그린랜드를 탐사한 프로비셔 일행은 7월 중순부

---

6) Skelton, 『탐험지도의 역사』, 160쪽.
7) Skelton, 『탐험지도의 역사』, 175쪽.
8) Hall, op. cit., in Janet Hampden, ed. by, Voyages and Documents, p.161.
9) New Encyclopaedia of Britannica(1988).
10) A true report of such things as happened in the 2nd voyage of captain Frobisher, in Hampden, ed. by, Voyages and Documents, p.156.
11) Ibid., in Hampden, ed. by, Voyages and Documents, p.159.

터 8월 중순까지 허드슨만과 배핀섬 부근을 탐사하였다. 프로비셔는 2차항해에서는 애당초 목적이었던 카타이로 통하는 북서항로를 찾는 일은 다음으로 미루고, 금은광을 찾는 데 집중했다.[13]

그리고 1차항해 도중 실종된 탐사대원 5명의 행방을 찾는 일도 소홀히 하지 않았다. 프로비셔는 사로잡은 원주민으로부터 탐사대원이 살아 있다는 얘기를 듣고 그를 통해 "만약 그들을 돌려보내지 않으면, 원주민들을 한 사람도 살려두지 않겠다"는 뜻을 전했으나,[14] 원주민들과의 의사소통이 원활하지 못해 탐사대원을 찾지 못했다.

이누이트족(Inuit)[12]

프로비셔는 원주민들에게 보복을 가할 충분한 인력과 장비를 갖추고 있었다. 그러나 '이번 탐사의 목적은 정복에 있는 것이 아니라 금은광을 찾는 것'[15]이었기 때문에 원주민과 접촉하는 것을 중단하고, 금, 은광석을 수집하는 데 전력을 다했다. 7월 말에서 8월 중순까지 20여일 동안 금과 은이 함유되어 있을 것으로 추정되는 원광석 200톤을 수집한 프로비셔는 1577년 8월 23일 귀로에 올라 웨일즈로 귀환했다.(9.20)

그러나 프로비셔가 가져온 원광석은 쓸모없는 돌덩이에 지나지 않음이 확인되었고, 그로 인해 탐험을 후원한 마이클 로크는 파산하고 말았다. 프로비셔가 두 차례 탐사로 이룩한 성과가 있었다면 배핀섬 입구의 만을 영국령으로 삼은 것 정도였다.

프로비셔는 1578년 세번째 항해에서 허드슨만 내부 200마일까지 탐사했지만, 이번에도 역시 카타이로 통하는 북서항로나 금광을 발견하지는 못했다.

북서항로를 발견하는 데 실패한 프로비셔는 1585년에는 프랜시스 드레이크가 이끄는 서인도 원정대의 부제독으로 참가했고, 1588년에는 스페인 무적함대와 치른 전투에서 크게 활약했으나, 1594년 프랑스 해안에서 치러진 스페인 함대와의

12) https://en.wikipedia.org/wiki/Martin_Frobisher(2018.10).
13) Ibid., in Hampden, ed. by, Voyages and Documents, pp.182 - 183.
14) A true report of such things as happened in the 2nd voyage of captain Frobisher, in Hampden, ed. by, Voyages and Documents, p.182.
15) Ibid., in Hampden, ed. by, Voyages and Documents, p.186.

전투에서 치명상을 입고 사망했다.

프로비셔는 캐봇 부자 이후 북서항로를 가장 조직적이고 체계적으로 탐사한 최초의 항해가였지만, 지리상 발견에는 별로 공헌한 것이 없다. 다만 그가 거둔 성과라면, 귀국할 때 데리고 온 에스키모인들의 생김새가 아시아인들과 상당히 닮아 있었기 때문에 북서항로를 통해 아시아로 갈 수 있다는 믿음을 확인시켜 주었다는 것 정도였다.16)

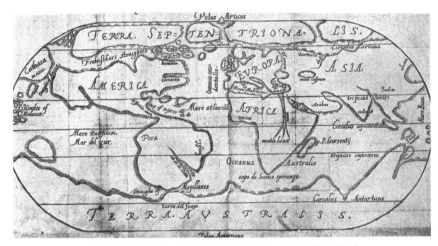

프로비셔의 항해를 설명하기 위해 간행된 세계지도(1578)17)

---

16) Skeltlon, 『탐험지도의 역사』, 161쪽.
17) Skelton, 『탐험지도의 역사』, 141쪽.

13장

영국 최초의 노예상인 존 호킨스*

Sir John Hawkins(1591)[1]

1. 플리머스 상인의 아들 존 호킨스

존 호킨스는 엘리자베스 시대를 풍미했던 여러 인물 가운데 가장 탁월했던 해양 지휘관이자, 노예상인, 해군 개혁가 중 한 명이었다. 그는 다양한 경력을 가진 사람으로서 상인으로 시작하여 노예무역으로 입신한 뒤 해군 행정가로서 엘리자베스 해군을 개혁하여 영국이 스페인 무적함대에 맞서 승리를 거두게 하는 데 기여했다. 그러나 그의 이름 앞에는 늘 영국 최초의 노예상인이라는 명예스럽지 못한 수식어가 덧붙어 있다.[2]

존 호킨스(Sir John Hawkins, 1532~1595)는 1532년 영국 남서부 데번셔 플리머스의 상인 가문에서 태어났다. 호킨스는 플리머스의 킨터베리(Kinterbury) 가에서 성장했는데, 킨터베리 가는 부둣가에 인접하여 창고와 선창이 늘어서 있는, 범

---

* 원전 : 해양연맹, 『바다』 36호(2001 봄호) - 37호(2018 여름호).
1) Philip Gosse, Sir John Hawkins, f.3.
2) Encyclopedia of Britannica(1988), Vol. 5, p.762.

선들과 검게 그을린 선원들의 거리였다. 상인이자 헨리 8세의 해군장교이기도 했던 부친 윌리엄 호킨스(William Hawkins, 1495?~1555?)는 헨리 8세의 소유함 그레이트 갤리(Great Galley) 호를 지휘하기도 했고, 1528년에는 200톤급 폴 어브 플리머스(Paul of Plymouth) 호를 지휘하여 브라질을 다녀온 경험도 있었다. 윌리엄 호킨스는 1530년에는 남아메리카 원정을 마치고, 브라질의 원주민 추장 한 명을 사로잡아 귀환하기도 했다.[3] 이 추장이 튜더 시대 런던에 엄청난 반향을 불러 일으켰을 것이라는 것은 상상하고도 남음이 있다. 원주민 추장은 양쪽 볼에 구멍을 뚫고 뼈들을 주렁주렁 달고 있었고, 아래 입술에는 완두콩만한 귀금속을 박고 있었다. 그를 맞이한 헨리 8세나 궁정의 유력가들이 원주민 사냥이 돈벌이가 될만한 사업이라는 사실을 금세 알아차렸을 것이다. 윌리엄 호킨스는 1532년 플리머스 시장에 선출되어 1537년 재선됨과 동시에 하원의원에 뽑혀 1554년 사망할 때까지 지위를 유지했다.

존 호킨스의 가문은 플리머스에서 유력 가문이었지만, 그는 정규 교육을 일찍 마치고 항해술을 배운 뒤 아버지의 배에 승선하는 것으로 어린 시절을 보냈다. 호킨스의 초창기 생애에 대해서는 알려진 것이 많지 않고, 몇 가지 사실만이 단편적으로 알려져 있을 뿐이다. 스무살이던 1552년 호킨스는 존 화이트(John White)라는 이발사의 공격을 받고 방어를 하던 중 그를 살해하고 말았다. 청문 끝에 존 호킨스는 무죄로 풀려났다. 23살이던 1555년 그는 플리머스의 자유시민(freeman)으로 인정받았다. 같은 해에 존 호킨스라는 이름을 가진 2명이 자유시민으로 인정 받았는데, 존 호킨스는 동명이인과 구별하기 위해 자신의 직업을 '선원'(mariner)이자 '피터 호의 선주'(owner of Peter)라고 적시하였다. 또 다른 알려진 사실은 24살이던 1556년 호킨스가 프랑스 궁정에 피터 호의 반환을 청원하기 위해 프랑스에 머물렀다는 것이다. 원래 프랑스의 브레타뉴 사람 소유였던 피터 호는 호킨스 형제가 나포하여 운용 중이던 선박이었다. 이 선박이 브레스트(Brest)에 입항하자 프랑스 관헌이 압류하여 원 선주에게 되돌려주었고, 호킨스가 그 반환을 요청하였던 것이다. 호킨스 형제들은 나포한 선박을 몇 척 소유하고 있었다.[4]

---

3) 가일스 밀톤은 이 해를 1535년으로 적고 있으나(Giles Milton (윤영호 옮김), 『위대한 두목 엘리자베스』, 15쪽), Gosse는 1530년으로 적고 있다(Gosse, Sir John Hawkins, p.6).

1558~59년은 존 호킨스에게는 중요한 해였다. 1558년은 엘리자베스 여왕이 즉위한 해였고, 1559년은 존 호킨스가 영국 해군의 재무관이자 갓 출범한 런던회사(London Company)의 주주인 벤자민 곤슨(Benjamin Gonson)의 딸인 캐더린(Katherine)과 결혼한 해이기 때문이다. 런던의 유력가와 혼맥을 맺음으로써 호킨스는 카나리아 제도와 기니 무역에 관심을 가진 런던의 유력 상인 그룹에 합류할 수 있었다. 1561년 런던으로 이주한 존 호킨스는 서인도 무역에 관한 자신의 계획을 실행에 옮기기로 했다.

2. 노예무역과 호킨스의 1차 항해

당시 신대륙에 대한 합법적 통치권을 보유하고 있던 스페인은 신대륙의 자국민과의 거래를 엄격하게 통제하여 허가받은 자 이외에는 할 수 없도록 했다. 일찍부터 자신의 배를 이용하여 무역을 해 왔던 존 호킨스는 허가 무역 이외에 다른 경로를 통해 신대륙의 스페인인들과 무역을 할 수 있는 길이 있음을 알아챘다. 존 호킨스가 카리브 해에 기항했을 당시에는 이미 카리브해 원주민이 거의 멸절된 상태였기 때문에 스페인 식민지에서 일꾼으로 활용할 흑인들에 대한 수요가 많았다. 1441년 안타옹 곤살베스(Antão Gonçalves)가 서아프리카에서 흑인노예를 처음으로 스페인으로 들여왔고, 1517년에는 칼 5세가 흑인 수입허가장을 발부하기도 했다. 1551년 스페인 왕실은 흑인 노예 수입 허가장을 1만 7천개나 발급하였고, 1553년에는 페르난도 오초아(Fernando Ochoa)가 7년 간 노예무역 독점권을 얻어 2만 3천명을 들여오기도 했다.[5] 이렇듯 16세기 유럽을 기준으로 할 경우 노예무역이라는 것은 불법적인 것이 아니라 통상적인 무역으로 간주되고 있었다.

존 호킨스가 제안한 모험사업은 아프리카의 기니 해안에서 흑인들을 잡아다 서인도제도의 스페인 식민지에 판다는 것이었다. 호킨스의 제안에 장인인 곤슨은 물론, 라이오닐 더킷(Sir Lionel Ducket), 토마스 로지(Sir Thomas Lodge), 윌리엄 윈터(Sir William Winter), 브롬필드(M. Bromfield) 등의 런던 유력가들이 돈을 투자

---

4) Gosse, Sir John Hawkins, pp. 2 - 4.
5) Gosse, Sir John Hawkins, p.9.

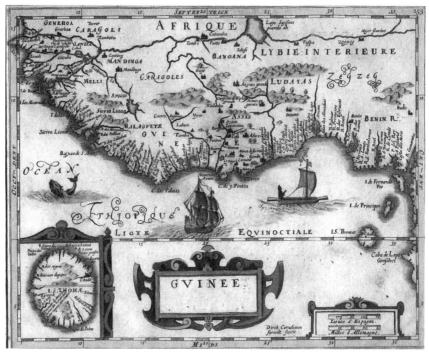
기니 해안을 그린 16세기의 지도[7]

하였다.[6] 곧 항해 준비가 완료되었다. 존 호킨스는 120톤급 솔로몬 호(Solomom), 100톤급 스왈로우(Swallow), 40톤급 요너스(Jonas) 호 등 3척의 배와 선원 100명을 태우고, 자신은 가장 큰 배인 솔로몬 호에 승선했다.

1582년 10월, 플리머스에서 출항한 선단은 테네리페에 기항하여 청수와 신선한 식료품을 수급하고, 기니 연안의 시에라리온 연안에서 일부는 교환으로, 일부는 강압적인 방법으로 타가린 족(Tagarin) 300명을 확보했다. 서인도제도에서 팔 노예를 세 척의 배에 분승시킨 선단은 서인도 제도의 에스파뇰라 섬에 도착하여 흑인 노예와 영국 상품을 처분했다. 호킨스는 요너스 호와 스왈로우 호에 가죽을 실어 스페인으로 보내고, 가죽, 생강, 설탕, 귀금속 등을 솔로몬 호에 싣고 1563년 9월 플리머스로 귀환했다.[8] 호킨스가 2척을 스페인으로 보낸 것은 스페인에

---

6) R. Hakluyt, Voyaged and Documents, p.98.
7) 해양연맹, 『바다』 36호, 2011, 봄호, 93쪽.

가죽에 대한 수요가 크다는 얘기를 에스파뇰라에서 들었기 때문이었다. 호킨스는 귀로에 대양 상에서 포르투갈 배 2척을 나포했다. 이는 분명 해적 행위였지만, 그는 노예무역뿐만 아니라 해적 행위 또한 이익이 많은 사업임을 단번에 알아차렸다.[9] 그러나 이는 결과적으로 스페인 식민지와의 불법 무역을 금지한 스페인 국왕의 심기를 건드렸을 뿐이다. 펠리페 2세는 스페인 주재 영국 대사 토마스 채롤너(Sir Thomas Challoner)에게 호킨스가 저지른 것과 같은 행위가 재발된다면 문제가 발생할 것임을 경고했고, 채롤러 대사와 국무경 윌리엄 세실(William Cecil)은 엘리자베스 여왕에게 이를 전달했다. 그러나 이러한 외교적 압력만으로는 엘리자베스 여왕에게 어떠한 영향도 미칠 수 없었다. 호킨스의 1차 항해는 경제적인 면에서 실패라고는 할 수 없었지만, 기대에 미치지는 못했다. 그러나 호킨스가 서인도제도로 진입할 수 있는 길을 보여주었다는 면에서 의미가 있었다.[10]

3. 호킨스의 2차 항해, 엘리자베스 여왕도 참여하다

호킨스는 스페인으로 보낸 가죽이 압수되자 이를 반환받으려고 시도했으나, 챌로너 대사는 1564년 7월 "그가 보상받을 수 있는 유일한 길은 궁정에 영향력을 행사할 펠리페 2세의 측근에게 4천 내지 5천 두캇 정도를 제공하는 것"이라고 제안했을 뿐이다.[11] 이로써 호킨스는 다음 항해에서는 더 강력한 후원이 필요하다는 사실을 깨달았고, 그것은 여왕을 직접 사업에 끌어들이는 것이었다. 호킨스는 1차 항해의 성공을 바탕으로 런던의 유력 인사들로부터 투자를 유치하고, 엘리자베스 여왕의 소유선인 지저스 어브 뤼베크(Jesus of Lubeck) 호를 용선함으로써 여왕을 끌어들이는 데도 성공했다.[12] 엘리자베스 여왕으로서는 손해날 것이 전혀 없는 거래였다. 왜냐하면 자기 소유선을 빌려주는 것 이외에 비용이나 위험을 감수할 것은 전혀 없었던 반면에, 성공하기만 한다면 막대한 이익을 챙길 수 있었

---

8) R. Hakluyt, Voyaged and Documents, p.99.
9) Angus Konstam (이종인 옮김), 『해적의 역사』, 97쪽.
10) Gosse, Sir John Hawkins, pp.12 - 13.
11) Gosse, Sir John Hawkins, p.13.
12) Angus Kontam, 『해적의 역사』, 98쪽.

기 때문이다. 엘리자베스 여왕 이외에도 궁전의 유력정치가인 펨브로크 경(Lord Pembroke)과 로버트 더들리 경(Lord Robert Dudley)도 투자했다.

존 호킨스는 170톤급 지저스 어브 뤼베크 호, 140톤급 솔로몬 호, 50톤급 타이거 호, 30톤급 스왈로우 호 등 4척에 170여명의 선원을 분승시켜 1564년 10월 18일 플리머스 항을 출항했다. 호킨스는 지저스 어브 뤼베크 호를 기함으로 사용했는데, 이 배는 헨리 8세가 1545년 한자 동맹으로부터 매입한 배였다. 호킨스의 2차 항해는 출발부터 조짐이 좋지 않았다. 플리머스 항을 출항하는 동안 돛을 올리고 내리는 데 사용하는 도르래가 부러져 돛이 떨어져 사관 한 명이 죽는 사고가 발생했다. 2차 항해의 일지를 남긴 존 스파크(John Sparke)는 "이는 모두에게 슬픈 출발이었다"고 적었다.13) 출항 후 10월 21일까지는 바람이 양호했으나, 21일 저녁 9시부터 북동풍이 강하게 불어 23시간 동안 지속되었다. 결국 선단은 모두 흩어지게 되어 호킨스는 하는 수 없이 스페인의 페롤(Ferrol)로 피항하여 5일간 다른 선대를 기다렸다. 페롤에서는 런던 선적의 미니언 호(Minion)와 존 밥티스트(John Baptist) 호도 피항해 왔는데, 이 두 배는 기니 연안으로 황금 무역을 하러가던 중이었다. 미니언 호와 존 밥티스트 호는 호킨스의 지휘 아래 함께 동

Jesus of Lubeck14)

---

13) R. Hakluyt, Voyaged and Documents, p.100.
14) Gosse, Sir John Hawkins, p.15.

행하는 데 동의하였다.

10월 30일 호킨스는 선단을 이끌고 페롤을 출항하여, 11월 4일에는 마데이라 섬을 시인視認했고, 11월 6일에는 테네리페를 시인했지만, 그들은 테네리페를 카나리 제도로 오인했다. 호킨스는 테네리페에서 찾아 전전하다가 마침내 테네리페에 들러 휴식을 취하고, 11월 15일 출항하여 케이프 베르데와 시에라 레온을 통과하여 기니로 항해했다. 호킨스는 기니 연안에서 포르투갈인이나 흑인 부족들로부터 흑인을 사들이기도 하고, 일부는 강제로 잡아들이기도 하여 약 400여 명을 끌어 모았다. 그 동안 흑인들과의 싸움으로 선원 중 7명이 죽고 27명이 다치는 사고도 발생하였다. 죽은 사람 가운데는 솔로몬 호의 필드(Field) 선장이 끼어있었다.

흑인들을 충분히 확보한 호킨스는 1565년 1월 29일 기니 연안을 출항하여 대서양을 횡단했다. 대서양을 횡단하는 동안 바람이 없어 지루한 항해가 18일 이상 계속된 끝에 마침내 3월 9일에야 서인도에 도착했다. 식수와 식료품을 보급하고 흑인들을 팔기 위해 이 섬 저 섬을 전전한 끝에 베네수엘라 연안에 도착했다. 호킨스 선단은 3월부터 5월까지 서인도 제도를 전전하며 스페인 관리들의 갖은 방해에도 불구하고 리우 데 라 아차(Rio de la Hacha)라는 작은 항구에서 노예들을 팔 수 있었다. 호킨스는 가죽과 기타 물품으로 선창을 가득 채우고 1565년 5월 31일 에스파뇰라에서 가죽과 설탕 등을 추가로 싣기 위해 스페니쉬 메인(Spanish Main)[15]을 떠났다. 그러나 호킨스는 멕시코만류와 남풍의 영향으로 에스파뇰라에는 기항하지 못하고, 멕시코만 해안을 전전하다 8월 28일 메이 강(river May)을 출항하여 9월 20일 콘월의 패드스토우(Padstow) 항에 귀환했다. 2차 항해의 인적 손실은 170명 중 20명에 불과했다. 이는 모험항해의 성격이나 시대적 상황을 고려하면 이례적으로 낮은 사망률이었다. 수익성 면에서도 지저스 어브 뤼베크 호의 수리비 500파운드를 지출하고도 60%의 수익률을 기록했다.[16]

존 호킨스는 패드스토우 도착 즉시 엘리자베스 여왕에게 "신의 덕분으로 이번 항해는 우리가 의도한 바대로 잘 성취되었습니다. … 저는 상당한 부가 있는 것으로 추정되는 플로리다 해안을 발견했으며, 그곳의 물품들을 폐하에게 폐를 끼치지 않기 위해 윈터(Winter) 씨의 소유임을 선언하였습니다. 윈터 씨는 로버트 경

---

15) 파나마 지협에서 베네수엘라 동부에 이르는 옛 스페인 식민지들의 통칭.
16) Gosse, Sir John Hawkins, p.43.

(Lord Robert)에게 설명드릴 것입니다"라고 보고했다. 스페인도 가만히 앉아 있지 않았다. 영국 주재 스페인 대사는 11월 펠리페 2세에게 다음과 같은 서신을 보냈다.

"호킨스는 자신과 거래한 스페인인들 모두에게 만족을 주었고, 그가 들른 모든 식민지의 통치자들로부터 허가를 받았다고 밝혔습니다. 그가 막대한 이익을 남긴 만큼 다른 상인들도 이와 유사한 원정에 나서게 될 것입니다. 호킨스는 내년 5월에 차항을 떠날 것이라고 하는데, 즉각적인 대응이 필요하리라 사료됩니다. 저는 호킨스가 폐하가 금지한 무역을 행하였으니 그를 처벌해야 한다고 여왕에게 아뢰었습니다. 제가 어떻게 이 일을 처리해야 할 지 명확한 지시를 내려주시기를 요청하는 바입니다."[17]

이 서한은 곧 효과를 나타냈다. 왜냐하면 호킨스가 차항을 준비하고 있던 차에 엘리자베스 여왕의 이름으로 스페인 국왕이 금지한 지역으로의 항해를 금하고, 그 보증금으로 500파운드를 납부하라는 세실 경의 서한이 호킨스에게 전달되었기 때문이다. 물론 호킨스는 보증금을 납부하고, 자신은 항해에 나서지 않았지만, 모험 항해는 다른 사람들에 의해 이루어졌다. 이 항해에 대해 알려진 것이 전혀 없

존 호킨스, 드레이크, 캐번디시[18]

17) Gosse, Sir John Hawkins, p.44.
18) 해양연맹, 『바다』 36호, 2011 봄, 97쪽.

지만, 수익을 남겼을 것으로 추정할 수 있다. 왜냐하면 2년 뒤 호킨스는 3차 항해를 떠났기 때문이다.

4. 실패로 끝난 3차 항해

3차 항해에는 그의 사촌 동생인 프랜시스 드레이크(Francis Drake, 1540?~1596)도 동참하였다. 3차 항해 선단은 6척으로 이루어졌다. 기함은 지저스 어브 뤼베크 호였고, 호킨스가 사령관으로, 로버트 버렛(Robert Barret)이 선장으로 각각 지휘를 맡았는데, 총 180명의 선원이 승선했다. 역시 왕실 소유선인 미니언 호에는 사령관 존 햄프톤(John Hampton)과 선장 존 개럿(John Garret)이 승선했고, 호킨스 개인 소유선인 100톤급 스왈로우 호와 32톤급 엔젤 호, 투자비로 마련한 윌리엄 앤 존(William and John) 호, 그리고 드레이크 소유선인 50톤급 쥬디스(Judith) 호가 참여했다. 총 408명의 선원이 출항했으나, 살아서 돌아온 사람은 채 1/5이 안 되었을 만큼 항해는 고난의 연속이었다.[19]

1567년 10월 2일, 플리머스 항을 출항한 호킨스 선단은 7일 피니스터 곶(Cape Finister) 근방에서 악천후와 조우하여 분산된 뒤 10월 11일 고메라 섬에서 재집결했다. 11월 4일 고메라에서 출항한 선단은 11월 8일 케이프 베르데 곶에 도착하여 흑인들을 확보하기 위해 150여 명이 상륙했으나, 흑인들의 공격을 받아 호킨스를 비롯한 대원 일부가 독화살에 맞았다. 호킨스는 다행히도 회복되었으나, 일부는 사망했다. 선단은 1567년 11월 중순부터 1568년 1월 중순까지 기니 연안에서 포르투갈인들과 흑인들로부터 흑인노예를 확보하려고 시도했으나, 겨우 150여명을 확보하는 데 그쳤다.

호킨스는 서인도 제도에서 수요가 있을만한 물건과 금을 찾으려는 희망으로 엘미나(Elmina) 해안으로 이동했다. 이곳에서 흑인 한 명이 찾아와 다른 부족이 자기 부족을 공격한다고 전하면서 자기 부족을 도와주면 원하는 만큼의 흑인을 얻을 수 있을 것이라고 말하며 도움을 요청해 왔다. 이에 호킨스는 1월 15일 로버트 버렛 선장을 대장으로 하여 120명의 대원을 상륙시켰다. 그러나 8천 명에 달

---

19) Gosse, Sir John Hawkins, p.47.

하는 상대 부족이 잘 방어하여 오히려 호킨스 측에서 60명이 죽고 40명이 크게 다쳤다. 버렛의 지원 요청을 받은 호킨스는 직접 공격에 가담하여 마을을 육상과 해상에서 양동 작전을 펼쳐 흑인 250명을 사로잡았다.[20] 이제 400여 명의 흑인을 확보한 호킨스는 이 정도로도 서인도에서 충분한 이익을 거둘 수 있을 것으로 생각하여 1568년 2월 3일 기니 연안을 출항했다.

3월 27일 서인도의 도미니카 연안을 초인한 뒤 이곳저곳을 들렀지만, 스페인 식민지 관리들은 일체의 교역을 금지했다. 마가리타(Margarita)에서는 소와 양을 사고, 비교적 우호적인 분위기에서 9일간 머물렀지만, 바라던 교역은 하지 못했다. 결국 호킨스는 2차 항해시 성공적으로 스페인인들과 교역을 한 리오 데 라 아차로 갔다. 그러나 이곳의 총독이 노예 거래는 커녕 식수와 식료품을 보급받는 것조차 허가하지 않았다. 호킨스는 결단을 내려 200명을 동원하여 성벽을 부수고 성 안으로 진입하였으나 스페인인들이 모두 달아나고 없어 인명 피해는 없었다. 이곳의 스페인인들은 한 밤중에 은밀하게 호킨스로부터 흑인 200명을 사갔다. 이때가 대략 7월 초순이었는데, 교역할만한 상품도 얼마 남아 있지 않았다. 다음으로 호킨스가 들른 곳은 오늘날의 콜럼비아 지역인 산타 마르타(Santa Marta)였다. 당시 불과 45가구 정도 밖에 없었던 이 작은 마을에서 호킨스는 흑인 110명을 팔고, 마지막으로 카르타헤나에 들렀다. 그러나 교역할만한 물건이나 흑인도 거의 없었던 데다가 총독마저 고지식하여 교역을 허락하지 않아, 8월 8일 평화적으로 카르타헤나를 출항하였다.[21] 당시 지저스 어브 뤼베크 호에는 교역으로 벌어들인 약 1만 5천 파운드 상당의 금과 진주, 은 등이 실려 있었다.[22]

허리케인의 계절이었기 때문에 서둘러 출항했음에도 불구하고, 호킨스 선단은 8월 12일 플로리다 해안 부근에서 악천후와 조우했다. 지저스 어브 뤼베크 호가 심하게 파손되어 키도 부러지고 물이 스며들었다. 그러나 악천후가 지속되자 하는 수 없이 9월 15일 멕시코 만의 상 후앙 데 울루아(St. Juan de Ulua, 현재의 베라 크루즈)로 피항하지 않을 수 없었다. 호킨스는 즉각 자신의 입항 사실을 통지했고, 스페인의 국왕 재정관과 상 후앙 데 울루아 부총독이 호킨스의 기함을

20) Hawkins' Narration, in R. Hakluyt, Voyaged and Documents, p.103.
21) Hawkins' Narration, in R. Hakluyt, Voyaged and Documents, pp.106 - 107.
22) Gosse, Sir John Hawkins, p.82.

방선했다. 스페인 측과 호킨스 측은 협상을 시도했지만, 여의치 않았다. 9월 17일에는 스페인 선단 13척이 상 후앙 데 울루아로 입항했다. 3일 동안 전령들이 왔다 갔다 하며 협상을 한 끝에 9월 20일 양측은 합의에 도달했다. 호킨스가 배를 수리하고 보급품을 받는 동안에는 스페인 측은 적대행위를 하지 않고, 호킨스 측도 섬과 포대에 공격을 하지 않기로 했다. 그러나 9월 21일에 스페인 측의 돈 마르틴 엔리케스(Don Martin Enriquez) 총독은 협상을 깨고 베라 크루즈로 지원 병력을 요청하였고, 스페인 선박에도 공격 태세를 갖추는 모습이 역력했다.

결국 스페인 측의 기습 공격으로 해전이 벌어졌고, 호킨스 측도 격렬하게 맞대응하였다. 호킨스는 "스페인 측 제독의 배는 침몰하고 부제독[23]의 배에는 화재가 났으며, 몇 척은 침몰했지만, 우리 측에는 큰 피해가 없었다"고 적었다.[24] 그러나 사실은 엔젤 호와 스왈로우 호는 침몰했고, 지저스 어브 뤼베크 호도 피해가 커 포기해야 했다. 결국 지저스 어브 뤼베크 호에 실렸던 귀금속의 일부만을 미니언 호로 옮기고, 드레이크의 쥬디스 호와 함께 탈출할 수 있었다. 상 후앙 데 울루아 해전은 호킨스의 노예 무역의 종말을 의미했고,[25] 이후 영국과 스페인 간에 오랜 분쟁의 씨앗이 되어 결국 1588년 전쟁으로 귀결되었다.

상 후앙 데 울루아 해전에서 호킨스가 패배한 것은 분명했지만, 그 패배의 책임을 호킨스에게 묻는 이는 거의 없었다. 오히려 전투 도중 보여준 호킨스의 영웅적 면모는 감탄을 자아내기도 한다. 당시 포약 제조공(pouder maker)으로 참가했던 존 호프틴(John Horpton)은 다음과 같이 전하고 있다.

"호킨스 사령관은 용감하게 포수와 병사들을 독려하였다. 그는 사환인 사무엘을 불러 맥주 한잔을 가져오게 한 뒤, 사환이 은잔에 맥주를 가져오자 시원하게 들이키려 했다. 그 순간 총알이 은잔을 맞추었으나 사령관은 이에 아랑곳하지 않고, '하나도 두려워할 것 없다. 신이 내가 이 총알에 맞지 않도록 하셨으니 우리를 구원할 것이다'라고 말했다."[26]

---

23) 오늘날 해군 직제상 Vice Admiral은 중장에 해당하지만, 17세기 영국 해군에서는 아직 직급 체제가 완비되지 않은 상태였기 때문에 Admiral은 제독, Vice Admiral은 부제독, Rear Admiral은 후제독 정로로 각각 옮길 수 있을 것이다.

24) Hawkins' Narration, in R. Hakluyt, Voyaged and Documents, p.112.

25) Konstam, 『해적의 역사』, 99쪽.

호킨스와 드레이크는 야간에 육풍을 받아 스페인의 대포 사거리에서 벗어난 곳에 닻을 내렸다. 그러나 식료품을 보급받지 못한 지가 오래되었기 때문에 먹을 것이라고는 남아 있는 것이 없었다. 결국 가죽과 고양이, 쥐, 앵무새, 원숭이, 개를 잡아 먹어야 했다. 호킨스는 식량 부족 때문에 반란이 일어날 것을 염려하여 잔존 인원을 둘로 나누어 스페인의 포로가 되기를 희망하는 78명에게는 6야드의 옷감과 돈을 지급하고 남겨 놓았다.[27] 당시 26살에 불과한 드레이크는 50톤에 불과한 쥬디스 호를 지휘하여 대서양을 횡단하여 4개월만에 잉글랜드로 귀환하였다. 1568년 9월, 이제 호킨스에게는 심하게 부서진 미니언 호, 그리고 200명의 선원들만이 남아 있었다. 이후의 행적에 대해 호킨스는 다음과 같이 전하고 있다.

"10월 8일 우리는 23도 선상의 멕시코 만에 도착하여 보급을 받을 수 있기를 기대했으나, 우리의 기대와는 정반대였다. 배고픔에 지친 선원들은 상륙하기를 원하여 나는 허락했다. … 식수와 식료품을 구하려 했으나 악천후로 배 수리도 할 수 없었다. 다행히도 10월 16일 식수를 싣고 출항할 수 있었다. 11월 16일까지 호천으로 서인도 해안과 바하마 만, 플로리다 만 등을 항해하였다. 그러나 배고픔으로 많은 사람들이 죽었고, 살아 남은 사람들도 약해졌다. 우리는 결국 스페인의 갈리시아(Galicia)로 들어가기로 했다. 12월 31일 폰테 베드라(Ponte Vedra)라는 곳으로 들어가 신선한 고기를 배불리 먹었지만, 갑작스런 폭식으로 많은 사람들이 탈이 나 상당수가 죽었다. 스페인인들은 우리의 세력이 약한 것을 보고 공격하려는 움직임을 보였다. 이에 영국 배의 도움을 받아 선원 12명을 새로 보충하여 1568년 1월 20일 출항하여 1월 25일 콘월의 마운츠 만(Mounts Bay)으로 귀환하였다."[28]

멕시코만을 출항했던 100여명의 선원 가운데 생환한 사람은 불과 15명뿐이었다. 호킨스는 입항 즉시 윌리엄 세실 경에게 서한을 송달했다. 이 보고서에서 호킨스는 다음과 같이 썼다.

"비록 극심한 어려움을 겪었지만, 이번 항해는 완수되었습니다. 그러나 우리의 재

---

26) John Horpton's Narration, in R. Hakluyt, Voyaged and Documents, p.123.
27) John Horpton's Narration, in R. Hakluyt, Voyaged and Documents, p.124.
28) Hawkins' Narration, in R. Hakluyt, Voyaged and Documents, pp.113 - 114.

보와 상품, 인명의 상당수는 스페인들의 배신으로 사라졌습니다. 이번 사업은 불행하게 종결되었기 때문에 더 이상 드릴 말씀이 없습니다. 그러므로 이러한 나쁜 소식이 여왕 폐하께 폐를 끼치지 않기를 바랄 뿐입니다."[29]

호킨스가 3차 항해를 하는 동안 유럽의 정세는 급박하게 돌아갔다. 출항 직전 스코틀랜드의 메리 여왕은 이미 투옥된 상태였고, 유럽에서는 네덜란드가 윌리엄 오렌지(Willam of Orange=Willem van Oranje, 1533~1584) 공의 지휘로 스페인의 합스부르크 왕가에서 독립하려고 전쟁에 돌입한 상태였다. 스페인의 영국에 대한 압력도 거세지고 있었다. 그 사이 스페인으로부터 호킨스가 멕시코 만에서 전투 중 사망했다는 풍문이 전해졌다. 엘리자베스 여왕으로서는 곤경에 처하고 있었다. 그러던 차에 1569년 1월 20일 드레이크가 플리머스로 귀환했다. 드레이크는 즉시 외삼촌인 윌리엄 호킨스에게 가서 상 후앙 데 울루아 해전의 상황을 알렸고, 윌리엄 호킨스는 즉시 드레이크를 런던의 궁전으로 보냈다. 5일 뒤 호킨스도 무사히 귀환했다. 이로써 상황은 분명해졌다. 호킨스는 런던에서 지난 항해의 잔무를 처리하는 한편, 1569년 여름에는 위그노 교도를 구하기 위해 라 로쉘(La Rochelle)로 파견되는 선단을 지휘하기도 했다. 60여 척으로 구성된 이 선단 중 8척은 그의 부친인 윌리엄 호킨스가 준비한 것이었다. 라 로쉘의 위그도 교도 구출작전이나 1570년의 존 호킨스의 행적에 대해서는 알려진 것이 별로 없다.

5. 리돌피 음모 사건

호킨스는 1571년 이른바 리돌피(Ridolfi) 음모사건에 연루되었다. 리돌피 음모 사건은 영국 내 카톨릭 세력이 스페인의 후원을 받아 신교인 엘리자베스 여왕을 축출하고, 카톨릭교도인 스코틀랜드의 메리 스튜어트 여왕을 왕위에 앉히려던 획책이었다. 그 중심 인물이 로베르토 리돌피(Roberto Ridolfi, 1531~1612)였는데, 그는 이탈리아 인으로 런던의 은행가로 활동하면서 윌리엄 세실 경을 위해 일하기도 하고, 교황 피우스 5세를 위해 일하기도 했다. 그는 독실한 카톨릭 교도로서 메리

---

29) Gosse, Sir John Hawkins, pp.103 - 104.

여왕의 재기를 획책하는 일에 간여했다. 잘 알려지지 않은 사실이지만, 원래 카톨릭 교도였던 호킨스는 후에 신교로 개종하기는 했지만, 결코 그의 종교적 신념에 대해 드러낸 적이 없었다는 사실이다.

호킨스는 3차 항해시 선원 중 상당수를 상 후앙 데 울루아와 멕시코 만에 남겨놓고 떠났는데, 그들 중 다수가 포로가 되어 스페인으로 보내지거나 갤리선의 노수로 복역하였다. 이들 중 스페인에 수감 중인 조지 피츠윌리엄(George Fitzwilliam)이라는 사람이 있었는데, 그의 친척 중에는 펠리페 2세의 측근과 결혼한 페리아 공작 부인(Duchess of Feria)이 있었다. 그녀의 노력 덕분으로 피츠윌리엄은 석방되어 영국으로 되돌아올 수 있었다. 그는 내밀하게 음모에 가담하기로 서약하고, 스페인으로 파견되어 펠리페 2세에게 호킨스의 부하들을 석방하는 대가로 그의 도움을 받아야 한다고 제안했다. 그러나 펠리페 2세로서는 호킨스에 대한 의심을 불식시킬 수 있도록 메리 여왕의 확실한 증거를 받아낼 필요를 느꼈다. 그리하여 피츠윌리엄은 영국으로 돌아와 윌리엄 세실과 호킨스를 면담하고, 메리 여왕을 면회할 수 있는 허가장을 받아내었다. 피츠윌리엄은 메리 여왕으로부터 '그녀가 호킨스의 성실성을 보증하며, 호킨스의 부하들을 석방해줄 것을 부탁'하는 서한을 펠리페 2세에게 보내는 편지를 받아내었다.

이 서한을 받은 펠리페 2세는 이를 믿고 영국의 제독인 호킨스를 스페인 해군에 등록하는 데 동의했고, 호킨스도 영국에서 맡고 있는 지위를 포기하기로 합의했다. 이로써 세비야에 투옥 중이던 호킨스의 원정대원들은 석방되어 영국으로 귀환했다. 호킨스 자신은 귀족 칭호를 받아 이달고(Hidalgo)가 되었다. 뿐만 아니라 호킨스는 서인도제도에서 자신이 행한 스페인 적대행위에 대해 사면받고, 두 달 동안 12척, 1600명을 유지하기에 충분한 금액을 지원받게 되었다. 피츠윌리엄은 이 기쁜 소식을 갖고 1571년 9월 4일 영국으로 되돌아왔다.

그러나 모든 증거들이 노포크 공(Duke of Norfolk)의 체포로 윌리엄 세실 경의 손으로 들어갔다. 이로써 음모의 전모가 드러났고, 이를 주동한 리돌피는 브뤼셀에서 이 소식을 듣고 달아났다. 존 호킨스가 리돌피 음모 사건에서 무슨 역할을 했는지는 구체적으로 알려진 것이 없다. 다만 그의 적대 세력들이 그의 충성심에 대해 의문을 제기하기 위해 퍼뜨린 것으로 추정된다.[30] 플리머스 시민들은 그를 1572년 하원의원으로 재선출함으로써 그에 대한 신뢰를 접지 않았다. 하원

의원으로서 호킨스가 어떤 의정 활동을 했는지는 알려져 있지 않다. 그는 웅변가이기 보다는 행동가였기 때문에 이는 그리 놀라운 일이 아니다.

6. 영국 해군을 개혁하다

호킨스의 장인인 벤자민 곤슨은 엘리자베스 여왕 즉위와 동시에 해군 재무관에 임명되어 1578년 사망시까지 재임했다. 호킨스는 1577년 엘리자베스 여왕으로부터 공동 해군 재무관에 임명되었다. 영국이 해양국가이긴 하지만 헨리 7세 때까지는 상비 해군을 갖추지 못하고 있었고, 헨리 8세에 이르러서야 해군다운 면모를 갖추었다. 그러나 엘리자베스 여왕 치세기에 이르면 벌써 부패의 냄새가 새어 나오고 있었다. 1571년 윌리엄 세실 경이 "여왕의 해군은 나태함과 부패함으로 썩었다"고 적었을 정도다. 독직瀆職이 상층부에서부터 하층부까지 만연해 있었다. 호킨스가 해군 재무관에 임명됨으로써 영국 해군사상 처음으로 실전 항해술과 해전을 경험한 최초의 그리고 가장 뛰어난 뱃사람이 재무관에 임명된 셈이었다. 호킨스는 재무관에 임명된 뒤 불과 한 달만에 해군 위원회에 대한 상세한 현황 보고서를 작성하여 윌리엄 세실 경에게 보고했다. 호킨스는 정박 중인 왕실 소유선을 유지하는 데 해마다 6천 파운드가 소요되고 있으나, 실제는 4천 파운드면 충분하고, 배 한 척을 건조하는 데 2천 2백 파운드면 충분한데도 여왕은 4천 파운드를 지출했다고 보고했다. 호킨스는 배를 건조하는 데 9천 파운드를 지출해줄 것을 요청했으나, 실제는 4천 파운드만 사용되고, 나머지 5천 파운드는 사라지고 없다는 사실도 밝혀냈다.[31]

호킨스는 자신이라면 해마다 4천 파운드를 절감하면서도 전임자들보다 더 의장이 잘 되고 효율적인 배를 유지할 수 있을 것임을 밝혔다. 그가 한 말이 빈말이 아님은 10년 뒤 스페인 무적함대 침입시 여실히 입증되었다. 그는 우선 전함의 선형을 대폭 개량했다. 과거 흘수가 깊고 너비가 넓은 해상 성채와 같은 1천 톤급 전함 대신, 높은 포탑과 선수루를 갖춘 3~400톤급 신형 전함을 건조했다. 그

---

30) Gosse, Sir John Hawkins, pp.138 - 140.
31) Gosse, Sir John Hawkins, pp.158 - 162.

의 개혁안에 따라 건조된 신형 전함 중 최상의 전함은 1577년 완공된 500톤급 리벤지 호(Revenge)였다. 드레이크는 이 배를 지금까지 건조된 전함 가운데 최상의 전함으로 꼽았고, 후에 자신의 기함으로 삼았다. 호킨스는 또한 왕실 조선소에 대한 대대적인 수리를 하는 한편, 새로 짓기도 했다. 채텀과 웨이머스, 와이트 섬, 다트머스, 플리머스, 팔머스 등에 조선소가 신설되었다. 그는 또한 새로운 발명품도 고안했다. 체인 펌프를 개발하여 과거의 수동 펌프를 대신하게 했고, 캡스턴(capstan)을 개발하여 닻을 훨씬 빨리 감을 수 있게 했다. 호킨스는 또한 선원들의 급료도 인상했다. 해군위원회의 위원장이 된 뒤, 호킨스는 1585년 선원들의 월급을 6실링 8펜스에서 11실링으로 인상했다. 이와 같은 개혁을 깊이 신뢰한 엘리자베스 여왕은 호킨스를 해군 통제관(Comptroller of the Navy)으로 임명했다.

이와 같은 정력적인 개혁안에 대해 불평불만의 소리가 높아졌고, 호킨스에 대한 다양한 루머들이 떠돌았다. 결국 추밀원은 1583년 조사위원회를 꾸려 해군의 현재 상태를 조사하도록 결정했다. 윌리엄 세실, 해군경, 챔벌레인 경, 프란시스 월징엄(Sir Francis Walsingham), 대법관(Lord High Chancellor) 등 5인으로 조사위원회와 이들을 도울 부조사위원회가 구성되었다. 부조사위원회에는 프랜시스 드레이크, 마틴 프로비셔, 월터 롤리, 풀크 그렌빌(Fulke Grenville) 등 당대의 저명한 선장들이 참여했다. 조사위원회에는 호킨스가 해군 행정을 맡은 1579년 이후에 해군에서 이루어졌던 모든 일에 대해 조사하라는 지시가 내려졌다. 그러나 사실 이 조사위원회의 본래 목적은 호킨스를 투옥시키려는 데 있었다. 하지만 조사위원회는 모든 면에서 해군은 효율적인 상태에 있으며, 호킨스가 재무관 직을 유지해야 할 뿐만 아니라 더 강력한 권한을 부여해야 한다고 결정했다.[32]

7. 프림로즈 호 사건

1585년 5월, 영국 선적의 프림로즈(Primrose) 호가 빌바오 만에 정박 중 스페인들의 습격을 받았다. 다행히도 프림로즈 호는 스페인들을 물리쳐 6월에 무사히 영국으로 귀환했지만, 이는 많은 영국인들을 분격시켰다. 호킨스와 드레이크는 이

---

32) Gosse, Sir John Hawkins, pp. 163 - 167.

에 대한 보복으로 스페인을 직접 공격하지 않고 스페인의 재부의 원천인 아메리카를 공격하자는 제안을 왕실에 제출했다. 엘리자베스 여왕은 자신이 직접 이를 후원하기로 하였고, 레스터 경(Earl of Leicester), 프랜시스 드레이크, 윌리엄 호킨스와 존 호킨스, 월터 롤리 등이 투자했다. 드레이크는 1585년 9월 14일 플리머스를 출항하여 서인도 제도의 산토 도밍고를 점령한 뒤, 카르타헤나를 공격하여 농브레 데 디오스(Nombre de Dios)까지 진격했다. 드레이크는 1586년 여름 귀환했는데, 이 사업은 경제적 수익을 거두기 보다는 스페인에 정치경제적으로 타격을 입히는 데 더 큰 목적이 있었다. 이 보복전에 분격한 펠리페 2세는 무적함대를 준비하기 시작한 것을 보면 그 성과는 충분히 거두었다고 할 수 있다.

드레이크가 귀환할 즈음 호킨스는 여왕으로부터 특별 작전을 수행할 수 있는 허가를 받아낸 상태였다. 그것은 스페인의 주요 항구와 조선소를 봉쇄하기 위해 스페인 해안을 순회함과 동시에, 스페인과 아조레스 제도 사이에서 스페인의 보물선을 가로채는 것이었다. 호킨스는 500톤급 넌퍼레일(Nonpareil) 호, 500톤급 골든 라이언 호(Golden Lion), 600톤급 호프(Hope) 호, 500톤급 리벤지 호, 그리고 150톤급 트레몬타나(Tremontana) 호 등 총 18척으로 선단을 구성했다. 그러나 마악 출항하려는 순간에 노르망디로부터 기즈(Guise) 공작이 영국을 공격할 것이라는 풍문이 들어와 호킨스는 영국 해협을 순항하는 것으로 변경되었다. 호킨스가 3주 동안 영국 해협에서 허비하는 동안 풍문이 거짓으로 드러났고, 9월 말에 스페인 해안에 도착했을 때는 이미 보물선들은 항구로 안전하게 입항하고 난 뒤였다.

8. 스페인의 무적함대

존 호킨스의 말년 생애는 스페인 무적함대와의 해전과 서인도제도로의 마지막 항해로 요약할 수 있다. 스페인의 무적함대는 어느 면에서는 "호킨스의 전 생애와 야심에 대한 철의 심판"이라고 할 수 있다.[33] 왜냐하면, 호킨스는 10여년 이상 해군 재무관과 통제관으로 복무하면서 해군의 행정 개혁과 전함과 장비의 개선에 전력을 기울여왔기 때문이다. 무적함대는 펠리페 2세가 심혈을 기울여 잉글랜드인에

---

33) Gosse, Sir John Hawkins, p.201.

Dextra Excelsi fecit salutem.

1588년 스페인의 무적함대

게 타격을 가할 회심의 반격 카드였지만, 그 출발부터 실패의 전조가 드리워져 있었다. 1588년 2월 초 스페인의 함대 사령관(Lord High Admiral)인 알론조 데 바잔(Alonso de Bazán) 후작은 무적함대가 출항 준비가 완료되었음을 펠리페 2세에게 보고하고, 강한 북풍이 거세어지는 3월 말 이전에 출항하기를 재촉했다. 그러나 그의 예상대로 강한 북풍이 불어 출항이 연기되었다. 더 결정적이었던 것은 출항을 기다리고 도중인 1588년 1월 30일 함대사령관인 바잔 후작이 73세를 일기로 카디스에서 사망하였다는 것이다. 50여년을 해군에 복무했던 백전노장 바잔 후작은 스페인에서 가장 뛰어난 뱃사람이었다. 그는 1571년 기독교 연합함대를 이끌어 터키 함대를 격파한 레판토 해전의 영웅이었다.[34]

엎친 데 덮친 격으로 펠리페 2세가 바잔 후작의 후임으로 메디나 시도니아 공작(Duke of Medina Sidonia)인 돈 알론조 페레스 데 후즈만(Don Alonso Pérez de Guzmán, 1550~1615)을 임명했다. 당시 38세에 불과했던 메디나 시도니아 공작은 사냥과 사격을 즐기는 조용한 전원 생활을 좋아하는 귀족으로 해상 경험이라고는 없었다. 따라서 자신의 함대 사령관 임명에 놀란 것은 다름 아닌 메디나 시

---

34) 김주식, 『서구해전사』, 286쪽.

도니아 공작 자신이었다. 그는 1588년 2월 16일, "이와 같은 대규모의 중요한 원정을 지휘할 사람은 항해와 해전에 대해 정통해야 하지만, 저는 이에 대해 아무런 지식과 경험이 없다"[35]며 고사했다. 그러나 펠리페 2세는 사직 요청을 받아들이지 않고, 디에고(Don Diego)와 발데스(Don Pedro de Valdes)라는 유능한 해군 제독을 파견하고, 시도니아 공작이 영불해협을 통과한 뒤 파르마 공작과 합류하게 되면 사령관직을 파르마 공작에게 맡기는 것으로 하여 시도니아 공작을 안심시켰다.[36] 결국 메디나 시도니아 공작은 함대 사령관직을 떠안을 수밖에 없었다.

무적 함대는 함대 150척, 선원 8천명, 보병 1만 9천명, 지휘관 3천명으로 이루어져 있었다.[37] 몇 차례 출항이 연기된 뒤 1588년 7월 11일 무적 함대가 출항하여 19일에 영불해협에 진입했다. 잉글랜드는 스페인의 침공에 대비하여 이미 만반의 준비를 갖추고 있었다. 잉글랜드 전체를 내륙과 해안으로 나누고, 노포크(Norfolk)에서 도싯(Dorset)까지의 해안은 써 존 노리스(Sir John Norris)가 지휘하고, 동해안은 로드 헌팅돈(Lord Hintingdon)이 지휘했다. 그리고 모든 주교구에는 인구에 따라 보병 또는 기병을 할당했다. 템즈 강에는 적선이 상류로 진입하지 못하도록 철책을 쳤다. 함대는 우샨 군도(Ushant)와 실리(Scilly) 군도 사이에서 산개하여 대항하도록 했다. 함대 사령관(Lord Admiral)은 로드 찰스 하워드(Lord Charles Howard of Effingham, 1536~1624)가 맡아 가운데를 맡고, 하워드와 프랑스 해안 사이는 부제독(Vice Admiral)인 드레이크가, 그리고 하워드와 실리 제도 사이는 후제독(Rear Admiral)인 존 호킨스가 맡았다. 프로비셔도 후제독으로서 기함 트라이엄프(Triumph) 호에 승함하여 참전했다. 그야말로 노예무역, 식민지 건설, 탐험 활동, 사나포 활동, 어업 등 당대 해양의 베테랑들이 총출동한 셈이다. 7월 17일 호킨스는 플리머스에서 함대사령관에게 다음과 같이 보고했다.

"4척의 대형선인 트라이엄프, 엘리자베스 조나스(Elizabeth Jonas), 베어(Bear), 빅토리호는 충성스러우며 완전한 상태입니다. … 한때 베어호에 누수가 있었지만, 현재는 완벽한 상태입니다."[38]

---

35) quoted in Gosse, Sir John Hawkins, p.204.
36) 김주식, 『서구해전사』, 289쪽.
37) Gosse, Sir John Hawkins, pp.205 - 206.
38) quoted in Gosse, Sir John Hawkins, p.214.

왕실 소유의 대형선 11척과 보급선 8척, 런던시가 제공한 대형선 16척과 보급선 4척으로 구성되어 있었고, 그 밑에 로드 찰스 하워드가 40여 척의 갈레온 선을 지휘했으며, 드레이크는 60척을 지휘했다.[39] 7월 21일 해협에서 벌어진 첫 교전에서 발데스의 기함 로사리오(Neusta Senora del Rosario)호가 드레이크의 리벤지 호에 나포되었고, 산 살바도르호는 호킨스와 찰스 하워드에게 나포되었다. 산 살바도르호에는 스페인 함대의 금고가 실려 있었고, 회계관이 승함 중이었던 터라 무적 함대에게는 큰 손실이었다.[40] 그날 밤에는 바람이 잦아들어 양 함대가 대치상태를 유지하였고, 그 다음날 아침에 시도니아 공작이 공격을 재개했다. 이때 호킨스는 기함 빅토리에 승선하여 잉글랜드 함대의 최전선에 자리잡고 있었다. 7월 26일, 하워드 사령관은 호킨스와 프로비셔를 기함 '아크 로얄'(Ark Royal, 800톤)호로 불러들여 기사로 서임했다.

7월 28일, 시도니아 공작은 칼레에 닻을 내리고, 파르마 공작(Prince of Parma)에게 즉시 출항하여 잉글랜드 함대에 대적하도록 명령했다. 그러나 파르마 공작은 준비가 안되었다는 핑계를 대고 출항하지 않았다. 그 사이 잉글랜드 함대는 로드 헨리 세이모어(Lord Henry Seymour) 함대가 합류하여 더욱 강화되었다. 이날 밤 스페인 함대에서는 8척에 화재가 발생하여 아수라장이 되었다. 7월 29일 잉글랜드 함대는 전의를 상실한 스페인 함대를 공격하여 승세를 굳히는 가운데 질풍이 불어 스페인 함대의 상당수를 모래언덕으로 좌주시켜 버렸다. 시도니아 공작은 운좋게도 북쪽으로 피신하는 데 성공했지만, 일부는 스코틀랜드 해안으로 좌초하였고, 12척은 아일랜드 해안에 좌초하여 수천명이 아일랜드인에게 살육되었다. 스페인의 무적함대 150척, 3만 명 가운데 60척, 1만여 명만 스페인으로 귀환했다.[41] 귀환한 스페인 지휘관 가운데 리칼데(Juan Martínez de Recalde, 1526?~1588) 제독은 비탄과 자괴감에 사망했고, 오퀜도(Miguel de Oquendo y Segura, 1534~1588) 제독은 아내나 자식 보기를 거부하고, 방에 처박혀 있다가 굴욕감에 사망했다. 이로써 무적함대란 이름이 허명임이 입증되었다. 원래 무적함대(Armada Invincible)란 명칭은 영국인들이 붙여준 이름이었는데, 원래 명칭은 '위대한 행운의 함대'(Grande y

---

39) Gosse, Sir John Hawkins, p.216.
40) 김주식, 『서구해전사』, 295 - 297쪽.
41) Gosse, Sir John Hawkins, p.222.

Felicisima Armada)였다. 본래 이름대로 했다고 하더라도 이름과는 달리 가장 불운한 함대였던 셈이다.[42]

승리한 잉글랜드 함대의 상황도 그리 만만한 것은 아니었다. 스페인의 상륙전의 위험이 끝나자 하워드 함대 사령관은 함대에 귀환을 명령하였다. 귀환 도중 질풍으로 함대가 산개하였는데, 하워드는 마게이트(Margate)로, 호킨스는 하위치(Harwich)로, 다른 함대는 다운스로 피항했다. 당시까지 함대의 선원들의 상황은 최악이 되어 있었다. 호킨스와 하워드는 재무관인 윌리엄 세실(William Cecil, Lord Burghley)에게 예산 지원을 요청했지만, 이렇다 할 조치가 없었다. 결국 하워드 사령관은 기함에서 스페인 총 3000점을 매각하여 경비를 충당하였다. 그러나 이는 절도에 해당할 수도 있어 하워드 사령관은 월징엄(Walsingham)에게 "귀환한 10일 내 상환하겠다"는 서한을 보내 자신의 행위를 변호해야 했다. 8월 8일 하위치에 입항한 호킨스 함대는 35척으로 구성되어 있었다. 부상자들을 하루위치에 두고 호킨스는 마게이트로 이동하여 함대 사령관에게 합류하였다. 드레이크는 파르마 공작의 동태를 정탐할 소형 함대를 요청했지만, 파르마 공작의 움직임은 없었다. 결국 8월 12일 여왕은 승전을 선언했다.

이제 참전한 선원들에게 적절한 보상을 해줘야 하는 문제가 남아 있었다. 이 문제를 해결할 적임자로 호킨스만한 사람은 없었다. 호킨스는 8월 28일 윌리엄 세실 재무관에게 예산 지원을 요청했지만, 여의치 않자 월징햄에게 "지난 두 달동안 재무관 님을 만족시키지 못했음을 잘 알고 있습니다만, 이는 매우 유감입니다. … 제가 이 업무에서 겪은 고통과 비참함은 끝이 없는 것 같습니다."라고 자신의 처지를 호소했다.[43] 결국 호킨스는 12월 14일 추밀원에 휴가를 신청하였고, 1589년 1월 1일 휴가가 받아들여졌다. 연초에 호킨스의 해군성의 동료인 윌리엄 윈터(Sir William Winter)와 홀스톡(William Holstocke)이 사망하자 왕실은 호킨스를 홀스톡이 맡고 있었던 통제관(Comptroller)에 임명했다. 호킨스는 엘리자베스 여왕의 지독한 재정정책 때문에 해군성의 예산을 맞추는 데 사비를 털어 넣지 않을 수 없었다. 그는 또한 드레이크와 함께 부상 선원들을 위한 자선단체인 'Chest of Chatham'을 설립했는데, 이곳은 후에 그리니치 병원기금(Greenwich Hospital

---

42) 김주식, 『서구해전사』, 304쪽.
43) Gosse, Sir John Hawkins, p.231.

Fund)의 모태가 되었다. 호킨스는 이에 그치지 않고 채텀의 병원들은 선원과 대목 10명을 수용하기 위해 1594년 써 존 호킨스 병원을 직접 설립하기도 했는데, 이 병원은 현존하고 있다.[44]

9. 스페인 보물선 사나포 활동

무적 함대의 퇴각 후에도 잉글랜드의 최대 현안은 펠리페 2세가 침공을 재개하지 않을까 하는 문제였다. 호킨스는 스페인 항구에 대한 항구적인 봉쇄작전을 구상했다. 그러나 엘리자베스 여왕은 스페인과 아조레스 제도 사이에서의 소규모 사나포 활동을 선호했다. 어느 면에서 호킨스는 일생 내내 엘리자베스 여왕의 우유부단함, 스페인으로 귀환하는 보물선 수송로를 차단하려는 자신의 전략에 대해 적절한 지원을 해주지 않은 것 등에 대해 끊임없이 고민해야 했다.[45]

1589년 6월 컴벌랜드 백작이 여왕 소유의 빅토리호를 타고 1만파운드 상당을 나포했지만, 귀환 도중 빅토리호가 좌초하고 말았다. 같은 해 프로비셔가 여왕 소유의 배를 임대하여 스페인선 4척을 나포하기도 했다. 그 동안 호킨스도 채텀에서 사나포 활동을 위한 배 6척을 준비하여 왕실에 원정 허가를 요청했지만, 불허되었다. 그러나 500만 두캇에 상당하는 보물을 실은 스페인 함대가 스페인으로 귀환했다는 소식이 잉글랜드에 전해지자 상황이 급변했다.

엘리자베스 여왕은 결국 원정을 허가했다. 두 개의 전대로 구성된 이 원정대는, 아조레스 제도로는 프로비셔가, 스페인 해안 봉쇄는 호킨스가 각각 지휘하였다. 호킨스는 마리 로즈호를 기함으로 사용했고, 부제독인 페너(George Fenner)가 호프(Hope) 호를, 넌퍼레일(Nonpareil) 호는 호킨스의 아들인 리처드 호킨스가 각각 맡았고, 스위프트슈어(Swiftsure) 호, 포어사이트(Foresight) 호, 레인보호(Rainbow) 호도 참전했다. 그러나 이 원정은 이렇다 할 성과를 올리지 못한 채 실패로 끝났다.

1592년 잉글랜드에 '마드레 데 디오스'(Madre de Dios) 호 소동이 발생했다. 존 버지 선장이 아조레스 제도에서 스페인 보물선 마드레 데 디오스를 나포했는데, 그

---

44) Gosse, Sir John Hawkins, p.233.
45) Paul Kennedy (김주식 역), 『영국 해군 지배력의 역사』, 74쪽.

화물 가치만 오늘날의 가치로 500만 파운드(약 73억원) 이상에 달하였다고 한다.[46) 그런데 1592년 9월 초 나포선이 다트머스에 입항했을 당시에는 선원들이 상당량을 약탈한 상태였다. 이에 왕실에서는 타워에 수감 중이던 월터 롤리를 파견하였다. 롤리는 선원들로부터 약탈품을 반환받는 데 성공했다. 이 원정에 호킨스는 데인티 (Dainty) 호를 파견했는데, 나포 활동 중 데인티 호가 심하게 파손된 채 귀환했다. 호킨스를 비롯한 투자자들은 엘리자베스 여왕과의 지루한 협상 끝에 이윤을 분배받 기는 했지만, 8만 파운드를 차지한 엘리자베스 여왕이 최대 수혜자였다. 여왕과의 이윤 분배 협상에 진저리가 난 호킨스는 1590년 봄 자신의 삶을 "검소하고(careful), 초라하며(miserable), 불운하고(unfortunate) 위험한(dangerous)" 것으로 묘사했다.[47)

1590년부터 1592년까지 호킨스는 왕실에 행정직을 사직하는 것과, 원정 항해를 허락해줄 것을 지속적으로 청원했다. 그러나 엘리자베스 여왕과 세실 경은 호킨스 가 왕실에 없어서는 안될 사람임을 잘 알고 있었다. 결국 호킨스는 1593년 2월 말, 단호한 사직 요청 서한을 보냈다. "1년 간 현직에 복무한 뒤 저는 사직하고자 합니다. 제 장인이신 곤슨 전임 해군재무관은 이 직이 걱정거리가 많고, 책임도 큰 반면, 이익은 별로 없다고 말씀하셨지만, 저는 믿지 않았습니다. … 그러나 이제 는 그 말이 사실이라는 점을 잘 압니다. 왜냐하면 용돈과 식비를 제외하고 20실링 에 상당하는 돈이 저에게는 없기 때문입니다."[48) 이에 세실 재무관(Treasurer)은 호킨스의 사직 요청을 받아들였다. 이제 호킨스는 해외 원정을 준비할 수 있게 되 었는데, 원정의 주요 목적 가운데 하나는 자신의 아들 리처드를 구출하는 것이었 다. 1562년 플리머스에서 태어난 리처드 호킨스는 데인티 호를 지휘하여 스페인의 서인도 제도를 공략하는 도중 벨트란 데 카스트로(Don Beltran de Castro) 함대의 공격을 받아 부상을 입고 나포되어 스페인 감옥에 수감 중이었다.[49)

10. 실패로 끝난 마지막 항해

---

46) Gosse, Sir John Hawkins, p.243.
47) Gosse, Sir John Hawkins, p.245.
48) Gosse, Sir John Hawkins, p.247.
49) 리처드 호킨스는 1602년 1만 2천파운드의 몸값을 주고 풀려나게 되고 영국으로 귀환하여 여왕으로부터 기사로 서임되고, Vice Admiral of Devon으로 임명되고 플리머스 의원으로 선출되었다. Gosse, Sir John Hawkins, p.251.

잉글랜드인들에게 좋은 먹이감이었던 아조레스는 이제 쓸모없는 땅이 되어갔다. 스페인들이 스페니쉬 메인(Spanish Main : 중미의 스페인 식민지역 총칭)에서 대형 갈레온 선에 보물을 실어 보내지 않고, 빠른 쾌속범선인 갈리브라스(gallibras) 선을 이용하였던 것이다. 이런 가운데 잉글랜드에서는 1595년 새로운 원정사업이 추진되었다. 이 원정사업은 원래 농브레 데 디오스에 소규모 무장세력을 상륙시켜 지협을 관통하여 파나마를 공격하여 약탈하려고 계획했다. 그러나 출항 직전 포르토 리코(Porto Rico)에 막대한 보물을 실은 갈레온 선이 방기되어 있다는 소문이 잉글랜드에 들어왔다. 따라서 원정사업은 먼저 포르토 리코에 들른 뒤 파나마를 습격하는 것으로 변경되었다.

엘리자베스 여왕은 호킨스와 드레이크를 원정단의 공동 지휘관으로 임명했다. 호킨스와 드레이크가 당대 유럽 최고의 선장이라는 사실에는 이견이 없었지만, 두 사람은 너무나 달랐다. 드레이크 보다 9살 연상인 호킨스는 사려 깊고, 성실한 반면, 드레이크는 신속하고, 주저함이라곤 없었다. 원정 사업에 호킨스는 1만 8662파운드를, 드레이크는 1만 2842파운드를 각각 투자하였는데, 16세기 당대의 기준으로 보아도 상당한 액수였다.[50] 엘리자베스 여왕은 디파이언스(Defiance), 호프(Hope), 보나벤투라(Bonaventura), 갈랜드(Garland), 어드벤춰(Adventure), 포어사이트(Foresight) 호 등 6척을 투자했다. 원정단은 총 27척, 2500여명으로 구성되었으며, 호킨스는 기함으로 갈랜드호를, 드레이크는 디파이언스호를 각각 사용했다.

1595년 8월 28일 플리머스를 출항한 원정단은 불행하게도 호프 호가 에디스톤(Eddystone) 암초에 좌초하는 사고가 발생했다. 다행히도 호프 호는 큰 피해를 입지 않고 이주하였지만, 다른 문제가 기다리고 있었다. 드레이크 선단에 적정 인원보다 300여 명이 더 많이 승선해 있었던 것이다. 이에 드레이크는 호킨스에게 초과 인원을 승선시켜 줄 것을 요청했지만, 거절했다. 결국 호킨스와 드레이크 간이 격한 언쟁이 일어났다. 드레이크는 이 문제를 해결할 유일한 방법은 포르토 리코로 가기 전에 마데이라나 그랑 카나리아에 들러 배와 식량을 확보하는 것뿐이라고 생각했다. 그러나 호킨스는 그럴 경우 제때에 포르토 리코에 도착할 수 없다고 생각했다. 격론 끝에 호킨스는 먼저 그랑 카나리아에 들른다는 데 마지못해 동의했

---

50) Gosse, Sir John Hawkins, p.255.

다. 9월 27일 원정단은 라시 팔마스에 도착하여 1400명을 상륙시켰다. 그러나 이 상륙작전은 그림스톤(Grimston) 선장이 일단의 목동들의 습격을 받아 죽고, 수많은 사람이 사로잡혀 실패로 끝나고 말았다. 결국 원정대는 아무런 소득도 얻지 못한 채 출항하지 않을 수 없었고, 그 사이 그랑 카나리아 총독은 포르토 리코로 잉글랜드 원정단의 소식을 전하였다.

대서양 횡단항해 도중 원정대는 악천후로 선단이 흩어져 일부가 10월 28일 과들루페에 도착하였다. 10월 30일에 데인티 호가 도착하여 프랜시스(Francis) 호가 뒤쳐져 오고 있다는 소식을 전했지만, 프랜시스 호는 스페인 선단 5척의 공격을 받아 나포되고 말았다. 드레이크는 당장 스페인 선단을 추격할 것을 주장했지만, 당시 앓아누워있던 호킨스는 과들루페에 정박하기로 했다. 11월 4일 선단은 과들루페를 출항하여 8일에 버진 아일랜드에 닻을 내렸다. 그 동안 호킨스의 병세는 점점 악화되어 갔고, 원정사업에 관한 모든 일을 드레이크에 일임할 수밖에 없었다. 1595년 11월 12일 포르토 리코에 닻을 내린 직후 호킨스가 63세로 사망했다. 당시 원정대의 일원으로 호킨스의 임종을 지켰던 트라우턴(John Troughton) 선장은 "호킨스 경이 엘리자베스 여왕에게 2천 파운드를 남겼다"고 전하고 있다.[51] 원정단의 공동 지휘관 중의 한 명이 사망하게 되자 드레이크는 포르토 리코에서 곧 출항하여 스페니쉬 메인, 라 아차(La Hacha), 농브레 데 디오스, 파나마 등을 약탈했다. 그러나 드레이크 마저 1596년 1월 23일 병으로 앓아눕는 신세가 되고 말았다. 드레이크는 채 일주일도 버티지 못하고 포르토 벨로에 도착 직전인 1월 27일 선상에서 사망했다. 이로써 잉글랜드 사상 최대의 원정 사업은 실패로 끝나고 말았다.

튜더 시대 잉글랜드 뱃사람들의 삶이 다채로웠다면 호킨스는 그 전형을 보여준 인물이었다. 상인 가문에서 태어나 뱃사람으로 자라 노예무역으로 입신하여 해군 행정 개혁가로 자신의 능력을 발휘하였다. 그의 다채로운 경력은 무적함대를 격파하는 데 일조했음은 두말할 나위 없다. 그는 주의 깊고 꼼꼼한 성격의 소유자였을 뿐만 아니라, 휘하의 선원들과 동료들을 돕는 일에도 앞장서는 인간미를 갖춘 인물이었다. 흔히 그의 이름 앞에는 '노예상인'이라는 접두어가 따라 붙기도

---

51) Gosse, Sir John Hawkins, p.265.

한다. 하지만 당시 노예무역이 불법이 아니었고, 그가 일생에 걸쳐 보여준 인간미를 고려하면 이는 지나친 감이 있다. 시인인 리처드 반필드(Richard Barnfield, 1574~1620)는 호킨스의 비문에 다음과 같이 썼다.

"그의 수의壽衣는 바다였고, 그의 무덤은 바다였네. 그렇지만 바다는 그의 명성에 비하면 충분치 않았네."[52]

---

52) Gosse, Sir John Hawkins, p.266.

14장

해양력의 중요성을 간파하고 실천한 월터 롤리*

써 월터 롤리1)

  월터 롤리(Sir Walter Raleigh, 1554~1618)는 잉글랜드 정치가이자, 탐험가, 식
민지 개척자, 저술가, 시인 등 실로 다방 면에 재능을 보여온 말 그대로 르네상
스적 인물이었다. 엘리자베스 여왕의 최측근 중의 측근이었으면서도 당대에는 물
론 오늘날까지도 대중들에게 그렇게 인기있는 인물은 아니다. 그저 아메리카 신
대륙 개척사의 첫 장을 장식한 식민지 개척자나 스페인의 보물선을 약탈한 사나
포선 선장 정도로 치부되는 게 고작이다. 그러나 역사적으로 해양의 중요성을 간
파한 명언으로 우리 해양인들에게는 한번쯤 그의 일생을 곱씹어 볼만한 가치가
있는 인물임에 틀림없다.

1. 데번셔의 지주의 아들로 태어나다

  월터 롤리는 1554년경 잉글랜드 데번셔의 헤이에스 바튼(Hayes Barton)에서 지

---

* 원전 : 해양연맹, 『바다』 32호(2009 겨울).
1) https://en.wikipedia.org/wiki/Walter_Raleigh.

주인 부친 월터 롤리와 모친 캐서린 챔퍼노운(Katherine Champernoun) 사이에서 태어났다. 그의 부친은 두 번 결혼했으나, 부인 둘이 모두 일찍 죽는 바람에 모친과 세 번째 결혼을 하게 되었다. 오토 길버트(Otho Gilbert)의 미망인인 모친 캐서린은 데번셔의 유력가문 출신으로 전 남편 길버트와의 사이에서 존, 험프리, 아드리안 등 세 아들을 두고 있었고, 롤리의 부친과의 사이에서 커루(Carew)와 월터 두 명의 아들을 두었다. 영국 초기 해양탐사와 식민지 개척사의 서장을 장식했던 험프리 길버트(Humphrey Gilbert, 1539~1583)가 바로 월터 롤리의 이부異父 형이다.

롤리 가문은 1세기 전만 해도 주교와 판사를 배출했고, 아쟁쿠르 전투(Battle of Agincourt, 1415. 10.25)에서 잉글랜드가 프랑스 군을 물리치는 데 상당한 공을 세우는 등 데번셔의 유력가문이었다. 그러나 롤리가 태어날 무렵에는 가세가 크게 기울어 소유했던 영지 대부분이 팔리고 변변한 집 한 채 없는 처지로 전락했다. 그럼에도 롤리 가문의 위세는 무시할 수 없어서 마을 교회에는 롤리 가문의 문장이 걸려 있었고, 그의 부친은 교회의 앞자리에 앉는 특권을 누릴 수 있었다. 이런 배경을 바탕으로 부친 월터 롤리는 또한 유력 가문인 챔퍼노운 가문의 젊은 미망인이었던 캐더린과 삼혼三婚 할 수 있었다.[2]

부친 월터 롤리가 챔퍼노운 가문의 캐더린과 혼인함으로써 아들 대에 가문을 일으킬 수 있는 기반을 쌓게 된다. 챔퍼노운 가문은 위그노 명문가인 콩트 드 몽고메리(Comte de Montgomery, 1530~1574)와 인척 간이었다. 롤리가 엘리자베스 여왕의 궁정에 선을 댈 수 있었던 것도 몽고메리 가와의 인연 때문이었다. 롤리의 초년기 생애에 대해서는 자세히 알려진 것이 별로 없고, 1569년 전후에는 몽고메리의 휘하의 병사로 자원하여 프랑스에서 종교전쟁에 참전했던 사실이 확인되는 것 정도다. 그 뒤 1572년 옥스퍼드의 오리얼대학(Oriel College)에서 수학했고, 1575년에는 영국의 4대 법률가 양성전문교육기관인 미들 템플(Middle Temple)에 등록했다.[3] 롤리가 법학을 공부한 것은 법률가가 되려는 데 그 목적

---

2) 이상 Rafael Sabatini, Heroic Lives, p.197; 가일스 밀턴, 『위대한 두목 엘리자베스』, 61 - 62쪽.
3) 롤리의 옥스퍼드 수학에 대해서는 연구자마다 다르게 적고 있다. 오버는 "그가 16세(1570) 때 옥스퍼드 오리엘 칼리지에 보내어졌다"고 적고 있고(Ober, Sir Walter Raleigh, p.11), 사바티니는 "1568년 경 자비 학생으로 오리엘 칼리지에 수학했다"고 적고 있다.(Sabatini, Heroic Lives, p.197) 그러나 사료를 바탕으로 가장 정확하게 기술한 사람은 레시이다. 그는 1575년

이 있었던 것이 아니었다. 그는 당시 일반적인 신사들과 같이 법학을 런던의 상류사회로 진입하기 위한 하나의 과정으로 여겼음에 틀림없다. 왜냐하면 그는 곧 학교를 중퇴하고 이부형인 험프리 길버트가 주도한 아메리카 탐사에 참여했기 때문이다.

2. 이부異夫 형 험프리 길버트의 식민 원정에 참여하다

1578년 험프리 길버트가 엘리자베스 여왕의 허가를 받아 "단 한 번도 기독교도의 손길이 닿지 않았던 이교도들의 영토"를 발견하기 위해 대서양 항해를 시도했다.5) 10척, 365명으로 구성된 선단은 1578년 9월 26일 다트머스를 출항했으나, 폭풍우로 플리머스로 귀환하고 말았다. 결국 3척은 달아나고 남은 7척이 11월 19일 플리머스에서 재출항했으나, 다시 악천후로 팰컨호를 제외한 6척은 플리머스로 귀환하고 말았

롤리의 이부형 험프리 길버트4)

다. 롤리의 지휘하에 "나는 결코 죽지도 도망가지도 않을 것이다"를 모토로 내건 팰컨(Falcon) 호만이 폭풍우를 뚫고 해협을 빠져나가 비스케이 만 인근에 이르렀다. 이곳에서 스페인 배와 조우하여 격렬한 전투 끝에 죽을 고비를 넘긴 롤리는 많은 희생자를 내고, 팰컨 호는 크게 부서진 채 데번으로 귀환했다.6)

험프리 길버트는 이 원정 실패로 거의 파산 지경에 빠지게 되었는데, 1580년 아일랜드 먼스터(Munster) 봉기가 그와 롤리에게 새로운 기회를 제공했다. 고래로 자신들이 소유했던 토지를 잉글랜드 신교도 이주민들에게 빼앗긴 아일랜드인들이

2월 27일자 미들 템플의 등록부에는 "데번셔의 향사인 버틀레이(Budleigh)의 월터 롤리의 아들인 신사 월터 롤리"라고 기록되어 있다는 원사료를 인용하고 있다. cited by Robert Lacey, Sir Walter Raleigh, p.27.

4) https://en.wikipedia.org/wiki/Humphrey_Gilbert.
5) 가일스 밀턴, 『위대한 두목 엘리자베스』, 32쪽.
6) Lacey, Sir Walter Raleigh, pp.31-32.

데스몬즈(Desmonds) 등의 주도하에 먼스터에서 봉기했는데, 길버트와 롤리가 진압군의 일원으로 참여하게 된 것이다. 1580년 7월 11일 추밀원으로부터 100명의 병력을 지휘하는 지위에 임명된 롤리[7]는 여름에 코르크에 상륙하여 봉기군을 잔인하게 진압하여 악명을 떨쳤다. 그가 악명을 떨치게 된 일화 가운데 하나는 약 100여 명의 진압군을 이끌었던 롤리는 칼날이 무디어 질 정도로 하루에 300여명을 살육하기도 했다고 전한다.[8] 아일랜드에서 롤리가 악명을 떨친 것만은 아니었다. 그는 먼스터 사령관인 오르몬드(Thomas Ormond, 1531?~1614)의 무능력함을 아일랜드 총독인 그레이 경(Lord Grey)에게 강력하게 비판한 것은 물론, 봉기군 진압에 소심함을 보인 그레이 경 마저도 비판하고 아일랜드 통치정책에 관한 견해를 제시함으로써 런던의 권세가들의 주의를 끌었다. 롤리는 아일랜드에서 진압군으로 머문 불과 2년 사이에 미래 자신의 토대를 구축할 수 있었다. 그는 진압의 공을 인정받아 먼스터의 광대한 영지를 획득하였는데, 이 영지 소유로 롤리는 당대 잉글랜드 최대의 지주 가운데 한 사람이 되었다.[9]

3. 엘리자베스 여왕의 마음을 얻다

아일랜드에서는 악명을 얻었지만, 잉글랜드에서는 명성을 얻게 된 롤리는 1582년 엘리자베스 궁정에 발을 들여놓게 된다. 아일랜드로 떠나기 전에 롤리가 엘리자베스 여왕과 만난 적이 있었는지는 불분명하다. 하지만, 돌아온 뒤에는 곧 그녀의 눈에 띄게 되었다는 사실만은 확실한 것으로 받아들여지고 있다.[10] 당대의 골동품 수집가인 토마스 풀러(Thomas Fuller)는 엘리자베스 여왕과 롤리의 첫 만남을 다음과 같이 전하고 있다.

"두 사람이 만나기로 한 장소가 상당히 질척거렸기 때문에 롤리는 여왕이 걸어오기를 주저하고 있다는 사실을 깨달았다. 그러자 그는 자신의 망토를 벗어 바닥에

---

7) Milton Waldman, Sir Walter Raleigh, p.15.
8) Lacey, Sir Walter Raleigh, p.41.
9) Waldman, Sir Walter Raleigh, pp.22-24.
10) Waldman, Sir Walter Raleigh, p.26.

깔았고, 여왕은 그 망토를 살며시 밟고 걸어왔다. 그 후 여왕은 자신을 위해 옷을 벗어던진 자상한 마음에 감동을 받아 그에게 많은 옷을 선사했다."11)

월드만이 지적한 것처럼, 엘리자베스 여왕이 롤리에게 호감을 갖게 된 것은 그녀가 이전에 총애했던 다른 남자들처럼, 그의 잘생긴 외모 덕분이었다. 제임스 1세 시절 국무대신(Secretary of State)을 역임했던 넌턴(Robert Naunton, 1563~1635)은 1618년 "그는 잘생기고, 몸매가 다부졌으며, 천부적으로 재치가 있고, 판단력이 뛰어났다. 게다가 대담하고 언변이 뛰어났다"고 적었다.12)

롤리가 궁정에 출입하게 된 시점은 막강한 권력을 지녔던 귀족들이 세력을 잃어가고 있었던 데다가, 여왕이 한때 총애했던 레스터 백작 로버트 더들리(1st Earl of Leicester, Robert Dudley, 1532~1588)에게 흥미를 잃어가던 즈음이었다. 더들리는 엘리자베스의 비공식 첫 번째 연인으로 '스위트 로빈'(sweet Robin)으로 불리며 처녀 여왕의 칭호를 무색케 만들었던 장본인이었다. 이 점에서 롤리는 행운아였지만, 그는 행운을 자신의 것으로 만드는 탁월한 능력을 갖고 있었다. 두 사람 사이의 일화 가운데 널리 회자되고 있는 반지로 쓴 시 이야기가 전한다. 롤리는 여왕의 마음을 끌기 위해 왕궁의 유리창에 다이아몬드 반

엘리자베스 여왕을 위해 망토를 깔고 있는 월터 롤리13)

---

11) 가일스 밀턴, 『위대한 두목 엘리자베스』, 62쪽 재인용.
12) cited by Waldman, Sir Walter Raleigh, p.26.
13) 해양연맹, 『바다』 32호, 2009 겨울, 90쪽.

지로 "오르고 싶은 마음이 간절하지만, 떨어질까 두렵네(Fain would I climb, yet fear I to fall.)"라고 적었는데, 이를 본 여왕이 "만약 당신의 마음이 주저한다면, 오르려 애쓸 필요 없어요(If thy heart fail thee, climb not at all.)"라는 대구로 화답했다.14) 롤리는 여기에 그치지 않고, "여왕을 빛과 아름다움을 발산하는 글로리아나, 순결한 달의 여신 다이아나, 요정 같은 순수한 볼을 지닌 비너스"15)로 묘사한 소네트를 써서 여왕의 마음을 흔들었다.

롤리와 여왕이 급격하게 가까워지는 것을 시기한 궁정의 귀족들은 롤리의 이름을 비꼰 2행시를 고안해 내어 거리의 웃음거리로 만들려고 했다.

> "위장에 해로운 것(날 것, raw)과 불명예스러운 것(거짓말, lie),
> 바로 뻔뻔한 얼굴을 하고 있는 신사의 이름 롤리(즉, Rawlie → Raleigh)"16)

그러나 귀족들의 이러한 질투와 조롱에도 불구하고 이미 50대에 접어든 엘리자베스 여왕은 20대 후반에 불과한 젊고 패기에 차 있을 뿐만 아니라, 재치와 위트까지 겸비한 롤리의 매력에 푹 빠져 있었다. 여왕은 그를 '워터'라고 부르기도 하고, 기분이 좋을 때는 "워터가 마시고 싶다"는 농담을 서슴없이 던지기까지 했다.

여왕의 총애에 힘입어 롤리는 1582년부터 1590년까지 인생 최대의 황금기를 맞게 된다. 1583년 엘리자베스 여왕은 롤리에게 올 소울스(All Souls)와 옥스퍼드의 영지를 임대해 주었고, 영국의 포도주 상인들로부터 해마다 1파운드의 세금을 걷어들일 수 있는 권리를 허가했으며, 1585년에는 광폭 양모를 수출할 수 있는 면허를 발급했다. 정치적으로는 데번의 부제독(vice admiral of Devon)에 임명된 것을 시작으로 콘월의 주지사(lieutenant of Cornwall), 주석 광산의 관리인(warden of the Stannaries), 1586년 추밀원 의원, 1587년 여왕의 경호대장이 되었다.17) 여왕은 여기에서 그치지 않고, 롤리가 런던에 머물 수 있도록 템즈 강변 북부에 널찍하게 자리잡고 있는 더럼 하우스(Durham house)를 선물했다. 인수할 당시 더럼 하우스는 낡은 집에 불과

---

14) Waldman, Sir Walter Raleigh, p.26; 가일스 밀턴, 『위대한 두목 엘리자베스』, 67쪽.

15) 가일스 밀턴, 『위대한 두목 엘리자베스』, 67쪽 재인용.

16) 가일스 밀턴, 『위대한 두목 엘리자베스』, 67 - 68쪽.

17) Encyclopaedia Britannica (1988), Sir Walter Raleigh, p.913; Sabatini, Heroic Lives, pp.200 - 201.

했지만, 30대 초반의 야심만만한 젊은 롤리는 3000파운드가 넘는 돈을 투자하여 더럼 하우스를 새롭게 변신시켰다. 이후 더럼 하우스는 롤리가 신세계에 식민지를 건설하려는 계획을 입안하고 추진하는 거점이 되었다.

4. 버지니아 식민사업

1584년 봄, 롤리는 이부형 험프리 길버트가 추진하던 아메리카 식민지에서의 모든 권한을 양도받았다. 이로써 롤리는 아메리카에서 기독교도의 손길이 닿지 않았던 이교도의 영토에서의 도시와 성, 마을, 토지에 대한 전권을 확보하게 되었다. 롤리의 더럼 하우스 멤버들 가운데는 토마스 해리엇(Thomas Harriot), 필립 애머더스(Philip Amadas), 아서 발로우(Arthur Barlowe) 등 유능하고 야심만만한 젊은 이들이 포함되어 있었다. 토마스 해리엇은 응용수학의 대가로 컴퍼스의 편차 문제를 태양의 위치를 확인함으로써 해결하는 데 공을 세웠고, 애머더스는 체구는 작았지만 불같은 성격을 지닌 인물이었다. 발로우는 선장으로서 차분한 성격에 아일랜드 원정에도 참여한 바 있었고 판단력이 예리했다.

롤리는 1584년 4월 발로우를 선장으로 한 정찰대를 아메리카로 파견하였다. 발로우는 현재의 노스캐롤라이나 인근의 케이프 해터러스(Cape Hatteras)에 도착하여 정찰을 한 끝에 해터러스 섬을 여왕의 영토로 선언했다. 발로우는 원주민들과 물물교환도 하고 식민지를 건설할만한 곳으로 로어노크 섬(Roanoke Island)이 적당하다는 사실을 확인했다. 그는 롤리가 지시한 대로 원주민 2명(완체스와 만테오)을 데리고 1584년 9월 중순에 영국으로 귀환했다. 롤리는 두 명의 원주민을 대동하고 10월 18일 엘리자베스 여왕을 햄프턴 코트에서 알현했다. 당시 햄프턴 코트를 방문 중이던 독일의 폰 베델(von Bedel)은 원주민 2명을 본 뒤 그 소감을 다음과 같이 적었다.

원주민 완체스와 만테오

"그들은 얼굴 뿐만 아니라 체격까지도 고국에서 볼 수 있는 흰 피부의 무어인들과 아주 흡사했다. 그들은 셔츠를 입지 않았고, 오직 모피로 음부만을 가린 채 어깨에 야생 짐승의 가죽을 걸치고 있었다."[18]

원주민들로부터 아메리카에 대한 정보를 얻어내는 일은 토마스 해리엇의 몫이었다. 그는 언어의 대가답게 원주민들로부터 아메리카에 대한 정보를 입수하는 데 성공했고, 나아가 원주민들의 언어를 표기할 수 있는 문자 체계까지 고안해 내었다. 해리엇은 숫자 기호와 그리스어 철자, 라틴어 철자, 그리고 새로 고안한 철자 등 30개를 활용하여 원주민들의 언어를 표기할 수 있도록 했는데, 그 모양이 기괴하여 어느 학자는 그 철자 체계를 보고 '악마(devil)와 같다'고 표현할 정도였다.[19]

이제 롤리에게는 대규모의 식민지 원정을 추진하는 일만 남게 되었다. 그는 험

리처드 해클류트

프리 길버트처럼 식민사업에 실패하지 않기 위해서는 막대한 자금을 원활하게 조달해야 하는 일이 무엇보다 중요한 일임을 잘 인식하고 있었다. 롤리는 친구인 리처드 해클류트(Richard Haklyut, 1553~1616)를 통해 여왕에게 자금을 지원해야만 하는 이유를 납득시킬 수 있도록 소논설 한 편을 써 보내도록 했다. 롤리의 부탁을 받은 해클류트는 「서구 식민지 계획에 관한 논설」(A Discourse of Western Planting)을 엘리자베스 여왕에게 점증하는 스페인의 국력을 상기시키면서 국가가 식민지

사업을 지원해야 하는 이유를 설득력 있게 제시했다. 엘리자베스 여왕은 겸손한 태도로 논설을 전달하는 해클류트의 태도에 흡족해하며 그에게 브리스틀의 홀리 트리니티(Holy Trinity) 수도회의 참사위원직을 수여했다.

그러나 엘리자베스 여왕은 정작 논설의 핵심 주제인 식민지 사업을 재정적으로 후원하는 문제에 대해서는 단호한 태도를 보였다. 그녀는 자신이 식민지 사업에

---

18) 가일스 밀턴, 『위대한 두목 엘리자베스』, 102쪽 재인용.
19) 가일스 밀턴, 『위대한 두목 엘리자베스』, 104 - 105쪽.

투자하게 되면 만일 스페인과의 마찰이 발생하게 될 경우 그로 인해 영국과 스페인간에 심대한 문제가 초래될 것임을 잘 알고 있었던 것이다. 그렇다고 식민지 사업이 성공할 경우 얻을 수 있는 막대한 이익을 보고만 있을 수만은 없었다. 엘리자베스 여왕은 자신이 직접 재정적 후원을 하기보다는 식민지 예정지에 자신의 이름을 내 검으로써 자신이 정치적으로 후원하고 있다는 점을 부각시키고자 했다. 영국 최초의 아메리카 식민 예정지는 이제 엘리자베스에 의해 '버지니아'(Virginia)로 명명되었다.[20]

버지니아 식민사업을 추진할 인물은 롤리 아닌 다른 사람이 될 수 없었다. 그러나 자신의 이름을 내건 국가적 사업을 하찮은 평민에게 맡길 수는 없었다. 1585년 그리니치 궁전에서 거행된 12일 절 기념식에서 엘리자베스 여왕은 롤리를 기사(Sir)로 서임했다. 이제 '버지니아의 기사, 로드 겸 총독'(Knight, Lord and Governor of Virginia)이 된 롤리는 식민사업을 추진할 막대한 자금을 조달하는 데 착수했다. 우선 엘리자베스 여왕은 소유 선박인 타이거(Tyger) 호와 런던 타워에 비축해 둔 400파운드의 화약을 내놓았다. 또한 롤리는 여왕의 내락을 받아 공해에서 스페인 배를 약탈해도 좋다고 약속함으로써 투자자들을 끌어모았다. 프랜시스 월싱엄 경(Sir Francis Walsingham, 1530~1590)과 롤리의 조카 리처드 그렌빌 경(Sir Richard Grenville, 1542~1591)이 자금을 투자했고, 서부 지방의 상류층 인사들은 물자를 제공했다. 리처드 해클류트는 식민사업에 필요한 물품 목록을 제시하는 데 자문했다.

선단은 5척으로 구성되었는데, 기함인 타이거 호는 그렌빌 경이 맡았고, 라이언 호는 조지 레이먼드가, 로벅 호(Robuck)는 존 클라크가, 도로시 호는 아서 발로우가, 엘리자베스 호는 토머스 캐번디시가 각각 맡는 것으로 결정되었다.[21] 그러나 선원 모집이 어려움에 봉착했다. 1585년 1월 롤리는 엘리자베스 여왕에게 데번셔, 콘월, 브리스틀 항구에서 선원을 강제 모집할 특권을 요청하여 허락받았다. 1585년 4월 9일 출항한 선단은 카나리아 제도에서 악천후를 만나 뿔뿔이 흩어지고 말았다. 다행히 그렌빌의 타이거 호와 엘리자베스 호는 재조우하여 1585년 6월 1일 이스파니올라에 닻을 내렸다. 스페인의 카리브해 거점인 이스파니올라에서 영국 함대는 스페인인들과 마찰은 커녕 우호적인 분위기에서 연회를 즐기며, 필요한 물

---

20) Sabatini, Heoric Lives, p.203.
21) 가일스 밀턴, 『위대한 두목 엘리자베스』, 129쪽.

품을 구할 수 있었다. 6월 7일 이스파니올라를 출항한 선단 중 타이거 호가 모래
톱에 떠밀려 좌주하고, 이를 구하기 위해 나섰던 엘리자베스 호도 모래톱에 좌주
하고 말았다. 엘리자베스 호는 곧 모래톱에서 벗어났지만, 타이거 호는 크게 부서
져 선내에 보관 중이던 옥수수와 소금, 쌀, 비스킷 등 식민지 사업에 필요한 많은
물품을 잃게 되었다. 다행히 도로시 호와 로벅 호가 합류하자 그렌빌은 로어노크
섬에 정착촌을 건설하려고 했다. 그러나 기함 타이거 호를 수리해야 했기 때문에
일단 팜리코 사운드(Pamlico Sound) 일대를 정찰하기로 하고 랠프 레인과 토마스
해리엇, 캐번디시 등 60여 명을 정찰대로 파견했다.

정찰대는 1주일 동안 200마일 이상을 탐사하여 원주민들에 대한 정보를 입수한
뒤 워코콘(Wacocon) 해안으로 귀환했다. 그 사이 타이거 호를 수리한 그렌빌은
아우터 뱅크스에서 가장 넓은 포구인 퍼디난도 항(Port Ferdinando)으로 이동하여
원주민 추장인 그랑가니메오에게 로어노크 섬에 정착촌을 만들고 싶다는 의사를
전달했다. 다행히도 원주민 추장은 영국인들에게 정착촌 건설을 허락했다. 정착촌
을 책임지게 된 레인은 로어노크 섬에 모래언덕을 높이 쌓고, 도랑을 깊이 파 소
수인원으로 방어할 수 있는 진지를 구축했다. 진지가 구축되자 그렌빌은 정착민
107명을 남겨두고 8월 25일 타이거 호에 올라 귀국길에 올랐고 3주 뒤에 로벅 호
도 영국을 향해 출발했다.

정착민들과 원주민들 간의 관계는 식량 문제로 점차 불안해져 갔다. 그러나 사
소한 몇 가지 마찰을 제외하고는 그럭저럭 평화를 유지했고, 마침내 원주민 추장
중 한 명인 오키스코를 엘리자베스 여왕의 신하로 만드는 데 성공했다. 버지니아
식민 원정대가 아메리카에 도착한 지 8개월 만의 일이었다.

1585년 8월 귀환 길에 오른 그렌빌은 도중에 스페인의 '산타 마리아 데 산 빈
센테(Santa Maria de San Vincente)'호와 조우하여 포격전 끝에 나포하는 데 성공
했다. 당시 산타 마리아 호에는 "금은 진주가 가득했고, 설탕 200상자, 모피 7천
장, 생강 11만 파운드 등 총 12만 두캇 상당의 물건이 실려 있었다."[22]고 하는데,
대략 5만 파운드(약 7400만원)에 상당하는 막대한 금액이었다.[23] 그렌빌은 10월
18일 플리머스에 귀환하였다. 플리머스까지 마중나간 롤리는 그렌빌로부터 정착

---

22) 가일스 밀턴, 『위대한 두목 엘리자베스』, 199쪽.
23) Lacey, Sir Walter Raleigh, p.78.

촌 건설 소식과 식량 부족 등에 관한 보고를 들었다. 롤리는 곧 보급선을 파견하려고 했으나, 스페인과의 관계 악화로 보급선 파견이 지연되었다.

스페인의 펠리페 2세는 자신의 통치권 내에 영국인들이 식민지를 건설하고, 그렌빌이 스페인 선박을 해적질한 행위에 분노했다. 그는 이미 1585년 봄 비스케 제독에게 영국 선박을 나포해도 좋다고 허락했다. 비스케 제독은 빌바오 항에 정박해 있던 프림로즈 호를 나포하려고 시도했다. 그러나 오히려 영국 선원들의 반격에 오히려 포로가 되어 펠리페 2세의 허가장을 내놓고 말았다. 프림로즈 호의 선장은 즉시 출항하여 스페인 포로와 펠리페 2세의 나포 허가장을 왕실에 전달했다. 이에 엘리자베스 여왕은 스페인에 대한 보복 조치로 무역 봉쇄를 지시하고 상인들에게 스페인 상선 약탈을 허가했다. 이제 영국과 스페인은 전쟁으로 치닫고 있었다. 이런 상황에서 롤리의 정착촌 보급선 골든 로얄 호가 마악 출항하려던 순간 엘리자베스 여왕은 프랜시스 드레이크 경의 동생으로 골든 로얄 호의 선장으로 승선하고 있던 버나드 드레이크(Bernard Drake, 1537?~1586)에게 더 시급한 임무를 수행하라고 지시했다. 그것은 뉴펀들랜드 해역에서 조업 중인 영국 어선들을 보호하는 것이었다. 버나드 드레이크는 이 임무를 충실히 수행하였고, 귀환 도중 스페인 선박 19척을 약탈하기까지 했다. 엘리자베스 여왕은 그 공을 인정하여 그에게 기사 작위를 수여했다.

이제 정착촌은 생존 자체를 걱정해야 하는 상황으로 치달았다. 1586년 4월에는 정착민들에게 우호적이었던 엔세노르가 죽었다는 소식이 전해졌고, 완체스 마저 원주민들을 데리고 정착촌을 떠났다. 게다가 주변의 윙기나의 부족은 정착촌을 없애버릴 태도로 돌변했다. 이런 급박한 상황에서 정착촌을 살려준 사람은 프랜시스 드레이크였다. 그는 스페인에 억류된 영국 곡물 수송선을 구하고, 또 스페인을 약탈할 수 있는 권한을 부여받아 카리브해까지 항해해 온 것이었다. 드레이크 원정에는 엘리자베스 여왕도 2만 파운드를 투자하였다. 1585년 9월 스페인을 향해 출항한 드레이크는 영국 선박이 대부분 풀려났다는 소식을 접하고 카리브해의 산토 도밍고를 약탈하는 것으로 목적을 바꾸었다. 1585년 12월 31일 산토 도밍고 요새를 공략한 드레이크는 하루 만에 요새를 점령하고 마을을 불태우고 약탈했다. 결국 스페인인들은 2만 5천 두캇을 지불하고 나서야 약탈을 중지시킬 수 있었다.[24]

드레이크는 이미 롤리의 식민지 계획에 관심을 갖고 있었고, 롤리의 계획을 심사했던 의회 위원회의 일원이기도 했다. 카리브해의 스페인 영토를 약탈하고 있는 드레이크는 스페인인들이 롤리의 로어노크 정착촌을 파괴하려 하다는 소식을 접하게 되었다. 1585년 5월 말 드레이크는 스페인 총독의 거주지인 세인트 아우구스티누스를 공격한 뒤 북쪽의 산타 헬레나를 함락시키고 6월 아우터 뱅크스로 진입했다. 레인과 정착민들에게는 드레이크가 구세주나 다름없었을 것이다. 드레이크는 레인에게 프랜시스 호와 함재정 2척과 보트 4척을 제공했다. 그러나 엎친 데 덮친 격으로 6월 13일 폭풍우가 몰아쳐 정박해 있던 배의 닻이 끊겨 배들이 흩어지고 말았다. 3일 후 폭풍우가 가라앉은 뒤 다른 배들은 아우터 뱅크스에 다시 모였지만 프랜시스 호가 보이지 않았다. 드레이크는 레인에게 다시 바크 보너 호를 제공하기로 했다.

이와 같은 드레이크의 지원에도 불구하고 정착민들은 병력과 물자 부족으로 정착촌을 유지하기 어렵다고 결론지었다. 드레이크는 레인과 식민지 정착민, 카리브해에서 합류한 아프리카와 인디안 노예 500여 명을 승선시켜 1586년 6월 아우터 뱅크스를 출항하여 7월 27일 플리머스에 도착했다. 드레이크의 화려한 귀환이 몰고 온 엄청난 반향으로 레인과 버지니아 정착민들에 대한 소식은 묻혀버리고 말았다. 레인 자신도 정착촌에 대해 "설사 신의 의총으로 귀중한 광물이 발견되거나 남태평양 해로를 확보할 수 있다고 해도 이곳에서는 우리 국민들을 정착시킬만한 그 어떤 이유도 찾을 수 없다"고 부정적인 결론에 도달했다.[25]

버지니아 원정을 주도한 롤리는 이제 식민지를 유지해야 할지 포기해야 할 지 결정해야 할 순간이 다가왔다. 해리엇은 담배를 비롯한 삼나무, 모피, 호두기름 등의 효용성에 대해 보고했다. 해클루트도 식민지를 절대 포기하지 말라고 격려했다. 롤리는 어쨌거나 보급선을 파견하지 않으면 안되었고, 그렌빌로 하여금 5척의 배와 400여 명의 대원들을 이끌도록 지시했다. 이 선단은 7월 첫째 주에 로어노크에 도착했지만, 이미 정착민들이 드레이크와 함께 영국으로 출발하고 난 뒤였다. 그렌빌은 이 지역에 대한 소유권을 잃고 싶지 않았던 나머지 병사 15명에게 2년분의 식량과 대포 4대를 남겨주고 되돌아오고 말았다.

---

24) 가일스 밀턴, 『위대한 두목 엘리자베스』, 221쪽.
25) 가일스 밀턴, 『위대한 두목 엘리자베스』, 238쪽 재인용.

당시 롤리는 아일랜드 식민 문제에 깊이 간여하고 있던 터라 버지니아 식민지에 선단을 보낼 여념이 없었다. 게다가 엘리자베스 여왕 살해 음모 사건이 발각되는 사태가 발생했다. 1587년 봄 앤서니 배빙턴(Anthony Babington, 1561~1586)이 체포되어 처형되었고, 그가 소유했던 링컨셔, 더비, 노팅엄셔의 영지가 몰수되었다. 이 사건은 롤리에게 두 가지 행운을 가져다 주었다. 엘리자베스 여왕이 롤리에게 경호대장직과 배빙턴의 영지를 수여한 것이다.[26]

이제 식민지 사업을 재개할 자금원을 확보한 롤리는 버지니아에 새로운 정착민을 보내기로 마음먹었다. 레인이나 해리엇 모두 버지니아로 가려는 생각이 없었고, 오직 화가로 참가했던 화이트만이 가기를 원했다. 1587년 4월 런던을 출항한 화이트의 선단은 버지니아에 도착하여 그렌빌이 남겨놓은 15명의 정착민을 찾으려고 시도하는 한편, 새로운 정착촌을 만들려고 노력했다. 하지만 지도력 부재와 식량 부족, 원주민과의 불화

등으로 정착하는 데 실패하고 정착민들만 남겨 놓은 채 1587년 10월 귀국하고 말았다. 롤리는 화이트가 당초 예정했던 체사피크 만이 아닌 로어노크에 상륙했다는 사실에 분개하며, 첫 번째 보급선은 이미 체사피크 만으로 파견했다. 하지만 그들이 로어노크 섬에 상륙할 가능성이 없어 보여 곧 두 번째 보급선을 급파하려고 생각했다.

아크 로얄 호(1587, 판각 : Claes Jansz)

그러나 영국은 스페인의 침입이라는 국가적 위협에 직면에 있었다. 롤리 또한 1587년 11월 전쟁 위원(council of war)에 임명되어 영국 방어계획을 수립하고 있었다. 따라서 롤리가 파견하려던 보급선은 방어전대에 배속되었고, 방어전대에 불

26) Lacey, Sir Walter Raleigh, p.142.

필요한 30톤 규모의 배 2척이 임대되어 식민지 보급을 위해 파견되었지만, 프랑스의 공격을 받아 화이트는 영국으로 귀환하고 말았다. 이에 반해 스페인 무적함대에 대한 영국의 방어 전략은 너무나 손쉽게 달성될 수 있었다. 롤리가 엘리자베스 여왕에게 기증한 아크 로얄(Ark Royal, Ark Ralegh 호에서 개명)[27] 호가 기함이 되어 1588년 7월 19일 스페인의 무적함대 130여 척을 맞아 손쉽게 승리할 수 있었다. 롤리는 부제독으로 참전하였다.

1584년부터 1588년까지 롤리는 적어도 18척 이상의 선박을 아메리카로 파견했고, 그 비용은 3만 6천 파운드에 달했다. 롤리가 아무리 막대한 부를 소유했다 할지라도 이를 혼자 부담하기에는 너무 큰 비용이었다. 그러나 이제 롤리의 계획에 참여하려는 사람은 없었다. 결국 롤리는 런던의 상인들에게 '롤리 시'에서 7년 동안 면세로 거래할 수 있는 조건을 내걸었고, 1589년 3월 이 계약이 정식으로 체결되었다. 그러나 상인들 조차 아메리카에서 아무리 면세특권을 누린다 하더라도 수익을 거둘 수 없다는 사실을 깨달았다.

그러는 사이 롤리는 엘리자베스 여왕의 궁녀인 엘리자베스 스로크모턴(Elizabeth Throckmorton, 1565~1647?)과 사랑에 빠졌다. 롤리가 그녀와 언제, 어디에서 결혼을 했는지는 엘리자베스 여왕의 질투를 유발할 것을 염려하여 철저히 비밀에 부쳐졌기 때문에 밝혀지지 않았다. 하지만 대체로 1588년에서 1590년 사이로 추정되고 있다. 롤리는 이 사실을 엘리자베스 여왕에게 철저히 숨겼지만 1592년 3월 아들이 태어나면서 탄로나고 말았다. 결국 엘리자베스 여왕은 롤리와 그의 부인 엘리자베스를 체포하여 1592년 8월 런던 타워에 수감했다. 말이 수감이었지 아내와 하인까지 함께 그저 감옥에서 생활하는 것만 달라진 것에 불과했다. 그럼에도 롤리는 여왕의 마음을 돌리기 위해 "이제 저는 폐하를 남겨두고 이 어두컴컴한 감옥에 홀로 있습니다."라고 여왕에게 편지를 써 보냈다.[28]

행운의 여신이 아직 떠나지 않았던지 롤리는 수감된 지 4개월 만에 석방되었다. 그러나 그가 석방된 것은 누구도 예기치 못했던 에피소드 때문이었다. 1592년 프로비셔가 주도한 영국의 선단이 스페인 연안에서 스페인 전대의 주의를 끄는 동안, 존 버지(John Burge) 선장이 지휘한 선단이 아조레스까지 항해하여 8월

---

27) Lacey, Sir Walter Raleigh, p.142.
28) 가일스 밀턴, 『위대한 두목 엘리자베스』, 369쪽 재인용.

3일 1600톤급 캐랙선 마드레 데 디오스(Madre de Dios) 호를 나포했다. 당시 이 배에는 진주, 귀금속, 상아, 비단, 호박, 향료 등 실로 어마어마한 가치의 화물을 탑재되어 있었는데, 후추의 가치만도 10만 파운드에 달했다고 한다.[29] 9월 초 마드레 데 디오스호가 다트머스 항구에 도착하자 전리품을 노린 수백명의 뱃사람들이 몰려들어 대혼란을 야기했다. 엘리자베스 여왕은 로버트 세실 경을 보내 사태를 수습해 보려 했으나, 이미 2만 파운드 상당의 손실을 입었다. 그러자 엘리자베스 여왕은 "이를 해결할 사람은

엘리자베스 스로크모턴

롤리 밖에 없다"는 존 호킨스 경의 서한을 받아들여 그를 일시 석방하여 다트머스로 보냈다. 뱃사람들에 대한 롤리의 영향력을 대단하여 그가 다트머스에 도착하자 "모든 선원들이 환호성을 지르며 그에게 다가왔다."[30]

롤리는 탁월한 능력으로 약탈당한 전리품을 대부분 찾아내어 배 2척과 1800파운드를 투자한 여왕에게 8만 파운드를 분배했다.[31] 이러한 성과에 엘리자베스 여왕도 잠시 롤리를 타워에 투옥한 뒤 1592년 성탄절에 맞추어 그와 그의 아내를 석방했다. 롤리는 아직 주석 광산 관리인, 데번과 콘월의 사령관 등의 지위를 유지하고 있었지만, 과거와 같은 여왕의 총애를 기대할 수 없는 형편이었다. 게다가 1594년 4월 화이트의 사위로서 식민지에 잔류시켜놓은 데어가 7년 동안 연락이 끊기면 사망으로 간주한다는 규정에 따라 법적 사망 선고가 내려졌다. 버지니아에 대한 법적 소유권을 소유하고 있던 롤리로서는 7년 이내에 영구적인 식민지를 건설해야 한다는 조건이 붙어 있었기 때문에 1587년에 파견한 정착민 중 잔류민들이 생존해 있어야만 소유권을 유지할 수 있었다.

29) Sabatini, Heoric Lives, p.213.
30) 로버트 세실이 쓴 편지, 가일스 밀턴, 『위대한 두목 엘리자베스』, 371쪽 재인용.
31) 가일스 밀턴, 『위대한 두목 엘리자베스』, 371쪽; Sabatini, Heoric Lives, p.214.

5. 기아나 탐사

이제 롤리가 직접 나설 수밖에 없는 상황이었다. 1593년 이후 말년까지 롤리의 관심은 황금향 엘도라도가 있다는 기아나를 탐사하고 로어노크에 잔류한 식민지 정착민들을 찾아 나서는 데 집중되었다. 1594년 롤리는 오리노코를 탐사하기 위해 정찰대를 파견했지만, 트리니다드에서 스페인의 베레오 총독의 방해로 실패하자, 이어 직접 2차 원정에 나섰다. 1595년 2월 출항한 선단은 항해 도중 스페인과 네덜란드 배 한 척씩을 나포한 뒤 6주 만에 트리니다드에 도착하였다. 이번 선단에는 5척, 150여 명으로 구성되었고, 케이미스(Lawrence Keymis, ?~1618), 이부형의 아들인 존 길버트(John Gilbert) 등이 참여했고, 로버트 세실은 라이언스 휠프 호(Lion's Whelp)를 투자했다.[32] 롤리는 산 호세(San Jose) 시를 습격하여 베레오 총독을 포로로 잡았다. 함대를 트리니다드에 남겨두고 롤리는 60여 명을 대동한 채 오리노코 델타를 탐사하던 중 스페인인들이 도망치자 버린 바구니를 발견했는데, 거기에는 광물이 남겨져 있었다. 트리니다드에 돌아온 롤리는 그곳 감옥에 갇혀 있던 원주민들을 석방해 주고, 그들의 도움을 받아 오리노코 강을 탐사했다. 그는 원주민들로부터 카로니 은광과 엘도라도 등에 대해 듣게 되었다. 롤리는 케이미스(Keymis)를 보내어 금광을 찾아보도록 했으나, 이미 우기가 시작되고 강물이 불어오르기 시작하여 일단 본국으로 귀환하기로 했다.[33]

프란시스 스패로우(Francis Sparrow)를 남겨두고 금광 탐사를 계속하게 한 롤리는 1595년 8월 영국으로 귀환했으나 가져온 광물은 아무런 가치가 없는 것으로 판명되었다. 그렇다고 기아나에 대한 롤리의 관심이 사그라든 것은 아니었다. 1596년 1월 롤리는 케이미스에게 두 척을 맡겨 기아나의 금광을 찾아보도록 했다. 그 뒤 스페인이 아일랜드를 침공할 것이라는 소식이 전해지자 롤리는 선제공격론을 추밀원에 제시했다. 추밀원은 그의 제안을 받아들여 96척, 1만 4천 명을 모병하여 에섹스 백작을 최고 지휘자로 지명했고, 롤리는 그중 22척, 3천여 명으로 구성된 전대를 지휘했다. 6월 1일 잉글랜드를 출항한 전대는 9일 스페인 해안에 도착했다. 작전 계획은 롤리 전대가 스페인 연안에서 스페인의 순항 전대

---

32) Lacey, Sir Walter Raleigh, pp. 228 - 229.
33) Sabatini, Heoric Lives, pp. 216 - 218.

를 추단하는 사이 주력 함대는 카디스로 진격한다는 것이었다. 해안에 도착한 롤리는 정박 중인 배 4척을 발견하여 1천 톤급 배 2척을 나포한 뒤 주력함대와 함께 카디스에 상륙하여 도시를 완전히 장악했다. 잉글랜드 인들은 전리품으로 4만 두캇을 약탈하고, 스페인 포로에 대한 배상금으로 12만 크라운을 받아냈다. 귀환 길에 잉글랜드 함대는 포르투갈 남단의 파로(Faro)로 내려와서 오소리우스 주교 (Bishop Osorius) 도서관을 약탈했는데, 이때 약탈한 도서는 오늘날 옥스퍼드대학의 보들레이안 도서관(Bodleian Library)의 토대가 되었다. 전리품 중 롤리의 몫은 1만 7천 파운드에 달했다.[34]

스페인 원정이 성공을 거둔 것과는 대조적으로 기아나 원정은 실패에 실패를 거듭했다. 오리노코에 도착한 케이미스는 스페인인들이 건설한 산 토메(San Thome) 정착민들의 방해를 받아 케이미스는 아무런 성과도 거두지 못한 채 귀국해 있었다. 롤리로서는 여왕의 총애에 더욱 기댈 수밖에 없었다. 1597년 8월 이른바 아일랜드 항해(Islands Voyage)로 알려진 원정 항해가 플리머스에서 출항했다. 총 120척으로 구성된 이 함대는 페롤(Ferrol) 섬을 습격하여 스페인 보물선을 약탈하는 것을 목적으로 하고 있었다. 이 함대는 에섹스 공을 제독으로 하여 토마스 하워드(Lord Thomas Howard)가 부제독(vice admiral), 롤리가 후제독(rear admiral), 프란시스 베르(Sir Francis Bere)가 상륙전대장을 각각 맡았다. 출항 후 악천후로 잠시 지체된 원정 함대는 목적지를 페롤에서 파얄(Fayal)로 바꾸었다. 에섹스 공 보다 먼저 도착한 롤리는 상륙전을 감행하여 오르타(Horta) 시를 점령하였다. 뒤늦게 도착한 에섹스 공은 전리품을 차지할 기회를 빼앗긴 데 대해 롤리에 대한 앙심을 품기 시작했고, 이는 1600년 엘리자베스 여왕이 롤리를 저지 총독(governor of Jersey)으로 임명하자 절정에 달했다.

에섹스 공은 장인인 크리스토퍼 블라운트(Christopher Blount)에게 롤리의 살해를 사주했으나, 템즈 강변에서 발사한 네 발의 총탄은 롤리를 빗겨갔다. 에섹스 공과 블라운트는 1601년 2월 처형되었고, 2년 뒤인 1603년 3월 엘리자베스 여왕도 70세를 일기로 사망했다. 이제 롤리의 시대는 저물어가고 있었다. 엘리자베스 여왕이 4월 28일 웨스트민스터 사원에 안치되고, 스코틀랜드의 제임스 6세가 잉

---

34) Sabatini, Heoric Lives, p.225.

글랜드의 제임스 1세로 왕위를 이었다. 카톨릭교도인 제임스 1세에게 반스페인적 행동을 일삼아 온 롤리가 달가울 리 없는 인물이었다. 게다가 에섹스 공이 보낸 서한에 따르면 롤리는 제임스 1세의 왕위 계승을 반대하기 위한 음모를 구미고 있는 인물이었다.

롤리는 제임스 1세의 왕위 계승서에 날인한 사람 중 한 명이었다. 따라서 롤리는 제임스 1세를 영접하기 위해 북쪽으로 나갔고, 마침 벌리 하우스(Burleigh House)에 머물던 그와 첫 대면을 하게 되었다. 롤리를 본 제임스 1세의 첫 마디는 비꼬는 투였다.

"Rawly! Rawly! 이제 정말 됐네. 왜냐하면 나는 귀하를 아주 '생짜'(rawly)로 생각하기 때문이지."[35]

제임스 1세는 런던에 도착하기도 전에 포도주세 징수권을 유예한 데 이어 여왕이 복직시킨 경호대장직에서 해임하고, 더럼 하우스에서 퇴거하도록 명령했다. 이는 롤리 몰락의 서막에 불과했다. 왜냐하면 1603년 7월 즉위한 지 3개월째인 제임스 1세의 사냥에 참여하기 위해 윈저 궁의 테라스에서 기다리던 롤리는 세실에 의해 소환되어 반역혐의로 런던 타워에 투옥되었기 때문이다. 8월에는 롤리가 갖고 있던 저지 총독과 콘월 사령관직이 박탈되었고, 포도주세 징수권도 몰수되어 노팅험 백이 된 토마스 하워드에게 주어졌다. 대법관 포프햄(Popham)이 주재한 재판에서 롤리의 반역혐의에 대한 명백한 증거가 제시되지 못했음에도 사형이 선고되었다. 하지만 제임스 1세는 사형 집행에 서명하기를 주저하고 있었다. 당초 대중들에게 엄청난 증오의 대상이었던 롤리를 처형한다면 대중이 환호할 것이라고 기대했던 것과는 달리 대중은 불쌍한 그를 동정하여 진실과 정의의 사도로서 추앙하기 시작했기 때문이다. 제임스 1세는 얘기치 못했던 사태에 처형 집행을 연기하여 그를 다시 런던 타워에 수감했다.

1차 런던 타워에서의 생활과 마찬가지로 2차 수감 생활도 지극히 안락하기 그지 없었다. 아내 엘리자베스와 1604년 태어난 둘째 아들 와트, 세 명의 하인이 함께 생활했고, 친구인 해리엇도 자주 방문했다. 롤리가 추진했던 아메리카 식민

---

35) Sabatini, Heoric Lives, p.237.

사업을 이어받은 사람은 다른 사람이 아닌 롤리에게 사형을 선고한 포프햄 대법관이었다. 그는 1606년 봄 버지니아 식민계획에 착수했다. 마침내 버지니아 회사가 조직되었고, 최고 간부들 중에는 롤리의 측근이었던 해클류트도 포함되어 있었다. 1606년 12월 말 3척, 104명으로 구성된 선단이 런던을 출항하여 체사피크 만으로 향했다. 1607년 4월 말 제임스 강 유역에 도착한 선단은 정착촌을 건설하고 제임스 1세를 기린다는 뜻으로 '제임스 타운'으로 명명되었다. 1607년 6월 21일 물자 보급을 위해 뉴포트는 영국으로 출항했고, 남은 정착민들은 원주민과의 불화와 식량 부족 등으로 어려움에 봉착했다. 정착민들의 식량을 구하기 위해 인근 부족의 추장인 포우하탄(Powhatan)을 만나러 가던 존 스미스((John Smith, 1580~1631) 선장은 원주민들에게 체포되어 처형될 시점에 포우하탄의 딸인 포카혼타스(Pocahontas)의 도움으로 목숨을 건질 수 있었다.

버지니아 회사는 1608년 여름 크리스토퍼 뉴포트(Christopher Newport, 1561~1617)를 파견하여 포우하탄을 제임스 1세의 통치를 받는 왕으로 임명하기 위해 제임스 다운으로 피견했다. 뉴포트는 스미스를 통해 이러한 뜻을 전하였고, 포우하탄은 속임수에 꾀여 영국인들이 준비한 예복을 입고, 제임스 1세가 보낸 왕관을 쓰고 말았다. 이로써 북아메리카에서 최초이자 마지막 대관식이 거행된 것이다.[36] 노포트는 버지니아 회사의 첫 번째 임무는 무사히 완수했지만, 1587년 잔류한 식민지 정착민들을 찾는 데는 실패했다.

그러는 사이 정착촌의 식량은 바닥이 났고, 원주민들과의 관계도 틀어지고 말았다. 포우하탄은 정착촌을 없애버리려고 작정했다. 그러나 딸인 포카혼타스가 이 사실을 영국인들에게 전하는 바람에 그 계획을 무산되었다. 정착촌은 포카혼타스가 가져다주는 식량으로 근근이 버텨 가고 있었다. 1609년 4월 보급선이 도착해 제임스 1세가 버지니아 회사에 대한 직접 통제를 포기하고, 델라웨어를 총독으로 임명했다는 소식을 전해주었다. 델라웨어 총독은 즉시 대규모 선단을 조직하여 버지니아로 파견했으나 버뮤다 인근에서 암초에 좌초하여 막대한 피해를 입고 간신히 제임스 타운에 도착했다. 그러나 이는 정착촌에는 재앙이나 다름 없었다. 가뜩이나 식량 부족에 허덕이던 정착촌에 400명이나 되는 사람들이 한꺼번에 몰

---

36) 가일스 밀턴, 『위대한 두목 엘리자베스』, 434쪽.

려든 셈이었기 때문이다. 이제 식량 공급은 치명적인 수준으로 악화되자 결국 조지 퍼시(George Percy, 1580~1627)는 포우하탄과 협상을 위해 30여 명의 대원을 파견했다. 그러나 포우하탄은 제프리 쇼트리지(Jeff Shortridge) 1명만을 살려 보내주고 영국인들을 모두 잡아 살해했다. 식량이 바닥나자 개와 고양이, 쥐까지 잡아 먹었고, 부츠와 신발을 비롯해 먹을 수 있는 가죽은 모조리 먹어 치웠다. 이마저 떨어지자 뱀을 잡아먹고 생소한 나무뿌리까지 캐 먹었다. 급기야 정착민 중 한 명이 임신한 아내를 살해하여 자궁을 갈라 아이를 꺼내 강물이 던지고 아내를 토막 내어 소금에 절여 두고 구워 먹는 사건이 발생했다. 이 사건은 범인이 아내의 고기를 상당 부분 먹었을 때까지도 밝혀지지 않았다. 결국이 범인은 체포되어 사형에 처해졌다.[37] 겨울이 끝나갈 무렵 440명에 달하는 정착민들이 굶어 죽거나 살해되었고, 살아남은 60명은 목숨을 겨우 부지하고 있었다.

다행히 식민지 부총독인 토머스 게이츠(Thomas Gates)가 난파 후에 살아남아 제임스 타운에 도착했지만, 물자와 식량도 없이 148명에 달하는 사람만 데려와서 식민지의 부담만 가중시켰을 뿐이다. 결국 1610년 5월 게이츠 부총독은 제임스 타운을 포기하고 영국으로 귀환하기로 결정했다. 그러나 항해 도중 델라워어 총독의 배와 조우하여 모두 제임스 타운으로 되돌아오지 않으면 안되었다. 델라웨어는 강력하게 정착촌을 통치하였고, 포우하탄의 원주민들에게도 무력으로 대응하였다. 그러나 1611년 5월 델라웨어 총독이 학질에 걸려 요양을 위해 떠난 사이 토머스 데일 경이 제임스 타운의 촌장으로 부임했다. 총독 부재시라 총독직을 겸임하게 된 토머스 데일은 탁월한 리더십을 발휘하여 죄인들을 처형한 뒤 새로운 정착촌을 건설하려고 했다. 정착촌은 데일의 지도력 하에 빠르게 안정되어 갔지만, 항구적인 수입원을 찾아내지 않으면 안되었는데, 그 해결책을 제시해 준 것이 담배였다. 당초 버지니아에서 자라는 담배는 니코티아나 루스티카(Nicotiana rustica, 아즈텍 담배. 향이 강함)였는데, 이는 스페인 식민지에서 재배되는 니코티아나 토바쿰(Nicotiana tobacum)에 비해 품질이 현격히 떨어졌다. 이 문제는 존 롤프(John Rolfe, 1585~1622)가 니코티아나 토바쿰 씨앗을 제임스 타운에 들여와 재배하는 데 성공함으로써 해결되었다. 이후 담배는 제임스 타운의 핵심산물로 자리잡았고,

---

37) 가일스 밀턴, 『위대한 두목 엘리자베스』, 449쪽

식민지에 첫 번째 상점이 생기게 되었다.

원주민과의 관계는 불화와 화해를 거듭했지만, 존 롤프와 포카혼타스와의 결혼으로 안정된 평화관계를 구축했다. 1614년 4월 5일 롤프와 포카혼타스의 결혼식이 거행되었다. 이 두 사람의 결혼으로 영국인들은 포우하탄 부족뿐만 아니라, 인근 부족들과도 우호적인 거래와 교역할 수 있었다. 1616년 데일은 총독직에서 물러나면서 롤프와 포카혼타스(기독교 개종명 레베카), 그의 아들 토마스를 데리고 영국으로 귀국했다. 포카혼타스는 버지니아 최초의 기독교도이자 최초로 영어를 구사할 줄 아는 인디안이었고, 영국인과 결혼하여 아이를 낳은 최초의 인디안 여성이었다.

런던 타워에 수감 중이던 롤리는 제임스 1세에게 석방해 줄 것을 탄원서를 제출하였다. 상황은 그에게 다소 유리하게 돌아갔다. 1615년 반 스페인 경향의 랠프 윈우드(Sir Ralph Winwood)가 국무대신에 임명되었고, 제임스 1세 또한 반 스페인 경향으로 기울었다. 마침내 제임스 1세는 1616년 3월 19일 런던 타워에 "항해를 준비하기 위해 롤리가 해외에 가는 것을 허용하도록 지시"했고, 롤리는 1월까지는 감시원과 동행하여 기아나 항해를 준비했다. 마침내 1617년 1월 롤리는 타워에서 석방되었으나, 그렇다고 죄가 사면된 것은 아니었다. 롤리는 제임스 1세로부터 "이교도이자 야만인이 소유하고 살고 있는 지역을 방문하여 금을 포함한 상품을 획득"할 수 있도록 허용했다. 하지만 "기아나의 황금 이외에는 목적이 아니며 스페인인들에 대한 도발이나 약탈이 있어서는 안된다"는 단서조항이 달려 있었다.[38]

이미 65세가 된 롤리는 1616~1617년 탐사 준비에 박차를 가했다. 왕실 보조금으로 450톤급 데스티니 호를 건조했고, 14척, 1000여 명의 탐사대를 모집하였다. 탐사대에는 로렌스 케이미스, 아들 월터 롤리, 조카 조지 롤리도 참가하였다. 1617년 6월 영국을 출항한 선단은 출항 직후 악천후로 아일랜드의 코르크로 피항하지 않을 수 없었다. 8월 19일 코르크에서 출항하여 잠시 들른 카나리아에서는 상륙한 3명이 살해되었는가 하면, 대서양을 횡단하는 동안 각종 질병으로 데스티니 호의 선원 42명이 사망했고, 사우스햄턴 호는 도망가고 말았다. 11월 11일

---

38) Philip Edwards, Introduction for The Last Voyage of Sir Walter Raleigh, in Las Voyages, p.183.

오리노코 강 남동쪽 위아포코(Wiapoco)에 도착했을 당시 롤리는 열병에 걸려 자리에 누워 있어야 했다. 그럼에도 불구하고 롤리는 케이미스에게 금광을 찾아보도록 하고, 자신은 트리니다드에서 이들을 기다리기로 했다. 그러나 금광을 찾아나섰던 케이미스는 스페인인과의 충돌했고, 그 과정에서 롤리의 아들 월터가 사망했고, 스페인 총독도 사망하였다. 결국 케이미스는 200여 명의 대원을 잃고 탐사를 포기하고 되돌아오고 말았다.[39]

롤리는 케이미스를 신랄하게 비판했고, 이에 충격을 받은 케이미스는 자살하고 말았다. 결국 빈손으로 귀환할 수밖에 없게 된 롤리는 파산한 것은 물론, 원정 대원들의 공공연한 반란에 직면해야 했다. 따라서 롤리는 먼저 아일랜드에 들러 대원을 해산시킨 뒤 1618년 6월 21일 플리머스로 귀환했다. 제임스 1세는 스페인

월터 롤리의 처형

의 강력한 항의를 받아들여 8월 10일 롤리를 "스페인 왕의 영토와 신민들을 친절하게 대하겠다는 약속을 어겼다"는 혐의로 체포하여 런던 타워에 수감시켰다. 1618년 10월 28일 몬태그 대법관 (Lord Chief Justice Montagu)은 웨스트민스터에서 옛 죄목에 대해 롤리에게 사형을 선고했다. 그러나 이 판결은 논리적으로 모순이 있었다. 만약 롤리가 스페인 영토 침입으로 전쟁을 유발했다는 죄가 있다면, 그 탐사를 인가한 제임스 1세 또한 그러한 위반을 허가한 잘못이 있었다. 또한 롤리는 자신의 항해에 대해 왕이 인가한 것은 그의 과거

죄를 사면했음을 암시한다고 항변했지만, 이 또한 암시에 의해 반역죄가 사면되지 않는다는 답변을 들었을 뿐이다.[40]

처형은 판결 다음날인 6월 29일 의사당 앞마당에서 거행되었다. 처형 당일 롤리는 "죽음이란 단지 여행을 떠나는 것에 지나지 않는다"고 말하고, 쓰고 있던 모

---

39) 롤리의 마지막 탐사에 대한 항해일지 원본은 대영도서관에 보관되어 있다. BL, MS Cotton Titus B. VIII. fos.162-75. ref. Raleigh's Journal, in Last Voyages, ed. by Edwards Philips, pp.198-217.

40) Sabatini, Heoric Lives, pp.264-265.

자와 돈을 군중들에게 던져준 뒤 처형을 머뭇거리는 사형집행인에게 "이것은 날카로운 약이지만, 모든 병을 치유하는 만병통치약이라네"라고 말하며 처형을 담담하게 받아들였다.

흔히 롤리는 대중들에게는 식민지 개척자, 사나포 선장 등 부정적으로 각인되어 있다. 오늘날의 견지에서 보면 사나포 활동이라는 것이 약탈이지만, 16~17세기 견지에서 보면 국가의 공인을 받아 행하는 적대국에 대한 정당한 행위였다. 식민지 개척자로서 롤리는 흔히 알려진 것과는 달리 원주민들과의 평화적 공존을 추구했다. 그는 원주민 여성을 강간할 수 없었고, 원주민에게 강제 노역을 시켜서도 안되며, 원주민을 구타할 수도 없다고 지시했다. 또한 원주민의 소유지에 들어갈 수도 없었다. 이 규칙을 위반할 경우에는 엄격한 처벌을 받았다. 강간은 사형에 처해졌고, 폭행은 곤장 20대 형에 처해졌으며, 원주민의 소유지 침입은 감옥에 갇히거나 노예가 되어야 했다.[41]

가일스 밀턴은 "월터 롤리는 대서양 저편에 최초의 영국 식민지를 건설하는 위대한 업적을 가능하게 만든 주인공이었다."고 평가했다.[42]

그러나 우리 해양인들에게 롤리는 해양력의 중요성을 간파하고 실천한 인물로 더욱 되새겨 보아야 할 인물이다. 롤리는 「배와 닻, 컴퍼스의 발명에 관한 소논설」에서 다음과 같이 설파하였다.

> "군왕들의 해상전력(Forces Princes by the Sea)은 영토의 광대함의 표지였다. 왜냐하면, 바다를 지배하는 자가 무역을 지배하고, 세계의 무역을 지배하는 자가 세계의 부와 마침내 세계 그 자체를 지배하기 때문이다."
>
> Whosoever commands the sea, command the trade of the world. Whosoever commands the riches of the world and consequently the world itself.[43]

흔히 이 말은 해상무역의 중요성을 강조한 말로 인용되고 있지만, 실제 롤리는

---

41) 가일스 밀턴, 『위대한 두목 엘리자베스』, 160쪽.
42) 가일스 밀턴, 『위대한 두목 엘리자베스』, 516쪽.
43) W. Raleigh, A Discourse of the Invention of ships, anchors, compass &c. in the Words of Sir Walter Raleigh, Kt., Vol. 8, OUP, 1829, p.325.

해상무역이 아니라 해군의 중요성을 강조하고 있었던 것이다. 그렇다고 해서 롤리가 해상무역의 중요성을 간과했다고 보아서는 안된다. 이 소논설의 결론에서 롤리는 네덜란드와 플랑드르가 흥기가 원인을 다섯 가지로 제시하고 있는데, 그 내용은 해상무역을 중시했다는 데 초점이 맞추어져 있기 때문이다.

첫째, 엘리자베스 여왕과 오렌지 공의 후원과 지원,
둘째, 자국민을 무역과 어업에 종사케 한 것,
셋째, 낫소(Nassau) 가문의 충성과 모리스 왕자의 복무,
넷째, 파르마 공작의 프랑스로의 후퇴,
다섯째, 스페인에서 선박이 몰수되자 동인도와 서인도로 강제로 무역을 하지 않을 수 없는 처지로 내몰린 것.44)

---

44) W. Raleigh, A Discourse of the Invention of ships, anchors, compass &c., pp.331 - 332.

15장

배핀만 일대를 탐사한 존 데이비스와 윌리엄 배핀

존 데이비스[1]
왼쪽 후측의를 들고 있는 사람

1. 존 데이비스

프로비셔의 북서항로 탐사를 후원했던 마이클 로크(Michael Locke, 1532?~1615?)는 탐험의 실패로 파산하였지만, 북서항로가 존재한다는 것에 대해서는 더욱 확신하게 되었다. 1582년에 해클루트가 출판한 책에 포함되어 있는 마이클 로크의 세계지도에는 그와 같은 생각이 잘 나타나 있다. 또한 해클루트도 "북아메리카 대륙을 횡단하여 태평양으로 갈 수 있는 육로가 존재할 가능성이 있으므로 이 통로를 발견하여 통제하기 위한 기지로 활용할 식민지를 북아메리카에 건설할 것을 제창하는 한편, 북서항로가 존재할 가능성이 크다"고 주장했다.[2] 이 같은 여론에 힘을 얻은 윌리엄 샌더슨(William Sanderson)이 주도하는 모험조합이 북서항로 탐사를 후원하기로 결정했다.

1) https://en.wikipedia.org/wiki/John_Davis_(English_explorer).
2) Skelton, 『탐험지도의 역사』, 162쪽 참조.

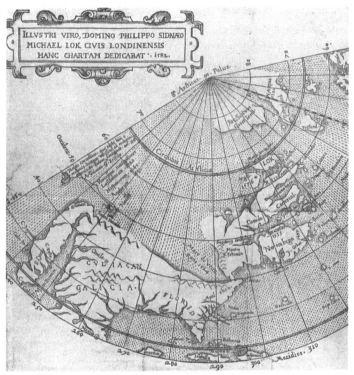
마이클 로크의 세계지도 중 북아메리카 부분(1582)[3]

이 탐험을 지휘한 사람이 존 데이비스(John Davis, 1550?~1605)였다. 1550년 영국의 데번(Devon)에서 태어난 데이비스는 1585년에 북서항로 탐사에 나섰다. 데이비스는 그의 이름이 붙여진 데이비스해협 안의 북위 67°선까지 항해하였지만, 태평양으로 통하는 출구를 찾는 데 실패했다. 데이비스해협은 프로비셔·데이비스·허드슨·배핀 등이 항해한 수로였지만, 에머리 몰리노(Emery Molyneux, ?~1598)의 지구의地球儀(1592)에 이곳이 처음으로 데이비스해협으로 표기된 이후 지금까지 그대로 사용되고 있다. 이 해협이 데이비스해협으로 불리게 된 것은 탐사가인 데이비스가 직접 이름 지었거나 지구의 제작자인 몰리노가 데이비스를 기념하기 위해 명명한 것으로 보인다.[4] 잉글랜드 최초의 지구의인 몰리노의 지구의는 샌더슨이 비

---

3) Skelton, 『탐험지도의 역사』, 161쪽.

용을 부담하고 데이비스가 제공한 정보에 근거하여 제작된 것으로 알려지고 있다.

데이비스는 1586년에 120톤 급인 머메이드(Mermayd)호, 60톤 급인 선샤인호, 35톤 급인 문샤인(Moonshine)호, 10톤 급인 정탐선 노스 스타(North Star)호 등 4척을 이끌고 북서항로를 찾기 위해 다트머스(Dartmouth)를 출항했다.(5.7)[5] 6월 15일 위도 60°, 서경 47° 부근에 도착한 데이비스는 9월 초까지 그린랜드 서해안과 배핀섬 인근의 해역을 탐사했다.

9월 초 배핀섬 인근을 탐사하던 데이비스는 "이 해역에 섬밖에 없는 것으로 미루어 바다로 진출할

에머리 몰리노의 지구의에 나타난 북서항로(1592)

수 있는 출구를 찾을 수 있는 희망이 커졌다"[6]고 판단하고 북서항로 탐사에 들어가려고 하였지만, 맞바람 때문에 항해할 수가 없었다. 그래서 데이비스 탐사대는 닻을 내리고 바람이 잦아들기를 기다렸다. 때마침 북서풍이 불어 귀환하기에 좋은 기상여건이 되었고, 식량도 바닥이 나 귀국하기로 결정했다. 그 사이 이들을 보고 찾아온 원주민들이 밧줄과 보트 등을 가져가려고 하자, 탐사대가 이를 제지하는 과정에서 충돌이 발생하여 서로간에 사상자가 나왔다. 데이비스는 사태를 수습한 뒤 곧 출항길에 올라 10월 초에 귀국했다.

데이비스는 북서항로를 찾지는 못했지만, 항로가 존재할 것이라는 것에 대해서는 확신하고 있었다. 그는 프랜시스 월징엄(Sir Francis Walsingham, 1532?~1590)에

---

4) Skelton, 『탐험지도의 역사』, 166쪽.
5) The second Voyage attempted by John Davis, in Hampden, ed., Voyages and Documents, p.303.
6) Ibid., in Janet Hampden, ed. by, Voyages and Documents, p.317.

게 보낸 서한에서 "북서항로가 존재한다는 것은 의심의 여지가 없으며, 그 해역은 항해할 수 있고, 빙하도 없고, 바람도 그렇게 심하지 않습니다. 언제라도 충분히 통과할 수 있습니다"[7]라고 썼고, 귀국하고 난 뒤에 후원자인 윌리엄 샌더슨에게 도 "지구의 북서쪽에 항로가 있다는 것은 확실합니다"[8]라고 보고했다.

데이비스는 이듬해에도 카타이나 몰루카제도로 가는 항로를 찾기 위해 3차 항해에 나섰다. 데이비스는 선샤인호와 엘리자베스호·헬렌즈 어브 런던(Helens of London) 호 등 3척을 이끌고 다트머스를 출항했다.(1587.5.19)[9]

6월 14일 그린랜드에 도착한 데이비스선단은 그린랜드 서해안을 따라 북서항로 탐사를 계속하여 데이비스해협의 북위 72° 12'까지 진출하고, 이 지점을 후원자의 이름을 따 '샌더슨의 희망(Hope Sanderson)'이라고 이름 지었다.(6.29)[10] 데이비 스는 '샌더슨의 희망' 지점에서 항로를 돌려 배핀섬의 서해안을 따라 내려오면서 탐사를 계속하여 배핀섬 남단의 컴벌랜드(Cumberland)만에 도착하여 만입구에 닻 을 내렸다.(7.23) 데이비스는 눈에 보이는 육지가 섬인 것으로 착각하여 컴벌랜드 섬으로 명명했으나,[11] 실지로는 닫혀진 만이었었기 때문에 후에 컴벌랜드만으로 개칭되었다.

데이비스는 7월 30일 자신이 룸리즈 입구(Lumlies Inlet)라고 명명한 허드슨만에 도착하여 보름 정도 탐사하였다.[12] 그러나 허드슨만의 물결이 몹시 거칠어진 상태 였고, 항해에 지친 선원들이 귀향하기를 바라고 있었기 때문에 1587년 8월 15일 귀향길에 올라 다트머스로 귀환하였다.(9.15) 데이비스는 귀환하고 난 뒤 후원자인 샌더슨에게 보낸 서한에서 "북위 73°선까지 항해하여 바다가 모두 열려 있다는 사 실을 알아냈다"[13]고 보고하였다. 실제로 그는 탁 트인 북극해를 바라보았다.

세 차례에 걸친 북서항로 탐사에 실패한 데이비스는 1592년 인도로 가는 항로 를 찾던 도중 포클랜드섬을 발견하기도 했지만, 1605년 말라야에서 일본해적과

7) Skelton, 『탐험지도의 역사』, 162쪽 재인용.
8) Davis' Letter to W. Sanderson, in Hampden, ed. by, Voyages and Documents, p.318.
9) The 3rd voyage Northwestward, made by John Davis, written by Jone Janes, in Hampden, ed. by, Ibid., p.325.
10) Ibid, in Hampden, ed. by, Ibid., p.330.
11) Ibid, in Hampden, ed. by, Ibid., p.331.
12) Ibid, in Hampden, ed. by, Ibid., p.332.
13) A letter of John Davis written to M. Sanderson, in ed. by Hampeden, Ibid., p.334.

전투를 치르던중 치명상을 입고 사망했다.

2. 윌리엄 배핀

17세기에도 영국의 북서항로 탐색은 배핀
(William Baffin, 1584?~1622)에 의해 계속되었
다. 런던에서 출생한 것으로 알려져 있는 배
핀은 1612년 항해가인 제임스 홀(James Hall)
이 조직한 북서항로 탐험대의 일원으로 참가
했다. 그러나 제임스 홀이 에스키모인들에 의
해 살해당하자 배핀은 머스코비 회사에 채용
되어 포경업자로 활동하기도 했다. 1615년에
로버트 바일롯(Robert Bylot)이 지휘하는 디스
커버리(Discovery)호의 수석안내인으로 일하면
서 허드슨해협과 배핀만을 탐사한 배핀은 아
시아로 통하는 출구를 찾는 데는 역시 실패했다.

윌리엄 배핀[14]

1616년에 다시 디스커버리호의 수로안내인으로 승선한 배핀은 배핀만을 3백 마일
이상 탐사하여 북위 77° 45' 지점까지 항해했지만, 태평양으로 통하는 북서항로를 찾
아내지는 못했다. 이후 동인도회사에 복무하게 된 배핀은 북서항로 탐사에서 손을
떼고 홍해와 페르시아만 해역을 탐사하는 데 전념했다. 그러나 1622년 영국과 페르
시아가 공동으로 포르투갈이 장악하고 있던 호르무즈를 공략하던 중 치명상을 입고
사망했다.

그의 이름이 붙여진 배핀만은 1615년 5월 바일롯이 지휘하는 디스커버리호가
처음으로 항해했다고 알려져 있다. 당시 배핀은 디스커버리호의 수로안내인으로
승선하고 있었을 뿐이므로, 이곳은 원정대를 실질적으로 지휘한 바일롯의 이름을
따 바일롯만이라고 했어야 했다. 그러나 바일롯은 당시 반란에 연루된 혐의를 받

---

14) http://www.biographi.ca/en/bio/baffin_william_1E.html(2018.10.9).
15) Skelton, 『탐험지도의 역사』, 167쪽.

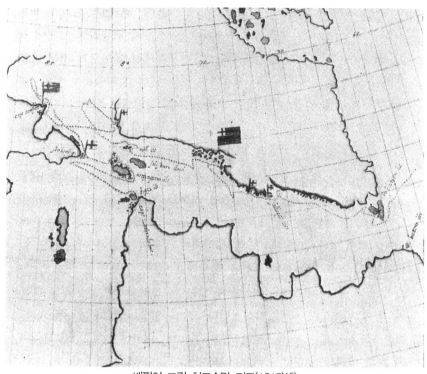
배핀이 그린 허드슨만 지도(1615)[15]

고 있었기 때문에 결국 배핀섬과 배핀만에 이름을 남기게 되는 영광은 수로안내인이었던 배핀에게 돌아가게 된 것이다.[16] 바일롯의 이름은 배핀섬 북단의 작은 섬(Bylot Is.)에 붙여졌을 뿐이다. 그에 비해 배핀의 이름은 배핀섬·배핀만·배핀 해류 등에 붙여져 기억되고 있다.

패리는

"북서항로 탐사는 아시아 항로를 발견한다는 본래 목적에서는 완전히 실패하였지만, 허드슨만에서 북아메리카의 모피산지로 통하는 지름길을 발견했다는 점에서 나름대로 의의가 있었다."[17]고 평가하고 있다.

---

16) New Encyclopaedia of Britannica(1988).
17) Parry, 『약탈의 역사』, 143쪽.

그러나 북서항로 탐사를 주도한 사람들이 모두 영국인이었다는 점을 감안하면 역사적으로 또 다른 의미를 부여할 수도 있다. 이들 영국인들의 탐사활동이 없었다면 캐나다 지역은 프랑스인들이 독점했을지도 모를 일이다.

1534년에 프랑스 항해가인 자크 카르티에는 프랑스와 1세의 명으로 북서항로 탐사에 나서 세인트 로렌스강 하구에 도달했고, 2차 항해에서는 세인트로렌스강을 거슬러 올라가 몬트리올지역을 탐사하고 그곳을 프랑스령으로 삼았다. 이 지역은 이후 프랑스 정착지로 개발되어 오늘날까지 북미에서 유일하게 프랑스어를 사용하는 지역으로 남게 된다.

탐험가들이 그토록 찾으려 했던 북서항로가 존재하지 않는다는 사실은 1800년경에 가서야 확인되었다.[18]

---

18) Skelton, 『탐험지도의 역사』, 175쪽.

16장

허드슨만을 탐사한 헨리 허드슨

헨리 허드슨[1]

1. 북서항로 탐사

프로비셔와 데이비스의 탐험 이후 태평양으로 통하는 북서항로가 발견될 가능성이 가장 높은 지역은 허드슨만과 데이비스해협으로 압축되었다. 따라서 1650년 대까지 북서항로를 찾아나선 항해가들은 이 두 지역을 집중적으로 탐사했다. 북서항로를 가장 광범위하게 탐사한 사람이 바로 헨리 허드슨(Henry Hudson, 1565?~1611)이다.

헨리 허드슨은 영국의 탐험가로 1565년경에 태어난 것으로 알려졌지만, 정확한 출생지와 초기생애에 대해서는 알려진 바가 거의 없다. 그러나 머스코비회사가 이미 허드슨이라는 성을 가진 탐험가들과 관계를 맺고 있었던 것으로 미루어, 그의 가문은 상업이나 해운에 종사하고 있었던 것으로 보인다. 실제로 데이비스만을 탐사한 존 데이비스는 1585년 런던의 라임하우스(Limehouse) 부근 토마스 허드슨(Thomas Hudson)의 집에서 북서항로 탐사를 계획했던 것으로 알려져 있으

1) https://en.wikipedia.org/wiki/Henry_Hudson(2018.10.10).

며, 헨리 허드슨도 이 자리에 참석하였을 것으로 추정되고 있다.[2]

허드슨은 총 4차례에 걸쳐 탐험을 하였는데, 세 차례는 머스코비회사(Muscoby Company)로부터 지원을 받았고, 나머지 한 차례는 네덜란드 동인도회사로부터 각각 후원을 받았다. 그가 이렇게 후원을 받을 수 있었던 것은 일찍부터 북서항로 탐사에 흥미를 느끼고 있었던 데다가, 북극권의 지리에 대해서도 잘 알고 있었기 때문이었다. 그는 처음에는 북극권을 동쪽으로 항해하여 아시아에 이를 수 있는 북동항로에 관심을 갖고 있었다.

2. 북동항로 탐험

1607년 봄 허드슨은 머스코비회사의 후원을 받아 선원 10명과 함께 '북극을 경유하여 카타이와 씨팡고로 갈 수 있는 북동항로'를 찾아 나섰다.[3] 허드슨은 북극 주위에서 겨울에도 얼지 않는 바다를 찾을 수 있으리라고 생각하고 항로를 북쪽으로 잡았으나 북극 바다의 얼음덩어리를 만나지 이를 피하여 동쪽으로 항해했다. 그는 결국 노르웨이 북부의 바렌츠해로 진입하여 북위 78°선의 스피츠베르겐(Spitsbergen)에 도달하였다. 바렌츠해는 북동항로를 찾아 이 지역을 두 차례(1595 · 1596)나 탐험했던 네덜란드 항해가 빌렘 바렌츠의 이름에서 유래된 바다다.

허드슨은 바렌츠해를 계속 탐험하려고 했으나, 유빙으로 더 이상 항해하지 못하고 귀환했다. 그는 이듬해에도 머스코비회사의 후원을 받아 바렌츠해 끝단의 스발바르(Svalvard)제도와 노바야 젬리야(Novaya Zemlya)제도 사이를 항해하여 아시아로 통하는 북동항로를 찾아 나섰으나, 또다시 유빙에 막혀 항해를 중단하고 귀환하고 말았다.[4]

영국으로 귀환한 허드슨은 암스테르담으로 가서 네덜란드 동인도회사와 계약을 맺고 북동항로를 탐험하기로 했다. 그는 이 무렵 북아메리카를 경유하여 태평양으로 통하는 길이 발견될 가능성이 큰 경로가 두 개 있다는 사실을 알게 되었다. 하나는 조지 웨이머스(George Weymouth, 1585?~1612?) 선장이 1602년 항해일지에

---

2) New Encyclopaedia of Britannica(1988).
3) Edwards, ed. by, Last Voyages, p.125.
4) Edwards, ed. by, Ibid., p.125.

기록해 놓은 북위 62° 부근의 경로였고, 다른 하나는 영국의 군인이자 식민지 개척자인 존 스미스 선장이 허드슨에게 보낸 편지에 기록된 북위 40° 부근의 경로였다.

허드슨은 이 항로를 발견해 보고 싶었지만, 네덜란드 동인도회사는 여전히 북동항로에 집착했다. 결국 허드슨은 북동쪽으로 항해하는 것이 여의치 않으면 네덜란드로 귀환하기로 네덜란드 동인도회사와 계약을 맺었다.

1609년 4월 6일 허드슨은 북동항로를 찾아 3차 항해에 나섰다. 이번에도 바렌츠해 부근을 탐사했다. 그렇지만 심한 맞바람과 폭풍으로 북동쪽으로 항해하기가 더 이상 불가능하게 되자, 허드슨은 애초의 계약과는 달리 선원들에게 북서항로를 탐험해 볼 것을 제안했다. 선원들 사이에서는 귀환할 것인지 아니면 새로운 북서항로를 찾아 항해를 계속할 것인지를 두고 의견이 분분했다. 결국 존 스미스 선장의 의견에 따라 북위 40° 부근에서 북서항로를 찾는 쪽으로 결정되어 항해는 재개되었다.

항로를 대서양쪽으로 돌려 아메리카 북동연안을 탐험하던 허드슨은 북위 40°선상의 뉴욕 부근에서 큰 강을 발견했다. 허드슨은 이 강이 존 스미스 선장이 말하는 태평양으로 통하는 출구가 아닐까 생각하고 탐사에 들어가 240km를 거슬러 올라갔지만, 결국 올버니(Albany) 부근에 이르러 탐사를 포기했다. 이 강은 본래 1524년에 베라자노가 발견한 적이 있으나, 허드슨이 탐험한 뒤부터는 허드슨강으로 불리게 되었다.

존 스미스 선장[5]

허드슨은 네덜란드로 귀환하는 도중에 영국의 다트머스에 닻을 내렸다. 그러나 영국정부는 허드슨과 영국인 선원들에게 다른 나라를 위해 항해하는 일을 중지하라고 명령했다. 이로써 허드슨과 네덜란드 동인도회사와의 관계는 끝이 났다.

---

5) https://en.wikipedia.org/wiki/John_Smith_(explorer).

3. 북서항로 탐험

영국으로 돌아온 허드슨은 존 스미스 선장이 말한 40° 부근에서 태평양으로 통하는 항로를 찾아보겠다는 생각을 포기하고, 대신 조지 웨이머스 선장이 얘기하는 62° 부근에서 출구를 찾아보기로 했다. 웨이머스 선장은 1602년 허드슨해협 입구까지 항해한 뒤, 항해일지에 다음과 같이 기록했다.

"파도가 거칠게 일고, 바닷물이 빠져나가는 만을 발견했는데, 이는 그 너머에 큰 바다가 있음을 암시한다."[6]

허드슨은 네덜란드에 머물고 있을 때 웨이머스 선장의 항해일지를 직접 본 적이 있었다. 그는 그 항해일지에 언급된 '큰 바다'가 남해[태평양]일 것이라고 확신했다. 허드슨은 1610년에 영국 동인도회사와 머스코비회사로부터 웨이머스 선장이 목격한 해협을 조사해 달라는 의뢰를 받았다. 이 탐험에는 영국 동인도회사와 머스코비회사가 각각 3백 파운드 내외를 후원하였고, 그밖에 귀족 5명과 상인 13명도 후원했다.

허드슨은 1610년 55톤급 디스커버리호를 타고 런던을 출항했다.(4.17) 그는 아이슬랜드에 잠시 정박한 뒤 웨이머스가 묘사한 해협을 통과하여 마치 바다처럼 드넓은 만으로 진입했다. 허드슨이 통과한 해협과 만은 이후 허드슨해협과 허드슨만으로 알려지게 된다. 허드슨은 허드슨만의 동쪽 해안을 따라 남쪽으로 항해했다. 그는 허드슨만 남단의 제임스만에 이르러 태평양으로 통하는 출구를 찾아보았으나 허사였다. 결국 허드슨 일행은 바다 위에서 추운 겨울을 지내야 했다.

한편 그 사이에 허드슨과 선원들 사이에 불미스러운 일이 발생하였다. 허드슨은 날씨가 몹시 추워지자 헨리 그린(Henry Green)이라는 선원에게 외투 한 벌을 주었다. 그러나 그가 자신을 달갑게 여기지 않는다는 사실을 알고 그 외투를 빼앗아 다른 선원에게 준 일이 있었다. 게다가 일부 선원들은 허드슨이 식량을 숨겨두고 있다고 의심하고 있던 차에 허드슨이 식량을 찾아낸다는 명목 아래 선원들의 개인 짐을 뒤지게 했다. 이 과정에서 항해사 로버트 주엣(Robert Juet)이 강

---

6) Skelton, 『탐험지도의 역사』, 167쪽 재인용.

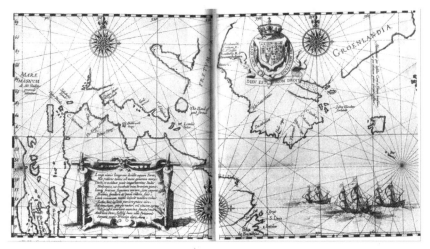

헤르릿츠(Hessel Gerritsz)가 허드슨이 항해한 지역을 그린 해도(1612)[7]

등당했는데, 처분에 불만을 품은 주엣은 그린과 공모하여 반란을 일으켰다.[8] 반란자들은 영국으로 귀환하던 도중 허드슨과 그의 아들 존, 선원 7명을 작은 보트에 태워 허드슨만에 떨어뜨렸다.(1611.6.22)

1631년경 다른 탐험대가 허드슨 일행이 피신했던 은신처의 잔해를 발견했으나 그들의 생사는 확인되지 않았다. 귀환길에 오른 디스커버리호의 반란자들은 에스키모인들과의 싸움에서 모두 살해된 것으로 추정된다.[9]

허드슨은 4차례에 걸쳐 바렌츠해와 허드슨만 등의 해역을 탐험함으로써 베라자노·데이비스·바렌츠 등의 선배 탐험가들이 이룩한 성과를 더욱 확대시켰다. 또한 허드슨 해협을 통과하여 허드슨만을 광범위하게 탐험했고, 바렌츠해에서는 유빙에 맞서 스피츠베르겐과 노바야 젬리야까지 항해했다. 네덜란드는 허드슨이 이룩한 이러한 탐험성과를 바탕으로 허드슨강 유역에 뉴네덜란드를 개발하여 뉴암스테르담(오늘날의 뉴욕)이라는 식민도시를 건설했고, 영국은 북미 북동연안에 뉴

---

7) Skelton, 『탐험지도의 역사』, 164 - 165쪽.
8) 이에 대해서는 당시 3차항해에 참가했던 Abacuck Pricket이 쓴 진술서에 상세하게 기록되어 있다. Edwards, ed. by, Last Voyages, pp.143 - 171 참조.
9) 당시 방기된 선원 9명과 잔류한 선원들의 명단에 대해서는 Edwards, ed. by, Last Voyages, pp.136 - 137을 참조하라.

잉글랜드를 건설했다.

　프로비셔·데이비스·허드슨·배핀 등으로 이어진 영국인들의 북서항로 탐사는 새로운 항로를 발견하는 데 실패했다. 그러나 영국은 이들이 영국인이었다는 점을 들어 북미 북동연안을 자국령으로 삼을 수 있는 근거를 마련할 수 있었다. 북미 북동연안은 17세기 후반에 접어들면서 모피산지로 개발되어 유럽 각국 간에 가장 격심하게 다투는 항로가 되었다.[10]

---

10) Parry, 『약탈의 역사』, 144쪽.

17장

루이지애나를 명명한 라 살르

라 살르[1]

  북아메리카 지역을 가장 광범위하게 탐험한 프랑스인은 라 살르(Robert de La Salle, 1643~1687)였다. 1643년 11월 22일 루앙(Rouen)에서 출생한 라 살르는 성직자가 되기 위해 예수회 신학교에 입학하여 교육을 받았다. 그러나 22세 때인 1665년 탐험에 흥미를 느껴 예수회 신학교를 그만두고, 이듬해 몬트리올섬 서쪽 끝의 토지를 할양받아 식민지 개척자로서 뉴프랑스로 이주했다.

  젊은 지주로서 식민지에서 출세가도를 달리고 있던 라 살르는 뉴프랑스에서 접촉하게 된 인디언들로부터 세인트 로렌스강과 오대호 서쪽에 아시아로 통하는 길이 있다는 이야기를 전해 들었다. 이에 흥미를 느낀 라 살르는 소유하고 있던 영지를 팔아 1669년 오하이오지역을 탐사했다고 한다. 그러나 대부분의 역사가들은 이를 사실로 받아들이지 않는다.

  1672년부터 1682년까지 뉴프랑스의 총독으로 활동한 프롱뜨낙(Louis de Buade de Frontenac, 1622~1698)은 이로쿼이족을 견제하면서, 네덜란드와 영국이 오대호 상류지역과 전개하고 있는 모피무역을 가로채기 위하여 오하이오호 부근에 요새를

---

1) 이병철, 『위대한 탐험』, 91쪽.

건설했다. 라 살르는 1675년 프롱뜨낙 총독의 대리인으로 본국 궁정에 출두하여 루이 14세를 접견한 뒤 귀족칭호를 받음과 동시에 요새책임자로 임명되었다.

라 살르는 프롱뜨낙 요새의 책임자로서 모피무역을 장악하여 크게 성공했다. 그는 1677년 루이 14세로부터 '뉴프랑스의 서부지역을 탐사할 수 있는 권한'을 획득했고, 얼마 후 탐험비용을 조달하기 위해 프랑스로 갔다. 라 살르는 1678년에 앙리 드 통티(Henri de Tonty)라는 부유한 이탈리아 군인과 함께 뉴프랑스로 귀환하여 탐험에 사용할 그리퐁(Le Griffon, 흰 깃 독수리, 45톤급 바크선)호를 건조하였다. 1679년에 건조된 그리퐁호는 이리(Erie)호를 항해한 최초의 상선이었다. 라 살르의 계획은 대형상선을 건조하여 내륙 깊숙한 곳의 화물을 퀘벡과 프랑스로 운송하려는 것이었다. 실제로 라 살르는 나이아가라 폭포에서부터 프롱뜨낙요새까지 화물을 운송함으로써 그의 계획에 비판적이었던 사람들로부터도 인정받게 되었다.

라 살르가 궁극적으로 계획했던 것은 역시 내륙의 호수와 강을 이용하여 화물을 프랑스까지 운송하는 것이었다. 그는 이 계획을 추진하던중 그리퐁호가 파선해 버리자 1680년에 일리노이강 연안의 끄레브꾀르(Crevecocur)요새에서 두번째 상선을 건조했다. 몇 차례 실패를 거듭한 끝에 라 살르와 통티는 미시시피강을 따라 내려와 대서양에 도달했다.

라 살르는 1681년 12월 프랑스인 23명과 인디언 31명을 이끌고 얼어붙은 일리노이강을 따라 남으로 항해하기 시작했다. 두 달여를 항해한 끝에 미시시피강 상류에 도달한 라 살르는 카약을 타고 미시시피강을 따라 내려왔다. 장장 1600 킬로미터를 항해한 라 살르는 1682년 마침내 멕시코만에 도착했다.(4.9) 라 살르는 이 지역을 프랑스령으로 선포하고 루이 14세를 기리기 위해 '루이의 땅'이라는 뜻으로 루이지애나(Lousiana)라고 이름지었다. 루이지애나는 이후 프랑스의 식민지로 개발되었으나, 120여년 후에 나폴레옹이 1500만 달러를 받고 미국에 팔아버렸다.

라 살르는 1683년 일리노이강 유역에 생루이 요새(St.Louis)를 새로운 식민지로 만들기 위해 퀘벡의 뉴프랑스 총독에게 원조를 청했다. 그러나 라 살르에게 호의적이었던 프롱뜨낙 대신 후임으로 온 신임총독은 라 살르에게 생루이 요새를 포기하라고 지시했다. 그러나 라 살르는 이 명령을 거부한 채 루이 14세에게 호소하기 위해 프랑스로 귀국했다.

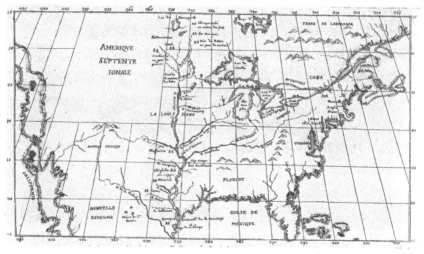

1681~82년의 라 살르의 탐험을 묘사한 지도[2]

　루이 14세는 신임총독에게 라 살르의 재산을 반환하라고 명령했다. 라 살르는 루이 14세에게 미시시피강 유역에 대한 지배를 강화하고 멕시코만 유역의 스페인령 식민지를 잠식하는 데 필요한 원조를 해줄 것을 요청했다. 당시 루이 14세는 스페인과 전쟁 중이었음에도 불구하고 라 살르의 요청을 받아들여 배와 군인들을 지원해 주었다. 그러나 프랑스 궁정 내부의 해군지휘관들이 그의 계획을 반대하고 나섰기 때문에 곧바로 출발할 수는 없었다. 결국 1684년이 되어서야 배 4척에 군인과 이주민 등 400여 명을 나누어 태우고 출항했다. 그러나 도중에 해적들의 습격을 받은 선단은 일부가 침몰하였고, 라 살르는 병으로 앓아 누워버렸다. 이와 같은 상황에서 탐사대는 원래 계획했던 미시시피강 하구보다 서쪽으로 500마일을 더 항해하여 텍사스의 메타고다만(Metagorda Bay)에 도착했다.

　라 살르는 일단 이 곳에 상륙한 뒤 육로를 통해 미시시피강 유역을 찾아 나섰다. 1687년 봄이 되자 일행은 45명으로 줄어들었다. 그들은 인디언들의 조언을 들어가며 미시시피강을 찾아 동쪽으로 탐사해 들어갔지만, 그들이 미시시피강을 발견하기에는 너무 멀리 떨어져 있었다. 결국 그는 1687년 탐사에 지쳐 반란을 일으킨 동료들에게 피살되었다.(3.19) 라 살르가 살해된 텍사스주 브라조스(Brazos) 강가의

---

2) Skelton, 『탐험지도의 역사』, 316쪽,

라 살르의 미시시피강 탐사로[3]

나바소타(Navasota)시는 미시시피강에서 560킬로미터나 떨어진 지점이었다.

오늘날 라 살르의 이름은 캐나다 몬트리올섬 남쪽에 위치한 라 살르시와 미국의 일리노이주 일리노이강 연안의 라 살르시에 명명되어 기억되고 있다. 캐나다의 라 살르시는 1668년 라 살르가 요새를 세운 뒤부터 정착민들이 이주하기 시작했다. 이곳은 처음에는 생 쉴피스(St. Sulpice)로 불리다가 뒤에 '작은 중국'이라는 뜻으로 라 쁘띠쉬느(La Petite Chine) 또는 라신(La Chine)으로 개칭되었다. 그러다가 1912년 라신이 인근지역을 통합하면서 건설자인 라 살르를 기념하기 위하여 라살르시로 개명했다. 미국 일리노이주의 라살르시는 라 살르가 탐험한 지역으로 1830년대 정착이 시작되면서 라 살르시로 명명되어 오늘에 이르고 있다.[4]

흔히 대탐험시대를 주도했던 나라는 포르투갈과 스페인, 영국과 네덜란드라고 알려져 있지만, 프랑스도 이들 나라에 결코 뒤쳐져 있지 않았다. 오히려 북아메리카 내륙을 탐험하는 데는 프랑스인들의 활동이 더 활발했다. 프랑스의 예수회는 1673년까지 오대호 탐험을 전개했고, 베라자노는 뉴욕을 탐사하였으며, 카르티에는 몬트리올지역을 탐험했고, 라 살르는 미시시피 유역을 광범위하게 탐험했다.

3) 이병철, 『위대한 탐험』, 91쪽.
4) New Encyclopaedia of Britannica(1988).

패리가 지적한 바와 같이, 캐나다와 루이지애나를 연결하여 프랑스 식민지를 건설하려던 라 살르의 원대한 계획이 성공했다면 북미 북동연안에 자리잡고 있던 영국 식민지들이 서부로 진출하는 것을 막을 수 있었을 것이다. 그렇게 되었다면 미국과 세계의 역사는 크게 달라졌을 것이다.[5] 그런 점에서 해양과 해외진출에 대한 국민의 관심도가 국가발전에 얼마나 중요한 요소로 작용하는지를 우리는 프랑스의 예를 통해 확인할 수 있다.[6]

5) Parry, 『약탈의 역사』, 250쪽.
6) A.Mahan, Influence of Sea Power Upon History, 1660~1783, pp.53~54 참조.

제Ⅲ부 전설의 '미지의 남방대륙'

18장

네덜란드의 항해가 아벨 타스만

아벨 타스만[1]

1. 네덜란드 해외팽창의 배경

1498년 바스쿠 다 가마가 인도에 도달한 이후 아프리카에서 인도까지의 동양 무역로는 포르투갈이 장악했다. 그러나 그 드넓은 해역을 포르투갈처럼 작은 나라가 완벽하게 장악할 수는 없었다. 이러한 사실은 1544년 드레이크가 포르투갈 관할영역인 인도양과 대서양을 관통하여 영국으로 귀환하는 세계 일주로 널리 알려지게 되었다. 게다가 1581년에 스페인의 펠리페 2세가 포르투갈을 합병하게 되자 유럽 각국의 항해가들은 공공연하게 향료제도로 접근해 들어갔다.

맨 처음 동양무역에 끼어든 나라는 영국이다. 토마스 캐번디쉬(Thomas Cavendish, 1560~1592)라는 사나포선 선장은 마젤란해협을 경유하여 멕시코 연안의 스페인 식민지를 약탈한 뒤 필리핀제도·몰루카제도·자바섬·희망봉 등을 경유하여 1588년 9월에 플리머스로 귀환했다. 이것은 마젤란 휘하의 델카노, 드레이크에 이어 세계역사상 세 번째 세계일주 항해에 성공한 것이다. 그러나 드레이크와 캐번디

---

1) 화가 : J.M. Donald, https://en.wikipedia.org/wiki/Abel_Tasman(2018.10.6).

쉬 항해는 일종의 사나포 항해에 불과했다.

　영국이 정식으로 인도무역에 참여하게 된 것은 1591년 엘리자베스 1세가 레이먼드(George Raymond)와 랭카스터(Sir James Lancaster VI, 1554?~1618)에게 인도항해를 허락하면서부터다. 레이먼드와 랭카스터는 세 척으로 구성된 선단을 이끌고 항해에 나섰으나 도중에 2척을 잃고, 1척만 말라야와 실론에 도착하여 후추를 선적한 뒤 영국으로 귀환했다. 그러나 이와 같은 기습적인 항해는 포르투갈이 장악한 무역거점을 잠식하기에는 역부족이었다. 인도와 향료제도에 대한 보다 상세한 정보가 필요했다. 1548년 이후 합스부르크가의 칼 5세의 지배하에 있던 네덜란드는 1556년부터 펠리페 2세의 지배를 받았다. 그러나 펠리페 2세는 신교지역인 네덜란드에 카톨릭을 강요하고 전제적인 지배를 강화했다. 이에 네덜란드는 반기를 들고일어나(1579), 2년 뒤 유트레히트(Utrecht)동맹을 결성하고 독립전쟁을 벌인 끝에 네덜란드연방으로 독립을 선언했다.(1581)

　이 무렵 동양무역에 관한 상세한 정보를 제공한 사람은 네덜란드인인 린쇼텐(Jan Huyghen van Linschoten, 563~1611)이었다.[2] 그는 포르투갈 인도 대주교의 종복으로 복무하였던 1583년부터 1589년까지 인도 고아에 머물다가 1592년 네덜란드로 귀환한 뒤 자신의 경험담을 바탕으로 『동인도까지의 여행』(Itinario, 1596)[3]이라는 세계지리학 개설서를 출간했다. 이 책은 당시 유럽인들에게 동양으로 가는 항로와 동양정세에 대해 상세한 정보를 제공해 주었다.

　린쇼텐이 제공한 정보에 따라 처음으로 동인도제도로 항해한 네덜란드인은 후트만(Cornelis de Houtman, 1565~1599)이라는 상인이었다. 1595년에 네덜란드를 출항한 후트만은 희망봉을 돌아 동인도 제도에 도착하여 반탐(Bantam)국의 술탄과 계약을 체결하는 데 성공했다. "선단의 수석상인으로 승선했던 후트만은 방문하는 곳마다 분란을 일으켰던 무법자였다. 그의 항해는 상업적으로는 아무런 성과도 거두지 못했지만, 정찰이나 정보 확보라는 측면에서 보면 그의 항해는 목적을 달성한 셈이었다. 후트만은 몇 년간 리스본에서 거주한 적도 있었기 때문에 포르투갈인들이 직면하고 있는 문제, 즉 광대한 영역을 관장하기에는 세력이 너무 작다는 사실을 잘 알고 있었을 것이다. 그는 순다해협을 관장하고 있는 이슬

---

2) Parry, 『약탈의 역사』, 171쪽.
3) Jan Huygen van Linschoten, Voyage of Linschoten to East Indies 참조.

람국인 반탐국의 술탄과 상업상의 계
약을 체결하는 데 포르투갈인들의 약
점을 이용했음에 틀림없다."5)

이어 '1598년에는 선박 22척 2개 선
단으로 구성된 대규모 탐험대가 파견
되었다. 이들 가운데 마후(Jacques Mahu,
1564~1598)와 올리비르 반 누르트(Olivier
van Noort, 1558~1627) 선장이 이끄는
9척으로 구성된 2개 선단은 마젤란해
협을 경유하여 동인도제도로 향했으나,
그 중 한 척만 동인도에 도착했다. 13
척으로 구성된 또 다른 선단은 희망봉

얀 휴이겐 반 린쇼텐(Itinario 삽화)4)

을 경유하여 12척이 동인도에 도착했다. 특히 반 넥(Jacob Corneliszoon van
Neck, 1564~1638) 선장은 몰루카제도에 도착하여 포르투갈과 불리한 조건으로 계
약을 체결하고 있던 테르나테 · 반다 · 암보이나의 술탄과 무역계약을 체결하는 데
성공했다.'6)

따라서 동인도에 대한 선점권을 차지하고 있던 포르투갈과 후발 네덜란드 사이
의 충돌은 불가피했다. 그러나 포르투갈은 스페인과 함께 유럽내 전쟁에 개입하
고 있었으므로 동인도제도에 신경 쓸 여력이 없었다. 1601년 반탐 앞바다에서 벌
어진 양국 사이의 전투에서 네덜란드가 승리함으로써 동인도 포르투갈 세력에게
결정적인 타격을 가하였다. 이후 네덜란드 연방은 동인도 무역을 조직적으로 수
행하기 위하여 여러 무역회사를 네덜란드 동인도회사로 통합했다.7)

영국은 이미 1600년 동인도회사에 특허권을 주어 무역에 참여하려고 시도하였
다. 네덜란드가 스페인에 대항하여 독립전쟁을 벌이고 있는 동안 네덜란드와 영
국은 비교적 우호적인 관계를 유지했다. 그러나 1609년 〈앤트워프 조약〉으로 스

---

4) https://en.wikipedia.org/wiki/Jan_Huyghen_van_Linschoten(2018.10.5).
5) Parry, 『약탈의 역사』, 171 - 172쪽.
6) Parry, 『약탈의 역사』, 173쪽.
7) Cuyvers, Sea Power ; A Global Journey, p.61.
8) https://en.wikipedia.org/wiki/Jan_Pieterszoon_Coen.

얀 피터슨 코엔 총독[8]

페인이 네덜란드 연방의 독립을 정식으로 인정하게 되었고, 영국에서는 신교도인 엘리자베스 여왕이 1603년 사망하고 구교도인 제임스 1세가 왕위를 계승함으로써 카톨릭국가인 스페인에게 유화적인 태도를 보이게 되자 영국과 네덜란드 사이의 경쟁이 본격화되기 시작했다. 그러나 동인도에서의 주도권은 이미 네덜란드로 넘어가고 있었다.

이런 상황에서 네덜란드의 입지를 확고히 한 사람은 네덜란드 동인도회사의 4대 총독이던 코엔(Jan Pieterszoon Coen, 1587~1629)이었다. 그는 오늘날의 자카르타에 거주하고 있던 반탐인들을 쫓아내고 불을 질러 폐허로 만든 뒤 바타비아라는 네덜란드식 도시를 건설하여 그 곳을 네덜란드의 무역거점으로 만들었다.[9]

이에 반해 영국은 인도에서의 포르투갈 주도권을 잠식해 가면서 점차 입지를 강화해 갔다. 영국 동인도회사에 소속된 배들은 1607년부터 인도 북서부 구자라트의 수도인 수라트(Surat)에 출입하기 시작하였고, 1612년에는 구자라트의 술탄으로부터 수라트에 상관을 건설해도 좋다는 허가를 받아냈다. 1616년 제임스 1세로부터 무굴제국의 지명대사로 파견된 토마스 로(Thomas Roe, 1581?~1644)는 무굴제국의 황제로부터 영국인이 수라트에 상주할 수 있고, 인도 내부와 무역할 수 있다는 허가를 받아냈다. 영국은 1612년 11월 29~30일에는 토마스 베스트(Thomas Best, 1570?~1638?) 선장이, 1615년 1월에는 니콜라스   다운턴(Nicholas   Downton,

스왈리 해전도(1612.11.29~30)[10]

---

9) Parry, 『약탈의 역사』, 177쪽.
10) https://en.wikipedia.org/wiki/Battle_of_Swally.

1561~1615) 선장이 각각 포르투갈 함대를 수라트 앞바다 스왈리(Swally) 정박지에서 대패시킴으로써 인도에서의 주도권을 확립하게 되었다.[11]

네덜란드가 인도네시아와 향료제도에서 포르투갈 세력을 축출하고 영국의 도전을 견제하면서 동인도의 주도권을 장악할 수 있었던 것은 수많은 항해가와 상인들의 활약이 있었기 때문이다. 네덜란드 항해가로 가장 걸출했던 인물은 아벨 얀순 타스만(Abel Janszoon Tasman, 1603?~1659 또는 1661?)이었다.

2. 타스만의 1차항해 : 태즈메니아와 뉴질랜드 발견

1603년경 네덜란드의 루트예가스트(Lutjegast)에서 출생한 타스만은 두 차례의 탐험을 통해 호주 · 태즈메니아 · 뉴질랜드 · 통가 · 피지 등지를 탐험하였다.[13] 1632년경 네덜란드 동인도회사에 입사한 타스만은 1634년에 선장으로서

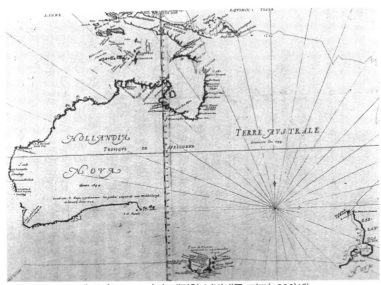

테브노(Thévenot)가 제작한 남방대륙 지도(1633)[12]
호주 서해안과 태즈메니아, 뉴질랜드 서해안 일부가 묘사되어 있다.

---

11) Parry, 『약탈의 역사』, 179쪽.
12) Skelton, 『탐험지도의 역사』, 271쪽.
13) 타스만의 항해의 경과에 대해서는 K.G. Kenihan, ed. by, The Journal of Abel Jansz

는 처음으로 모카(Mocha)호를 조선하여 세람(Seram)까지 항해하는 등 주로 무역항해에 종사했다.

당시 일본까지 항해한 사람이 있으며 일본 동쪽에 '황금과 은으로 뒤덮인 섬'이 있다는 소문이 알려지자, 1639년 바타비아의 네덜란드 동인도회사는 마티이스 퀴스트(Matthijs Quast, ?~1641)를 수석지휘관으로 하는 탐험대를 파견하였다. 타스만도 이 탐험대의 일원으로 참가했으나, 일본 동쪽 어딘가에 있는 것으로 알려져 있던 '황금의 섬'을 찾지는 못했다. 그 뒤 타스만은 바타비아를 중심으로 일본·포르모사(Formosa: 대만)·캄보디아·수마트라 등지로의 무역항해에 종사했다.

네덜란드는 1640년대까지 동인도 무역을 장악해 가는 과정에서 호주 일부와 뉴기니 등을 발견했다. 1605년 11월 '노바 기네아(호주 동북단의 케이프 요크)'라고 불리는 땅을 발견하기 위해 반탐을 출항한 빌렘 얀순(Willem Janszoon, 1570?~1630?)은 1606년 3월 토레스해협을 서쪽에서 남쪽으로 항해하는 과정에서 뉴기니와 호주 북동부의 케이프 요크(Cape York)반도를 발견했다. 그러나 그는 케이프 요크 반도가 뉴기니의 일부라고 생각하여 호주에는 상륙하지 않았다.

유럽인으로서 처음 호주에 상륙한 사람은 디르크 하르토그(Dirk Hartog, 1580~1621)였다.[14] 1611년 이후 네덜란드인들은 인도양을 통과할 때 편서풍을 이용하기 위해 자바섬과 동일한 위도에서 정동으로 항해했다. 그러나 아직 경도를 정확하게 계산할 수 없었기 때문에 호주해안에 상륙하는 사태가 발생하게 되었다. 1616년 덴드라히트(d'Entracht) 호에 승선한 하르토그 선장은 호주 서해안의 남위 22°~28° 사이의 지점에 도착했다. 하르토그 선장은 호주 서부의 22°~28° 사이를 그가 승선한 배의 이름을 따서 덴트라히트란트(d'Entrachtland)로 명명했다.[15]

이후에도 호주지역에 대한 탐험은 계속되었다. 그러나 호주대륙은 워낙 광대했기 때문에 해안의 일부가 알려졌다고 해서 호주 전체의 실체를 파악할 수는 없었다. 따라서 호주가 고대 이래 유럽인들에게 알려져 있던 '미지의 남방대륙'(Terra incognita Australis)인지, 아니면 새로운 대륙인지 또는 뉴기니와 연결된 대륙인지조차 의견이 분분했다. 그런데 당시까지 알려져 있었던 노바 기네아와 호주 서부

Tasman 1642를 참조하였다.

14) Skelton, 『탐험지도의 역사』, 259쪽.

15) Skelton, 『탐험지도의 역사』, 260쪽.

의 덴드라히트란트 사이에 해협이 존재한다면 희망봉에서 바타비아까지 훨씬 짧은 항로가 존재한다는 것을 의미한다. 당시 네덜란드 동인도회사의 총독이었던 안토니 반 디멘(Anthonie van Diemen, 1593~1645)은 타스만에게 이 해협을 찾아보도록 지시하였다. 이것이 타스만의 1차항해의 목적이었다.[17]

안토니 반 디멘 총독[16]

반 디멘 총독은 타스만에게 수로안내인 프란츠 야콥순 비스헤르(Frans Jacobszoon Visscher)가 입안한 계획에 따라 "모리셔스(Mauritius)제도에서 서쪽 무역풍 지대로 들어가서 미지의 남방대륙과 마주칠 때까지 계속 남하한 다음, 거기에서 뉴기니의 경도 또는 경도 220° 부근에 위치하는 솔로몬제도나 육지에 도착할 때까지 동쪽으로 항해하라'고 명령했다. 또 "미지의 남방대륙과 노바 기네아(케이프 요크 반도)가 연결되어 있는지, 아니면 해협을 사이에 두고 떨어져 있는지"를 확인하는 임무도 부여했다.[18]

타스만은 1642년 8월 12일 헴스케르크(Heemskerk)호와 제핸(Zeehaen)호를 이끌고 암스테르담을 출항하여 모리셔스로 향했다. 9월 5일부터 10월 8일까지 모리셔스로 항해한 다음, 항로를 남쪽으로 바꾸어 남위 49°, 동경 94° 부근에 도착했다. 그러나 악천후로 더 이상 남하하지 못하고 동쪽으로 항로를 바꾸어 남위 42° 20'에서 육지를 발견했다.(11.24) 타스만은 이 땅을 당시 네덜란드 동인도회사의 총독이었던 반 디멘의 이름을 따서 반디멘란트(Van Diemen's land)로 이름지었다.[19] 이후 반디멘란트로 불려왔던 이 섬은 1856년에 발견자인 타스만을 기념하여 태즈메니아로 개칭되었다.[20]

태즈메니아에 상륙한 탐험대는 12월 5일 탐험을 계속하기로 결정하고 동쪽으로

16) https://en.wikipedia.org/wiki/Anthony_van_Diemen
17) Boorstin, 『발견자들 I』, 437쪽.
18) Kenihan, Introduction, in The Journal of Abel J.Tasman, p.i.
19) The Journal of Abel Tasman, p.22.
20) New Encyclopaedia of Britannica(1988).
21) Skelton, 『탐험지도의 역사』, 269쪽.

암스테르담 앞바다에 정박해 있는
헴스케르크 호와 제헨 호[21]

항해를 재개하여 남위 42° 10′ 부근에서 또 다른 육지를 발견했다.(12.13) 이곳은 뉴질랜드섬의 서해안이었다. 타스만은 이 땅이 "르 메르(Jacob Le Maire, 1585?~1616)와 빌렘 쇼텐(Willem Cornelisz Schouten, 1567?~1625) 이 발견한 대大 스타텐란트의 일부일 가능성이 크다"고 생각하여 스타텐란트(Statenland, 국가의 땅)라고 명명했다.[22]

타스만은 뉴질랜드에 상륙했으나 원주민 마오리족의 공격을 받아 탐사대원 4명을 잃었다. 타스만은 이곳에서 조금 북상하여 쿡해협까지 진입했으나, 이곳이 만이라고 생각하여 쿡해협을 통과하지 않고 ─ 당시 이곳에 도착한 바 있었던 비스헤르가 그린 해도에는 쿡해협이 만으로 묘사되어 있었다 ─ 다시 뉴질랜드 북섬의 서해안을 북상하여 북섬의 북단인 마리아 반 디멘 곶(Cape Maria van Diemen)까지 항해한 뒤 노스곶(Cape North)에 이르렀다.

뉴질랜드의 남섬에서 북섬까지 서해안쪽을 북상하며 항해했기 때문에 뉴질랜드가 섬이라는 사실을 깨닫지 못한 타스만은 1643년 1월 4일 노스곶을 출항하여 바로 북동쪽으로 항해했다. 타스만이 북동항로를 택하게 된 주된 이유는 원래 예정대로 후른(Hoorn)제도로 향하기 위한 것이었지만, 또 다른 이유는 칠레로 가는 항로가 있을 것이라는 확신 때문이었다.[24] 뉴질랜드 북단에서 북동으로 항해한 타스만은 1월 21일 통가섬을 발견했고, 2월 6일에는 피지섬을 발견하여 프린스 빌렘(Prins Willem) 제도라고 이름 지었다.[25] 타스만은 피지 연안의 산호초에 걸

22) Skelton, 『탐험지도의 역사』, 267쪽.
23) Skelton, 『탐험지도의 역사』, 266쪽.
24) The Journal of Abel Tasman, p.43.
25) Skelton, 『탐험지도의 역사』, 269쪽.

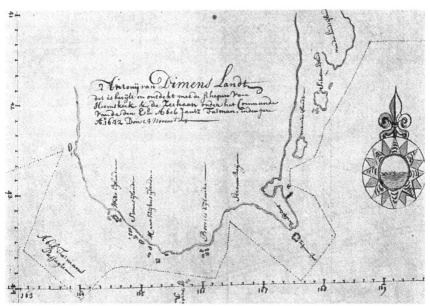

태즈메니아 섬 연안항해를 그린 타스만의 해도(1642)[23)

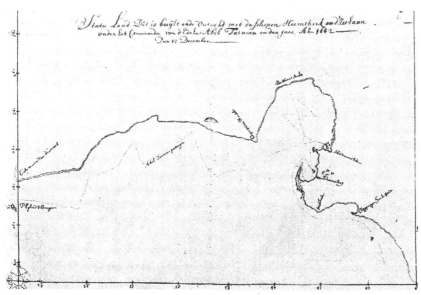

뉴질랜드 서해안을 묘사한 타스만의 해도(1642)[26)

려 좌초할 뻔한 위기를 넘기기도 하였다. 피지에서 더 이상 항해하기 곤란하다고 판단한 타스만은 항로를 북서쪽으로 잡아 4월 1일 뉴기니 해역에 도착한 뒤 바타비아로 귀항했다.(6.14) 그러나 항해도중 10명의 탐사대원이 병으로 사망한 상태였다.

이제까지 오세아니아 지역에 대한 탐사를 주도한 것은 네덜란드였기 때문에 이 지역은 뉴홀랜드(Nieuw Holland=New Holland)로 불려왔다. 16·17세기 유럽에서는 뉴홀랜드 지역이 고대 이래 남쪽바다 어딘가에 존재한다고 전해져 내려오는 '미지의 남방대륙'일지도 모른다고 여겨져 왔다. 그러나 타스만의 탐험 이후 뉴홀랜드가 '미지의 남방대륙'의 일부일 것이라고 추정했던 생각은 사라지게 되었다.[27]

마오리 족의 카누와 타스만의 배(1642)[28]

---

26) Skelton, 『탐험지도의 역사』, 267쪽.
27) Skelton, 『탐험지도의 역사』, 270쪽.
28) Skelton, 『탐험지도의 역사』, 268쪽.

3. 타스만의 2차 항해

네덜란드 동인도회사는 타스만이 자신이 발견한 땅과 칠레로 통하는 항로에 대해 제대로 탐사하지 못했다고 평가했다. 그리하여 네덜란드 동인도회사는 타스만에게 두 가지 새로운 임무를 부여했다. 첫번째 임무는 뉴질랜드를 경유하여 칠레로 갈 수 있는 항로를 개척하는 것이었고, 두번째 임무는 뉴기니·덴드라히트란트(호주 서해안)·스타텐란트(뉴질랜드 서해안)·반디멘란트(태즈메니아) 등이 섬인지 아니면 대륙인지를 확인하여 바타비아에서 남해, 즉 태평양으로 나갈 수 있는 통로를 발견하는 것이었다.

1644년 2월 29일, 바타비아를 출항한 타스만은 뉴기니의 남해안을 따라 남동쪽으로 항해한 뒤 카펜테리아(Capenteria)만으로 진입했다. 이어 카펜테리아만의 연안을 따라 항해하면서 토레스해협 쪽으로 북상했다. 토레스해협을 통과한 타스만은 호주의 북동해안을 따라 항해를 계속하여 남위 22°의 노섬벌랜드(Northumberland) 제도 부근까지 남하한 뒤 회항하여 바타비아로 귀항했다.

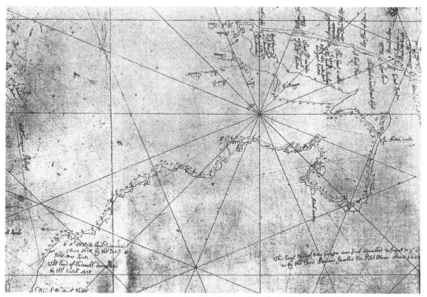

타스만이 1644년 탐사한 해역(비스헤르의 필사본 해도)[29]

29) Skelton, 『탐험지도의 역사』, 270쪽.

타스만은 네덜란드 동인도회사에 "어느 정도 알려져 있던 노바 기네아와 이미 알려진 땅 덴트라히트란트 또는 빌렘스 강 사이에는 수로가 존재하지 않으며, 그 곳이 큰 만이라는 사실을 확인하였다"[30]고 보고했다. 그러나 네덜란드 동인도회사로서는 이러한 결과에 결코 만족할 수 없었다. 적어도 원래 목적했던 바대로 새로운 항로를 발견하든가, 아니면 스페인이 멕시코에서 발견했던 것과 같은 금광을 기대했기 때문이다. 결국 네덜란드 동인도회사는 나체로 바닷가를 어슬렁거리고 있는 호주의 원주민들에게선 아무런 물질적 이익을 기대할 수 없을 것이라고 판단하고 호주 인근해역에 대한 탐사를 중단하였다. 그러나 타스만은 그간의 공로를 인정받아 함대 사령관직에 임명되었고, 바타비아 사법위원회의 위원이 되었다.[31]

이후 타스만은 1647년에 시암(Siam: 태국)으로 무역항해를 했고, 1648년에는 필리핀해역에서 스페인함대와 해전을 치르기도 하였으나, 몇 년 뒤에 네덜란드 동인도회사를 그만두고 현역에서 은퇴했다. 타스만은 1659년 10월 22일 또는 1661년 이전에 사망한 것으로 추정되고 있다.

타스만은 지리적 발견에 공헌한 것이 그리 많지는 않았다. 태즈메니아·뉴질랜드·통가·피지 등을 발견하고 탐험했지만, 태즈메니아와 뉴질랜드가 섬이라는 사실을 확인하지 못했고, 호주해안의 반 이상을 탐사했지만 그 곳 또한 섬이라는 사실을 확인하지 못했다. 그가 해결하지 못했던 문제는 이후 캡틴 제임스 쿡(Captain James Cook, 1728~1779)의 대탐사를 통해 완전히 해결되었다.

그러나 타스만이 호주 인근해역을 광범위하게 탐험한 만큼 그의 이름은 곳곳에 남아 있다. 타스만이 반디멘란트로 명명했던 태즈메니아가 그의 이름에서 유래되었고, 타스만이 항해했던 호주 동해안과 뉴질랜드 서해안 사이의 해역은 태즈먼해로 명명되어 오늘에 이르고 있다.

---

30) Skelton, 『탐험지도의 역사』, 272쪽 재인용.
31) Kenihan, Introduction, in The Journal of Abel Tasman, p. ii.

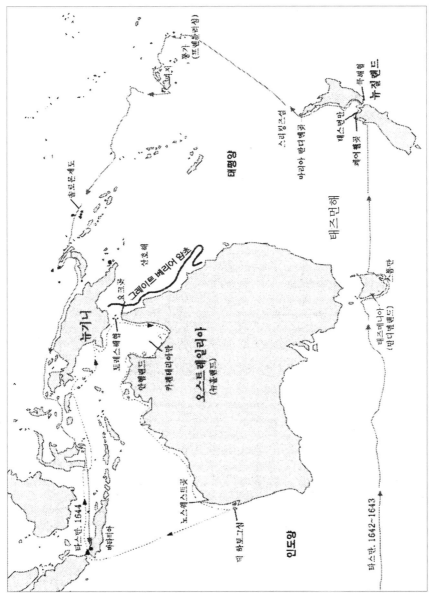

아벨 타스만의 항해도

19장

영국 해군의 아버지 로버트 블레이크*

로버트 블레이크[1]

영국의 역사에 문외한일지라도 넬슨이나 쿡을 모르는 사람은 없을 것이다. 하지만 영국사 또는 해양사에 관심 있는 사람이라 하더라도 로버트 블레이크(Robert Blake, 1598~1657)를 아는 사람은 많지 않다. 그만큼 로버트 블레이크 제독은 일반인들에게 잘 알려져 있지 않을 뿐만 아니라 인기가 있는 인물도 아니다. 그에게는 드레이크처럼 세계를 일주하며 스페인의 보물선을 약탈하여 엘리자베스 여왕으로부터 기사 작위를 받은 낭만적 이야기도 없을뿐더러, 넬슨과 같은 극적인 죽음이나 애잔한 로맨스도 없었기 때문이다. 그렇지만 로버트 블레이크는 '영국 해군의 아버지(father of Royal Navy)'라는 애칭으로 불릴 만큼[2] 영국 해군사에 커다란 족적을 남긴 대제독이었다. 그는 드레이크와 넬슨과 함께 영국의 3대 제독으로 인정받고 있지만,[3] 경력 면에서는 두 사람과는 판이했다. 드레이크와 넬슨은 선원 가문에서 태어나 선원으로 키워져 선원으로 이름을 떨쳤다. 이에 반해

---

* 원전 : 해양연맹, 『바다』 34호(2010. 여름) - 35호(2010가을겨울).
1) 해양연맹, 『바다』 34호, 2010 여름, 85쪽.
2) https://en.wikipedia.org/wiki/Robert_Blake_(admiral)(2018. 10.10).
3) Michael Baumber, General at Sea, p.1.

로버트 블레이크는 상인의 아들로 태어나 영국혁명의 소용돌이 속에서 군인이 되어 명성을 쌓은 뒤 자신의 의지와 상관없이 해군에 복무하게 된 경우였다. 말하자면 블레이크는 육상이나 해상 어디에서나 통할 수 있는 확고한 원칙을 고수함으로써 육상이나 해상 모두에서 승리한 탁월한 군사 지휘관이었다고 할 수 있다.

1. 브리지워터의 유력가에서 태어나다

로버트 블레이크는 1598년 9월 영국 서머셋(Somerset) 주의 브리지워터(Bridgewater)의 부유한 상인 험프리 블레이크와 사라 윌리엄스의 장남으로 태어났다. 그의 부모는 로버트를 포함하여 모두 12남 1녀를 두었는데, 이 중 아들 셋과 딸은 어린 나이에 사망했다. 그의 부친 험프리 블레이크는 부유한 요먼 농부였고, 조부 로버트 블레이크는 배 4척을 소유한 선주로서 외국무역에 종사하여 크게 성공을 거둔 뒤 세 차례나 브리지워터의 시장에 선출되었고, 세 차례 시의원에 당선되었다. 외가 쪽에서는 모친의 조상 중 써 헨리 윌리엄스(Sir Henry Williams)가 헨리 7세 통치기에 반란 진압군으로 참전한 공로로 플레인즈필드(Plainsfield)의 영지를 하사받았는데, 모친이 이 영지를 물려받았고, 나중에 장남인 로버트 블레이크에게 상속되었다.

블레이크는 브리지워터의 문법학교에서 수학한 뒤 1614년 세인트 알반 홀(St. Alban's Hall)을 거쳐 1616년 옥스퍼드대학의 워덤컬리지(Wadham College)에 진학하여 1618년 학사학위를 받았다. 블레이크는 이듬해 옥스퍼드대학의 머튼 컬리지(Merton College)의 연구원(fellow)으로 선발되기를 원했으나, 실패했다. 그가 왜 연구원으로 선발되지 못했는가에 대해서 블레이크의 전기작가인 존 올드믹슨(John Oldmixon)은 "머튼 컬리지 학장이 그가 귀족적 연계가 부족하고, 키가 작다는 이유로 거부했다[4]"고 밝히고 있다. 블레이크와 동시대인인 클라렌던 공(Edward Hyde, 1st Earl of Clarendon, 1609~1674)은 옥스퍼드대학 재학시 "로버트는 감수성이 있고, 음울한 성격인 데다, 반군주제적 견해를 갖고 있었다"고 적고 있다.[5] 이에 대해 바움버는 로버트 블레이크의 키가 165cm 정도로 오늘날의

---

4) Oldmixon, History and Life of Robert Blake (1740), p.5; Baumber, General at Sea, p.5 재인용.

클라렌던 공(1626)[6]

기준으로 보면 작은 키지만, 17세기 기준으로 보면 작은 키가 아니었다고 올드믹슨의 견해를 반박했다. 바움버는 학칙상 연구원은 학자들 가운데 선발하라고 명시되어 있었기 때문에 석사학위가 없는 로버트 블레이크가 연구원으로 선발되지 못한 것은 당연했다고 덧붙이고 있다. 실제로 그의 동생인 윌리엄 길버트는 1625년 석사학위를 받은 뒤 2년 뒤인 1627년에야 연구원으로 선발될 수 있었다.[7] 따라서 아직 학사학위 밖에 없었던 로버트 블레이크가 머튼 컬리지의 연구원으로 선발되지 못한 것은 당연했다.

그의 부친은 장남인 로버트가 옥스퍼드 대학을 졸업하고 법학대학원에 진학하여 법률가가 되기를 바랐으나, 그는 법학원에도 진학하지 않았고, 결혼도 하지 않고 평생 독신으로 살았다. 그의 전기작가인 올드믹슨은 그를 '여자 혐오자'(woman hater)라고 표현하기도 했으나, 이를 뒷받침할 근거는 제시하지 못했다. 블레이크는 특별히 은둔자는 아니었지만, 남성 중심 사회에서 생활하는 것을 편하게 느꼈을 법하다. 우선 그는 온통 남자 형제에 둘러 싸여 있었고, 어머니는 늘 임신 상태에 있었으며,[8] 브리지워터의 청교도 교회에서도 여자들과 분리되어 앉았다.

당시 영국의 정세는 찰스 1세가 1629~1640년까지 의회를 소집하지 않고 자의적으로 세금을 징수하는 등 이른바 전제정치를 행하고 있었다. 그러나 이 시기 로버트 블레이크의 행적은 뚜렷하게 드러난 것이 없다. 다만 해외에서 도매상으로 일한 것으로 보인다. 선원이 된 동생 조지가 1637년 승선한 배의 이름이 브리짓(Bridget) 호였는데, 이는 여동생의 이름인 것으로 보아 이 배는 로버트 블레이

---

5) Edward Clarendon, Earl of History of the Rebellion and Civil Wars in England, vol.vi, p.37; Baumber, General at Sea, p.5 재인용.

6) 화가 : Cornelis Janssens van Ceulen, https://en.wikipedia.org/wiki/Edward_Hyde,_1st_Earl_of_Clarendon.

7) Baumber, General at Sea, p.6.

8) 그의 모친은 요절한 남동생 4명을 제외하고도 험프리(1600), 윌리엄(1602), 조지(1606), 사무엘(1608), 니콜라스(1609), 벤자민(1614), 브리짓(1616)을 연이어 낳았다.

크와 그의 형제들이 소유하고 있었음을 암시한다. 1638년 모친이 사망하자 귀국하여 상속문제를 처리했다.

2. 정계의 문을 두드리다

1636~37년 사이에 찰스 1세는 캔터베리 대주교 윌리엄 로드(William Laud, 1573~1645)와 함께 스코틀랜드 침례교회에 영국 국교회식 의례를 강요했다. 이것이 이른바 주교전쟁이라 일컬어질 정도의 광범위한 저항을 불러일으켰다. 결국 찰스 1세는 이 전투에서 패하여 통치의 재정적 기반을 상실하자 1640년 의회를 소집하기에 이르렀다. 로버트 블레이크는 3주만에 해산되어 단기 의회라 불리는 이 의회 선거에 브리지워터에 출마하여 의원으로 당선되었다. 찰스 1세가 의회를 소집한 이유는 스코틀랜드의 저항을 진압하기 위한 재원을 승인받기 위해서 였다. 그러나 의회가 세제안을 거부하자 찰스 1세는 의회를 해산해 버린 채 스코틀랜드와의 전투(2차 주교전쟁)를 재개하였으나 대패하고 말았다. 스코틀랜드인들은 잉글랜드로 침입하는 것을 원치 않았기 때문에 찰스 1세에게 의회 소집을 요구하였다. 이에 찰스 1세는 다시 의회를 소집했다. 1640년 11월 선거에서 브리지워터에서는 궁정의 유력가인 에드먼드 윈드햄(Edmund Wyndham)이 선출되었으나, 윈드햄이 1641년 1월 비누 세에 대한 독점 남용으로 의원직을 상실하게 되었다. 이에 재선거가 실시되자 로버트 블레이크는 입후보했으나, 토마스 스미스(Thomas Smyth)에게 패하고 말았다.

새로 소집된 의회는 단기의회에 비해 오래 지속되었기 때문에 장기의회라 불리는데, 장기의회는 찰스가 자의적으로 부과했던 기사세, 산림법(forest law), 선박세(ship's money) 등을 취소하는 한편, 전제정치를 옆에서 도왔던 캔터베리 대주교 윌리엄 로드와 그의 측근 주교들을 런던 타워에 수감하기로 의결했다. 그러나 10여년간 내재되었던 문제가 이것으로 해결될 수는 없었다. 1641년 10월 아일랜드에서 봉기가 일어났다. 이러한 사태에 직면한 의회는 일단 찰스 1세에게 협력하기로 하여 세금 부과안을 서둘러 통과시켰다. 문제는 아일랜드 진압군 사령관을 누구로 임명하느냐 하는 것이었다. 평민원 의원들은 만약 왕이 사령관을 임명한다면 진압군은 아일랜드가 아니라 잉글랜드 내의 반대파를 진압하는 데 사용할 것을 염려하였다. 만약 평민원이 민병대 법안을 통과시킨다면 의회가 지휘관을 임명할 수 있었다. 물론 민병대 법안이 귀족원에 의해 거부될 수도 있었다. 1642 년 1월 찰스 1세는 반국왕파 의원 6명을 체포하려고 시도하려다 실패하자 햄프턴 코트로 후퇴하였고, 의회 내에서도 민병대 법안을 반대하는 의원들에 대한 축출 시도가 이어졌다. 영국 내란 초기 블레이크의 행적에 대해서는 정확하게 알려진 게 없지만, 일반적으로 서머셋에 남아 알렉산더 포프햄(Alexander Popham, 1605~1669)이 이끄는 민병대에서 어떤 역할을 맡고 있었던 것으로 보인다.[9]

3. 영국 내란 발발로 의회군에 참전

영국 내란 초기 로버트 블레이크의 행적이 구체적으로 확인되는 것은 브리스틀 과 라임(Lyme) 공방전에서였다. 1642년 초 국왕군은 옥스퍼드에 근거를 두고 있 었고, 프린스 루퍼트가 찰스 1세를 호위하고 있었다. 의회파에서는 토마스 에섹스 (Thomas Essex) 대령을 보내 브리스틀을 점령하려고 시도했다. 그러나 에섹스 대 령은 루퍼트와 사전에 밀통하여 국왕군의 브리스틀 입성을 도우려고 획책하다 발 각되어 1642년 2월 29일 버클리 성에 수감되었다. 이즈음이 로버트 블레이크가 브리스틀에서 참전한 시점으로 보인다. 1643년 3월 이 반란음모의 주모자에 대한 처형이 승인되었는데, 이 때 날인한 사람 가운데 Robert Blaugh가 있었다. 이 당 시 Blake는 이따금 Blaugh로 표기되기도 했기 때문에 이 사람이 로버트 블레이 크인 것으로 추정되고 있다.[10] 당시 브리스틀을 선점하고 있던 의회군은 루퍼트 가 이끄는 국왕군의 공세에 밀려 1643년 7월 말 브리스틀을 내주고 말았다. 브리 스틀 함락은 의회군에게는 크나큰 충격이어서 의회파 시민들은 런던으로 대거 이 주해 갔고, 지휘관 피엔느(Nathaniel Fiennes, 1608?~1669)를 수감하였으며, 당시 해상에서 의회군을 지원하고 있던 로버트 블레이크도 소환되었을 것으로 보인다.

개전 초기 전세는 프린스 루퍼트와 프린스 모리스의 활약에 힘입어 국왕군이 다소 유리했다. 루퍼트는 1644년 2월 뉴워크와 노팅햄셔에서 고립된 국왕군을 구

---

9) Baumber, General at Sea, p. 25.
10) Baumber, General at Sea, p. 27.

원했고, 6월에는 랭카셔 주의 대부분을 점령했다. 프린스 모리스는 1644년 4월 메리 튜더가 '이단의 도시'라고 부른 라임을 포위 공략하였다. 라임은 모직산업이 발달한 곳으로 주민들 다수가 청교도였다. 라임 시장인 토마스 실리(Thomas Ceely)를 위시하여 유능한 지휘관들이 1000명의 수비군을 이끌고 방어를 하고 있었던 데다가 블레이크도 가세하여 수비병력은 1만 5000명으로 늘어났다. 이에 반해 프린스 모리스의 국왕군은 5000여명에 불과했다. 국왕군은 4월 말부터 5월 말까지 계속된 공세를 계속했지만 결국 공략에 실패하고 퇴각하였다. 당시 국왕군은 1천여명의 사망한 것으로 추산된 데 반해, 의회군의 피해는 상대적으로 적었다.

로버트 블레이크는 이후 턴톤(Taunton)에서 의회군을 지휘하며 도시를 다스렸다. 블레이크는 민병대 1000여명을 징모하여 턴톤 방위에 주력하여 두 차례 국왕군의 공격을 막아냈으나, 세 번째 공세에 밀려 성으로 퇴각하고 말았다. 그 사이 의회에서는 모든 의회군에 의회군의 지휘관과 병사들에게 급여를 지급하기로 결정하여 민병대를 새롭게 신형군으로 재편하였고, 40일 이내에 현재 맡은 임무를 완수하고 그 이후에 지휘관을 의회가 재임명하기로 결정했다. 턴톤에서는 국왕군의 공세가 계속되어 도시의 대다수를 점령했고, 의회군은 성과 교회, 메이든 요새(Maiden fort) 정도만 의회군이 장악하고 있었다. 다행히도 페어팍스(Lord Thomas Fairfax, 1612~1671)가 의회군을 이끌고 턴톤을 지원하러 오자 블레이크는 병사들을 독려하여 5월 10~11일 사이에 격전을 치른 뒤 국왕군을 퇴각시키는 데 성공했다. 턴톤 방어전에서 로버트 블레이크는 "부츠 4켤레를 먹을 때까지 항복하지 않을 것"이라고 공개적으로 얘기했다는 유명한 일화가 전해지고 있다.[11] 국왕군은 블레이크의 고향인 브리지워터 방면으로 퇴각했으나, 페어팍스의 의회군에 의해 패퇴하였다. 이로서 국왕군의 도시였던 브리지워터는 의회군의 도시로 바뀌었다.

내전 초기 단기의회의 의원으로 선출되기는 했지만, 로버트 블레이크의 존재는 미미했다. 그러나 1차 내전 종전기에 이르러 로버트 블레이크의 명성은 그동안의 군사적 활약 덕분에 크게 상승했다. 1643년 3월, 의회군이 장악한 지역의 국왕파 영지를 관리하는 서머셋압류위원회(Somerset Committee for Sequestrations)의 일원이 되었고, 1644년 7월에는 서부협회 서머셋 위원(Somerset members of Western

---

11) Robert Blake, in Wikipedia free encyclopaedia.

Association)으로도 활동했다. 1644년 7월 올리버 크롬웰이 마스턴 무어(Marston Moor) 전투에서 프린스 루퍼트의 국왕군을 대파하였고, 1645년 6월 페어팍스가 네이즈비(Naseby) 전투에서 역시 루퍼트 군을 격파하였다. 1645년 가을로 접어들자 의회군의 승리가 점차 확실해지자 의원 선거가 시작되었다.

브리지워터에는 2석이 모두 공석이 되어 있었고, 강력한 경쟁자 세 사람(Smyth, Wroth, Wyndham)은 사망했거나, 국왕파에 가담하여 입후보할 수 없는 상황이었다. 이미 턴튼 총독(Governor of Taunton)직을 갖고 있던 로버트 블레이크는 이제 장기의회의 의원이 되었다.[12] 그는 이제 서부 서머셋에서 가장 중요한 사람 중 하나가 되었지만, 정치는 그의 목적이 아니었다. 그의 목적은 잉글랜드, 특히 서머셋 주를 청교도적으로 개종하는 것이었다. 그의 종교적 신념을 근거로 판단해 볼 때 블레이크는 주교제도 폐지와 1645년 캔터베리 대주교인 로드 처형에 동의했을 것임에 틀림없다.

리처드 딘[13]

에드워드 포프햄[14]

1647년 8월 6일 페어팍스가 의회군을 이끌고 런던을 점령했을 때 블레이크가 어디에 있었는지는 확실하지 않다. 당시 의원 57명이 페어팍스에게 찾아가 의회의 자유를 회복시켜 줄 것을 요청했는데, 블레이크는 57명의 의원 가운데 들어있지 않았다. 그러나 분명한 것은 그가 1647년 가을 신형군(New Model Army) 내

---

12) 로버트 블레이크는 의원이 선출된 뒤 '한 사람이 동시에 두 직위를 가질 수 없다'는 Self Denying Ordinance에 따라 턴튼 총독직을 Samuel Perry에게 넘겨주었다.

13) https://en.wikipedia.org/wiki/Richard_Deane_(regicide).

14) https://en.wikipedia.org/wiki/Edward_Popham.

에서 벌어졌던 대논쟁과 11월 15일 크롬웰의 수평파 진압 등으로부터 영향을 받아 군사적 지휘권을 극단주의자들에게 넘겨주어서는 안된다는 확신을 하게 되었을 것임에 틀림없다. 1648년 4월 제2차 내전이 재개되었지만, 로버트 블레이크는 전투에는 참전하지는 않은 것 같다. 그는 주로 런던과 턴톤, 서머셋에 머물며 정치 활동에 충실한 것으로 보인다. 남아 있는 사료에 따르면, 블레이크는 1648년 8월 턴톤의 총독으로 재임명된 것으로 나타나 있고, 11월에는 에섹스 압류법령(Ordinance for Essex Sequestrations)을 만든 위원회 명단에 포함되어 있었던 것이 확인되고 있다.[15]

4. 초대 해양 제독에 임명되다

로버트 블레이크가 해상 생활을 하기 시작한 것은 1649년 2월, 의회에 의해 리처드 딘(Richard Deane, 1610~1653)과 에드워드 포프햄(Edward Popham, 1610~1651)과 함께 초대 '해양 제독'(General at Sea)으로 선임되고 난 뒤였다. 제2차 내란기 의회의 신형군 지도자들이 직면한 가장 큰 문제는 해군과 이를 지휘할 지휘자였다. 1647년 9월 부제독인 배튼(Batten)이 국왕파에 연루된 혐의로 직위 해제되자 전함 11척을 이끌고 국왕군에 가담하였다. 이에 의회는 함대 지휘관으로 토마스 레인즈버러(Thomas Rainsborough, 1610~1648) 제독을 임명했으나, 이는 그의 수평파적 성향과 까탈스러운 성격을 고려하면 매우 이례적인 일로 받아들여지고 있었다.

설상가상으로 1648년 4월 다운즈에 정박 중이던 함대에서 반란이 일어나 레인즈버러 제독이 기함인 컨스턴트 리포메이션(Constant Reformation) 호에서 쫓겨나는 사태가 벌어졌다. 이 배는 배튼 제독의 지휘아래 국왕파에 합류한 11 척 가운데 한 척이 되었다. 해상반란에 직면한 의회는 워릭 백작(Earl of Warwick)을 로드 하이 어드미럴(Lord High Admiral)[16]에 복직시켰다. 국왕파에 가담한 전함들

---

15) Baumber, General at Sea, pp.57 - 64.

16) Lord High Admiral은 14세기 중엽 에드워드 3세가 최고해사재판소(High Court of Admiralty)를 설립하고, 그 수장으로 임명한 직위로서 당시에는 '최고해사재판소장'에 해당했을 것이나, 16세기 중엽 헨리 8세 때는 해양심의회(Council for the Marine)를 설립하고,

을 다운즈에 정박하며 시위했으나, 식량 부족과 워릭 백작이 이끄는 의회군 전대의 압박에 밀려 결국 네덜란드로 후퇴했다. 이후 3개월 동안 의회측 전대와 국왕측 전대간의 길고 긴 3개월간의 네덜란드 헬레보에스루이스(Hellevoetsluis) 해상 봉쇄전이 이어졌다. 배튼 제독 대신 국왕군의 제독으로 임명된 프린스 루퍼트는 네덜란드인들과의 마찰을 감수하면서 항구를 요새화했다. 상황이 이렇게 되자 워릭 백작은 1649년 봄이 될 때까지는 프린스 루퍼트가 이끄는 국왕파 함대가 기동할 수 없을 것으로 판단하여 영국으로 귀환했다.

위릭 전대가 도착할 즈음 의회에는 찰스 1세에 대한 재판이 진행되고 있었다. 군사위원회는 함대가 왕의 재판에 개입하는 것을 염려하여 워릭 백작에게 런던으로 항해하여 함대를 분산시키도록 명령했다. 결국 1648년 말 의회파 해군의 함대는 여러 항으로 분산되었고, 그 결과 1649년 1월 국왕파가 의회와 협상에 들어갔을 때는 뮬턴(Mouton) 부제독은 다운즈에서 이들을 방어할만한 충분한 함대가 없었다. 한편 프린스 루퍼트는 국왕파 함대를 이끌고 아일랜드의 반의회파 활동을 지원하고, 잉글랜드 상선을 공격했으며, 실리 섬을 점령하기도 했다. 의회가 이전에 없었던 '해양 제독'이란 직위를 신설하여 딘과 포프햄, 블레이크를 임명한 것은 이와 같은 정치적 배경 때문이었다.

세 사람의 해양 제독 가운데 리처드 딘이 최상위를 차지했다. 딘은 신형군 내에서 젊은 장교 가운데 가장 뛰어난 활약을 보였고, 포병부대를 지휘하고 있었으며 크롬웰의 신임을 받고 있었다. 따라서 해양 제독 선임시 먼저 낙점을 받은 딘이 블레이크를 추천했고, 블레이크가 포프햄을 추천했다. 플리머스 상인 출신인 딘은 스웨덴으로부터 마스트용 목재를 수입했는데, 이때 로버트 블레이크 동생인 조지 블레이크와 서로 알고 지냈을 개연성이 크다. 또한 네덜란드 스키담에서 도

해상 작전권을 Lord High Admiral에게 위임하였고, 해사재판소(Court of Admiralty)를 설치하고 그 수장을 admiral이라 칭했다. 따라서 헨리 8세 시대의 Lord High Admiral은 해군작전사령관, admiral이 해사재판소장으로 번역될 수 있다. 그러나 1628년 찰스 1세는 Lord High Admiral을 일종의 위원회로 개편하고, 해군은 해군국(Board of Admiralty)으로 이관하였다. 따라서 찰스 1세 시대 Lord High Admiral은 해군위원장 정도로 번역될 수 있을 것이다. 김주식, 「강대국론과 미래 통찰의 논거가 된 폴 케네디의 영국 해군 지배력의 역사」, Paul Kennedy, 『영국 해군지배력의 역사』, xvi - xvi쪽 참조.

17) 화가 : Samuel Cooper, https://en.wikipedia.org/wiki/Oliver_Cromwell.

올리버 크롬웰(1656)[17]

매상으로 일한 사람이 로버트 블레이크가 맞다면 딘과 로버트 블레이크는 서로 상거래를 했을 수도 있었다. 딘과 블레이크, 포프햄 모두 브리튼의 서부 출신인 데다가 1645년 전투에서 서로 함께 싸운 바 있었다. 당초 포프햄은 바다로 나가는 것을 원치 않았으나 1649년 블레이크가 '그가 해양 제독직을 받아들이지 않는다면, 자신도 그 직을 사양하겠다'는 서한을 보내와 받아들인 것으로 보인다.[18]

5. 프린스 루퍼트의 국왕파 함대를 추격하다

의회는 포프햄 제독에게는 증원 병력 확보를 위해 본국으로 돌아오도록 하고, 딘 제독은 플리머스로 가서 후방 지원을 담당하게 하는 한편, 블레이크 제독에는 킨세일(Kinsale)에서 루퍼트를 봉쇄하는 임무를 부여했다. 당시 프린스 루퍼트는 아일랜드의 코르크 지방의 킨세일에 근거를 두고 저항을 계속하고 있었다. 이에 해상에서는 블레이크 제독이 봉쇄 작전을 벌이는 한편, 육상에서는 크롬웰이 8월 23일 더블린에 상륙한 뒤 주요 도시를 점령하며 프린스 루퍼트의 국왕파를 압박해 들어왔다. 블레이크는 9월 16일자 포프햄에게 보낸 서한에서 "크롬웰이 자신을 보병대 사령관(Major General of the Foot)으로 초빙했다"는 사실을 전했지만, 정작 자신은 이 제안을 받아들이지 않았다. 이는 신이 자신에게 부여한 과업이 무엇인지 깨닫고 있었고, 그 과업을 수행하기 위해서는 지속적이어야 함을 인식하고 있었기 때문이었다.[19] 마침내 1649년 10월 16일 의회군이 코르크를 점령하여 공화정을 선포하자 루퍼트는 육상의 크롬웰과 해상의 블레이크 사이에 낀 '독 안의 든 쥐'꼴이 되고 말았다. 그러나 루퍼트에게는 다행이도 악천후 때문에 킨세일 항을 봉쇄 중이던 블레이크가 함대를 이끌고 밀포드로 피항하지 않을 수 없게 되었다. 이 틈을 이용하여 루퍼트는 공해로 출항하여 포르투갈의 리스본으로 향

---

18) Baumber, General at Sea, pp.69 - 70.
19) Baumber, General at Sea, p.78.

했다.

킨세일 봉쇄작전의 실패 이후 블레이크는 프린스 루퍼트가 이끄는 국왕파 함대를 추격하는 데 집중되었다. 1차 추적지는 포르투갈이었다. 1650년 5월 블레이크는 전함 4척을 이끌고 리스본 항을 봉쇄하며 루퍼트 함대의 섬멸을 시도하였다. 그러나 중립국인 포르투갈에서 그것도 포르투갈의 국왕 주앙 4세의 비호를 받는 루퍼트 함대를 공격하는 일은 쉬운 일이 아니었다. 포프햄 제독도 5월 26일 리스본에서 블레이크에 합류하여 연합 작전을 벌였지만, 해상봉쇄작전이 장기화되면서 식량과 식수 부족, 보급 문제로 어려움을 겪었다. 결국 블레이크와 포프햄은 1650년 8월 리스본 봉쇄를 풀고, 귀항길에 올랐고, 이에 루퍼트는 그들이 보는 앞에서 유유히 지중해의 스페인 항구로 향했다.

귀로에 블레이크는 보급을 위해 카디스에 들렀다가 루퍼트가 10월 12일 카디스에서 출항했다는 소식을 확인하고 함대를 이끌고 추격전에 돌입했다. 블레이크는 지중해로 들어간 루퍼트 함대를 쫓아 말라가, 리스본, 마조르카 등을 순항하였으나 루퍼트를 나포하는 데 실패했다. 최종적으로 마조르카에서 루퍼트를 놓친 블레이크는 11월 23일 추격을 포기했다. 이번 추격전으로 블레이크는 루퍼트가 지휘한 전함 8척 중 4척을 파괴하는 데 그쳤지만, 이는 실질적으로 국왕파 함대를 소멸시키는 계기가 되었다. 왜냐하면 루퍼트는 지중해 지역에서 잉글랜드 상선 뿐만 아니라, 제노바와 스페인 상선 등을 약탈하여 설 자리를 잃게 되어 서인도제도로 피신했다가 악천후로 기함인 컨스턴트 리포메이션 호를 잃고 어니스트 씨맨 호만 남게 되었기 때문이다.

게다가 당시 지중해 국가들은 공화정을 정식으로 인정하지 않고 있었으나, 블레이크 함대의 활동으로 공화정을 인정하게 되었고, 이에 따라 공화정의 배들이 스페인 항에 입항할 수 있게 되었다. 이 추격전은 또한 장기적으로 영국의 대외정책의 토대가 되었다. 이후 300년 동안 영국 정부는 해외의 자국의 상선과 무역을 보호하기 위해 함대를 파견했는데, 이 추격전은 최초의 연합 작전이었다. 1651년 새해 첫날 귀로에 오른 블레이크는 2월 13일 의회에 보고서를 제출하였고, 의회는 그의 공로를 인정하여 1000파운드를 지급하였다.[20]

---

20) Baumber, General at Sea, p.92.

6. 실리와 저지섬을 장악하다

1651년 당시 공화정은 함대를 3분하여 배치해 놓고 있었는데, 딘 제독은 북해에, 포프햄 제독은 다운즈에 각각 배치되었고, 블레이크 제독은 만 섬과 실리 섬을 장악하도록 했다. 당시 실리 섬의 총독은 존 그렌빌(Sir John Grenville)이었는데, 그는 국왕파로서 해협 서부에서 상선을 공격하여 나포하는 행위를 일삼고 있었다. 저지 섬 또한 조지 캐터릿(George Cateret) 총독이 사나포활동으로 돈벌이를 하고 있었다. 1651년 4월 블레이크 제독은 실리 섬 점령 작전에 돌입하여 전력의 반을 항구에서 상륙작전을 감행하고, 나머지 반은 해안 쪽으로 상륙하는 양동작전을 구사했다. 이 작전은 크게 성공하여 그렌빌 총독은 야간에 소형보트로 탈출을 시도하다 40명이 익사하고 자신은 체포되었고, 국왕군 167명이 사로잡혔다. 실리 섬을 장악한 블레이크는 성에 남아있는 군수품에 대해 그렌빌 총독에게 1000파운드를 지불하고 인수하였고, 섬 주민들을 회유했다. 실리 섬 문제를 처리하는 과정에서 나타난 공평 무사함은 블레이크의 인간성을 보여주는 대표적인 사례 중 하나이다. 공화정의 국무위원회(Council of the State)도 블레이그 제독이 실리 섬과 합의한 바를 승인했다.

1651년 6월 말 플리머스로 귀환한 블레이크는 다시 8월 22일 해상으로 나가라는 지시를 국무위원회로부터 받게 된다. 이는 "해양 제독인 포프햄이 열병으로 사망함으로써 선원들에게 악영향을 끼치는 것을 방지하기 위함"이었다. 국무위원회는 리처드 딘으로 하여금 스코틀랜드 사령관으로 임명하고, 포프햄의 후임으로는 조지 몽크(George Monck, 1608~1670)를 임명했는데, 그는 1653년 2월까지 해상으로 나가지 않고 육상에서 근무했다. 따라서 해양 제독 3인 가운데 블레이크만이 유일하게 해상에서 활동하게 되었다. 이제 블레이크는 저지 섬을 장악하는 작전에 돌입하였다. 1651년 10월, 80여척의 함대를 이끌고 국왕파의 근거지가 되고 있는 저지 섬 장악 작전을 감행했다. 저지 섬 장악 작전에서는 트레스코(Tresco)호 함장으로 참전한 조카 윌리엄 블레이크(William Blake)가 배가 좌초하여 침몰하는 바람에 사망하는 불운을 겪었지만, 캐터렛이 주둔한 코닛(Cornet) 성과 엘리자베스 성을 제외하고는 대부분 장악하는 데 성공했다. 블레이크는 몇 차례 코닛 성 진압을 시도했으나 실패하자, 이 문제로 병사들을 잃고 싶지 않아 저지 섬을 빙햄(Bingham) 부총독에게 맡기고 자신은 11월 19일 포츠머스로 귀환했다. 저지

섬의 엘리자베스 성에서 버티던 카터렛은 1651년 12월 의회군에게 항복함으로써 저지 섬도 공화정의 수중으로 넘어왔다. 1651년 실리 섬과 저지 섬 공략은 블레이크가 거둔 가장 성공적인 원정 중 하나였는데, 이는 그의 해륙 양동작전 전술이 거둔 성과였다.[21]

7. 네덜란드와의 전쟁

1) 1651년 항해법과 영란전쟁의 발발

영국은 네덜란드와 3차례에 걸쳐 해전을 치르게 되는데, 그 제1차 영란전쟁이 발발하게 된 배경은 올리버 크롬웰이 1651년에 반포한 항해법 때문이었다. 크롬웰은 1651년 10월 9일 항해법을 반포하여 네덜란드 해상무역에 타격을 가하고자 했다. 총 11개 조항으로 구성된 크롬웰의 항해법은 다음 네 가지로 요약된다.

1. 아프리카와 아시아, 아메리카에서 산출되는 물건이나 상품은 영국이나 그 식민지 소속의 선박을 통하지 않고서는 일체 잉글랜드의 항만을 거쳐 수입될 수 없다.
2. 유럽 대륙에서 생산되는 물건 및 제품은 잉글랜드나 그 생산국 소속의 선박을 이용하지 않고서는 일체 잉글랜드의 항만을 거쳐 수입될 수 없다.
3. 지중해 동부와 동인도, 그리고 스페인과 포르투갈에서 잉글랜드로 실려오는 상품은 잉글랜드 정부가 정해준 항구로만 수입될 수 있다.
4. 위의 사항들을 위반할 경우 선박과 화물을 모두 잉글랜드 정부가 몰수한다. 또한 잉글랜드로 수입되는 화물에는 무거운 세금을 부과하고, 외국 선박이 잉글랜드의 연안 간의 무역에 참가하는 것을 금지한다.[22]

크롬웰의 항해법은 당시 잉글랜드를 최대 고객으로 삼고 있던 네덜란드 해운업

---

21) Baumber, General at Sea, p.105.
22) 김종원, 〈둔부의회의 무역관련 법률과 항해법〉, 『영국 연구』, 제8호, 2002.12, 20 - 25쪽 참조.
23) https://en.wikipedia.org/wiki/George_Ayscue.

자들에게는 커다란 타격을 가하는 것이었다. 항해법 외에 크롬웰의 공화정 정부는 '잉글랜드 근해는 잉글랜드의 영해'라는 논리에 따라 '잉글랜드 근해에서 잉글랜드 함선을 만나는 외국선박은 국기를 내려 예를 표해야 한다'는 정책을 강요했다. 이는 물론 공화정 정부가 1649년 이후 해상 전략을 강화하여 강력한 함대를 육성하여 네덜란드에 도전할만한 전력을 갖추고 있었기 때문이었다. 1649년 공화정이 권력을 장악할 당시 잉글랜드(의회파)는 각종 전함 39척을 보유한 데 불과했으나, 1649~51년 사이에 신조

조지 에이스큐 제독[23)]

및 매입 등으로 11차 영란전쟁 발발 즈음에는 86척으로 증가해 있었다. 그러나 이 사이 네덜란드는 1648년 합스부르크 왕조의 스페인으로부터 독립한 상태여서 이후 3년간 전함을 불과 12척밖에 증가시키지 못했다. 따라서 공화정의 잉글랜드와 네덜란드 연방 간의 해상 전력은 엇비슷한 상황이었다.[24)] 뿐만 아니라 영국은 이미 국왕파 루퍼트에 대한 추격전 덕분에 해전에 대한 실전 경험을 쌓을 수도 있었던 반면, 네덜란드는 자국의 상선을 보호하기 위한 호송선단 체제를 전혀 고려하지 않고 있었다.[25)]

정치적인 측면에서 보면 공화정 정부는 네덜란드 연방과 우호적인 관계를 유지하는 편이 나았다. 왜냐하면 신교파인 공화정 정부로서는 카톨릭교파인 포르투갈이나 스페인, 프랑스보다는 신교파인 네덜란드 연방이 종교적으로 호감을 가질 수 있었기 때문이다. 그러나 예기치 못한 사태로 공화정 정부와 네덜란드 연방은 돌아올 수 없는 다리를 건너고 말았다. 조지 에이스크(George Ayscue, 1616?~1671) 제독이 바베이도스의 조지타운에서 국왕파 식민지와 무역을 했다는 이유로 네덜란드 상선을 나포하여 전리품으로 매각하였다. 네덜란드는 이제 모욕을 참거나 전쟁을 감수할 수밖에 없는 상황으로 몰리고 말았다.

---

24) M. Oppenheim, A History of The Administration of the Royal Navy and of Merchant Shipping, pp.306, 330; Baumber, General At Sea, p.110.
25) Paul Kennedy, 『영국 해군 지배력의 역사』, 120쪽.

곧 전쟁 준비에 착수한 네덜란드 연방은 1652년 4월 30일 150여 척 중 88척이 기동 준비를 마쳤다. 1652년 5월 네덜란드 연방은 함대를 3분하여 드 비트(Witte Corneliszoon de With, 1599~1658) 제독에게는 발트해 무역을 보호하고, 에버첸(Jan Evertsen, 1600~1666) 제독에게는 채널 호송업무를 맡겼으며, 트롬프(Maarten Harpertszoon Tromp, 1598~1653) 제독에게는 영불해협에서 네덜란드 상선을 호위하도록 했다. 5월 18일 40여 척을 이끌고 네덜란드를 출항한 트롬프 제독은 악천후를 만나 불가피하게 브리튼 섬으로 접근하여 다운즈로 피항하려고 했다.

당시 다운즈에는 네헤미아 버언(Nehemiah Bourne, 1611?~1690) 함장이 전대와

드 비트 제독[26]

함께 정박 중이었다. 트롬프는 부언 함장을 찾아가 악천후에 피항왔음을 알리고 허락을 받고자 했으나, 부언 함장은 국기를 내려 예를 표하지 않았음을 지적하는 한편, 당시 50마일 떨어진 라이(Rye)에 정박해 있던 블레이크에게 도움을 청하였다. 블레이크는 즉시 함대를 기동시켜 다운즈로 향했고, 이를 확인한 트롬프는 깔레를 향해 함대를 기동시켰다. 5월 19일 블레이크 제독과 트롬프 제독은 도버 인근 해상에서 근접했다. 블레이크는 제독은 함포 두 발을 발사하여 트롬프 제독에게 깃발을 내리고 예를 표할 것을 상기시켰으나, 트롬프 제독이 이를 무시하고 붉은 기를 올려 함포로 응사함으로써 전쟁이 발발했다.

2) 도버 해전

당시 트롬프 제독이나 블레이크 제독 모두 전투를 감행할 의도는 없었던 것으로 보인다. 트롬프 제독은 악천후를 피해 브리튼 섬 연안으로 피항避港 온 상황이었고, 블레이크 제독 또한 함선이 불과 13척에 불과하였기 때문이다. 블레이크는 단지 트롬프가 공화정 정부의 정책을 따르지 않은 채 통항하는 것을 묵과할 수

---

26) 화가 : Abraham van Westerveld, https://en.wikipedia.org/wiki/Witte_Corneliszoon_de_With.

없었고, 트롬프 또한 자국 깃발을 내리는 굴욕을 참을 수 없었을 뿐이었다. 반나절 동안 진행된 도버 해전에서 초기에는 전함 수에서 우위를 차지한 트롬프가 우위를 보였지만, 버언 함장이 합류한 뒤에는 전세가 역전되었다. 도버 해전에서 블레이크는 기함이 포격으로 크게 손상되었지만 단 한 척도 잃지 않은 반면, 트롬프는 스타 마리아(Sta Maria) 호를 잃었고, 세인트 로렌스(St. Laurens) 호가 페어팍스 호에 항복했다.[28]

도버 해전은 계획적이라기보다는 우발적으로 발생한 것이었음에도 공화정은 네덜란드 연방이 먼저 현측 사격을 했다고 주장했고, 네덜란드 연방은 공화정 함대가 먼저 발포했다고 주장했다. 양측의 주장이 모두 맞기는 했지만, 실질적인 면에서 공격을 유도한 것은 공화정이었다고 할 수 있다. 왜냐하면 항해법과 '타국 함선에의 예 강요' 등으로 먼저 네덜란드

켄티시 노크 해전[27]

연방을 자극했기 때문이다. 결국 도버 해전은 네덜란드 연방이나 공화정 모두 전쟁을 위한 구실이었던 셈이다.

이 해전 이후 에이스크 제독이 서인도제도에서 귀항 중이던 네덜란드 상선 40여 척을 프랑스 연안에서 나포하거나 침몰시켰다. 이제 두 나라는 더 이상 협상으로 도버 해전 사태를 협상을 해결할 수 없는 상황에 몰렸다. 1652년 7월 8일 네덜란드 연방이 공화정에 정식으로 선전포고를 했다. 이보다 사흘 전인 7월 5일 트롬프가 그의 전 함대 102척을 이끌고 다운즈 앞 바다에 나타났다. 당시 다운즈에는 에이스크 제독이 소수의 함대와 함께 정박 중이어서 공화정 해군으로서는 풍전등화와 같은 위기 상황이었다. 그러나 에이스크에게는 다행히도 트롬프 제독은 며칠 머뭇거리다가 악천후에 떠밀려 북쪽으로 향하고 말았다.

블레이크는 스코틀랜드 북부에서 네덜란드 청어잡이 어선들을 쫓아내거나 나포하는 임무를 수행하고 있었다. 한편 악천후로 인해 다운즈에서 출항한 트롬프는

---

27) 해양연맹, 『바다』 32호, 2010 가을겨울호, 99쪽.
28) 김주식, 『서구해전사』, 321 - 322쪽.

악천후 속에서 악전고투하며 북쪽으로 항해하려고 시도하던 중 7월 26일 블레이크 함대를 발견하고 이를 추격하려 했다. 그러나 역풍으로 추격에 실패한 데다 파도에 압류되어 상당수 함선이 쉐트랜드 섬(Shetland Is.) 남단의 암초에 좌초하고 말았다. 다음날 트롬프는 100여 척의 함선 가운데 불과 34척만 확인되고 나머지 배들의 행적을 찾을 수 없었는데, 대다수의 배는 노르웨이로 압류되어 피항한 것으로 추후에 밝혀졌다. 해전이라고도 할 수 없는 이 해전에서 트롬프는 16척을 잃었고, 흩어진 51척도 대부분 다음 해전에 투입할 수 없을 정도로 피해를 입었다. 이로 인해 트롬프는 해직되고 그 후임으로 드 루이터(Michiel Adriaenszoon de Ruyter, 1607~1676)가 임명되었다.[29]

3) 켄티쉬 노크 해전

이 해전 이후 블레이크는 켄티쉬 노크(Kentish Knock) 해전에서 드 루이터 제독 및 드 비트 제독과 격전을 치렀다. 1652년 9월 28일, 켄티쉬 노크에서 드 루이터와 드 비트가 이끄는 네덜란드 함대와 블레이크와 부언이 이끄는 공화정 함대가 대격전을 치렀다. 템즈 강의 북쪽에 있는 여울목인 켄티쉬 노크에서 벌어진

드 루이터 제독(1667)[30]

이 해전은 불과 2시간여 밖에 진행되지 않았지만, 블레이크는 네덜란드 함대에 큰 타격을 입혔다. 특히 총사령관인 드 비트는 기함인 프린스 빌렘(Prins Willem)의 주돛대를 잃고, 프린세스 루이사(Princess Louysa) 호로 피신하는 바람에 목숨은 건졌으나, 전투 중 그가 죽었다는 루머가 돌 정도였다. 게다가 노벨(Nobel) 함장이 지휘하던 함정 10척은 탄약고에 포탄을 맞아 폭발하였다. 이튿날 드 비트는 지휘관을 소집하여 전투를 재개하려고 했지만, 이미 3척을 잃고, 3척이 무력화될 정도

29) Baumber, General at Sea, pp.132 - 133; 김주식, 『서구해전사』, 321 - 322쪽.
30) 화가 : Ferdinand Bol, https://en.wikipedia.org/wiki/Michiel_de_Ruyter.

로 파괴되었고, 9척이 사라진 상태였다. 9월 30일 기상이 호전되어 전투를 재개할 수 있는 상황이었으나, 드 루이터와 에버첸 등이 회항하기를 원해 더 이상의 전투는 이루어지지 않았다. 드 비트는 이들을 겁쟁이라 비난하면서도 "잉글랜드인들이 우리보다 더 빠르게 포를 쏘았다"[31]고 인정하지 않을 수 없었다. 드 비트는 10월 초 네덜란드 전 함대에 종이 카트리지에 화약을 충전하여 밀어 넣은 영국식 장전법을 채택하도록 명령했다. 한편 그는 귀국 후 7명의 함장을 투옥시켰으나, 자신도 패전의 책임을 지고 물러나고 트롬프가 재기용되었다. 트롬프는 전쟁 재개를 위한 법안을 직접 처리하는 데 앞장섰는데, 여러 차례 수정 끝에 네덜란드 연방은 1653년 2월 총 30척을 새로 건함하기로 결정했다.

4) 던저니스 해전

켄티쉬 노크 해전 이후 겨울이 다가옴에 따라 영국 함대도 봄까지는 네덜란드 함대가 기동할 수 없을 것으로 판단하여 함대를 영국 해안에 분산시켜 배치하였다. 펜의 함대는 뉴캐슬로 가는 석탄선을 호송하는 데 배치되었고, 블레이크는 트리어엄프 호를 기함으로 하여 도버에 머물렀다. 그런데 이듬해 봄까지 기동할 수 없을 것으로 생각했던 네덜란드 함대가 1652년 11월 29일 도버 앞바다에 나타났다. 88여 척에 이르는 전함과 상선으로 이루어진 트롬프 함대가 나타나자 블레이크는 트라이엄프 호 함상으로 함장을 모아 회의를 한 끝에 불과 42척에 불과한 전력을 고려하여 전투를 피하기로 결정했다.

그러나 트롬프가 던저니스 해역에서 붉은 기를 꽂고 싸움을 걸어왔다. 블레이크는 부족한 전함을 보충하기 위해 수리도 채 끝나지 않은 전함과 상선을 임대하여 동원할 수밖에 없었다. 그 결과 상선 출신 선장들이 개전 초기에 겁을 먹고 후퇴하는 바람에 안토니 보나벤투라(Anthony Bonaventura) 호와 가를란드(Garland) 호가 나포되었고, 로버트 배튼 함장과 혹스톤(Hoxton) 함장이 사망하여 영국 함대는 패하고 말았다.[32] 그나마 다행인 것은 오후 3시 이후 전투가 끝나고 트롬프가 후퇴하는 블레이크를 추격하지 않았다는 것이다. 그 대신 그는 해협에서 영국 함대를 쓸어버린다는 의미로 기함의 돛대머리에 빗자루를 달고 해협을 지나 서쪽으로

---

31) Aitzemanm Saken van Staet in Oorlogh, vol.iii; Baumber, General at Sea, p.149 재인용.
32) Baumber, General at Sea, pp.156 - 157.

항해하였다.[33]

던저니스 해전의 패전 후 국무위원회에서는 패전의 원인에 대한 조사를 진행하였다. 그 결과 허큘레스 호를 나포 당한 자카리(Zachary), 채프만(Chapman), 설톤스톨(Saltonstall), 테일러(Taylor), 영(Young), 블레이크 제독의 친동생인 벤자민 블레이크 등 함장 6명과 블레이크의 비서관인 프랜시스 하비(Francis Havey)가 해고되었다. 던저니스 해전은 블레이크 휘하의 함장들이 그의 말에 복종하지 않았던 아주 예외적인 경우였다. 특히 개전 직전 함상회의에서 가급적 전투를 피한다는 결정을 내렸음에도 불구하고, 이들 함장들은 블레이크가 함상회의의 결정에 반해 행동한 것처럼 느꼈을 것이다. 그러나 블레이크는 패전의 책임을 지고 사직서를 제출했으나, 의회는 함대의 증강에 소홀한 의회에 책임이 있다는 점을 인정하여 그의 사직서를 받아들이지 않았다. 국무위원회 위원들은 블레이크냐 아니면 다른 함장이냐를 선택하지 않을 수 없는 상황에 직면했고, 결국 공화정 정부는 블레이크를 선택했다. 이때 해고된 함장 중 채프만, 영, 테일러, 벤자민 블레이크는 나중에 복직되었다.[34]

던저니스 해전 패전 이후 공화정은 해군에 대한 대대적인 개혁에 착수하였다. 해사위원회(Committee of Admiralty)를 설립하는 한편, 전투 도중 부상자와 병자들을 돌보기 위한 각종 세제가 도입되었다. 보급 예산으로 월 12만 파운드가 책정되었으며, 목재와 역청, 대마 등의 보급품을 확보하는 데도 진력했다. 가장 큰 변화는 함대를 적색 함대, 청색 함대, 백색 함대로 나누고, 적색 함대는 해양 제독(General)이, 청색 함대는 부제독이, 백색 함대는 각각 후제독(rear admiral)이 각각 지휘하도록 했다는 점이다. 그리고 각 전대에는 부제독과 후제독이 있어서 총 9명의 지휘관을 두어 지휘관들이 함대를 용이하게 장악하게 함은 물론 탄력적으로 운용할 수 있도록 하고, 지휘권의 계서를 확립했다. 이와 같은 개편에 따라 적색 함대는 해양 제독 블레이크와 딘이 트라이엄프 호를 기함으로 하여 지휘하고, 청색 함대는 부제독인 윌리엄 펜이, 백색 함대는 몽크가 각각 지휘했다. 한편 부제독인 존 로슨(John Lawson)은 지휘할 함대가 없게 되어 불가피하게 적색 함대의 부제독으로 활동하게 되었다.[35]

---

33) 김주식, 〈서구해전사〉, 328쪽.
34) Baumber, General at Sea, pp.160 - 162.

5) 포틀랜드 해전

해군 개혁을 완수한 공화정 정부는 네덜란드와 멀리 떨어져 있고 수심이 깊은 해협의 서쪽에서 싸우려고 계획했다. 당시 함대 구성 면에서는 네덜란드가 중형선 이상의 전함으로 구성된 반면, 영국은 소형선에서 대형선까지 다양한 선형으로 구성되어 있었다. 블레이크는 네덜란드 함대가 지나가는 항로를 가로막고 트롬프를 생포하기 위해 함대를 횡으로 배치한 뒤 1653년 2월 18일 포틀랜드 앞바다에서 기다리고 있었다. 그러나 안개 속으로 갑자기 트롬프가 나타나 블레이크 함대를 양단하였다. 3일간 치러진 이 해전 중 첫날 해전에서 블레이크가 중상을 입은 것을 비롯하여 앤드류 볼(Andrew Ball) 함장, 존 마일드웨이(John Mildway) 함장, 앤토니 호울딩(Anthony Houlding) 함장 등이 전사했고, 샘프슨(Sampson) 호를 잃었다. 그밖에 블레이크의 기함인 트라이엄프 호에서만 80여명의 사상자를 냈고, 어드바이스 호에서는 35명이 사망했으며, 뱅가드 호에서도 30명이 사상을 입었다. 이에 반해 네덜란드 측은 4척이 침몰되고 1척은 폭발했으며, 3척은 나포되었고, 발크 제독(Augustijn Balck)과 함징 12명이 전사하였다. 3일간의 해전이 끝나고 난 뒤 네덜란드는 전함 17척과 상선 40척을 잃었으나,[36] 트롬프는 대규모 상선단을 호송하는 데 성공했다. 이에 반해 영국은 블레이크가 치명상을 입었고, 본래 목적인 네덜란드 상선단을 차단하는 데 실패했다. 그러나 전황 면에서는 블레이크가 이끄는 공화정 해군이 트롬프의 네덜란드를 대패시켰다고 해도 틀린 말은 아니다.

블레이크는 포틀랜드 해전 시 첫날 전투에서 포탄 파편에 맞아 무릎 위에 부상을 입었으나, 전투가 끝나지 않은 상황이어서 전투 내내 지휘권을 행사했다. 이는 그가 전투 도중 지휘권을 내 놓음으로써 전력 약화의 징후를 보여서는 안된다고 믿고 있었기 때문이었다. 그러나 이것이 화근이 되어 감기로 전화되어 결국 열병으로 요양하지 않으면 안되는 상황이 되었다. 따라서 1653년 4월 초 국왕파는 블레이크가 "슬와근이 끊어지고, 비염이 계속되어 눈은 거의 보이지 않게 되어 다시는 바다에 나갈 수 없을 것"이라고 전망할 정도였다.[37] 그러나 이러한 국왕

---

35) Baumber, General at Sea, pp.168 - 169.
36) Baumber, General at Sea, pp.173 - 177.
37) Baumber, General at Sea, p.179.

파들의 희망과는 달리 블레이크는 4월 말 경 런던으로 되돌아와 해군 행정을 맡을 정도로 회복되었다.

블레이크가 요양하는 도중 양국은 전열을 재정비하여 1653년 6월 12일 개바드(Gabbard)에서 다시 충돌하였다. 블레이크는 자신이 직접 지휘할 수 없자 몽크와 딘을 공동 지휘관으로 임명하여 출전시켰고, 네덜란드에서는 트롬프를 위시한 드 루이터와 드 비트가 출전했다. 개바드 해전에서는 영국측에서는 딘 제독이 전사하였고, 네덜란드 측에서는 반 켈슨(Van Kelson) 함장이 포격에 맞아 배와 함께 수장되었다. 피해 면에서는 네덜란드가 침몰 6척, 나포 11척, 폭파 3척 등 20척의 피해를 입었고, 1350명이 포로로 잡히고 수많은 사람들이 사상한 반면, 영국은 여러 척의 함선이 피해를 입었지만, 침몰이나 나포된 함선이 한 척도 없었고, 126명이 사망하고 236명이 부상을 입었다.[38)]

개바드 해전에서 블레이크는 당초 지휘권을 딘과 몽크에게 위임했으나, 자신은 포격 소리가 템즈강에까지 들려오자 전투가 치열하게 전개된 것을 알고 병환을 무릅쓰고 18척의 함선을 이끌고 출항하였다. 이것이 그의 병세를 악화시켰다. 그는 의회가 군대를 강제로 해산한 지 1주일이 아픈 몸을 이끌고 런던에 도착하여 요양에 들어갔다.

병환으로 블레이크는 출전하지 않았지만, 제1차 영란전쟁은 1653년 7월 말 세브닝겐(Scheveningen) 해전으로 종전을 맞게 되었다. 이 해전에서는 네덜란드는 9척의 함선을 잃었으나, 영국 함대도 많은 피해를 입었다. 그러나 다른 무엇보다도 네덜란드는 지휘관 트롬프가 머스킷 총에 맞아 전사하는 돌이킬 수 없는 피해를 입었다. 네덜란드는 이 패전으로 평화교섭에 착수하여 1654년 4월 15일 웨스트민스터 화약으로 제1차 영란전쟁을 종결지었다. 이 화약으로 네덜란드는 영국의 항해법을 인정하고, 네덜란드 함선은 영국 함선에 대해 예를 표하며, 동양의 식민지, 특히 암보이나 사건[39)]에 대해 영국에 배상해야 했다.[40)]

---

38) 김주식, 『서구해전사』, 227 - 228쪽; Baumber, General at Sea, pp.180 - 182.
39) 1623년 네덜란드 동인도회사나 암보이나의 영국동인도회사 상관과 그 고용인 21명을 학살한 사건. 靑木榮日 (최재수 역), 『시파워의 세계사 1』, 133쪽.
40) 김주식, 『서구해전사』, 341쪽.

6) 지중해에서의 전전과 스페인 봉쇄

요양 중이던 블레이크는 네덜란드와의 전쟁이 종결된 뒤 차츰 건강을 회복했다. 그가 육상에서 머물고 있을 때의 활동 상황에 대해서는 구체적으로 밝혀진 것이 없다. 그러나 분명한 것은 1654년 6월 이후 블레이크가 지중해 함대를 지휘하게 되었다는 점이다. 크롬웰이 블레이크에게 보낸 지시서는 남아 있지 않지만, 호국경(Protectorate) 정부는 지중해에서 프랑스를 압박하여 영국과의 동맹에 가담하게 한 뒤, 스페인 함대에 주의를 기울이는 한편 바르바리 해적을 소탕하라는 지시를 블레이크에게 내린 듯하다. 기함 조지 호에 승선한 블레이크는 부제독 배딜리(Richard Badiley)와 후제독 조지프 조단(Joseph Jordan)과 함께 8월 19일 다운즈에 집결한 뒤 보급을 받아 출항했다. 블레이크는 1654년 10월 말부터 1655년 10월 초까지 카디스, 지브롤터, 리보르노, 튀니지, 알지에 등 지중해를 전전했으나 프랑스의 기즈(Guise) 제독을 패퇴시키는 데도 아무런 역할을 하지 못했고, 튀니지의 총독과의 협상에도 실패했으며, 스페인 함대와의 교전도 변변치 못했다. 결국 블레이크는 1655년 10월 6일 아무런 소득도 얻지 못한 채 다운즈에 입항했다.

호국경 체제를 성립시킨 크롬웰은 1654년 여름 국왕파의 반란과 군부내 급진파인 수평파 등의 반란에 직면했다. 이에 크롬웰은 국왕파의 반란을 진압하는 한편, 수평파인 오버튼(Richard Overton)을 체포했으나, 역시 수평파의 섹스비(Edward Sexby)가 보르도로 피신했다. 그는 국왕파와 수평파가 서로 연합하여 해협 함대에서 반란을 일으키고자 시도했다. 이에 크롬웰은 1656년 1월 2일 블레이크에게 해양 제독으로서 함대를 지휘하도록 했다. 블레이크는 새로 해양 제독으로 임명된 에드워드 몬타그(Edward Mountagu, 1625~1672) 제독과 함께 스페인 해안을 봉쇄하는 작전을 성공적으로 구사했으나 스페인 함대와의 결정적인 전황은 없었다.

그러던 차에 상선 선장으로부터 스페인 함대가 서인도의 테네리페에 주둔하고 있다는 정보가 들어왔다. 이에 블레이크는 휘하 함장들을 설득하여 테네리페를 공략하기로 결정했다. 1657년 4월 20일 블레이크는 기함 조지 호에 승선하여 스페인 함대 16척을 파괴하는 등 완벽한 승리를 거두었다. 이 테네리페 작전에 대해 클라렌던은 "전체 기동작전이 놀라울 따름이다"라고 평가할 정도였다. 테네리페 전투의 결과는 심대한 영향을 끼쳤다. 우선, 스페인이 함대의 핵심을 상실함으로써 강대국의 지위를 최종적으로 잃게 되었고, 포르투갈의 독립을 인정하지 않았으나 1664년 결국 인정하지 않을 수 없었다. [41]

다른 무엇보다도 블레이크로서는 데네리페 전투가 그의 목숨과 바꾼 전투가 되었다는 점이다. 블레이크는 1657년 4월 25일 서인도를 출항하여 5월 5일 카디스를 초인한 뒤 카디스에 봉쇄전대를 잔류시킨 뒤 튀니스로 가서 그곳 통치자 데이(Dey)와 협상으로 영국 상선에 대한 공격을 중단하기로 합의했다. 6월 26일 카디스로 돌아온 블레이크는 7월 9일 영국으로 출항했으나, 이제 그가 죽어가고 있다는 사실이 분명해졌다. 그는 마지막으로 모국 땅을 밟기를 원하여 기함 조지 호에 승선하여 귀항 길에 올랐다. 그러나 블레이크는 육지에 상륙하기 전인 1657년 8월 7일 플리머스 사운드에서 조지 호 선상에서 숨을 거두었다. 1656년 3월 작성해 놓은 그의 유언장에 따라 브리지워터의 집은 동생 벤자민에게, 그리고 퓨리턴의 영지는 동생 험프리에게, 3천 파운드의 자금은 친척들에게 각각 상속하고, 100파운드를 브리지워터와 던톤의 가난한 사람들에게 배분하였다. 블레이크의 장례식은 9월 4일 웨스트민스터 성당에서 열렸는데, 시신은 헨리 7세 성당에 안치되었다.

크롬웰과 블레이크가 어떤 관계였는지는 불분명하다. 외견상으로는 크롬웰이 블레이크는 지지한 것으로 보이고, 블레이크 또한 크롬웰의 호국경 체제에 복무했다. 그러나 블레이크는 태생적으로 정치적 인물이 아니었고, 자신에게 주어진 임무를 소중하게 생각했다. 크롬웰은 급진적 광신자들이 블레이크를 제거하려는 생각을 받아들이지 않았고, 블레이크 또한 찰스 1세의 처형이나 크롬웰이 의회를 해산하고 호국경 독재체제를 구축하는 것을 받아들였다. 두 사람 간의 관계는 청교도적 신앙심을 공유하는 수준에서 상호 인정하는 사이였다고 볼 수 있다.

1658년 크롬웰 사망 후 왕정복고가 이루어짐으로써 청교도 혁명은 실패로 끝났으나, 블레이크는 영국 해군사에 확고한 전통을 확립해 놓았다. 블레이크는 현측 사격이나 진형 면에서 새로운 것을 창조하지는 못했다. 블레이크가 쓰라린 실전을 통해 얻은 해전 전술은 범선 시대 내내 영국 해군의 표준 관습을 남았다. 블레이크가 가장 강조한 것은 기율이었고, 그 기율을 어겼을 때는 던저니스 해전의 패전 이후 6명의 함장을 해고한 것처럼 철저하게 그 책임을 물었다. 그는 학

---

41) Baumber, General at Sea, pp. 211 - 212, 234 - 235.

자의 길을 걷고자 했으나, 이를 가지 못했고, 정치에 입문했으나, 불가피하게 타협하는 것을 싫어했다. 그는 내전기에 의회군에 들어가 병사들을 지휘하면서 자신에게 맡겨진 소명을 감지하기 시작했고, 바다로 나감으로써 이를 실천할 수 있었다.[42]

블레이크는 지휘관으로서 갖추어야 할 단호함, 인간성, 그리고 책임감 같은 덕목을 고루 갖추고 있었던 뛰어난 인물이었음에 틀림없다. 그 외에 6명의 해양제독이 임명되었지만, 해양 제독이라면 으레 블레이크를 떠올리게 된다. 영국 함대에서는 로버트 블레이크 호의 선명을 가진 전함이 끊이지 않고 계속 건조되고 있다. 2007년에는 그의 탄생 350주년을 맞아 그를 기념하는 행사가 브리지워터에서 거행되었음이 이를 입증한다. 그의 생가는 지금 블레이크제독기념관(Admiral Blake Museum)으로 활용되고 있고, 영국의 북해 유정 또한 그를 기려 블레이크 유정으로 명명되어 그를 기리고 있다.

---

42) Baumber, General at Sea, pp.235 - 239.

20장

영국혁명기 왕당파 해군제독 프린스 루퍼트*

프린스 루퍼트[1]

　밴쿠버 북쪽의 프린스 루퍼트라는 작은 도시는 캐나다의 목재산지로 유명한 곳인데, 이 지명이 인명에서 유래했다는 사실을 아는 이는 드물다. 프린스 루퍼트 (Prince Rupert of the Rhine, Duke of Cumberland, 1619~1682)는 일반인들은 물론 전문 역사가들에게도 낯선 이름이다. 그러나 그는 영국혁명 당시 국왕군의 지휘관이자 해군 제독으로 중요한 역할을 했던 사람이었다. 원래 루퍼트는 전문적인 항해가는 아니었다. 그러나 영국 혁명기 왕당파 해군의 지휘관으로서 로버트 블레이크와 조지 몽크(George Monck, 1st Duke of Albemarle, 1608~1670) 등이 이끄는 의회파 해군에 대항하여 해상파괴전을 전개하였고, 왕정복고 뒤 영국 해군의 지휘관으로 2 · 3차 영란전쟁기 여러 해전에 참전했다는 점을 고려하면 그를 해양인으로 취급해도 크게 틀린 것은 아니다.

---

* 　원전 : 해양연맹, 바다 33호(2010 봄).
1) 　https://en.wikipedia.org/wiki/Prince_Rupert_of_the_Rhine.

1. 독일 왕자 루퍼트

루퍼트는 1619년 12월 17일, 프라하에서 영국 제임스 1세의 딸이자 찰스 1세의 누이인 엘리자베스 스튜어트와 독일의 팔츠 선제후이자 보헤미아의 왕(프레데릭 I)이었던 프레데릭 5세 사이에서 둘째 아들로 태어났다. 따라서 영국의 제임스 1세가 루퍼트에게는 외할아버지이고, 찰스 1세는 외삼촌, 찰스 2세는 외조카였다. 그의 공식 작위는 컴벌랜드 공(Duke of Cumberland)과 홀더니스 백(Earl of Holderness)이지만, 라인의 루퍼트, 팔츠(Pfalz)영방領邦의 루퍼트 왕자(Prince Rupert von der Pfalz), 독일왕자 루퍼트 등으로 불리고 있으나 영국에서는 보통 프린스 루퍼트로 불려지고 있다.

1618년에 시작된 30년전쟁에서 그의 부친 프레데릭 5세는 신교도 편으로 참전하였다. 그러나 전황이 불리하게 돌아가자 그의 나이 한 살 때인 1620년 그의 가족은 보헤미아에서 스페인령 네덜란드로 피신했다. 한편 신성로마제국의 황제 페르난도 2세(Ferdinand II, 1619~1637)가 바이에른 선제후와 스페인의 지원을 받아 1626년 신교도들을 격파하게 되자 프레데릭 5세의 왕위 복귀는 점점 어려워지게 되었다. 그에 따라 루퍼트는 네덜란드에서 어린 시절을 보내게 된다. 루퍼트는 열네 살 때인 1633년 네덜란드 오렌지 공의 군대에 지원하여 라인버그 포위전에 참전하였고, 1637년에는 브레다 공략전에도 참전했다. 그는 1636년 외삼촌인 찰스 1세의 궁전을 방문하기도 했다. 1638년에는 반황제파의 일원으로 스웨덴 군에 지원하여 참전했다가 베제르(Weser) 강변의 블로테(Vlothe)에서 포로가 되어 오스트리아의 린츠(Linz)에서 3년 동안 포로 생활을 하기도 했다. 그는 1641년 황제파에 적대행위를 하지 않는다는 서약을 하고서 풀려났다.[2]

2. 영국혁명과 루퍼트

그는 자신에게 호감을 갖고 있는 외삼촌 찰스 1세가 다스리고 있던 영국으로 건너갔다. 당시 찰스 1세는 11년 동안 의회를 소집하지 않고 자의적으로 세금을

---

2) Encyclopaedia of Britannica (1988).

부과하는 등 전제정치를 행하고 있었다. 그러나 1641년 내내 찰스 1세가 의회의 승인 없이[3] 기사세와 선박세 등 각종 세금을 부과하는 등 전횡에 반발하여 영국은 국왕과 의회가 치열하게 대립했다. 10월에 아일랜드에서 반란이 일어나자 찰스 1세와 의회는 이를 진압하는 데 일단 협력하기로 하였다. 그러나 찰스 1세가 1642년 1월 자신에게 반대하는 의원 6명을 체포하려고 시도하다가 실패함으로써 의회와의 협력은 끝장났다. 이에 찰스 1세는 햄프턴 코트로 후퇴했고, 이제 의회와 국왕의 대립은 점차 내전으로 치달았다.[4] 마침내 8월 영국혁명이 발발하자 루퍼트와 그의 동생 모리스(Prince Maurice)는 왕군에 지원하였고, 9월 찰스 1세는 그를 기병대의 지휘관으로 임명되었다. 23살의 약관에 불과한 루퍼트는 1642년 11월 포윅 다리 전투(battle of Powick Bridge)에서 의회군을 격파하여 군사지도자로서 명성을 얻기 시작했다.

1642년 초 왕군은 옥스퍼드에 근거를 두고 있었고, 루퍼트도 옥스퍼드에서 왕을 호위하고 있었다. 의회파의 에섹스 공이 토마스 에섹스 대령(Colonel Thomas Essex)을 보내 브리스틀을 점령하도록 했으나, 에섹스 대령은 옥스퍼드에 있던 루퍼트와 연락을 취하여 왕군의 브리스틀 입성을 도우려고 했다. 그러나 이 계획은 사전에 발각되어 주모자가 처형되어 실패로 끝나고 말았다. 루퍼트는 새로운 작전을 구사하여 7월 23일 왕군을 이끌고 브리스틀 외곽에 도착하여 베르나르 데 곰므(Bernard de Gomme)와 함께 브리스틀 성을 공략하여 7월 말에 브리스틀을 의회파로부터 탈환하는 데 성공했다. 불과 4일만에 브리스틀 성을 빼앗긴 의회는 브리스틀 방어를 맡았던 나타니엘 피엔즈(Colonel Nathaniel Fiennes)를 군사법정에 수감하였고, 해상 원조를 지휘했던 로버트 블레이크 제독을 소환한 것으로 보인다.[5] 또한 의회를 지지하고 있던 브리스틀 시민들도 서둘러 런던으로 이주했다.

왕군과 의회군은 10월 23일 에지힐에서 대규모 전투를 벌였다. 루퍼트는 기병대를 이끌고 왕군의 공격을 선도하여 의회군의 좌익의 에섹스 백작 로버트 데브로(Robert Devereux, Earl of Essex) 군을 격퇴했다. 이어 의회군 우익의 윌멋 경(Lord Wilmot)이 왕군을 격퇴하여 양측의 보병이 정면으로 충돌하게 되었다. 한

---

3) 사실은 의회를 소집하지 않았기 때문에 승인할 의회가 없었다.
4) Baumber, General - at - Sea, p.26
5) Baumber, General - at - Sea, pp.23 - 32.

편 루퍼트의 기병대는 달아나는 데브로 군을 추격하여 전장을 이탈한 뒤 다시 돌아왔으나, 말들이 지쳐 의회군을 공격하지 못하였다. 에지힐 전투(the battle of Edgehill) 막바지에 철기군(Ironside)을 이끌고 올리버 크롬웰(Oliver Cromwell, 1599~1658)이 도착했으나, 루퍼트의 기병대에 쫓기고 말았다. 그날 밤 의회군의 데브로 백작은 워릭(Warwick)으로 후퇴했고, 루퍼트는 런던을 공략하자고 주장했으나, 지휘관들이 왕군을 모두 집결시킨 뒤 진군하자고 주장하였다. 그 사이 런던의 의회는 재무장할 여유를 갖게 되었고, 찰스 1세 또한 런던으로 가지 않고 옥스퍼드로 가는 바람에 내전은 장기화되었다.

당시 의회군과 왕군은 비슷한 무기와 전술을 사용하였기 때문에 전황은 전력의 우열에서 결정되는 것이 보통이었다. 그러나 루퍼트는 새로운 기병 전술을 도입하였는데, 그것은 기병들이 밀집대형을 이루어 적을 향해 돌진하다가 화력을 집중시키는 방식이었다. 또한 루퍼트는 당시 일반적이었던 머스킷 대신 기병들에게 피스톨을 지급하였다. 피스톨과 밀집대형 돌진 전술을 결합시킴으로써 루퍼트는 화력을 한 곳에 집중시킬 수 있었다. 이전에는

말을 타며 피스톨을 쏘는
프린스 루퍼트[6]

기병들이 돌진하다가 말에서 내려 머스킷 총을 발사하는 방식으로 전투를 하였다. 그러나 기병에게 피스톨을 지급함으로써 말에서 내리지 않고 총을 쏠 수 있었다는 점에서 신속성이 배가되었다. 사거리 면에서 피스톤을 머스킷에 비해 짧다는 단점이 있지만, 전투에서 말을 타고 돌진해 들어오는 기병이 말 위에서 피스톨을 쏜다는 것 자체가 상대방에게는 위협적이었을 것임에 틀림없다.

루퍼트는 1644년 2월에는 뉴웍(Newark)과 노팅햄셔(Notinghamshire)에서 고립된 왕군을 구원했고, 또 6월에는 랭카셔 주의 대부분을 점령하는 등 왕군을 이끌고 연전연승했다. 의회군 사이에서 루퍼트의 무용은 공포의 대상이 되었고, 이로 말미암아 1644년 중순 루퍼트는 힘들이지 않고 요크 지방을 거의 탈환하는 데 성공했다.[7]

---

6) 해양연맹, 『바다』 33호, 2010 봄, 78쪽.
7) Encyclopaedia of Britannica(1988).

1644년 7월 올리버 크롬웰이 이끄는 의회군과 스코틀랜드 연합군과 루퍼트가 마스턴 무어(Marston Moor)에서 대격전을 치르게 되었다. 마스턴 무어 전투에서 루퍼트는 의회 연합군의 3/4을 무너뜨리는 데 성공하였지만, 끝까지 자리를 고수하고 있던 크롬웰의 기병대에게 패퇴하고 말았다. 이 전투이후 크롬웰의 기병대는 '철기군'(Ironside)이라는 별칭을 얻게 되었다.

1644년 1월 컴벌랜드 공과 홀더니스 백으로 임명된 루퍼트는 마스턴 무어전투

마스톤 무어 전투(1644)[8]

에서 대패했음에도 불구하고, 11월에 다시 국왕군의 총사령관(commander - in - chief)으로 임명되었다. 그러나 불과 스물다섯 살에 불과한 어린 총사령관을 모셔야 하는 왕당파 귀족들은 불만을 가질 수밖에 없었다. 그 때문에 국왕의 자문관 딕비(Digby) 경이나 고링(Goring) 경과의 마찰이 증폭되어 왕군 사이에서 불화가 조성되었다. 그 여파 탓이었든지 루퍼트는 1645년 5월, 마스턴 무어 전투 이후 상실했던 레스터(Leicester)를 획득했지만, 6월 14일 페어팍스 장군이 지휘하는 의회파의 신형군에게 네이즈비(Naseby) 전투에서 대패했다. 1645년 2월 의회에서는 의회군의 급료를 의회에서 지급하기로 의결하여 이전의 지원병이었던 민병대와는 구별되는 '신형군'(New Model Army)을 만들었다. 이어 9월에 다시 브리스틀을 의회군의 페어팍스에게 잃게 되자, 찰스 1세는 루퍼트를 총사령관직에서 해임했다.

그러나 루퍼트는 1645년 10월 뉴웍에 머물고 있던 찰스 1세를 찾아가 군법회의를 요구하여 재심을 청구했고, 그의 청구가 받아들여져 왕군 지휘관으로 재등용되었다. 하지만 그것도 잠시, 찰스 1세가 1646년 6월 옥스퍼드에서 스코틀랜드군에게 항복하자, 의회는 1646년 7월에 루퍼트와 모리스를 국외로 추방했다. 이제껏 육상

8) 화가 : J. Barker, https://en.wikipedia.org/wiki/Battle_of_Marston_Moor.

에서 활동하던 루퍼트가 해상 생활을 시작하게 된 것은 바로 이때부터였다.

3. 국왕파 해군 제독 루퍼트

영국에서 추방된 루퍼트는 불과 스물여덟 살의 청년이었고, 한때 프랑스 군에 복무한 적이 있었던 이유로 프랑스로 갔다. 당시 아일랜드는 의회파에 대항하기로 했고, 스코틀랜드 또한 국왕파가 득세하는 상황이었다. 이에 웨일즈 공과 찰스 1세는 아일랜드와 스코틀랜드의 지지자들을 이끌기 위해 네덜란드의 덴 하그(den Haag)[9]로 가서 배를 타고 영국으로 건너가려고 생각했다. 루퍼트와 모리스는 상륙할 지점을 찾아 돌아다녔지만, 남하해오는 왕군과 보조를 맞추기 어려워 일단 다운즈(Downs)에 머물며 스코틀랜드와 교섭을 벌였다.

한편, 의회의 최대 난제는 해군이었다. 1647년 9월 의회는 부제독인 배튼 (Batten)이 왕당파 및 침례교도와의 음모에 연루된 혐의로 직위 해제하고, 토마스 레인스버러(Thomas Rainsborough)를 부제독으로 임명했다. 그러나 레인스버러 제독은 1648년 4월 다운즈 전대에서 일어난 반란 과정에서 기함인 '컨스턴트 리포메이션'(Constant Reformation) 호에서 쫓겨나는 사건이 발생했다. 이 배는 배튼 제독이 지휘하는 왕당파 해군에 합류한 11척 가운데 하나가 되었다. 해상 반란에 직면한 의회는 워릭 백작(Earl of Warwick)을 '로드 하이 에드미럴'(Lord High Admiral)에 복직시켰다.[10]

다운즈에 머물고 있던 루퍼트와 국왕파는 스코틀랜드와의 협상에 성공하여 찰스 1세는 네덜란드로 돌아가 스코틀랜드로 들어가려고 했으나, 워릭 백작이 이끄는 의회파 전대가 반란을 진입하기 위해 다운즈로 접근해 왔다. 찰스 1세는 워릭 백작에게 투항을 권유했지만, 워릭 백작은 이를 거부하고 포츠머스 전대와 합류하여 왕당파 해군을 공략하려고 대기하고 있었다. 국왕파는 식량 부족과 화약 부족으로 워릭 백작의 의회파 전대에 대항할 수 없다고 판단하여 다운즈를 버리고 네덜란드 연방의 헬레보에슬루이스로 후퇴했다. 이후 의회파 해군과 국왕파 해군

---

9) 우리가 흔히 헤이그로 알고 있는 네덜란드 도시는 공식적으로 '덴 하그'(Den Haag)로 영어로 옮길 경우 The Hague가 된다.

10) Baumber, General - at - Sea, p.68.

간에 3개월 간의 길고 긴 해상 봉쇄전이 지속되었다.

워릭 제독은 포츠머스 전대가 합류하자 루퍼트 지휘하의 왕당파 전대를 쫓아 네덜란드로 항해했다. 영국의 두 함대가 제 3국인 네덜란드 해안에서 대치하는 기묘한 상황이 벌어진 것이다. 트롬프가 이끄는 네덜란드 전대가 나타나 자신들의 앞바다에서 영국의 두 함대가 싸우는 것을 막고 나섰다. 찰스 1세가 스코틀랜드로 떠날 준비를 하는 동안 국왕파 해군을 지휘할 적임자를 찾는 문제가 제기되었는데, 루퍼트의 이름이 제일 많이 거론되었다. 루퍼트 자신은 찰스의 동생인 요크 공 제임스를 제독으로 추천했지만, 웨일즈 공은 배튼 제독을 대신하여 루퍼트를 제독으로 임명했다.[11] 겨울이 다가오자 트롬프 제독은 겨울을 나기 위해 전대를 철수시켰고, 루퍼트는 네덜란드인들과의 마찰을 감수하면서 항구를 요새화했다. 상황이 이렇게 되자 워릭 백작은 루퍼트가 1649년 봄이 될 때까지는 해상 기동을 할 수 없을 것으로 판단하여 영국으로 귀환했다.

워릭 전대가 도착할 당시 의회에서는 찰스 1세에 대한 재판이 상당히 진행된 상황이었는데, 군사위원회(Army Council)는 함대가 왕의 재판에 개입하여 이를 중지시키는 사태가 발생할 것을 염려하여 워릭 백작에게 함대를 런던으로 항해하여 분산시키도록 명령했다.[12] 결국 1648년 말 의회파 해군의 함대는 여러 항으로 분산되어 버리고 말았다. 그 결과 1649년 1월 국왕파가 의회와 협상에 들어갔을 때 부제독 모울턴(Moulton)은 다운즈에서 이들을 막을 만한 충분한 함대가 없었다.

한편, 왕당파는 루퍼트가 이끄는 전대를 아일랜드로 보내 오먼드의 반의회파 활동을 돕기로 결정했다. 루퍼트는 헬레보에슬루이스를 떠나 아일랜드를 근거지로 삼아 잉글랜드 배들을 공격하여 자금을 마련하는 한편, 실리(Scilly) 섬을 점령했다. 루퍼트가 해협을 약탈하고, 여러 나라의 상선을 공격하면서 영국의 무역과 해운을 마비시켰다. 당시 의회파 해군은 포프햄, 딘, 그리고 로버트 블레이크를 각각 '해양 제독'(General - at - Sea)[13]으로 임명하여 루퍼트의 왕당파 해군에 대항했다.

---

11) Baumber, General - at - Sea, p.68.
12) Baumber, General - at - Sea, p.68.
13) General-at-Sea도 오늘날에는 사용되지 않은 직위여서 특정한 명칭으로 번역되기 어려운 낱말이다. 어의의 뜻에 맞춰 옮긴다면 '해양 장군' 또는 '해상 장군' 정도로 번역함이 타당하겠으나, 통상 해군 직제에서 장군은 제독이라 칭하므로 여기에서는 '해양 제독'으로 옮겼다.

당시 양측의 전력을 살펴보면, 공화정(Commonwealth)에는 Sovereign of the Sea, Resolution, Nasby, Charles(2등급), Constant Warwick, Assurance, St. Andrew, Leopard, Lion, Hercules, Triumph, Thomas, Constant Charles, Rebecca, John, Adventure, Happy Entrance, Garland, Nonsuch, Phoenix, Satisfaction 호 등을 보유하고 있었고, 국왕파는 Ark, George, Culpepper, Roebuck, Blackmoor Lady, Ambrose, Charles, Washfor, Scots, 소형 주정 3척 등을 보유하고 있었다.[15]

의회는 3대 해양 제독에게 각기 다른 임무를 부여하여 포프햄 제독에게 증원 병력 확보를 위해 본국으로 돌아가도록 하고, 딘 제독은 플리머스로 가서 후방 지원을 담당하고, 블레이크는 킨세일에서 루퍼트를 봉쇄하는 역할을 할당했다. 아일랜드의 코르크 지방의 킨세일에 근거를 둔 루퍼트 전대를 진압

의회군의 Sovereign of the Sea 호[14]

하기 위해 의회파 전함 9척이 출항했고, 포프햄은 어드벤취 호에 승선하여 귀로하고 다시 라이언 호와 존 호를 추가로 킨세일로 보냈다. 7월에 다시 어드벤취 호도 킨세일의 블레이크에게 합류하도록 하고 포프햄 자신은 플리머스로 가서 다른 배를 수배했다.

의회파 해군이 킨세일로 속속 모여들자 루퍼트는 강을 따라 빠져나가려고 시도했다. 1649년 7월, 국왕파의 스타 테레사(Sta Theresa) 호가 공해로 탈출을 시도하다 의회파의 어드벤취 호에 나포되었다. 그러는 사이 올리버 크롬웰이 직접 반란을 진압하기 위해 아일랜드에 상륙했다. 육상의 크롬웰과 해상에서 블레이크 제독이 아일랜드 주요 거점을 점령하며 압박해 들어오자 루퍼트는 아일랜드를 떠나지 않을 수 없었다. 10월 16일 코르크를 점령한 의회군이 공화정을 선포하였고,

---

14) https://en.wikipedia.org/wiki/HMS_Sovereign_of_the_Seas.
15) Baumber, General - at - Sea, pp.74 - 75.

블레이크는 루퍼트 전대를 나포할 절호의 기회를 맞이했다.

그러나 루퍼트에게는 천운이 있었던지 악천후로 인해 블레이크는 밀포드로 피항하지 않을 수 없었다. 루피트는 이 기회를 놓치지 않고 공해로 출항하여 리스본으로 향했다. 당시 포르투갈은 스튜어트 왕가를 지지하는 정치적 상황에 놓여 있었다. 포르투갈의 주앙 4세(1640~1656)는 네덜란드와 무역 분쟁이 일어나자, 자신을 후원해 줄 스튜어트 왕가가 복원되기를 바라고 있었다. 따라서 루퍼트는 리스본을 교두보로 하여 영국 해운에 타격을 입힐 작정이었던 것이다. 그의 기대처럼 주앙 4세는 루퍼트를 환영했다.

공화정 정부는 블레이크 제독으로 하여금 배 4척을 이끌고 루퍼트를 추적하도록 했다. 1650년 5월 1일 출항한 블레이크는 순풍을 타고 10일 만에 리스본의 테주강 하구에 도착했다. 블레이크는 루퍼트의 배를 공격하려고 했으나, 중립국인 포르투갈 영해에서 주앙 4세의 비호를 받는 루퍼트를 공격한다는 것은 정치적으로 미묘한 문제를 야기할 수 있어서 이러지도 저러지도 못하고 있었다. 이에 공화정 정부는 포프햄 제독에게 8척을 주어 블레이크와 합류하도록 지시했다. 5월 15일 플리머스를 출항한 포프햄 제독은 5월 26일 블레이크 전대에 합류했다. 공화정 정부가 두 제독에게 내린 지시는 명확했다. 즉 루퍼트의 배를 발견하는 즉시, 설령 그곳이 포르투갈 항구 안이라도 공격하라는 것이었다. 왜냐하면 루퍼트의 배는 중립국의 보호를 받을 수 없는 해적이었기 때문이었다.

만약 포르투갈이 이를 방해한다면 영국 전함이 포르투갈 무역선을 공격할 수도 있다는 사실을 명확히 했다.16) 루퍼트는 몇 차례 포르투갈 해군과 합동 작전으로 리스본을 빠져나가려고 시도했으나, 블레이크와 포프햄의 강력한 저지로 실패했다. 그러나 영국 함대도 봉쇄작전이 장기화되면서 식량과 식수, 보급 문제로 어려움을 겪기는 마찬가지였다. 결국 블레이크와 포프햄은 루퍼트의 버티기 작전에 봉쇄작전을 풀고 8월 포프햄과 블레이크는 본국을 향해 출항했다. 루퍼트는 이 기회를 놓치지 않고 안개 속에서 블레이크가 바라보는 상황에서 안개 속에서 유유히 리스본 항을 빠져나갔다. 당시 리스본 항을 빠져나가는 루퍼트의 배를 바라보던 블레이크 제독은 이 정경을 다음과 같이 적고 있다.

---

16) Baumber, General - at - Sea, p.85.

"나는 피닉스 호에 홀로 서 있었고, 원정은 안개 속에 더 이상 할 것이 남아 있지 않았다. 신의 섭리에 따라 적 함대가 우리의 풍하 쪽에 위치해 있었기 때문에 우리는 함대의 선두에 선 루퍼트 왕자 쪽으로 바람을 흘려 보내주고 있을 뿐이었다."17)

루퍼트는 일단 지중해의 스페인 항구로 들어갔다가 블레이크와 펜 제독의 함대가 추적해 오자 다시 지중해 쪽 프랑스와 이탈리아로 피신했다. 루퍼트는 항해 도중 잉글랜드 상선은 말할 것도 없이 제노바 상선과 스페인 상선 등을 닥치는 대로 나포했다. 이는 루퍼트 스스로 유럽 내에서 설자리를 잃게 만들어 결국 그의 전대는 아조레스 제도로 피신하지 않으면 안되었다. 그러나 이곳에서 악천후 등으로 기함인 컨스턴트 리포메이션 호가 선원들과 함께 침몰하고 말았다. 루퍼트는 어니스트 씨맨 호로 옮겨 탄 뒤서 다행히 목숨을 부지할 수 있었다.

이후 루퍼트는 1651년 베르데 곶과 서인도의 마르티니크 섬, 버진 군도 등을 전전하며 상선을 약탈했다. 이러는 과정에서 허리케인으로 동생 모리스의 배가 사

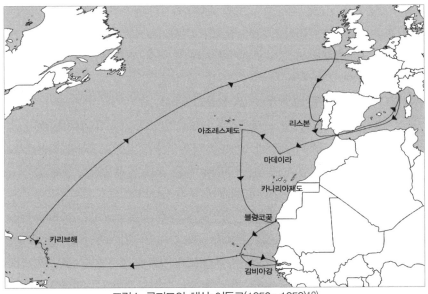

프린스 루퍼트의 해상 이동루(1650~1653)18)

17) Baumber, General - at - Sea, p.89 재인용.
18) https://en.wikipedia.org/wiki/Prince_Rupert_of_the_Rhine.

라지는 사건이 발생했다. 루퍼트는 모리스를 찾아 서인도를 전전했지만, 모두 허사였다. 결국 서인도에서 머물러 있어야 할 명문이 없자 루퍼트는 유럽으로 귀항 길에 올랐다. 귀항 당시 포르투갈은 공화정과 동맹을 맺은 상태였기 때문에 루퍼트의 배가 아조레스에 입항하려 하자 포격을 가해왔다. 이에 루퍼트는 아조레스 제도를 지나 피니에스테르 곶에서 상선을 약탈한 뒤 프랑스의 생 나제르 (Saint - Nazaire) 항으로 입항했다.

4. 대륙에서의 루퍼트

한편, 내란에서 승리한 의회파가 1649년 찰스 1세를 처형하자 그의 아들 찰스 2세(1660~1685)는 프랑스로 피신해 버렸다. 1653년 루퍼트가 전리품을 갖고 프랑스로 입항하자, 당시 파리에 망명 중이던 찰스 2세는 루퍼트를 환영했다. 망명 중이던 찰스 2세로서는 루퍼트가 나포한 선박과 화물을 매각한 돈이 유용할 것으로 생각했기 때문이었다. 그러나 루퍼트의 전리품은 생각만큼 그리 크지 않았고, 그나마도 루퍼트가 매각 대금을 선박의 수리비와 선원들의 밀린 봉급을 정산하는 데 사용해야 한다고 주장하고 나서 찰스와 갈등을 빚기도 했다. 그러나 이내 둘은 관계를 회복했지만, 루퍼트는 총기병 사령관직에서 은퇴하여 독일의 하이델베르크로 낙향했다.

루퍼트의 형인 카를 루트비히(Karl Lutwig, 생몰 1617~1680)는 1648년 체결된 베스트팔렌조약으로 인해 팔츠 선제후로 복귀해 있었다. 그러나 루퍼트에게는 형인 루트비히 같은 제위나 영지가 없었다. 이후 루퍼트는 찰스 2세의 대변인으로 활동하기도 하고, 교황청의 공격에 대비해야하는 모데나 공작의 요청에 따라 군대를 징모하기도 했지만, 이렇다 할 활동을 하지 않았다.

삼십대 중반이 되도록 미혼이었던 루퍼트는 형수 샤를로테(1627~1686)의 시녀인 마리 루이제 폰 데겐폴트(Marie Luise von Degenfold, 1634~1677)를 마음에 두고 있었다. 그런데 일이 꼬이려는지 루퍼트가 그녀가 자신에게 너무 무관심하다고 불평하는 편지를 보낸 것이 그만 형수의 손으로 들어가고 말았다. 형수는 처음에는 자신에게 보낸 것이라고 착각했지만, 이내 루이제에게 보낸 것을 알고는 그녀를 시기하게 되었다. 사실 루이제는 카를 루트비히와 내연관계에 있었고, 결국 선제후는 1657년 샤를로테와 이혼하고 루이제와 재혼하여 이후 14명의 이이를 낳았다. 루이제에 대한 연정으로 루퍼트는 형과 사이가 크게 벌어져 이후 몇 년 동안 이곳저곳을 떠돌며 화약과 대포주조 등을 실험하는 등 비교적 한가한 삶을 살았다.

5. 영란전쟁과 루퍼트

루퍼트가 다시 세상 밖으로 나오게 된 것은 1658년 올리버 크롬웰이 죽고, 1660년 왕정복고가 이루어진 뒤였다. 왕위를 계승하게 된 찰스 2세는 루퍼트를 컴벌랜드 공작으로 복귀시키고 국왕의 자문기구인 추밀원 위원으로 임명했다. 루퍼트는 자신의 해상 경험을 살려 여러 출자자들을 모아 아프리카에서 금을 찾는 사업에 투자하기도 했다. 루퍼트가 해상에 모습을 다시 나타난 것은 네덜란드와의 해전 때였다. 이미 공화정 시절인 1652년 제1차 영란전쟁을 통해 네덜란드와 해전을 치른 바 있었던 영국은 네덜란드와 두 차례 해전을 치르게 되었는데, 제2차 영란전쟁시 해전에 루퍼트가 영국 해군의 제독으로 참전했다.

제1차 영란전쟁이 올리버 크롬웰이 이끄는 공화 정부의 항해법에 따라 타격을 입게 된 네덜란드의 반격으로 인해 발발했다면, 제2차 영란전쟁은 네덜란드의 해상무역에 대한 영국의 도발에서 비롯되었다. 영국인들은 네덜란드의 번영에 대해 몹시 질시하고 있었던 것이 사실이다.[19] 영국인들은 1663년 네덜란드 식민지를 강탈하기도 했고, 북아메리카의 뉴암스테르담을 점령하여 뉴욕으로 개명하기도 하였다. 이러자 네덜란드는 드 루이터에게 함대를 맡겨 영국 상선을 나포하도록 조치하였다.

결국 양 함대는 1664년 지브롤터에서 충돌하였고, 이를 계기로 양국은 1665년 정식으로 전쟁에 돌입했다. 영국 함대는 찰스 2세의 동생인 요크 공이 함대 사령관으로 임명되었고, 루퍼트, 펜, 몽크, 샌드위치 등이 전대 사령관을 맡았으며, 함대 규모는 총 함선 109척과 화공선 28척, 병력 2만 1천명이었다. 이에 대해 네덜란드는 함선 103척, 쾌속 통신선 7척, 화공선 11척, 갤리 12척 등으로 구성되었다.

---

19) 몽크(Monck) 제독 조차도 "이유가 어떤 것이던지 상관없다. 우리는 단지 네덜란드가 현재 갖고 있는 무역을 빼앗을 수 있기만을 바랄 뿐이다"라고 말할 정도였다. 김주식, 『서구해전사』, 342쪽 재인용.

네덜란드의 함대 사령관은 오브담 경 바세나에르(Jacob van Wassenaer Obdam, 1610~1665) 제독이 맡았고, 마르틴 트롬프의 아들인 코르넬리스 트롬프(Cornelis Martinus Tromp, 1629~91)와 1차 영란전쟁에도 참전했던 얀 에버천과 코르넬리스 에버첸(Cornelis Evertsen, 1610~1666)이 보좌했다.[20]

두 함대는 1665년 6월 3일 로스토프트 앞바다에서 맞부딪혔는데, 네덜란드 함대는 기함인 엔드라흐트(Endracht) 호를 포함한 30척과 사령관 오브담 경을 잃은 반면, 영국은 단지 2척만을 잃었을 뿐이었다. 전투 중 경상을 입은 요크 공은 해전을 승리로 이끌었음에도 불구하고, 달아나는 네덜란드 함대를 추적하지 않았다는 점에 대해 비난을 받아야 했다. 루퍼트와 요크 공은 이러한 비판을 수용하여 제독 직을 샌드위치 경에게, 부사령관에 펜을 각각 임명하였다. 한편 네덜란드에서는 아메리카에서 복무 중이던 드 루이터를 불러들여 사령관으로 임명했다.

로스토프트 해전 이후 1년이 경과한 1666년 6월 1일부터 사흘간 해협에서 충돌하였는데, 이때는 보포르 공작(Duc de Beaufort, 1616~1669)이 이끄는 프랑스 함대가 네덜란드 함대에 합류하여 영국 해군에 맞섰다. 당시 영국 함대는 루퍼트와 몽크 제독을 공동사령관으로 하여 에이스크(Ayscue) 제독이 지휘하고 있었고, 네덜란드 함대는 트롬프와 드 루이터, 에버첸이 참전했다. 4일간의 해전에서 영국 함대는 20척의 함선이 침몰하고, 6척이 나포되었으며, 사상자 5천명과 포로 3천명을 내었다. 이에 반해 네덜란드 함대는 6~7척 함선이 멸실되었고, 사상자 2천명을 내었을 뿐이다. 이 해전의 승리로 네덜란드는 영불해협의 제해권을 장악했을 뿐만 아니라, 템즈강 하구를 봉쇄할 수도 있었다. 그러나 네덜란드의 제해권은 오래 가지 못했다. 4일 해전 이후 채 두 달이 안되어 영국은 몽크와 루퍼트의 지휘하에 7월 25일 건플리트(Gunfleet) 해전에서 네덜란드와 다시 맞붙었다. 이 해전에서 루퍼트는 드 루이터의 함대 20척과 7000명의 병사들을 희생시켜 앞선 4일 해전의 빚을 되갚았다.[21]

1665년부터 1666년 말에 이르기까지 영국과 네덜란드의 국내 상황은 좋지 못했다. 영국의 경우 1665년 런던에 페스트가 발생하여 찰스 2세가 옥스퍼드로 거처를 옮겨야 했고, 1666년 2월 9일에는 런던에 대화재가 발생하여 가옥 3만 채가

---

20) 김주식, 『서구해전사』, 343쪽.
21) 김주식, 『서구해전사』, 347~356쪽.

불에 탐으로써 왕실 재정은
어려운 상황에 처해 있었다.
네덜란드 또한 프랑스의 루이
14세의 침공 위협에 놓여 있
었다. 1665년 합스부르크의
펠리페 2세가 사망하자, 루이
14세가 왕비인 마리아 테레지
아가 펠리페 2세의 장녀임을
들어 스페인령 네덜란드(오늘
날의 벨기에)를 요구하였다.

로스토프해전도22)

이 요구를 합스부르크의 카를로스 2세가 받아들이지 않자, 루이 14세는 1667년
스페인령 네덜란드로 침공했다.

네덜란드로서는 코앞에 유럽 최강대국의 군대가 진군해 있는 상황이었다. 결국,
양국은 평화교섭에 착수하여 1667년 네덜란드 남부의 브레다에서 화약을 맺었다.
브레다 협약의 주요 내용은 네덜란드가 뉴 암스테르담을 영국에 양도하는 대신,
영국은 기아나(Guiana)를 네덜란드에 양도하고, 독일 상품에 대해서는 항해법을
적용하지 않는다는 것이었다. 따라서 독일 상품은 네덜란드 상선으로 영국에 수
출할 수 있게 되었다.

제3차 영란전쟁은 유럽 내 국제전 양상으로 전개되었다. 제2차 영란전쟁 후 네
덜란드는 영국과 스웨덴과 합세하여 3국 동맹을 체결하여 프랑스에 공동으로 대
응하려고 했다. 이에 루이 14세는 스웨덴을 매수하여 3국 동맹에서 탈퇴시키고,
영국과는 1670년 도버 밀약으로 네덜란드에게 등을 돌리도록 유도했다. 도버밀약
의 주요 내용은 영국과 프랑스가 연합하여 네덜란드를 멸망시킨 뒤 네덜란드를
양분하고, 프랑스가 영국에게 개전 비용으로 35만 파운드를 제공한다는 것이었다.

네덜란드를 정치적으로 고립시키는 데 성공한 루이 14세는 1672년 네덜란드를 침공
했고, 이에 네덜란드는 오렌지 공 윌리엄을 중심으로 방어전으로 맞섰다. 마침 네덜
란드에 간섭힐 기회를 노리고 있던 영국은 1672년 3월 말 네덜란드 상선 70여

---

22) 화가 : Van Minderhout, www.search.naver.com.

척이 호위함 5척과 함께 영불해협으로 진입하는 것을 공격하여 몇 척을 나포했다. 이 과정에서 네덜란드 호위선들이 영국 함대에 응전하게 되었는데, 영국은 이를 구실로 제3차 영란전쟁을 도발했나.

1672년 5월 28일 영국의 요크 공과 프랑스의 데스트레(Jean d'Estrees, 1624~1707) 제독은 공동으로 드 루이터 제독이 이끄는 네덜란드 함대와 대적하였다. 영국 함대는 함선 65척, 화공선 22척, 함포 4100문, 프랑스 함대는 함선 33척, 보급선 4척, 함포 1900문, 네덜란드 함대는 함선 75척, 화공선 36척, 함포 4500문이었다. 이 해전에서는 영국 측의 딕비(Francis Digby)와 샌드위치, 콕스(John Cox) 제독 등이 사망했고, 네덜란드 측에서는 반 겐트(van Ghent) 등이 사망하는 등 상당한 피해를 입었지만, 어느 쪽도 전황을 장악하지는 못했다. 이 해전 이후 네덜란드는 이미 늙고 병이 든 드 루이터를 퇴역시켰다.

요크 공의 뒤를 이어 함대 사령관 직을 맡게 된 루퍼트는 1673년 5월 28일 슌네벨트(Schooneveld) 해전에서 프랑스의 데스트레 제독과 연합 작전으로 드 루이터가 지휘하는 네덜란드 함대에 맞섰다. 이 해전에서 네덜란드는 제독 2명을 잃었고, 영불 연합함대는 제독을 잃지는 않았다. 전체 사상자에서는 영·불 연합함대 측의 피해가 더 컸다. 슌네벨트 해전은 영란해전 중 비교적 싱겁게 끝난 해전에 속했다.

루퍼트의 마지막 전역은 텍셀 해전이었다. 계속된 해전에서도 영국과 네덜란드는 전황을 결정짓지 못하고 있었다. 영국은 프랑스와의 연합작전을 통해 네덜란드를 굴복시키려고 시도하였다. 영불 연합 함대는 함선 143척을, 네덜란드 함대는 함선 115척을 각각 동원하여 1673년 8월 11일 텍셀 앞바다에서 최후의 일전을 벌였다. 루퍼트는 영국 함대를, 데스트레가 프랑스 함대를, 드 루이터가 네덜란드 함대를 각각 지휘했다.

텍셀해전은 영란 전쟁의 마지막 해전 치고는 기동전과 추격전으로 전개되고 전투 양상은 그리 치열하지 않아 함선이 손실은 비교적 적었지만, 인명 피해가 컸다. 영국 함대는 부사령관 스프라게(Edward Sprage) 제독을 잃었고, 네덜란드는 제독 2명을 잃었다. 루퍼트와 데스프레 제독은 서로 그 책임을 놓고 비난했다. 영국과 네덜란드의 국내 상황은 아무런 소득도 얻지 못한 양국간의 전쟁에 대해 좋지 않은 상황이 전개되어 오고 있었다. 영국에서는 프랑스와의 도버밀약으로 프랑스를 지원했다가 얻은 것이 별로 없었고, 네덜란드에서는 프랑스군의 침입에 이어 독일군이 네덜란드를 침공해 들어왔고, 급기야 1672년 내부 분란으로 총독인 드 비트가 암살되고, 약관 22세의 젊은 오렌지 공 윌리엄이 최고위직에 올랐다.[23] 다행히도 네덜란드는 둑을 터트린 수공전을 감행함으로써 프랑스군을 물리쳤다.[24]

이러한 상황에서 양국은 1674년 2월 스페인의 중재를 통해 웨스트민스터에서 화약을 체결하여 전쟁을 종결지었는데, 그 내용은 다음과 같다. 우선, 네덜란드가 전쟁 중 탈환했던 뉴욕을 영국에 양도한다. 둘째, 동인도 무역에서 네덜란드는 영국에게 유리한 조건을 부여한다. 셋째, 네덜란드는 영국에게 80만 파운드의 전쟁 배상금을 지불한다. 넷째, 네덜란드 함선은 영국 함선에 대해 경의를 표한다. 조약의 내용으로 보아 영란해전의 최종적인 승자는 영국이었다고 할 수 있다. 이후 네덜란드는 윌리엄이 영국의 왕을 겸임하게 됨으로써 잠시 융성한 기운을 유지할 수 있었으나, 18세기에 이르러 점차 쇠락의 길에 들어서게 되고, 영국은 해양력을 바탕으로 세계를 제패할 수 있는 터전을 닦았다.

런던으로 돌아온 루퍼트는 국내 성지와 과학 실험 등으로 비교적 평온한 삶을 살게 된다. 왕정복고기 후반 영국의 정치는 찰스 2세가 다시 왕권 강화를 추진하자 이에 반대하는 컨츄리 파티가 결성되어 있었는데 루퍼트는 찰스 2세의 친카톨릭적 성향이 국익에 반한다고 보고 이 파티를 후원했다. 그러나 말년에 그

텍셀해전도(1673)[25]

는 건강이 좋지 못하였다. 1682년 11월 25일 허드슨만 회사의 연례회합이 루퍼트의 집에서 열렸는데, 루퍼트는 침대에서 조차 일어날 수 없는 상황이었다. 열병에

---

23) 오렌지 공 윌리엄은 네덜란드 빌럼 2세와 영국 찰스 1세의 딸 메리의 아들로서 영국의 제임스 2세의 장녀인 메리 스튜어트(1662~1694)와 1677년 결혼하였다. 1672년 오렌지 공으로서 네덜란드 총독(1672~1702)이 되었고, 1688년 영국의 명예혁명 후에는 아내 메리와 함께 영국으로 건너와 윌리엄 3세로서 영국 왕위(재위 1689~1702)와 네덜란드 총독직을 겸하였다.
24) 김주식, 『서구해전사』, 358 - 371쪽.
25) 화가 : Willem van de Velde, the younger, https://en.wikipedia.org/wiki/Third_Anglo-Dutch_War.

서 시작된 이 병으로 루퍼트는 사흘 뒤인 11월 29일 런던에서 사망했다.

　루퍼트는 정치적으로 크게 입신했다거나 해양탐험을 했다거나 캡틴 쿡이나 밴쿠버 선장처럼 탐사항해를 한 사람은 아니었다. 루퍼트는 이러한 해상활동과는 다소 거리가 있었기 때문에 그의 이름은 다른 차원에서 기억되고 있다. 먼저 루퍼트와 관련되어 역사적으로 가장 널리 알려진 지명은 루퍼트랜드(Rupertland)다. 이는 1670년 찰스 2세가 허드슨만 유역을 허드슨만 회사에 수여할 때, 그 초대총독이 루퍼트였기 때문에 '프린스 루퍼트의 땅'이란 뜻의 루퍼트랜드로 불리게 된 것이다.

　원래 루퍼트랜드는 어느 특정한 지역을 가리키는 명칭이 아니라 허드슨만 회사가 북아메리카에서 관할하고 있던 영토를 가리키는 명칭이었다. 따라서 허드슨만 회사의 관할령이 넓어질 때마다 그 범위도 확대되었다. 그 때문에 루퍼트랜드가 포괄하고 있는 지역에 대해서는 자료마다 다르게 나타나게 되었다. 이를테면, 『브리태니카 대사전』에는 루퍼트랜드를 '캐나다의 북서부 지역을 통칭하는 역사적인 지명'[26]이라고 설명되어 있는 데 반해, 패리의 『유럽의 헤게모니 확립』[번역서 『약탈의 역사』]에는 '허드슨만 일대를 가리키는 것'[27]으로 되어 있다. 루퍼트랜드는 처음에 허드슨만 일대를 가리켰으나, 점차 허드슨만 회사의 관할령이 확대됨에 따라 캐나다 북서부 지역까지 가리키게 되었다. 루퍼트랜드는 1869년에 이르러 그 영토로서의 실체가 사라지게 되었다. 따라서 오늘날 지도상에서 루퍼트랜드라는 지명은 찾아볼 수 없다.

　캐나다 북서부에는 루퍼트랜드라는 명칭에서 유래된 프린스 루퍼트시가 있다. 이는 캐나다 북서부에 위치한 브리티시 콜럼비아주의 스키내(Skeena)강 하구에 자리잡고 있는 소도시로, 1906년 프린스 루퍼트를 기념하기 위해 명명된 것이다. 또한, 캐나다의 북동부에도 프린스 루퍼트의 이름에서 유래된 지명이 있는데, 포르 루페르(Fort Rupert)시와 루페르강이 그 곳이다. 포르 루페르시는 허드슨만 안의 제임스만 연안에 자리잡고 있는 도시로 허드슨이 1610년 겨울에 발견한 지역이었으나, 뒤에 허드슨만 회사의 초대총독이었던 프린스 루퍼트의 이름을 따 영어식 발음인 포트 루퍼트로 명명되었다. 포르 루페르시는 처음에 루퍼트 하우스로 불렸다가, 1668년 루퍼트 하우스가 허드슨만 회사 최초의 무역거점으로 개발되면서

---

26) New Encyclopaedia of Britannica(1988).
27) Parry, 『약탈의 역사』, 303쪽.

포트 루퍼트로 개칭되었다.

한편, 루페르강은 캐나다 퀘벡에 위치한 미스타시니(Mistassini)호에서 발원하여 제임스만으로 흐르는 강이다. 이처럼 포르 루페르시와 루페르강은 모두 영국의 허드슨만 회사가 개발하고 명명한 지명이었다. 그러나 이 지역은 훗날 프랑스의 식민지로 개발된 퀘벡주에 포함됨에 따라 불어식으로 발음되어 오늘에 이르고 있다.[28]

자신의 혈통으로 인해 루퍼트는 영국혁명기에는 찰스 1세를 지지하는 국왕군의 지휘관으로 참전하지 않을 수 없었고, 왕정복고 뒤에는 찰스 2세의 해군에 복무하여 네덜란드에 맞서 싸우는 것으로 이력의 대부분을 보냈다. 그는 육상과 해상에서 모두 눈에 띌만한 업적을 남긴 매우 드문 역사적 인물이기도 하다. 현재 그의 이름이 곳곳에서 회자되고 있다는 것은 그가 군사적 업적이나 지도력, 인품 면에서 기억될만한 인물이었음을 시사하는 것이다.

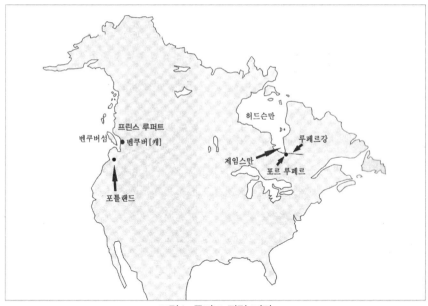

프린스 루퍼트 관련 지명

28) New Encyclopaedia of Britannica(1988).

21장

덴마크 출신의 러시아 항해가 비투스 베링

비투스 베링[1]

1. 러시아의 해양팽창의 배경

유럽 각국이 앞다투어 해양탐험에 나선 것은 이미 알려진 사실이다. 비록 서유럽에 비해 뒤늦게 발전하기 시작했지만 러시아도 이 점에서 예외가 아니었다. 표트르 대제(Peter the Great, 1682~1725) 치세 동안 서구화정책을 강력히 추진한 러시아는 북아메리카 지역에 대한 식민지 획득과 시베리아 대륙을 경유하지 않고 중국으로 갈 수 있는 북동항로를 개척하는 데 지대한 관심을 갖고 있었다.

우여곡절 끝에 열 살 때인 1682년 왕위에 오른 표트르 대제는 열일곱 살 때인 1689년까지 외종형 이반(Ivan)의 도움을 받아 통치했으나, 그 이후에는 직접 왕권을 행사하였다. 표트르 대제가 즉위할 당시에도 러시아는 영토 면에서는 거대한 나라였다. 그러나 바다로 진출할 수 있는 출구가 없었다. 따라서 표트르가 추진한 대외정책의 기본목표는 바다로 진출할 수 있는 출구를 획득하는 것이었다. 이와 같은 목표 아래 추진된 첫번째 정책이 흑해로 진출한 것이다. 러시아는 이를

---

1) 이병철, 『위대한 탐험』, 53쪽.

위하여 이미 러시아에 공물을 바치고
있던 크림 타타르(Cream Tartar)족을 공
격하여 아조프해를 차지하였다. 2년 동안
(1695~1696) 치러진 이 전쟁은 오스트
리아 · 프로이센 · 러시아의 동맹이 투르
크에 대항하기 위한 것이 주목적이었다.
하지만 러시아로서는 흑해로 진출할 수
있는 발판을 마련하고, 투르크의 공격에
대비하여 남부 국경지역을 안전하게 만
들려는 의도도 내포되어 있었다. 이 원정
을 계기로 표트르 대제는 도네츠(Donets)
강에 함대를 건설하였고, 1696년에는 아
조프해를 차지할 수 있었다.

표트르 대제[2]

이후 표트르 대제는 1697년에서 1698
년까지 2년에 걸쳐 250여 명의 사절단을 이끌고 서유럽을 순방하는 등 서구화정
책을 강력하게 추진했다. 그러나 오스트리아가 스페인 왕위전쟁을 준비하기 위해
투르크와 화해를 시도하였기 때문에 러시아가 아조프 해를 통해 흑해로 진출할
수 있는 정치적 상황이 아니었다. 따라서 표트르 대제는 1700년에 〈콘스탄티노플
조약〉으로 투르크와 평화관계를 구축한 뒤, 방향을 발트해쪽으로 돌렸다.

그러나 발트해 쪽에는 이미 스웨덴이라는 강국이 버티고 있었다. 표트르 대제
는 작센 · 덴마크 · 노르웨이 등과 연합하여 21년 동안이나 스웨덴에 대항하여 북
방전쟁을 치렀다. 북방전쟁을 치르는 동안 표트르 대제는 평민으로 위장하고 유
럽의 조선소에서 직접 일을 하는 등 적극적으로 대처하였다. 1703년부터 건설하
기 시작한 상트 페트로그라드가 완성되자 1712년에는 수도를 그곳으로 옮겼다.
러시아는 결국 북방전쟁에서 승리를 거둠으로써 발트해 연안지역으로 진출할 수
있게 되었다.

이처럼 팽창정책을 강력히 추진했던 표트르 대제는 동쪽으로 아메리카에 식민

---

2) 화가 : Paul Delaroche(1838), https://en.wikipedia.org/wiki/Peter_the_Great.

지를 획득하고, 시베리아를 거치지 않고 중국으로 통할 수 있는 북동항로 개척에도 관심을 갖고 있었다. 만약 아메리카가 시베리아와 연결되어 있다면 러시아로서는 쉽게 아메리카로 진출할 수 있을 것이고, 통로가 있다면 시베리아를 경유하지 않고 해로로 직접 아시아로 항해할 수 있을 것이었기 때문이었다. 이 탐험을 지휘할 사람으로 선택된 사람이 당시 러시아함대에 복무하고 있던 덴마크 항해가 비투스 베링(Vitus Jonassen Bering, 1681~1741)이었다.

2. 베링의 1차탐험 : 아시아의 동쪽 끝을 확인하다

1681년에 덴마크의 호르센(Horsens)에서 태어난 베링은 엄밀하게 얘기한다면 러시아의 항해가는 아니다. 그러나 러시아 황제가 베링의 두 차례 탐험을 후원했다는 점을 들어 알래스카에 대한 소유권을 주장할 수 있었기 때문에 러시아의 항해가로 분류해도 그리 틀린 것은 아니다.

네덜란드 동인도회사에 소속되어 주로 동인도 무역항해에 종사했던 베링은 1703년 러시아의 발트해 함대로 이적하여 중위(second lieutenant)로 복무하였다. 1710년 투르크전쟁이 발발하자 그는 아조프해 함대로 이적하여 대위(Captain Lieutenant)로 진급했으나, 2년 뒤에 다시 발트해 함대로 복귀하였다. 1715년 베링은 아르항겔스크로 가서 52문급 전함 셀라파일(Selafail)호를 지휘하고 코펜하겐으로 항해했다. 베링은 1715년에 소령(Captain third class)으로 진급한 데 이어, 1720년에는 중령(Captain second class)으로 진급했다. 베링은 1724년 2월 대령(Captain first Class)으로 퇴역하여 고국으로 돌아갈 2개월분의 급료를 퇴직금으로 받았다. 그러나 그는 덴마크로 되돌아가지 않고 비보르그(Vyborg)에 머물러 있었다.[3)]

1724년 8월 1일 표트르 대제는 베링에게 대령으로 해군에 재소집되어 탐사대를 지휘하도록 명령했다. 베링은 표트르로부터 "캄차카 북쪽의 아시아 해안을 탐험하여 아시아가 아메리카 대륙과 연결되어 있는지를 확인한 다음, 발견한 곳이 아메리카인지와, 새로 발견된 곳과 이미 알려진 곳과의 관계를 확인하기 위해 유

---

3) Evgenii G. Kushnarev, trans. by, E.A.P. Crownhart-Vaughan, Bering's Search for the Strait, p.22.

럽인의 정주지를 발견하거나 유럽인의 배를 만날 때까지 탐험을 계속하라"[4]는 명령을 받았다. 베링의 1차 탐험의 목적은 옛날부터 아시아 대륙과 아메리카 대륙 사이에 존재하고 있는 것으로 전해져 오는 아나디르(Anadyr) 수로가 있는지 확인해 보고, 아메리카와 시베리아가 연결되어 있는지 확인하라는 것이었다.

1725년 1월, 탐사에 사용할 배를 만들 장비를 마차 25대에 나누어 싣고 페트로그라드를 출발한 베링 탐사대는 9천km에 달하는 시베리아를 횡단하여 20개월 만에 대륙 동쪽 끝에 도착했다. 1727년 6월 말에 장비들을 작은 배에 옮겨 싣고 캄차카반도의 서해안으로 이동한 탐사대는 다시 이곳에서 썰매를 타고 900km를 여행하여 페트로그라드를 떠난 지 3년 만인 1728년 3월에 캄차카반도 동해안에 도착했다.[5] 그 사이에 탐험을 지시한 표트르는 사망했고(1725), 뒤를 이은 예카테리나 1세(1725~1727)도 제위에 오른 지 2년 만에 사망하여, 표트르 2세(1727~1730)가 제위를 계승한 상태였다.

1728년 4월 초부터 탐험에 사용할 배를 만들기 시작한 베링은 두 달 뒤인 6월 9일에 가브리엘호를 완성했다. 가브리엘호는 길이 18.3미터, 너비 6미터, 깊이 2.3미터의 제원을 갖추고 돛대를 2개 장비한 두대박이었다. 7월 13일 탐사대원 43명을 이끌고 캄차카 반도의 동해안을 따라 탐험하기 시작한 베링은 8월 15일에는 북위 67° 18', 동경 30° 14' 지점에 도착하여 아시아 대륙의 동쪽 끝에 도달했다.[6]

베링은 아시아 대륙과 알래스카 대륙 사이의 해협을 통과하여 북극해로 진출했지만, 짙은 안개 탓으로 알래스카대륙을 육안으로 확인하지는 못하였다. 베링은 이 지점에서 아시아 대륙이 끝났다고 결론짓고 뱃머리를 돌려 1728년 9월 1일 캄차카만으로 되돌아왔다. 이듬해인 1729년 바다의 얼음이 녹자 탐사대는 가브리엘호와 포르투나(Fortuna)호에 나누어 타고 베링해 탐사에 나섰다. 그러나 베링은 6월 8일 아메리카 대륙을 발견할 수 없다고 판단하여 베링섬 인근에서 항로를 돌리도록 명령했다. 탐사대는 귀국길에 올라 1730년 3월에 페트로그라드로 귀환했다. 베링은 탐사를 완수한 공로를 인정받아 캡틴 커맨더(Captain Commander, 대령

4) Kushnarev, Ibid, pp.9 - 10.
5) 베링 탐사대의 여정에 대해서는 Kushnarev, Ibid., pp.26 - 63 참조.
6) Kushnarev, Ibid., p.112.
7) Skelton, 『탐험지도의 역사』, 222쪽.

베링의 1차 항해를 묘사한 캄차카반도[7]

과 소장 사이의 계급으로 준장에 상응)로 진급했다.

이후 베링이 항해한 해역은 베링해로, 아시아와 알래스카 사이의 해협은 베링해
협으로 불려지게 되었다.[8] 지도사학자인 스켈톤(R.A. Sketon)에 따르면, 아시아와
알래스카 사이에 있는 해협이 베링해협으로 불리게 된 것은 1754년 이후이다.[9]

그러나 베링이 베링해를 처음으로 항해한 사람은 아니었다. 이미 1648년에 러
시아의 기병대원이었던 데즈네프(Semyon Dezhnev, 1605?~1672)가 이 해역을 탐
험하여 베링이 도착한 동쪽 끝인 데지노프곶을 돌아 아나디르섬에 도착함으로써

8) New Encyclopaedia of Britannica(1988).
9) Skelton, 『탐험지도의 역사』, 152쪽.

아시아 대륙과 알래스카 대륙이 떨어져 있다는 사실을 확인했다. 그러나 데즈노프가 작성한 보고서가 아쿠츠(Yakutsk)의 문서보관소에 파묻혀 있었기 때문에 그가 아시아 동쪽 끝에 도달했다는 사실은 세상에 알려지지 않았던 것이다. 데즈노프의 보고서는 베링이 베링해를 탐험하고 난 지 불과 8년 뒤인 1736년 독일의 역사가 뮐러(G.F. Müller)에 의해 발견됨으로써 세상에 알려지게 되었다.[10] 그 결과 베링의 이름이 230만㎢에 달하는 해역에 붙여지게 되었고, 데즈노프의 이름은 아시아 동쪽 끝단인 데즈노프곶에 붙여지게 되었다.

3. 베링의 2차탐험 : 베링섬에서의 최후

베링의 2차탐험은 안나 여제(Anna Ivanovna, 1730~1740)가 통치하던 1733년 3월에 페트로그라드를 출발함으로써 시작되었다. 1차탐험 때와 마찬가지로 탐험을 준비하는 데만 장장 4년여의 기간을 소비해야 했다. 1737년 오오츠크에 도달한 베링 일행은 탐험에 사용할 배를 만들기 시작하여 1740년 6월에 세인트 피터(St. Peter)호와 세인트 폴(St. Paul)호 등 2척을 완성하였다. 세인트 피터호는 베링을 사령관으로 하여 총 76명이 승선하였고, 세인트 폴 호는 치리코프 대령의 지휘하에 76명이 타고 있었다. 1740년 9월 6일 베링탐사대는 오오츠크를 떠나 캄차카 반도 동해안으로 이동하여 반도 동해안 남단에 페트로파블로프스크(Petropavlovsk)라는 탐험기지를 세운 뒤 탐사준비를 마무리했다.

페트로파블로스크 항에 정박 중인
세인트 피터호와 세인트 폴 호[11]

탐사준비가 완료된 것은 1741년 5월말이었다. 베링탐사대는 1741년 6월 4일 페트

10) 이상 김신, 『대항해자의 시대』, 271쪽.
11) 이병철, 『위대한 탐험』, 54쪽.

로파블로프스크를 출항했다.[12] 6월 12일에 동북동 항로의 남쪽에서 해초와 갈매기들을 발견하고 육지가 존재한다는 징후를 발견했지만 악천후로 두 배가 서로 떨어지게 되었다. 치리코프(Alexei Chirikov, 1703~1748)가 조선한 세인트 폴 호는 항해를 계속하여 알류샨 열도의 몇 개 섬을 발견했으나, 베링이 조선한 세인트 피터호는 악천후로 이리저리 떠밀리다가 8월 20일에 알래스카만으로 진입했다. 안전한 곳으로 피항하는 데 급급했던 베링은 알래스카 남서해안과 알래스카 반도 · 알류샨 열도 등을 정찰하는 데 그쳤다.

그러나 9월 7일 밤부터 다시 폭풍이 불기 시작하자 세인트 피터호에 타고 있던 탐사대원들은 일본이나 미국으로 돌아가 겨울을 나기를 원했다. 그러나 폭풍우는 3주 동안 계속되다가 9월 30일 결국 최악의 폭풍을 만났다. 탐사대원들은 배가 너무 심하게 흔들려 서 있을 수도 앉아 있을 수도 없는 형편이었고, 배를 조종하기는 더구나 불가능한 상황이었다. 탐사대원의 반 이상이 앓고 있는 상태였고, 남은 사람들조차도 배가 심하게 요동하여 제정신이 아니었다.[13]

결국 베링도 10월 10일 괴혈병으로 앓아 눕게 되자 항해사가 세인트 피터호를 이끌게 되었다. 조선을 맡게 된 왁셀(Waxel) 대위는 겨울을 나기 위해 미국쪽으로 배를 돌리자고 했지만 베링은 이를 완강히 거부했다. 탐험대의 일원이었던 스텔라(Steller)는 당시의 정황을 다음과 같이 전하고 있다.

"수일 동안 폭풍우를 겪었기 때문에 더 이상 돛을 가눌 수가 없었고, 배에는 아픈 사람들로 가득 찼다. 장비들은 모두 돌이킬 수 없을 정도로 심하게 파괴되었다. 사령관이 의지할 만한 사람은 없었다."[14]

바다를 떠돈 지 5개월 만인 1741년 11월 4일 육지가 발견되었다. 선택의 여지 없이 배를 해안에 대고 겨울을 나기로 결정했다. 그러나 온통 바위뿐인 해안에 조심스럽게 접근하여 닻을 던지는 순간 배가 파도에 떠밀려 좌초되었다. 운이 좋았는지 세인트 피터호는 바닷가 모래 위에 얹혔다.

---

12) F.A. Golder, ed. by, Steller's Journal, in Bering's Voyages, pp.21~22.
13) Steller's Journal, pp.106~115 참조.
14) Steller's Journal, p.118.

11월 6일, 일할 기력이 있는 사람들이 상륙하여 먹거리를 마련해 왔다. 당시 탐사대원으로 동승했던 박물학자는 바다표범이 서식하고 있는 것을 발견하고 이곳이 캄차카가 아니라고 보고했다. 11월 8일에는 해안가에 모래를 파 움집을 짓고 병자들을 옮겼으나 도중에 10여 명이 사망했다. 11월 15일에는 배 안에 남아 있던 사람들을 모두 해안으로 옮기는 작업을 완료했으나, 11월 말에 세인트 피터호는 폭풍우에 부서지고 말았다.[16]

탐사대로서는 이곳이 어디인지를 파악하는 것이 급선무였다. 따라서 베링은 이곳이 육지인지 섬인지를 확인하기 위하여 12월 1일에 정찰대원 3명을 파견했다. 그 사이에 탐사대원들은 북극권의 살인적인 추위를 견디지 못하고 한 명씩 죽어갔다. 74명에 이르던 탐사대원 가운데 32명이 이곳에 머문 9개월 동안에 사망했다.[17] 베링도 1741년 12월 8일 사망했다. 12월 26일 정찰대원들이 돌아와서 이곳이 섬이라는 사실을 확인시켜 주었다.[18] 탐사대는 그를 기려 섬을 베링섬이라고 이름지었다.

베링섬의 베링 무덤[15]

겨울을 이기고 살아남은 탐사대원은 부서진 배 조각을 주워 모아 배를 만들고, 이듬해인 1742년 8월 중순 베링섬을 출발하여 8월 27일에 캄차카로 귀환하였다. 치리코프가 조선했던 세인트 폴호는 알래스카를 발견하고, 1741년 10월에 이미 귀환해 있었다.[19] 알래스카에는 1744년부터 러시아인들이 이주하기 시작해 1783년에는 최초의 정주집락이 형성되었다. 러시아 황실도 관리를 파견하여 직접 통치했다. 그러나 재정이 악화된 러시아 황실은 1867년에 152만㎢에 달하는 알래스카를 720만 달러에 미국에 팔아넘겼다. 1896년 알래스카에서 금광이 발견되고 이어 석유가 발견됨으로써 그 가치가 엄청나게 증가했다. 알래스카는 러시아가 생각했던 것처럼 단순한 모피산지가 아니었던 것이다. 알래스카는 1958년 미국의

---

15) https://en.wikipedia.org/wiki/Vitus_Bering.
16) Steller's Journal, pp.151 - 153.
17) Steller's Journal, p.155 footnote 362.
18) Steller's Journal, pp.154 · 167.
19) 대원 76명 가운데 54명만이 생존하여 귀환하였다. Steller's Journal, p.22 footnote 36.

49번째 주로 승격되었다.[20]

베링은 북동항로 탐사를 대서양쪽이 아닌 태평양쪽에서 추진한 셈이었고, 실제로 베링해협을 발견함으로써 북동항로가 존재할 가능성이 크다는 점을 확신시켜 주었다.[21] 캡틴 쿡도 1778년 태평양쪽에서 대서양쪽으로 통하는 북동항로를 찾기 위해 북위 70°선까지 항해한 바 있다. 그러나 그 누구도 1878년까지 북동항로를 완전히 항해하지는 못했다. 북극권의 험한 날씨 때문에 항해하기가 수월하지 않았던 것이다.

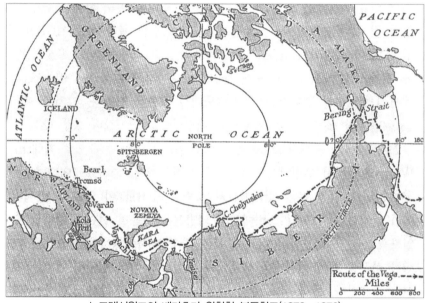

노르덴시욀드의 베가호가 완항한 북동항로(1878~1879)

최초로 북동항로를 완주한 사람은 스웨덴의 과학자인 노르덴시욀드(Adolf Erik Nordenskiöld, 1832~1901)였다. 1878년 7월 21일 포경선 베가(Vega) 호를 타고 트

20) New Encyclopaedia of Britannica(1988).
21) Skelton, 『탐험지도의 역사』, 152쪽.
22) https://en.wikipedia.org/wiki/Adolf_Erik_Nordenski%C3%B6ld.

롬쇠(Trömsö)를 출항한 노르덴시욀드는 유고르 해협을 넘어 8월 19일에 첼류스킨(Chelyuskin)곶에 이르렀다. 노르덴시욀드는 이 곳에서 겨울을 보낸 뒤 다시 항해에 나서 1878년 8월 베링해협을 통과했고, 이어 태평양으로 진입하는 데 성공했다. 이로써 3백여 년 동안 계속된 북동항로 탐사작업이 완료되었다.[23]

아돌프 노르덴시욀드[22]

　서유럽에 비해 뒤늦게 근대화되기 시작한 러시아는 베링의 탐험으로 아시아가 아메리카에 연결되어 있지 않다는 사실을 확인함으로써 북동항로를 개척할 수 있는 발판을 마련했고, 알래스카를 모피산지로 개발할 수 있었다. 베링의 탐험이 진행되는 동안 러시아 황실은 표트르 대제에서 예카테리나 여제, 다시 표트르 2세에서 안나 여제·이반 6세(Ivan VI, 1740~1741)로 제위가 바뀌는 등 정치적으로 격변기를 겪으면서도 베링의 탐험을 중지시키지 않았다. 이는 정책을 일관성있게 추진하지 못하는 우리의 정치현실을 되돌아 볼 때 좋은 본보기가 된다.

23) Skelton, 『탐험지도의 역사』, 378쪽.

우리는 러시아의 예에서 또 다른 교훈을 얻을 수 있다. 당장에는 쓸모없는 조그마한 땅이라도 소중하게 지켜야 한다는 것이다. 러시아가 쓸모없는 얼음덩이 땅으로 생각하여 알래스카를 720만 달러를 받고 미국에 팔아버렸지만, 이것이 판단 착오였음은 이후 역사가 입증해 주었다.

---

24) 이병철, 『위대한 탐험』, 54쪽.

22장

세계지도를 완성한 캡틴 제임스 쿡

제임스 쿡[1]

1. 캡틴 쿡의 초기생애

아무리 해양에 문외한이라고 해도 제임스 쿡(Captain James Cook, 1728~1779)을 모르는 사람은 없을 것이다. 그만큼 제임스 쿡은 콜럼버스와 함께 역사상 가장 위대한 선장 가운데 한 사람으로 손꼽히고 있다. 그러나 쿡은 단순히 탐험가나 선장에 그쳤던 인물이 아니었다. 쿡은 1728년 요크셔의 마톤 인 클리블랜드(Marton in Cleveland)에서 태어났다.(10.27)[2] 그의 아버지는 스코틀랜드에서 이주해 온 가난한 농부로서, 토마스 스코토(Thomas Scottowe)라는 대지주가 경영하는 농장의 마름으로 생계를 꾸려가고 있었다. 어렸을 때부터 호기심이 많고 영특했던 쿡은 스코토가 대주는 학비로 12살 때까지 초등교육을 받을 수 있었다.

10대 초반을 아버지가 일하는 농장에서 보낸 쿡은 휘트비 북부해안 마을의 잡

---

1) John Gilbert, Charting the Vast Pacific, p.126.
2) 쿡의 유년기 생애에 대해서는 Grenfell Price, ed., The Exploration of Captain James Cook, pp.9-14 ; John Barrow, ed., Captain Cook's Voyage of Discovery, pp.1-53를 참조하였다.

화점에서 잠시 일하면서 처음으로 바다를 접했다. 그는 열여덟 살 때인 1746년 휘트비에서 퀘이커교도로 널리 알려져 있던 선주 존 워커(John Walker)에게 고용되어 본격적인 해상생활을 시작하게 된다. 쿡은 워커가 소유하고 있던 3백 톤 남짓한 컬리어선[석탄운반선]에 승선하여 주로 북해무역에 종사하면서 항해와 관련된 실질적인 지식을 습득하였다. 당시 선박들은 겨울철에는 북해를 항해하기 어려웠기 때문에 대개 배를 정박시켜 놓고 정비를 하였다. 쿡은 아직 견습선원(apprentice)에 불과했기 때문에 낮에는 배를 정비하고 밤에는 해안에 머물면서 수학을 공부했다.

선주로부터 성실한 근무자세를 인정 받은 쿡은 21살 때인 1749년에 숙련선원(ableseaman : 오늘날의 수직급 선원)으로 승진했고, 이어 24살 때인 1752년에 마침내 항해사(mate)로 승진했다. 해상생활을 시작한 지 9년째 되던 1755년에 쿡은 드디어 바크(bark)선의 선장이 되었다. 쿡은 다른 동료선원들에 비해 훨씬 빨리 승진했음에도 불구하고 그에 만족하지 않았다. 그는 프랑스와 7년전쟁(1756~1763)이 발발하기 1년 전인 1755년 영국해군에 자원 입대했다.(6.17) 입대당시 숙련수병(able seaman: 수병중 상위계

휘트비항을 출항하는 컬리어선[3]

급자)으로 이글(HMS Eagle)호에 승선하였던 쿡은, 한달 만에 마스터 메이트(Master's Mate: 오늘날의 하사관급)로 승진했다. 당시 이글호의 함장이었던 펠리서(Hugh Pellisers, 1723~1796) 대령은 이후 쿡의 든든한 후원자가 되었다. 1755년부터 2년간 영국해협을 중심으로 활동한 쿡은 29살 때인 1757년에 64문의 대포로 무장한 펨브로크(HMS Pembroke)호의 선임하사관(master at arms)으로 임명되었다.

---

3) Skelton, 『탐험지도의 역사』, 286쪽.

1758년 2월, 펨브로크호는 찰스 선더스(Charles Saunders) 제독의 지휘하에 프랑스 식민지인 루이지애나와 퀘벡을 공격하는 작전에 투입되었다. 쿡은 함대가 출발하기에 앞서 세인트 로렌스지역의 해도를 제작하는 데 공을 세웠으며, 영국이 퀘벡을 함락하고 난 뒤에는 선더스 제독의 후임으로 부임한 콜빌(Colville)경의 기함 노섬벌랜드호로 옮겨 타게 되었다. 노섬벌랜드호의 선임하사관으로 승선하는 동안 쿡은 수학과 천문학에 대한 지식을 심화시키는 한편, 군사기술자이자 수로측량가인 사무엘 홀랜드(Samuel Holland)로부터 수로측량술을 배우기도 했다.

이후 쿡은 1763년에 뉴펀들랜드 총독으로 승진해 있던 펠리서의 추천으로 스쿠너선인 그렌빌(Grenville)호를 지휘하여 뉴펀들랜드 해역을 조사하라는 임무를 부여받았다. 그는 1763년부터 3년여에 걸쳐 여름에는 뉴펀들랜드 해역을 상세하게 조사하고, 겨울에는 잉글랜드로 귀환하여 해도를 작성하는 작업에 몰두했다. 이 때 쿡이 제작한 뉴펀들랜드 해역도는 훗날 『북아메리카 수로지(North America Pilot)』라는 책으로 출간되었다. 또한 쿡은 1766년에 뉴펀들랜드 인근의 버지오 (Burgeo)섬에서 임식현상을 정확하게 관찰한 뒤, 이를 토대로 경도를 계산하여 그 결과를 왕립협회(Royal Society)에 보고했다. 왕립협회는 『철학회보(Philosophical Transaction)』 1767년판에 쿡의 보고서를 게재한 뒤, 쿡을 '매우 뛰어난 수학자이자 자기 분야의 전문가'라고 평가했다.[4]

2. 1차 탐사항해 : 금성관측과 미지의 남방대륙

1768년 영국 왕립협회는 해군본부와 공동으로 태평양 탐사를 계획하였다. 해군본부는 이미 두 차례나 태평양 탐사를 추진한 바 있었다. 첫번째 탐사는 7년전쟁이 끝난 직후인 1763년 바이런 제독 지휘하에 포클랜드제도와 희망봉 사이의 해역에서 '미지의 남방대륙'을 발견하고, 캘리포니아 쪽에서 허드슨만으로 통하는 항로를 발견하기 위한 것이었다.[5] 1764년 마젤란해협을 경유하여 태평양으로 진입한 바이런 제독은 돌핀호를 지휘하여 태평양을 횡단하는 동안 아무 것도 발견하지 못

---

4) New Encyclopaedia of Britannica(1970).
5) Skelton, 『탐험지도의 역사』, 282쪽.
6) Skelton, 『탐험지도의 역사』, 284쪽.

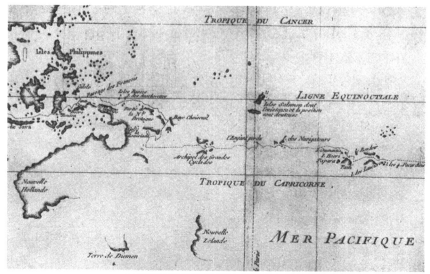

부갱빌이 탐사한 태평양 해역도(1768)[6]

하고 마젤란이 도착한 바 있는 라드론제도(오늘날 괌)에 도착하는 데 그쳤다.

　두번째 탐사는 사무엘 월리스 선장의 지휘하에 "케이프혼과 뉴질랜드 사이의 해역에서 '미지의 남방대륙'을 발견하는 임무"에 한정된 것이었다.[7] 1767년부터 약 1년 동안 돌핀호를 지휘하여 '미지의 남방대륙'을 찾아 나선 월리스는 원래 목적했던 남방대륙은 발견하지 못했지만, 타히티를 발견하는 성과를 올렸고, 함께 탐험에 나섰던 스왈로(Swallow)호를 조선한 카터렛 선장은 남태평양을 횡단하여 솔로몬제도에 도착했다. 프랑스도 1766년 부갱빌이 지휘하는 탐험대를 파견하여 뉴헤브라이즈(New Hebrides)제도, 호주 북서부 해안·사모아섬을 탐사하였다. 이처럼 18세기 중엽은 고대 이래 남쪽바다 어딘가에 존재한다고 전해져 내려오던 미지의 남방대륙이 곧 발견될 듯한 시점이었다.

　당시 과학수준으로는 아직 지구에서 태양까지의 거리를 정확하게 계산해내지 못하고 있었다. 왕립협회는 "1769년 7월 3일 금성이 태양의 자오선을 통과하는 것을 타히티 부근에서 관측할 수 있다"고 예측했다. 만약 이를 관측할 수 있다면 태양에서 지구까지의 거리를 훨씬 정확하게 측정하는 데 도움을 얻을 수 있었다.

---

7) Skelton, 위의 책, 282쪽.

이와 같은 배경에서 왕립협회와 해군본부가 공동으로 태평양 탐사를 추진하게 되었다.

왕립협회는 탐사대 지휘관으로 당시 지리학자이자 천문학자로서 이름을 날리고 있던 달림플(Alexander Darlymple, 1737~1808)을 추천했다. 그러나 해군본부는 그가 원양항해 경험이 부족하다는 이유를 들어 거부하고, 대신 펠리서의 추천을 받아 이제까지의 전례를 깨고 뛰어난 선원이자 수로측량가이며 관측가인 쿡을 탐사대 함장으로 지명했다.[8]

쿡은 출신이 비천한데다가 50톤 내외의 소형 브릭형 측량선을 지휘한 경험밖에 없었고, 계급도 아직 하사관에 머물러 있었다. 하지만 이번 탐험을 지휘할 사람으로 쿡만한 적임자는 없었다.[9] 1768년 5월 마흔 살에 대위(lieutenant)로 진급한 쿡은 공식적으로는 금성관측 단원을 타히티까지 수행하고, 찰스 그린(Charles Green, 1734~1771)과 함께 금성을 관측하는 임무를 맡았다. 그러나 쿡은 해군본부로부터 미지의 남방대륙의 존재여부를 조사하라는 비밀명령도 받은 상태였다.[10]

쿡은 당시 영국해군의 주력함인 프리깃함이 탐사항해에는 적당하지 않다고 생각했다. 프리깃은 600톤 내외로 충분한 식량과 장비를 적재할 수 있다는 장점이 있었지만, 해안을 탐사하기에는 흘수가 너무 깊다는 단점이 있었다.

쿡은 탐사항해에 적합한 배는 '흘수가 얕아야 하고, 장기간의 항해에 필수적인 식량을 충분히 적재할 만큼 선창이 넓어야 하며, 좌초에 견딜 수 있도록 튼튼하고, 육지로 끌어올릴 수 있을 정도로 작아야 한다'고 생각했다. 따라서 쿡은 자신이 처음 승선했던 휘트비식 컬리어선을 탐사선으로 사용하게 해달라고 해군본부에 요청하였다. 해군본부는 이 요구를 받아들여 1765년에 건조된 컬리어선인 인데버(Endeavour)호를 구입해 주었다. 인데버호는 재래식 선수상船首像이 없고, 뱃머리는 넓고 높으며, 고물은 수직으로 된 작고 아담한 캣트형 선박(cat built)으로 길이 30미터, 너비 8.7미터의 368톤급 선박이었다.

쿡은 1768년 8월 25일 조셉 뱅크스를 단장으로 한 조사단원 11명을 포함한 94

---

8) John Gilbert, Charting the Vast Pacific, p.127.
9) Skelton, 『탐험지도의 역사』, 284쪽.
10) 쿡이 받은 지시서(Instruction)에 대해서는 Price, ed. by, Exploration of Captain J. Cook, pp.17 - 20을 참조.

인데버 호(1768)[11]

명의 일행을 인데버호에 태우고 플리머스항을 출항했다.[12] 쿡은 대서양을 남하한 뒤 케이프혼을 통과하여 태평양으로 진입하는 항로를 택하였다. 당시에는 태평양으로 항해하기 위해서 괴혈병에 효과가 있는 식물을 입수할 수 있는 마젤란해협을 경유하는 항로가 널리 이용되었다. 그러나 쿡은 월리스(Samuel Wallis, 1728~1795) 선장이 마젤란해협을 통과하는 데 4개월을 허비한 것에 유의했고, 또 나름대로 괴혈병을 예방할 수 있는 묘책을 갖고 있었기 때문에 케이프혼을 통과하는 항로를 선택했다.

쿡이 남태평양의 투아모투(Tuamotu)제도를 경유하여 타히티섬에 닿은 것은 1769년 4월 13일이었다. 금성이 태양의 자오선을 통과할 것으로 추정하는 6월 3일까지는 아직 시간적 여유가 있었다. 쿡은 타히티를 일주한 뒤 지도를 작성하기도 하고, 섬에 상륙하여 원주민들과 접촉하여 진기한 동식물을 관찰하기도 했다.

1769년 6월 3일 쿡 일행은 금성을 세 차례에 걸쳐 관측하였는데, 그 때마다 측정치가 다르게 나왔다. 결과적으로 금성을 관측함으로써 태양까지의 거리를 정확하게 측정하려 했던 탐험의 본래목적은 달성하지 못한 셈이다.[13]

7월 13일, 타히티섬을 출항한 쿡은 해군본부의 비밀명령인 '미지의 남방대륙'을

---

11) 이병철, 『위대한 탐험』, 57쪽.
12) 그렌펠 프라이스(Grenfell Price)는 탐사대가 조사단원을 포함하여 94명이었다고 적고 있고, 부어스틴은 선원 94명과 조사단 8명으로 구성되었다고 적고 있는 데 대해, 바로우(Barrow)는 승무원 84명이었다고 적고 있다. 그러나 쿡의 1차탐사대는 선원 71명, 해병 12명, 조사단원 11명으로 구성되어 있었고, 폴리네시아인 2명은 통역으로 동승하였다. Price, ed. by, Exploration of Captain J. Cook, p.16 ; Boorstin, 『발견자들 I』, 442쪽 ; Barrow, ed. by, Captain Cook's Voyage of Discovery, p.1 ; Gilbert, Charting the Vast Pacific, p.127. 쿡의 1차항해 동승자 명단에 대해서는 Ray Parkin, H.M. Bark Endeavour, pp.96-98을 참조하라.
13) Price, Exploration of Captain J. Cook, p.29 ; Barrow, Captain Cook's Voyage of Discovery, p.49.

찾아 나섰다. 타히티의 서북방으로 항해하여 무리지어 있는 섬을 발견한 쿡은 섬들이 서로 가까이 붙어 있어서 '사회제도[오늘날의 Sociéte Is.]'라고 명명한 뒤 항로를 남쪽으로 바꾸어 '미지의 남방대륙'에 대한 탐사에 착수했다.

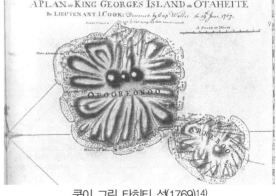

쿡이 그린 타히티 섬(1769)[14]

며칠 동안 남쪽으로 항해하고 난 뒤 항로를 서쪽으로 바꾸어 항해한 쿡은 1769년 파버티(Poverty)만 부근에서 뉴질랜드에 도착했다.(10.7)[15] 쿡은 이곳에 6개월 여 동안 머물면서 뉴질랜드전도를 작성했고, 400여 종에 달하는 새로운 식물을 채집하기도 했다. 쿡은 원주민들의 식인행위에 놀라기도 했지만, 마오리족 원주민들과는 대체로 우호적인 관계를 유지했다.

뉴질랜드는 이미 타스만이 1642년 탐험 때 도달하여 스타텐란트로 명명한 바 있었다. 그러나 그는 서부해안만 탐사했기 때문에 남섬과 북섬 사이에 있는 해협을 만이라고 생각했다. 그러나 쿡은 뉴질랜드 전역을 탐사하여 타스만이 만이라고 생각했던 곳이 실제로는 해협이라는 사실을 확인했다. 이 해협이 바로 뉴질랜드를 북섬과 남섬으로 가르고 있는 쿡해협이다.

1770년 4월 1일, 뉴질랜드를 출항한 쿡은 일단 항로를 서쪽으로 잡아 당시 뉴홀랜드로 알려져 있던 호주 동해안으로 항해하여 호주 남동해안에 도착했다.(4.19) 닻을 내리고 상륙한 쿡은 원주민이 사용하는 부메랑을 보았고, 캥거루 등 진기한 동식물을 목격했다. 캥거루란 이름은 탐사대가 이 동물의 이름을 묻자 말이 통하지 않은 원주민이 '모른다'는 뜻으로 '캥거루'라고 대답한 것에서 유래했다.

한편 이 지역에는 처음 본 식물이 많이 있었기 때문에 '식물'이란 뜻의 보타니(Botany)만이라고 이름지었다. 쿡은 호주 동해안을 북상하면서 포트 잭슨(Port

---

14) Skelton, 『탐험지도의 역사』, 287쪽.
15) Price, Exploration of Captain J. Cook, p.45.

Jackson)·버스타드(Bustard)만·그레이트 배리어(Great Barrier) 암초 등의 이름도 지었다. 한편 호주 동북부의 1200마일이나 되는 산호초군인 그레이트 배리어 암초지대를 항해하는 동안 인데버호가 산호초에 자주 부딪혔다. 화물과 모래주머니는 물론 대포 6문까지 물 속에 빠뜨렸지만 계속되는 산호초군을 안전하게 피할 방법은 없었다. 결국 인데버호는 좌초되어 물이 스며들기 시작했다. 간신히 뱃밥[밧줄 나부랭이]으로 틀어막고 만조를 이용하여 배를 부양시킨 뒤 호주 퀸즈랜드(Queensland) 동북부의 작은 항구에 입항하여 한 달여 동안 인데버호를 수리했다. 쿡이 인데버호를 수리한 이 항구는 1873년 팔머(Palmer)강 부근에서 금광이 발견되면서 정착촌으로 건설되면서 쿡 타운으로 불려지게 된다.[16] 쿡은 호주 동부해안을 영국령으로 선언하고 뉴 사우스 웨일즈라고 명명했다.[17]

인데버호의 수리가 끝나자 쿡은 토레스해협을 경유하여 뉴기니에 잠시 정박한 뒤 식량보급을 위해 네덜란드 동인도회사의 근거지인 바타비아(자카르타)에 기항했다. 인데버호가 바타비아에 도착할 때까지 승무원이나 조사단원 가운데 괴혈병으로 죽은 사람은 한 명도 없었다. 당시 원양항해를 하는 항해가들에게 최대의 적이 괴혈병이었음에도 불구하고 쿡은 단 한 사람의 탐사대원도 잃지 않았던 것이다. 이는 당시로서는 기적적인 일이었다.

1753년에 스코틀랜드 출신 해군 군의관 제임스 린드(James Lind, 1716~1794)가 감귤류 등의 과일로 괴혈병을 예방할 수 있다는 내용의 책을 출판했지만, 영국 해군본부는 그 방법을 채택하는 데 인색했다. 쿡 역시 제임스 린드의 책은 읽지 않았던 것으로 알려지고 있다. 그러나 그는 선원들에게 마데이라산 생양파, 소금에 절인 양배추, 야채, 티에고 델 푸에고에서 나는 스커비풀(scurvy grass:배추과의 식물로 괴혈병의 약재로 이용됨) 등을 섭취하게 하고, 선원들의 청결을 철저히 유지시킨 결과 괴혈병을 예방할 수 있었다. 그러나 항해 중의 사고와 바타비아에 머무르는 동안 말라리아와 이질 등으로 탐사대원 94명 중 36명이 사망했다.[18]

쿡은 바타비아를 출항하여 인도양과 희망봉을 경유하여 플리머스를 출항한 지 2년 11개월 만인 1771년 7월 12일 영국으로 귀환했다. 쿡은 조지 3세를 배알한

---

16) New Encyclopaedia of Britannica(1988).
17) Barrow, Captain Cook's Voyage of Discovery, p.151.
18) Tony Horwitch (이순주 옮김), 『푸른 항해』, 42쪽.

쿡이 그린 뉴질랜드와 호주 동해안(1769~70)[19]

뒤 중령으로 진급했다. 쿡은 해군본부에 제출한 보고서에서 1차탐사의 성과를 다음과 같이 자평했다.

"이번 항해에서 한 발견은 큰 것은 못되지만, 본인은 그것만으로도 관심을 가지기에 충분하다고 생각합니다. 그리고 본인은 그렇게도 사람들의 입에 오르내리던 미지의 남방대륙을 발견하는 데는 실패하였지만[어쩌면 그 곳은 존재하지 않을 수도 있습니다], … 그것이 본인의 실수라고는 생각하지 않습니다. … 우리가 좌초하지 않는 행운을 누리게 된다면 다음번 항해에서는 이번에 이룩한 것보다 더 많은 성과를 거둘 것이라고 생각합니다."[20]

쿡은 1차 탐사항해에서 금성관측과 미지의 남방대륙을 발견하는 데는 실패했지만, 뉴질랜드와 호주 등지에서 동식물 표본을 수집해 옴으로써 생물학 발전에 크게 이바지했다. 이후 영국해군이 추진한 탐사항해에는 과학자들이 동승하는 관례

19) Skelton, 『탐험지도의 역사』, 290쪽.
20) quoted in Price, Exploration of Captain J. Cook, pp.88 - 90.

가 확립되었다.

3. 2차 탐사항해 : 최초의 남극해 탐험

달림플은 '남방대륙이 존재하지 않을지도 모른다'는 쿡의 주장을 받아들이려 하지 않았다. 달림플은 "포르투갈의 항해가인 퀴로스(Pedro Fernández de Quirós, 1565~1614)가 남방대륙을 발견하고 상륙한 적이 있다"고 주장하기까지 했다.[21] 물론 쿡도 남방대륙이 존재하지 않는다고 단정해서 말하지는 않았다. 쿡은 1차탐사에서 미지의 남방대륙을 발견하는 데 실패했지만, 아직 미련이 남아 있었다. 그는 1차 탐사항해일지 마지막 부분에 다음과 같이 기록해 놓았다.

"남쪽바다에서 (미지의 남방대륙을) 발견하기 위해서는 희망봉을 돌아 뉴질랜드를 경유하여 … 특정위도에서 편서풍을 타고 동쪽으로 항해하고, … 만약 대륙을 발견하지 못하고 다른 땅을 만날 경우에는 북상한 뒤 무역풍을 타고, 서쪽으로 돌아가야 한다."[22]

그는 '배 두 척만 지원해 준다면, 남방대륙과 관련된 다양한 논의를 종식시키기 위해 기꺼이 탐험에 나서겠다'면서 해군본부에 지원을 요청했다. 해군본부는 그의 요청을 받아들여 다시 한번 '미지의 남방대륙의 존재여부'를 확인하도록 지시했다. 쿡은 이번에도 탐사선으로 휘트비식의 컬리어선인 462톤급의 레절루션(HMS Resolution) 호와 340톤급의 어드벤처(HMS Adventure, 함장 Tobias Furneaux) 호를 이용하였다. 2차 탐사항해에는 독일인 포르스터(Johann Reinhold Forster, 1729~1798)와 스웨덴인 스파르만(Sparmann) 등의 박물학자와 천문학자 두 명이 동행했다.

그가 세운 탐사계획은 간단했다. 이제까지 그 누구도 항해해 본 적이 없는 남위 고위도 해역까지 탐사하여 남방대륙이 존재하는지의 여부를 확인하고, 겨울 동안에는 뉴질랜드와 타히티섬에서 휴식을 취한다는 것이었다.

1772년 7월 13일, 플리머스를 출항한 쿡은 케이프 타운을 경유하여(11.23) 2주일

---

21) quoted in Gilbert, Charting the Vast Pacific, p.131.
22) Skelton, 『탐험지도의 역사』, 290쪽 재인용.

뒤에 남위 60°선상의 해역으로 진입했다. 남극의 여름에 해당하는 1773년 1월 남극권에 진입한 쿡은 거대한 빙산에 압도되었지만, 녹아 내린 빙산 사이를 헤쳐가며 항해를 계속했다. 쿡은 남극대륙의 75마일 지점까지 접근한 것으로 짐작했다. 추위와 빙산 때문에 해도를 작성하는 일이 불가능했기 때문에 정확한 지점은 확인할 수 없었다. 그 때까지 남극해는 그 누구도 항해해 본 적이 없는 미지의 바다였다. 그러나 결국 쿡에 의해 남극해에도 사람의 발자취가 남게 되었다.

남극해의 얼음에 둘러 싸인 레절루션호(1773.1)[23]

쿡은 얼음에서 벗어나 북쪽으로 항로를 바꾸어 다시 인도양으로 진입하였다. 이 때 레절루션 호와 어드벤처 호는 안개 때문에 서로 헤어졌지만, 원래 계획에 따라 남서부의 뉴질랜드 더스키(Duskey)만에서 만나 남녘의 겨울을 보냈다. 1773년 11월에 시작된 두번째 남극해 탐사는 태평양 해역에서 이루어졌다. 남극권 아래쪽으로 내려가면서 동쪽과 남쪽바다를 탐사했지만 안개 속에서 빙산이 항로를 가로막고 있을 뿐이었다. 쿡은 1774년 1월 30일 남위 71° 10', 서경 106° 54' 지점에 도착함으로써 당시로서는 지구 최남단까지 항해하는 기록을 세웠다. 쿡은 당시의 상황을 항해일지에 다음과 같이 기록하고 있다.

---

23) John Gilbert, Charting the Vast Pacific, p.133.

"우리는 이곳에서 97개나 되는 거대한 빙산을 발견했다. 나는 이 빙산을 뚫고 나간다는 것이 불가능하다고는 말하지 않았지만, 무모하게 그렇게 하는 것은 아주 위험한 일이라고 단언한다. 나는 나 이전 어떤 사람들이 했던 것보다 더 멀리 항해했고, 또 그렇게 하는 것이 가능하다고 생각하지만, 나는 이와 같은 장애물을 만난 것을 나쁘다고 생각하지는 않는다. 왜냐하면 그것은 어떤 점에서는 남극지대를 항해하는 데 벗어날 수 없는 위험과 곤란으로부터 우리들을 구해 주었기 때문이다. 따라서 우리는 이 곳에서 한 치도 더 멀리 남쪽으로 갈 수 없었기 때문에 맞바람을 받으며 북쪽으로 빠져 나오지 않을 수 없었다. 이 때 우리가 있던 곳은 남위 71° 10', 서경 106° 54'이었다."[24]

쿡은 다시 뉴질랜드로 되돌아와 휴식을 취한 뒤 1774년 2월부터 10월까지 남태평양을 탐사하여 이스터(Easter)섬 · 통가(쿡은 이 섬을 Friendly Islands라고 명명하였다) · 마르케사스(Marquesas) · 뉴헤브라이즈제도(쿡이 명명) · 뉴칼레도니아(쿡이 명명) 등을 탐사했다.

남녘바다의 여름이 찾아오자 쿡은 다시 남극해 탐사에 나섰다. 1775년 1월부터 2월까지 대서양 해역의 남극권을 탐사한 쿡은 사우스 샌드위치(South Sandwich)섬과 사우스 조지아(South Georgia)섬을 발견한 뒤 귀항길에 올라 플리머스를 출항한 지 3년 17일 만에 영국으로 귀환했다.(1775.7.30) 쿡이 항해한 거리는 7만 마일에 달했다.

이처럼 쿡은 온갖 어려움을 무릅쓰고 남극해를 세 차례에 걸쳐 탐사했음에도 불구하고 미지의 남방대륙이라고 할 만한 땅을 발견하지 못했다. 남극대륙에서 남아메리카 남단쪽으로 뻗어 있는 남극반도를 발견했으나, 그 곳은 자신들이 생각했던 미지의 남방대륙이라고 할 만한 땅은 아니었다. 결국 쿡은 '남위 60° 이북에는 대륙이 존재하지 않으며, 만약 대륙이 존재한다면 그 대부분은 남극에 있을 것'이라고 결론지었다. 쿡은 항해일지에 2차탐사의 성과를 다음과 같이 요약했다.

"나는 지금 고위도지대의 남쪽바다를 일주했고, 남극 근방과 도저히 항해할 수 없는 곳을 제외하고는 육지가 있을 만한 곳을 찾아 이 해역(남극해)일대를 샅샅이 뒤졌다. 나는 태평양의 열대바다를 두번 탐사함으로써 이전에 발견된 몇 개 섬의

---

24) Boorstin, 『발견자들 I』, 450쪽 재인용.

위치를 확정하였을 뿐만 아니라, 새로운 섬도 많이 발견했다. 나는 이 해역에서는 더 찾아볼 만한 것이 없다고 생각한다. 나는 이번 항해의 목적을 모든 면에서 충분히 달성했고, 남반구는 충분히 탐사되었으므로, 2세기 가까이 해양국들과 지리학자들의 관심을 끌었던 '남방대륙' 탐사는 이것으로 끝났다고 자부한다."[25]

쿡은 2차 탐사항해의 본래 목적이었던 '미지의 남방대륙의 존재여부'를 없는 것으로 최종 확인했다. 부어스틴은 쿡이 '부정적 발견', 즉 "있다고 전해져 내려오는 미지의 남방대륙이 존재하지 않는다는 사실을 입증하는 어려운 과업을 완수하였다"[26]고 평가했다.

쿡의 2차탐사는 항해사적으로도 매우 중요한 의미가 있다. 당시에는 아직 경도를 정확하게 측정하지 못하고 있었다. 1530년 독일의 천문학자 프리시우스(Gemma Frisius, 1508~1555)가 "지구는 둥글기 때문에 경도 15°마다 1시간씩 변하므로 시간을 정확하게 잴 수만 있다면 간단하게 경도를 계산해낼 수 있다"고 주장한 이래, 경도를 계산하는 문제는 정확한 시계를 개발하는 쪽으로 집중되었나.[27] 그러나 정확한 시계를 개발하는 일이 말처럼 쉬운 것은 아니었다.

1707년 쇼벌(Cloudesley Shovel, 1650~1707) 제독이 지휘하는 영국의 지브롤터 함대는 경도를 엉뚱하게 계산하는 바람에 영국 남단 실리 섬 부근의 해안에서 좌초하여 선박 4척과 승무원 2천여 명이 사망하는 사고가 발생했다. 이에 영국의회는 1714년에 경도위원회를 구성한 뒤, "실질적이고 유용한 방법으로 30마일 이내의 오차범위에서 경도를 측정할 수 있는 방법을 개발한 사람에게 2만 파운드의 상금을 주기로 결정했다."[28]

링컨셔(Linconshire)의 목수 존 해리슨(John Harisson, 1693~1776)은 1730년경부터 '타임키퍼(Timekeeper)'를 만들기 시작하여 1760년까지 총 4개의 크로노미터(정밀시계)를 제작했다. 이 가운데 1760년에 만든 크로노미터인 H4[해리슨이 네번째 만든 크로노미터라는 뜻으로 붙인 이름]는 1761년에 있었던 성능시험에서 불과 5초

25) Boorstin, 위의 책, 450쪽 재인용.
26) Boorstin, 위의 책, 443쪽.
27) Cuyvers, Sea Power ; A Global Journey, p.220.
28) Cuyvers, Ibid., p.221.
29) https://en.wikipedia.org/wiki/John_Harrison.

정밀시계 제작으로 경도문제를 해
결한 존 해리슨[29]

밖에 틀리지 않아 경도위원회가 내건 요건을 충족
시켰다. 경도위원회는 해리슨의 동의를 얻어 H4를
분해하여 새로운 복제품을 만들도록 켄달(Larcum
Kendal, 1719~1790)에게 지시하였다. 쿡은 2차항
해에서 켄달이 제작한 K1 크로노미터를 시험하라
는 명령을 받았다.

쿡은 4개의 크로노미터를 휴대하였지만, 그 가
운데 해리슨의 H4 복제품인 K1만 제대로 작동했
다. 쿡은 이 크로노미터를 '절대로 실패를 모르는
우리들의 안내자이자 믿을 수 있는 친구'라고 지
칭했다.[30] 쿡은 항해사상 최초로 크로노미터를 활
용함으로써 경도를 정확하게 측정해냈다.[31]

2차탐사를 통해 남방대륙이 존재하지 않는다는 사실을 확인함과 동시에, 남태
평양의 여러 섬을 확인하고 새로운 동식물의 표본을 수집한 쿡은 남극해를 처음

쿡이 2차 항해시 사용했던
K-1 크로노미터

으로 항해했으며, 크로노미터를 이용하여 경도
를 정확하게 측정했다. 특히 3년여에 걸친 장
기간의 항해에도 불구하고, 당시 항해자들에게
가장 무서운 병인 괴혈병으로 탐사대원을 잃지
않았다.

쿡은 이와 같은 공로를 인정받아 포스트 캡틴
(Post - captain, 대령과 제독 사이의 계급)으로 진
급하였고, 왕립협회의 정식회원으로 선출되었으
며, 특히 괴혈병을 극복한 공로를 인정받아 왕
립협회로부터 최고영예인 코플리(Copley) 메달
을 받았다.[32]

30) Cuyvers, Ibid., p.222 재인용.
31) Cuyvers, Ibid., pp.222 - 223.
32) Price, Exploration of Captain J. Cook, pp.191 - 192.

4. 3차 탐사항해 : 하와이의 처음 이름 샌드위치섬과 전설이 되어버린 죽음

1770년대까지 북아메리카를 관통하는 이른바 북서항로의 존재여부는 명확하게 해명되지 않고 있었다. 따라서 북서항로 탐사는 프로비셔·데이비스·배핀·허드슨·쿡에 이르기까지 당시 항해자들에게 가장 중요한 관심사 가운데 하나였다. 이에 영국정부는 1745년 배핀만에서 태평양으로 나가는 출구를 발견하는 데 2만 파운드의 현상금을 걸기까지 했다. 쿡의 2차탐사로 남방대륙이 존재하지 않는다는 사실을 확인한 영국 해군본부가 아직 해결되지 않고 있던 북서항로의 탐사를 추진하였던 것은 이와 같은 배경에서였다.

2차탐사에서 귀국한 뒤 그리니치 해군병원에서 휴식을 취하고 있던 쿡은 해군본부가 추진하고 있는 북서항로 탐사를 지휘하겠다고 자원했다. 그는 2차탐사 때 사용했던 레절루션 호를 다시 수리하고, 휘트비식 컬리어선으로 298톤급의 디스커버리[함장 찰스 클러크(Charles Clerke, 1741~1779)]호를 새로 건조했다. 쿡의 3차탐사의 공식적인 목적은 '태평양과 대서양을 연결하는 북서항로를 발견'하는 것이었다.[33]

1776년 7월 12일, 영국을 출항한 쿡은 일단 희망봉에서 디스커버리호와 다시 합류한 뒤 당시 반디멘란트와 스타텐란트로 불리고 있었던 태스메니아와 뉴질랜드·통가·타히티·소시에테제도에 잠시 기항했다. 1777년 12월 8일, 본격적인 북서항로의 탐사를 위해 남태평양을 출항하여 북상하던 쿡 일행은 12월 24일 태평양 위의 조그만 섬을 발견하고 크리스마스섬이라고 이름지었다.

쿡은 1778년 1월 18일 하와이를 발견하였다. 그는 하와이 원주민들이 타히티 원주민들과 비슷한 언어를 사용하는 것을 보고 "이 드넓은 바다에서 어떻게 이들 원주민들이 퍼져 살게 되었는지 의아하다"[34]고 기록하였다. 쿡은 하와이섬을 해군본부의 후원자인 샌드위치경의 이름을 따서 샌드위치섬이라고 이름지었다.

하와이에서 잠시 휴식을 취한 쿡은 다시 북상하여 북미 서해안의 오레건 연안에 도착했다. 여기에서 연안항해를 계속한 쿡은 캐나다 밴쿠버섬의 누트카만(당시에는 King George Sound으로 불림)으로 진입했다. 쿡은 밴쿠버섬에 상륙하여 전

---

33) Price, Ibid., p.200.
34) quoted in Gilbert, Charting the Vast Pacific, p.140.

망대를 세우고, 늑대·사슴·담비·여우·바다족제비·비버 등에 대하여 상세하게 관찰한 뒤 기록으로 남겼다. 쿡의 기록은 훗날 노스웨스트회사(North West Company)가 브리티시 콜럼비아(British Columbia)에서 모피무역을 전개하는 데 유용한 자료로 활용되었다. 캐나다 연안을 따라 항해를 계속한 쿡은 알래스카 연안까지 북상하여 1778년 5월에는 프린스 윌리엄만을 탐사하였으나 항로를 찾지 못하고 알류산열도쪽으로 항로를 바꾸었다.

1778년 6월 말에 베링해로 진입한 쿡은 계속 북상하여 아시아와 아메리카 대륙 사이에 있는 베링해협을 통과했고, 8월 초에는 북극해로 진입하였다. 쿡은 북극해의 얼음을 피해 알래스카 연안을 따라 1778년 8월 18일 북위 70° 44'까지 탐사했으나, 범선으로 항해할 수 있는 북서항로를 발견하지 못했다. 결국 쿡 일행은 만 2년이 넘는 기간을 바다에서 보낸 뒤, 북극해에 겨울이 찾아오기 전에 하와이로 항로를 돌렸다.

프린스 윌리엄 만에 정박 중인 레절루션호와 디스커버리호(1778.5)[35]

---

35) Skelton, 『탐험지도의 역사』, 296쪽.

1779년 1월 17일, 하와이에 닻을 내린 쿡 일행은 이곳에서 원주민들과 좋은 관계를 유지하면서 휴식을 취했다. 2월 4일 다시 탐사에 나서기 위해 출항했지만, 레절루션 호의 돛대가 부서지는 바람에 하와이 서해안의 케알라케푸아(Kealakepua)만으로 회항하지 않을 수 없었다. 그러나 일은 엉뚱한 곳에서 터졌다. 쇠붙이를 몹시 좋아하는 하와이 원주민들이 쿡의 배에서 닥치는 대로 쇠붙이를 떼어 가 버렸다. 심지어 배 밑창에 박힌 쇠못까지 빼 가는 지경이었다. 게다가 얼마 후에는 디스커버리호의 보트 한 척이 없어지는 일이 발생했다. 쿡은 잃어버린 보트를 찾기 위하여 10명의 해병대원들과 함께 뭍으로 올라갔다. 쿡은 보트를 찾을 때까지 추장인 칼레이노푸를 인질로 잡고 있겠다는 뜻을 전했고, 칼레이노푸 추장도 쿡의 뜻에 따르는 듯했다. 그러나 다른 원로들의 반발이 심해 쿡은 추장을 인질로 잡는 일을 포기한 채 해안에서 휴식을 취하고 있었다. 그런데 잃어버린 보트를 수

캡틴 쿡의 죽음[36)]

36) John Gilbert, Charting the Vast Pacific, p.134.

색하던 해병대원 한 명이 원주민이 신성시하는 제단의 울타리를 훼손하는 일이 발생했다. 이에 격분한 원주민들은 쿡 일행을 습격했고, 이런 와중에 쿡은 원주민이 던진 창에 맞아 사망했다.(1779.2.14)[37]

문화인류학자인 마셜 샬린스는 쿡의 죽음을 유럽인이 아닌 원주민들의 입장에서 재해석하는 연구결과를 발표했다. 샬린스는 『역사적 메타포와 신비스러운 현실』[38]과 『역사의 섬』[39]이라는 두 권의 책을 통해 캡틴 쿡의 죽음을 문화인류학적으로 재해석해내고 있다.[40]

샬린스의 연구에 따르면, 쿡이 원주민들에 의해 죽음을 당한 것은 탐사대원이 원주민의 제단을 훼손한 때문만이 아니었다. 쿡의 죽음은 원주민들의 신화에 의해 이미 예정되어 있었다. 하와이 원주민들의 신화에 따르면, 신은 계속해서 폴리네시아섬을 약탈하러 오며, 그 신은 새로운 종교를 세우고 그 대리인을 새 추장으로 옹립한다. 신과 신의 대리인인 인간이 섬을 지배한다는 신화는 하와이 원주민들을 지배하는 이데올로기를 형성했다. 원주민의 지배자가 외부에서 주기적으로 오는 약탈자에게 패배하는 역사가 반복된다는 것은 매년 열리는 원주민의 마카히키축제에서 로노신神과 쿠신神의 교체의례를 통해 상징적으로 표현되었다. 평화적 질서를 가져오는 풍요의 신인 로노는 우기부터 전쟁신인 쿠가 등장할 때까지 섬을 지배한다. 이처럼 로노신과 쿠신이 번갈아 가며 섬을 다스린다고 믿는 원주민의 신화는 원주민들에게는 실재하는 하나의 현실이었다. 그런데 우연하게도 쿡이 로노신의 지배가 시작되는 시점에 섬에 도착하자 원주민들은 쿡을 로노신의 화신으로 경배하였다. 그러나 로노신으로 추앙받았던 쿡은 로노신이 4개월간 지배하고 난 뒤에 쿠신이 지배하게 된다는 원주민의 신화에 따라 이미 그 죽음이 예정되어 있었다. 마카히키축제가 끝나고 쿠신이 도래하는 시점에서 탐사대원 가운데 한 명이 로노신전의 울타리를 땔감으로 약탈하는 행위를 저지르고 이와 함께 쿡은 원주민들에게 죽음을 당하게 되었다는 것이다.

---

37) 쿡의 죽음에 대해서는 Richard Hough, The Murder of Captain James Cook을 참조하라.
38) Marshall Sahlins, Historical Metaphors and Mythical Realities ; Structure in the Early History of the Sandwicth Island Kingdom.
39) Marshall Sahlins, Islands of History.
40) 마셜 샬린스의 문화사적 서술에 대해서는 김기봉, 「역사서술의 문화사적 전환과 신문화사」(안병직 외, 『오늘의 역사학』, 한겨레, 1998)를 참조하라.

역사적 사건을 실재하는 것으로 이해하지 않고 특정한 의미체계 내지 문화에 따라 다르게 해석할 수 있다는 최근의 신문화사적 연구동향에 따라 샬린스는 쿡의 죽음을 서양인의 관점이 아닌 원주민의 관점에서 새롭게 해석해냈다.

탐사대장이었던 쿡이 사망함에 따라 디스커버리호의 지휘권은 함장인 클러크에게 넘어갔고, 그는 캄차카반도를 거슬러 올라가 베링해와 북극해의 북위 70° 33′지점까지 광범위하게 탐사했다. 그러나 탐사 도중 클러크 역시 폐병으로 사망하고 말았다. 결국 레절루션 호와 디스커버리호는 존 고어(John Gore, 1730?~1790)의 지휘

캡틴 제임스 쿡 전신상
(그리니치해양박물관, 1998년 촬영)

하에 일본 근해와 중국 남부, 바타비아를 경유하여 희망봉을 돌아 영국으로 귀항했다.(1780.10.4.)

캡틴 제임스 쿡은 역사상 중요한 업적을 남겼다. 우선 미지의 남방대륙이 존재하지 않는다는 사실을 확인했고, 남태평양상의 대부분 섬을 탐사하여 해도를 작성했다. 쿡의 대탐사가 완료되었을 당시에는 감비에(Gambier)제도 · 마르케사스제도의 북부, 쿡제도의 일부와 투아모투제도의 일부만이 아직 알려지지 않은 상태로 남아 있을 뿐이었다.[41] 오늘날 우리가 알고 있는 세계지도의 대부분이 쿡에 의해 완성된 것이다. 다만 해양탐험에서 호주의 전체 윤곽이 아직 밝혀지지 않고 있었고, 북서항로의 존재유무도 확인되지 않은 채 남아 있을 뿐이었다. 또한 그는 대양항해에서 가장 큰 장애물이었던 괴혈병을 퇴치하였고, 크로노미터를 이용하여 경도를 정확하게 계산해냈다.

쿡은 가난한 농부의 아들로 태어나 영국 왕립협회의 정회원으로 선출되었고,

41) Skelton, 『탐험지도의 역사』, 298쪽.
42) Skelton, 『탐험지도의 역사』, 297쪽.

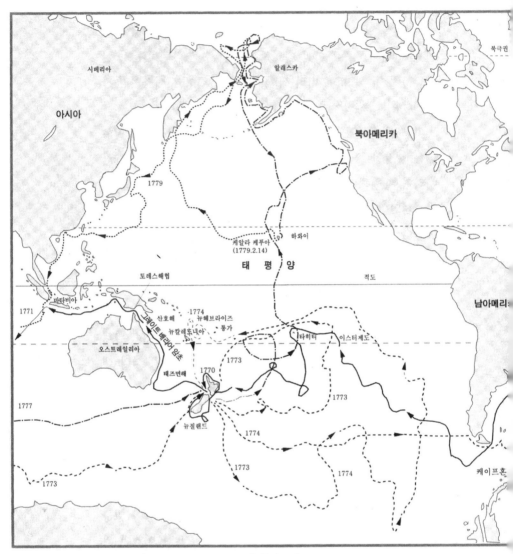

쿡의 항해도[42]

일개 수병에서 출발하여 포스트 캡틴에까지 진급한 입지전적인 인물이었다. 뿐만
아니라 유능한 항해가이자 훌륭한 인품을 소유한 지휘자·수학자·천문학자·수
로측량가이기도 했다. 그는 대서양·인도양·태평양 등은 말할 것도 없고, 북극해
에서 남극해까지 지구상에 존재하는 모든 해역을 탐사했다. 그런 만큼 그의 이름

은 뉴질랜드 남섬과 북섬 사이의 쿡해협, 호주 퀸즈랜드 북동부의 쿡타운·쿡섬, 뉴질랜드 남섬의 쿡산 등에 붙여져 기억되고 있다.

영국인들은 그의 이름 앞에 캡틴이라는 경칭을 덧붙여 줌으로써 그의 뛰어난 업적을 기리고 있다. 이름 앞에 캡틴이라는 경칭이 붙은 사람은 1943년 수중호흡기를 발명한 자크 이브 쿠스토(Captain Jacques-Yves Cousteau, 1910~1997)와 쿡 두 사람뿐이다. 넬슨 제독이 "바다를 잘 아는 사람들만이 쿡과 그의 업적을 이해할 수 있다."고 말한 것은 바로 쿡의 대항해의 위대함을 한 마디로 표현한 것이다.[43]

---

43) 호위츠, 『푸른 항해』, p.77.

23장

밴쿠버에 이름을 남긴 조지 밴쿠버

조지 밴쿠버 선장

　캐나다 서부에서 가장 널리 알려진 도시는 단연 밴쿠버다. 그러나 이 밴쿠버라는 지명이 영국의 한 선장 이름에서 유래되었다는 사실을 아는 사람은 그리 많지 않다. 밴쿠버에 이름을 남긴 사람은 조지 밴쿠버(George Vancouver, 1757~1798) 선장이다. 밴쿠버란 성의 유래에 대해서는 네덜란드의 북동 지방의 작은 마을인 '쿠보르덴 출신'을 뜻하는 van Coevorden에서 유래했다는 설이 일반적으로 받아들여지고 있다.[1]

　1757년 6월 22일 영국의 노포크(Norfolk)주에서 태어난 밴쿠버는 열세 살 때 해군에 입대하여, 캡틴 쿡이 수행한 2차 항해(1772~1775)와 3차 항해(1776~1780)에 참가하여 해상경력을 쌓기 시작했다.[2]

　18세기 말까지 캐나다 북서부 지역에 대해서는 유럽의 어느 나라도 확고하게 장악하지 못하고 있었다. 따라서 유럽 각국의 상인들은 캐나다 북서부 지역의 원주민이나 식민지 개척민들과 자유롭게 무역을 하고 있었다. 그러나 1789년에 누트카해협 사태가 발발하였다. 스페인인들은 캐나다 밴쿠버섬의 누트카해협(Nootka

---

1) https://en.wikipedia.org/wiki/George_Vancouver(2018.10.17).

2) 이상 New Encyclopaedia of Britannica(1999).

Sound)에서 영국의 존 매어즈(John Meares, 1756?~1809) 선장이 소유한 배 4척을 나포하였다. 이에 매어즈 선장이 1790년 4월 영국정부에 보상을 요구하게 되자, 누트카해협 사태는 영국과 스페인 사이의 외교분쟁으로 비화되었다. 스페인은 1493년에 교황이 발부한 칙서에 따라 아메리카 북서해안 전체가 자기

1788년 누트카 해협에 도착한 존 매어즈 선장의
노스 웨스트 아메리카호[3]

들의 영토라고 주장했다. 이에 대해 영국은 실질적으로 점유한 영토에 대해서만 주권을 행사할 수 있다고 주장했다.

영국이 전쟁도 불사하겠다며 강경하게 나오자 스페인은 프로이센의 중재를 통해 1790년 영국과 누트카해협 약정(Nootka Sound Convention)을 체결했다.(10.28) 누트카해협 약정에 따라 모든 나라는 태평양에서 자유롭게 항해하고 어로행위를 할 수 있었고, 아직 점유되지 않은 영토와 무역을 하고 식민지를 건설할 수 있게 되었다.

누트카해협 사태를 겪은 영국 해군본부는 누트카해협에 대한 점유권을 확립하기 위하여 배 2척을 파견하여 체계적으로 탐사하기로 결정했다.[4] 이 탐사대의 지휘관으로 임명된 사람이 밴쿠버 선장이다. 당시 그에게 주어진 임무는 북아메리카의 서해안에서 동해안으로 통하는 수로와 북아메리카 중심으로 통하는 내륙항로를 탐색하면서, 북위 30°에서 60° 사이의 북아메리카 해안을 지도로 작성하는 것이었다.[5]

3) https://en.wikipedia.org/wiki/John_Meares(2018.10.17).
4) John Naish, The Achievements of Captain George Vancouver, The Mariner's Mirror, vol. 80, no. 4, 1994, p.418.
5) Naish, Ibid., p.418.

1791년 4월 1일, 디스커버리(Discovery)호와 채덤(Chatham)호 두 척에 탐사대원 180명을 태우고 팔머스(Falmouth)를 출항한 밴쿠버 선장은 희망봉을 경유하여 호주까지 항해한 뒤, 호주 남서해안과 뉴질랜드해안을 탐사했다. 뉴질랜드연안을 가장 체계적으로 조사한 사람은 타스만이나 캡틴 쿡이 아니라 밴쿠버였다.[6] 뉴질랜드는 이미 1642년에 타스만에 의해 처음으로 발견되었고, 캡틴 쿡에 의해 섬이라는 사실이 최종적으로 확인된 바 있었지만, 이들은 뉴질랜드연안을 자세히 조사하지 않았던 것이다. 호주와 뉴질랜드탐사를 마치고 타히티와 하와이에 잠시 기항한 뒤 북아메리카로 향한 밴쿠버 선장은 1792년 4월 17일 북아메리카의 북위 39° 27'인 지점에 도착했다.

밴쿠버는 이곳에서부터 해안을 따라 북상하면서 지도를 작성하고, 허드슨만으로 통하는 항로를 탐색하다가 밴쿠버 입구를 가로막고 있는 큰 섬에 도달하였다. 이 섬이 바로 밴쿠버의 이름이 붙여진 밴쿠버섬이다. 밴쿠버항을 가로막고 있는 3만 1284㎢의 이 섬은, 캐나다에서 제일 큰 섬으로 오늘날 목재산지로 유명하다.

밴쿠버는 환드푸카(Juan de Fuca)해협으로 진입하여 퍼짓 만에서 한 달여 동안 머물며 지도를 작성하는 한편, 시애틀 쪽으로 통하는 수로를 탐사하도록 피터 퍼짓(Peter Puget, 1765~1822) 중위를 파견했다. 밴쿠버는 탐사가인 퍼짓 중위를 기념하여 이 수로를 퍼짓수로(Puget Sound)로 명명하였고, 밴쿠버항과 밴쿠버섬 사이의 조지아해협에 있는 만은 조지아만이라고 이름지었다.[7] 또한 1792년 8월까지 이미 북아메리카에 대한 선점권을 보유하고 있던 스페인인들로부터 밴쿠버섬에 연해 있는 누트카섬을 감싸 돌고 있는 누트카해협에 대한 이용권을 얻기 위하여 협상을 벌이기도 했다.

1793년 4월 해안탐사를 재개한 밴쿠버 선장은 북쪽으로는 북위 56° 44'까지, 남쪽으로는 캘리포니아의 상 루이스 오비스포(San Luis Obispo)까지 조사했다. 1794년 알래스카 남단의 쿡 하구(Cook's Inlet)쪽으로 항해하였다가 다시 남하한 밴쿠버 선장은 샌프란시스코 북쪽 해안을 조사한 뒤, 케이프혼을 경유하여 영국을 출항한 지 4년 6개월 만에 귀환하였다.(1795.10.20) 그가 항해한 거리는 7만 마일 이상이었다.[8]

---

6) I.A. Langnas, Dictionary of Discoveries, p.191.

7) New Encyclopaedia of Britannica(1999).

귀국 후 밴쿠버 선장은 정신질환에 시달려 이렇다 할 활동을 보이지 않다가 1798년 5월 런던 근교의 리치먼드(Richmond)에서 사망했다.[10] 그의 항해기는 『북태평양과 세계전역으로의 발견항해 1791~1795』 (Voyage of Discovery to the North Pacific Ocean and Round the World, 1791~1795)라는 제목으로 출판되었다.

밴쿠버 선장은 항해가로서는 그다지 유명한 사람이 아니었지만, 밴쿠버항에 자신의 이름을 남김으로써 사람들의 입에 적지 않게 오르내리게 되었다. 그러나 밴쿠버항이 처음부터 밴쿠버라는 지명으로 불렸던 것은 아니다. 밴쿠버는 처음에 목재산지로 개발되어 1870년대에는 그렌빌이라고 불렀다가 1886년 밴쿠버로 개명되었다. 1884년 캐나다 퍼시픽 철도(Canadian Pacific Railway)가 이 지역을 체계적으로 탐사한 조지 밴쿠버의 이름을 기려 도시명을 밴쿠버로 명명하도록 제안하였으나 받아 들여지지 않았다.[11] 그러다가 1886년 이 지역이 하나의 시로 통합되면서 밴쿠버로 개명되어 오늘에 이르게 된 것이다.

미국에도 밴쿠버라는 지명이 있다. 미국 오레곤주의 포틀랜드와 마주보고 있는 도시가 바로 그 곳이다. 미국의 밴쿠버는 1824년 영국 허드슨만 회사의 기지로 개발되어 밴쿠버 선장의 이름을 따서 밴쿠버요새로 명명되었다.[12]

밴쿠버 선장은 단 한 번의 탐사항해로 그의 이름을 후세에 남겼다. 지리사학자인 스켈톤은 "밴쿠버 선장은 다른 어느 항해가들보다 더 세심하게 해안을 조사하였다"[13]고 평가했다. 사실 밴쿠버 선장은 북위 39°에서 61°의 쿡섬까지 복잡한 북

북태평양과 세계전역으로의 발견 항해 표지 1791~1795[9]

8) Naish, The Achievement of Captain George Vancouver, p.418.
9) 해양연맹, 『바다』 30호, 2009 여름, 103쪽.
10) 내쉬(John Naish)는 밴쿠버 선장의 사망원인이 알려진 것처럼 결핵이 아니라 강박관념에 기인한 신우신염이나 심장염일 가능성이 많고, 사망일도 1798년 5월 12일 이전이라고 주장하고 있다.[Naish, The Achievement of Captain George Vancouver, pp.423 · 428.
11) Naish, Ibid, p.418.
12) New Encyclopaedia of Britannica(1988).
13) Skelton, 『탐험지도의 역사』, 298쪽.

아메리카 북서해안을 3년여에 걸쳐 조사했다.

북아메리카를 관통하여 태평양으로 통하는 수로를 발견하는 작업은 16세기 중엽부터 프로비서 · 데이비스 · 허드슨 · 배핀 등에 의해 150여년 동안 꾸준히 계속되어 왔다. 하지만 그 누구도 수로를 발견하지 못했다. 실제로 북아메리카를 관통하는 수로가 없었기 때문에 탐험가들이 이를 발견할 수 없었던 것은 당연한 일이었다. 결국 밴쿠버 선장의 탐사는 북아메리카를 관통하는 북서항로가 존재하지 않는다는 사실이 최종적으로 확인되었다는 데에 의의가 있다.

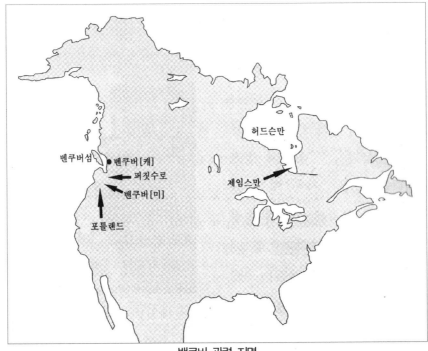

밴쿠버 관련 지명

결론 : 해양 활동과 자본주의 발전의 친화성

* 포스트모더니즘은 혁명·민족국가·자본주의와 같은 거대담론들을 해체하려고 시도하였고, 실제로 산업혁명이나 프랑스혁명에 관한 거대담론을 일정 부분 허물어트리는 데 성공했다.[1] 포스트모더니즘이 기존 역사학에서 배제되어 왔던 여성이나 하층민의 역사를 복원시키고, 거대담론에 입각한 역사해석을 해체하는 등 학계에 적지 않은 영향을 미쳤다는 사실을 부정할 수 없다.[2] 하지만 포스트모더니즘이 현재 세계를 작동시키고 있는 자본주의 체제나 자본주의에 관한 담론 그 자체를 해체시키지는 못한 것 같다.

　자본주의는 '근대'나 '근대성'이란 용어와 더불어, 인문·사회과학 분야의 거의 모든 분과학문에서 가장 중요한 연구주제가 되어 왔다. 근대와 자본주의는 떼려야 뗄 수 없는 불가분의 관계에 있으며, 심지어 근대자본주의사회와 같은 용례에서처럼, 마치 한 낱말처럼 쓰이고 있기까지 하다. 그 기원이 어디건 간에, 인류의 역사가 고대노예제사회와 중세봉건제사회를 거쳐 근대자본주의사회로 발전해 왔다고 보는 거대담론이 역사발전의 일반론으로 받아들여지고 있는 것이 현실이다. 이는 각국사에도 그대로 적용되어 세계의 많은 나라들은 자국사를 고대 → 중세 → 근대로 구분하여 서술하여 왔고, 우리의 경우도 예외는 아니다. 식민지시대이래 우리 민족사 연구는 우리의 역사가 외세 의존적·파당적·정체적이라는 식민사관을 극복하는 데 초점을 맞추어 왔다. 이는 우리 민족도 세계사적인 보편성에 따라 자체적으로 봉건왕조 사회에서 자본주의사회로 발전할 수 있었다는 자본주의 내재적 발전론으로 구체화되었다. 실학, 도고, 광작 따위는 바로 그러한 주장을 입증하기 위해 발굴해 낸 국사학계의 연구성과였다.

　필자는 역사에서는 보편성 못지않게 특수성도 작용하고 있다고 믿고 있다. 자본주의 발전론 역시 거시적인 관점에서 보편적인 당위성의 관점에서 접근하는 것

---

* 　원전 : 한국해양대학교 국제해양문제연구소, 『해양과 이슈』, 16권 제1호, 2005.3.
1) 　필자의 전공분야인 산업혁명으로 논의를 한정한다면, Arnold Toynbee가 1881~1882년 옥스퍼드 경제사 강의에서 처음 사용한 '산업혁명'이란 거대담론에는 '기계의 도입과 그로 인한 공업의 급격한 발전'이란 의미가 내포되어 있지만, 경제사가들은 18세기 말에서 19세기 초 사이의 이른바 산업혁명 시기에 영국 사회에 기계가 그렇게 광범위하게 도입되지도 않았고, 공업도 급격하게 발전하지 않았다는 사실을 확인해 내었다. 그 결과 현재는 산업혁명을 대문자 'Industrial Revolution'이라고 쓰지 않고 소문자 'industrial revolution'이나 '산업화'(industrialization)라는 표현을 사용하는 예가 늘어나는 추세에 있다.
2) 　김기봉, 『역사란 무엇인가를 넘어서』(푸른 역사, 2000), 118 - 119쪽.

결론 : 해양 활동과 자본주의 발전의 친화성　359

보다는 미시적인 관점에서 자본주의와 특정 문명권이나 문화권, 내지는 개별국가와의 친화성 관점에서 연구하는 것이 문제의 본질에 접근하는 바른 길이라고 생각한다.

필자는 이 소고에서 자본주의의 발전과 해양활동 간의 연관성에 초점을 맞추어 하나의 시론을 제기하고자 한다. 그것은 '해양활동과 자본주의 발전 간에는 밀접한 관계가 있었고 한 나라의 자본주의의 성패는 해양활동의 성격과 어느 정도 영향관계에 있지 않은가' 하는 것이다.[3] 자본주의가 유럽, 그 중에서도 서유럽에서 발전하였다는 점에 대해서는 이론의 여지가 없다. 서유럽에서 자본주의가 막 발흥하기 시작한 시기에 종교개혁과 르네상스, 그리고 해양팽창이 거의 동시에 이루어졌다. 따라서 자본주의의 역사를 서술할 때는 의례 시대적 배경으로서 유럽의 해양팽창과 그에 뒤이은 식민활동을 다루어왔다.[4] 그러나 종교개혁으로 인한 프로테스탄티즘 윤리나 상업활동이 자본주의 발전론의 핵심 주제로서 논의되어온 것과 비교하면, 해양활동은 자본주의 성장의 시대적 배경으로 취급되어온 감이 없지 않다. 이러한 문제의식에서 필자는 자본주의의 발전과 해양활동간의 연관성론을 제기하고 이를 논증해 보고자 한다.

1. 자본주의의 정의와 이행논쟁

우리는 흔히 현재 사회를 자본주의사회라 일컫지만, 정작 '자본주의'란 무엇인가라는 물음에 대해서는 일반인들은 말할 것도 없고, 전문 역사가나 경제학자들도 명확하게 답변하지 못하고 있다. 이런 상황이다 보니 히튼(Heaton) 같은 학자는 "모든 … ism이 붙는 말 중에 가장 소란스러운 것이 자본주의이다. 불행하게도 이 말은 제국주의라는 말이 그렇듯이 너무 많은 뜻과 정의가 섞여버린 잡탕이 되

---

3) 여기에서 해양문화는 특정 국가나 민족의 문화의 성격을 큰 틀에서 규정하고자 할 때 사용하는 개념으로서 대륙문화, 유목문화, 해양문화와 같은 용법으로 사용할 것이다. 이에 대해서는 맺음말을 참고하라.

4) 아담 스미스는 『국부론』에서 유럽팽창의 상징적 사건인 아메리카의 발견과 동인도 항로 발견을 "인류 역사에 기록된 두 가지 가장 위대하고 가장 중요한 사건"이었다고 평가하였다. Adam Smith, 『국부론』 하, p.123; Michell Beaud (김윤자 역), 『자본주의의 역사』, 제1장; 월러스틴, 『근대세계체제』 I, 제1장 참조.

어서 이제 존경할만한 학술용어서로서는 배제해야 한다."고 주장했고, 페브르(Febvre)는 '자본주의라는 말이 너무 남용되고 있기 때문에 버려야 한다'고 생각했다. 하지만 우리들이 "자본주의라는 말을 계속하는 사용할 수밖에 없는 이유는", 쇼필드(Schofield)가 토로한 것처럼, "어느 누구도 이 말을 대체할 더 좋은 말을 제시하지 못하기 때문이다."[5]

어쨌든 자본주의라는 용어는 오늘날 가장 빈번하게 사용되는 용어 가운데 하나임과 동시에 가장 치열한 학문적 논쟁거리임에 틀림없다. 자본주의와 해양활동 간의 연관성을 논하고자 할 때에는 반드시 자본주의에 대한 정의를 명확하게 하지 않으면 안 될 것이다. 여기에서는 자본주의에 대한 여러 정의들을 일별해 봄으로써 그 정의들에 나타난 공통점을 추출하여 필자의 시론적 정의를 제시해 보고자 한다.

1964년 도자(Dauzat)는 디드로(Denis Diderot, 1713~84)와 달랑베르(Jean le Rond D'Alembert, 1717~83)의 『백과사전』(1753)에 자본주의란 말이 "부유한 사람의 상태"라는 뜻으로 실려 있다고 적었지만, 브로델은 『백과사전』에서 자본주의라 항목을 찾지 못했다고 밝혔다.[6] 자본주의란 용어에 새로운 의미를 부여한 사람은 루이 블랑(Louis Blanc, 1811~82)이었다. 그는 바스티아(Bastiat, 1801~50)와 논쟁하면서 1850년 "자본주의라고 하는 것은 어느 한편의 사람들이 다른 사람들을 배제하고 자본을 독점하는 것"이라고 썼다. 프루동(Pierre - Joseph Proudhon, 1809~65)도 이따금 자본주의란 용어를 사용하였다. 그는 자본주의란 "자본이 소득의 근원이지만, 일반적으로 자신의 노동을 통해서 자본을 움직이게 만드는 사람들이 그 자본을 가지고 있는 않은 사회경제적인 체제"라고 정의했다.[7] 옥스퍼드사전(OED)에 따르면, 영국에서 자본주의란 용어가 처음으로 사용된 것은 1854년의 일로서, 그 의미는 ① 자본을 소유한 상태 ② 생산을 위해 자본을 사용하는 상태 ③ 자본가가 존재하는 데 유리한 체계 등 세 가지로 풀이되어 있다.[8]

프랑스의 『정치과학사전』(Dictionnaire des sciences politiques)에는 1차대전 이

---

5) Braudel, 『물질문명과 자본주의』 II - 1, 337쪽 재인용.
6) Braudel, 『물질문명과 자본주의』 II - 1, 336쪽 각주 44.
7) Braudel, 『물질문명과 자본주의』 II - 1, 336쪽.
8) OED CD - ROM ver. 1.13; The Shorter English Dictionary on Historical Principles. p.281.

후에 가서야 자본주의란 항목이 추가되었고, 『브리태니커백과사전』에는 1926년에
야 자본주의란 항목이 처음 실렸으며, 『아카데미프랑세즈사전』에는 1932년에야
자본주의란 항목이 나타났다. 1932년판 『아카데미프랑세스사전』에는 자본주의가
"자본가들의 총체"(ensemble des capitalistes), 그리고 1958년판에는 "생산재(biens de
production)가 개인이나 개인 회사에 속하는 경제체제"라고 각각 풀이되어 있다.[9]

세계의 주요 사전류에 수록된 자본주의에 대한 개념을 정리해 보면 다음과 같
다. 1988년판 『브리태니커백과사전』에는 자본주의를 "자유시장경제(free economy
market), 또는 자유기업경제(free enterprise market)라고도 불리며, 대부분의 생산
수단이 사적으로 소유되고, 생산이 주로 시장의 작동을 통해 이루어지고, 소득
(income)도 주로 시장의 작동을 통해 분배되는 경제 체제"라고 규정되어 있다.[10]
일본의 『코시엔廣辭苑 사전』에는 자본주의를 "봉건제도의 뒤를 이은 인류사회의 생
산양식. 상품생산이 지배적인 생산형태가 되며, 모든 생산수단과 생활자료를 자본
으로 소유하는 유산계급이 자기의 노동력 이외에는 팔 것이 없는 무산계급에게서
노동력을 상품으로 사서, 그것의 가치와 그것을 사용하여 생산한 상품의 가치의
차액(잉여가치)을 이윤으로 손에 넣은 방식의 경제조직"으로 정의되어 있다.[11]

자본주의에 대한 이와 같은 사전적 정의만으로는 자본주의의 본질을 제대로 파
악할 수 없다. 그런 점에서 자본주의에 대한 선학들의 견해를 비판적으로 검토해
보는 일을 간과해서는 안 될 것이다. 자본주의를 마르크스주의자들처럼 생산양식
으로 보는 측이 있는가 하면,[12] 좀바르트나 베버와 같이 정신적 측면을 강조하는
측도 있고,[13] 해밀턴과 피렌느처럼 상업적 측면을 강조하기도 한다.[14] 그런가 하
면 브로델은 자본주의를 인간 생활의 최상층에 자리 잡고 있으면서 그 아래의 시

---

9) Braudel, 『물질문명과 자본주의』 II - 1, 337쪽.
10) Encyclopaedia of Britannica(1988).
11) 사와 타카미츠佐和隆光 (홍성태 역), 『자본주의의 재정의』, 12쪽 재인용.
12) Maurice Dobb, 「자본주의 개념」, 김대환 편역, 『자본주의이행논쟁』 ; 길인성, 「자본주의」,
    김영한 엮음, 『서양의 지적운동』 II.
13) Werner Sombart, Der moderne Kapitalismus, Verlag von Dunker & Humbolt, München und
    Leipzig,1921; Max Weber, 박성수 역, 『프로테스탄티즘 윤리와 자본주의 정신』(문예출판사,
    1992).
14) Hamilton, 「아메리카의 재보와 자본주의의 발흥, 1500~1700」, Economica, 1929, p.339 ;
    Dobb, 「자본주의의 개념」, 13쪽 재인용.

장경제와 물질문명을 조직하는 질서로 보았고,[15] 월러스틴은 하나의 역사적 사회
체제로 보았다.[16]

이와 같은 견해들은 서로 배치되어 융합할 수 없는 것처럼 보인다. 하지만 좀
바르트나 베버, 마르크스주의자, 해밀턴과 피렌느, 브로델, 월러스틴의 자본주의에
대한 정의를 종합해 보면, 자본주의에 대한 종합적 결론을 도출할 수 있다. 먼저
자본주의가 역사 속에서 통시대적으로 존재했던 것이 아니라, 15~16세기 이후 등
장하여 현재에 이르기까지 지속되고 있는 하나의 사회체제로 볼 수 있다는 점에
대해서는 모든 학자들이 공감하고 있다. 물론 해밀턴이나 피렌느와 같이, 교환에
초점을 맞출 경우 자본주의가 통시대적으로 존재할 수 있었다고 주장할 수도 있
지만, 상업론자들도 그리스나 로마 시대를 자본주의 시대로 보지는 않고 있다는
사실은 명백하다. 브로델 또한 세계 - 경제(world - economy) 개념에 입각하여 적
어도 12세기 이후 세계 - 경제가 존재하였고, 그것이 자본주의적인 상층이 활동하
는 단위가 되었다고 주장하고 있다.[17] 하지만 이러한 견해를 브로델이 자본주의
가 12세기에 출현했나고 보는 깃으로 이해해서는 안 된다. 12세기에도 유럽 경제
나 동아시아 경제와 같은 세계 - 경제가 존재하여 그 상층에 자본주의가 자리 잡
을 수 있는 터전을 마련했다는 것으로 이해해야 할 것이다. 이와 같은 점을 고려
하면, 자본주의를 '근대산업체제'로 본 거션크론(Alexander Gerschenkron)[18]이나,
근대 사회체제로 보는 월러스틴의 견해가 설득력이 있는 것으로 여겨진다.

그동안에는 자본주의가 유럽, 그 중에서도 서유럽에서 발전해 왔다는 것이 지
배적인 견해였다. 따라서 베버와 같은 학자들은 자본주의가 다른 곳이 아닌 유럽,
그것도 서유럽에서 발전했는지에 대한 연구에 집중하였다. 하지만 이제는 자본주
의를 특정 지역(유럽)이나 국가(영국이나 네덜란드) 차원에서 이해하는 것보다는
세계를 하나의 체제로 볼 때 더욱 잘 파악될 수 있다는 점 또한 학자들 사이에서
많은 공감을 얻어가고 있다. 자본주의는 또한 인간이 삶을 영위하는 여러 층위
가운데 하나이면서 동시에 이들 여러 층위의 상위에 위치하여 인간의 의식과 행

---

15) F. Braudel, 『물질문명과 자본주의』 I · II · III.
16) I. Wallerstein (나종일 · 유재건 · 김인중 외 옮김), 『근대세계체제』 I · II · III.
17) 주경철, 「브로델의 상층구조」, 한국서양사학회 편, 『근대세계체제론의 역사적 이해』, 121쪽.
18) Braudel, 『물질문명과 자본주의』 II - 1, 338쪽.

동에 영향을 미쳤다는 브로델의 견해에도 주목할 필요가 있을 것이다. 무엇보다도 자본주의의 본질은 끊임없는 자본축적에 있으며, 자본축적은 자유경쟁 또는 "시장의 보이지 않는 손"에 의해서리기보다는 독점 또는 국가의 역할에 크게 의존했다. 하나의 경제체제로서 자본주의가 성립할 수 있는 전제조건은 노동력이 상품화되어야 하고, 자본주의가 적절하게 유지 내지는 작동하기 위해서는 프롤레타리아가 지속적으로 공급되어야 한다는 것이다.

여기에서 간과해서는 안 될 사실은 자본주의가 15~16세기에 출현한 이래 고정불변한 것이 아니었다는 점이다. 시간의 흐름에 따라 자본주의는 그 성격이 바뀌었고, 그 작동범위 또한 범지구적으로 확산되었다는 점이다. 레닌이 자본주의가 고도로 발전하여 제국주의화 된다는 점을 간파하였듯이,[19] 자본주의는 상업자본주의(15~17세기) → 산업자본주의(18~19세기) → 금융자본주의(19세기) → 제국주의(20세기 초반) → 수정자본주의(20세기 중엽)로 그 성격이 바뀌어 왔으며, 그 작동범위 또한 유럽에서 싹을 틔워 신대륙, 아시아, 아프리카 등지로 확산되어 갔다. 이와 같은 점을 고려한다면, 여러 학자들이 자본주의에 대해 서로 다른 견해를 갖게 된것은 그들이 연구한 시기와 문제의식이 모두 달랐기 때문이었다고 생각할 수 있을 것이다.

그동안 학계에서는 자본주의 이행을 주제로 한 논쟁이 치열하게 전개된 바 있고, 아직 논쟁이 완전히 정리되지 않아 언제든지 재연될 가능성이 다분하다. 이점에서 자본주의 이행문제는 앞으로도 학계의 주된 연구주제가 될 것임에 틀림없다. 여기에서는 자본주의 이행논쟁의 쟁점들을 비판적인 시각에서 정리해 본 뒤, 유럽의 자본주의 이행을 해양활동과 관련지어 검토해 볼 것이다.

흔히 돕‐스위지(Dobb‐Sweezy) 논쟁으로 알려진 제1차 자본주의 이행논쟁은 내인론과 외인론 간의 대립이었다. 돕은 봉건제가 쇠퇴하게 된 주된 원인을 "지배계급의 수입증대 욕구와 더불어 생산체제로서의 봉건제가 안고 있는 비효율성, 그리고 그에 따른 직접 생산자에 대한 억압과 착취의 강화" 때문으로 보고, 봉건적 착취에서 부분적으로 해방된 소생산자층의 부의 축적과 그 내부에서의 사회적 분화과정을 통해 자본주의적 생산관계가 서서히 자리 잡게 되었다고 보았다. 그

---

19) V.I. Lenin (남상일 역), 『제국주의론』(백산서당, 1988), 122쪽.

는 봉건제에서 자본주의로의 이행에서 내적 요인론을 견지하면서도 상업자본이 초기 단계에서 자본주의적 생산양식에 진보적인 역할을 수행했다는 주장을 부정하였다.[20] 이에 대해 봉건제를 "사용을 위한 생산체제"라고 본 스위지는 상업의 발달이라는 외적 요인에 의해 봉건제가 붕괴되고, 자본주의적 생산양식이 전개되기 이전의 15~16세기의 기간은 봉건적이지도 자본주의적이지도 않은 '전자본주의적 상품생산'(pre - capitalist commodity production) 단계였다고 보았다. 스위지는 또한 자본주의로 이행하는 두 가지 길, 즉 생산자가 상인인 동시에 자본가 역할을 하는 길과 상인이 생산을 지배하는 길 가운데 후자에 무게 중심을 두었다.[21]

1976년부터 약 6년간 'Past and Present' 지를 중심으로 전개된 제2차 자본주의 이행논쟁(브레너논쟁)은 인구론과 계급관계론간의 대립이었다. 봉건제에서 자본주의로의 이행의 동력을 계급관계에서 찾았던 브레너는 동유럽에서 비해 서유럽이, 그리고 같은 서유럽에서 프랑스에 비해 잉글랜드가 농업 부분에서 자본주의가 발달한 이유를 농민의 계급투쟁의 차이에서 비롯된 것으로 파악하였다.[22] 이에 대해 이벨, 포스탄, 라뒤리와 같은 인구론자들은 브레너가 자신들의 주장을 인구 결정론적이라거나 계급문제를 도외시한다고 주장하지만, 자신들은 인구요인을 주기적인 운동이나 경기 변동과 연관지을 뿐이며, 계급문제도 등한시하지 않았다고 반박하였다.[23]

자본주의 이행논쟁은 이후에도 프랭크 - 라클라우 논쟁, 브레너 - 월러스틴 논쟁 등으로 이어지며 더욱 격렬해진 감이 없지 않다. 이들 논쟁을 이 짧은 글 속에서 모두 다룬다는 것은 필자의 관심과 능력 밖의 일이다. 다행히도 고트립이 계급관계를 중시하는 마르크스주의자의 견해와 국가의 역할을 중시한 페리 앤더슨의 견해, 그리고 세계체제론의 견지에 서있는 월러스틴의 견해를 종합해야 한다는 주장을 펼친 바 있어 그의 견해를 살펴보는 것으로써 자본주의 이행논쟁에 대한 검토를 마칠까 한다. 고트립의 전체적인 논지는 봉건제에서 자본주의 이행을 적절하게

---

20) Dobb, 「봉건제의 붕괴와 자본주의 성립」, 『자본주의 이행논쟁』, 53쪽 & passim.
21) P. Sweezy, 「돕의 소론에 대한 비판」, 『자본주의 이행논쟁』, 101 - 128쪽.
22) R. Brenner, 「전 산업시대 유럽 농업 부문의 세급구조와 경제발전」, 『신 자본주의 이행논쟁』, 23 - 81쪽.
23) MM. Postan · John Hatcher, 「봉건사회의 인구와 계급관계」, pp.83 - 99; E.L.Roy Ladurie, 「브레너 교수에 대한 논평」, pp.127 - 132, in 『신 자본주의 이행논쟁』.

설명하기 위해서는 마르크스주의자들의 계급투쟁론과 앤더슨의 정치에 대한 강조, 월러스틴의 세계-체제론적인 측면에서의 국제적인 상업관계를 종합적으로 결합하여야 한다는 것이다. 이는 언뜻 보기에는 그럴듯하게 들릴 수도 있다. 그러나 그의 논지는 상이한 분석틀과 범주를 갖고 출발한 여러 이론들을 자신의 논지에 맞게 흩어 모아 짜깁기 한 엉성한 모자이크가 되어버린 것으로 보인다. 고트립은 뚜렷한 이론적인 틀을 갖고 출발하지 못했기 때문에 돕, 브레너, 브와, 스위지를 마르크스를 전거로 들어 비판하지만 월러스틴을 비판할 때는 마르크스를 전거로 하여 비판할 수 없었던 것이다. 왜냐하면 월러스틴의 세계~체제론은 마르크스와는 완전히 다른 분석틀을 사용하고 있기 때문이다.

2. 자본주의로의 이행과 해양활동

자본주의로의 이행의 동인을 봉건사회 내부, 계급관계, 인구모델, 정치적 관계, 또는 세계체제, 그 어디에서 구하던 간에 자본주의의 기원을 15~16세기 유럽으로 본다는 데 대해서는 학자들 간에 이견이 없다. 그렇다면 서유럽의 봉건제에서 자본주의로의 이행을 설명하기 위해서는 관념적 이론이 아니라, 역사적 사실에 근거를 두어야 할 것이다. 이를 위해서는 무엇보다도 15~16세기 유럽에서 어떤 일이 일어나고 있었는지를 살펴보아야 한다. 유럽 13개국 역사학자들이 공동으로 집필한 『유럽의 역사』(Histoire de l'Europe)에는 14~15세기를 '위기와 르네상스', 그리고 15~18세기를 '세계와의 만남으로'라는 제목 하에 서술하고 있다.[24] 이 책에 정리되어 있는 14~16세기 유럽의 주요 사건들을 자본주의 발전과의 연관성을 기준으로 정리해 보면 [표 1]과 같다.

다소 직관적으로 정리해 본 것이긴 하지만, 대체로 독자들의 공감을 얻지 않을까 생각한다. 다만 르네상스와 자본주의 발전과의 연관성을 중립으로 구분한 데는 이의가 있을지 모르겠다. 르네상스는 이탈리아를 중심으로 전개된 고전문화의 부흥을 뜻한다. 르네상스는 건축, 회화, 조각, 문학, 음악 등 예술의 모든 영역에 걸쳐 그 모습을 드러내게 되었으며, 그 사상적 바탕은 인문주의였다.[25] 따라서

---

24) 프레데리크 들르슈 편 (윤승준 역), 『새유럽의 역사』.

<표 1> 14~16세기 주요 사건과 자본주의 발전과의 연관성

연관성 있음	중립	연관성 없음
1300년 즈음 북해와 지중해 간 해상로 개통		1309~77년 아비뇽 유수
	1337~1453년 영불간 백년전쟁	1347~74년 흑사병 창궐
		1378~82년 농민봉기 빈발
1420~1460년 엔리케의 아프리카 탐사	1400년 즈음 이탈리아에서 르네상스 개막	1414~18년 콘스탄츠 공의회로 교회의 대분열 일단락
		1453년 콘스탄티노플 함락
	1488년 디아스의 희망봉 도착	
1492년 콜럼버스의 서인도제도 도착 1498년 다 가마의 인도 도착		
		1517년 루터의 종교개혁
1519~22년 마젤란 함대의 항해		1524년 독일 농민전쟁
	1536년 칼뱅의 종교개혁*	
	1566년 네덜란드의 봉기	
	1571년 레판토 해전	

*는 베버의 논지를 비판적으로 수용한 것임.

르네상스 자체가 자본주의 발전에 영향을 주었다기보다는 르네상스를 촉발시킨 이탈리아 도시들의 경제적 번영이 자본주의 발전과 연관성이 있다고 보는 것이 타당할 것이다.

그렇다면, 14~16세기까지 유럽에서 자본주의가 성장하는 데 유리한 상황을 조성했던 개연성이 있는 역사적 조건들로서는 14세기 초엽에 형성된 북해와 지중해 간의 해상로 개통과 이탈리아 도시의 경제적 번영, 그리고 포르투갈과 스페인의 해양 활동을 꼽을 수 있을 것이다. 역사에서는 단절이 있을 수 없는 것처럼, 자

---

25) Charles Nauert (진원숙 옮김),『휴머니즘과 르네상스 유럽문화』(혜안, 2002) 참조.

본주의 또한 15~16세기 어느 한 순간에 돌발적으로 발전할 수는 없다. 따라서 자본주의의 자궁이라고 할 수 있는 중세 사회에서부터 그 발전의 싹을 찾는 것이 역사가의 올바른 책무일 것이다. 그러므로 여기에서는 역사적 순서에 따라 중세의 해상무역의 발전 양상과 이탈리아 도시의 경제적 번영의 배경, 그리고 유럽 해양팽창의 전개 과정을 중심으로 이들이 자본주의 발전에 어떻게 영향을 미칠 수 있었는지를 검토할 것이다.

〈표 2〉 뤼벡 ↔ 그디니아 간 운송수단별 비교

	해로	육로
운송수단	배	마차
소요기간	4일	14일
적재량	120톤	2톤
승무원	선원 25명	마부 1명, 호송인 약간

자료 : 들류슈, 『새유럽의 역사』, p.176.

10~11세기에 걸쳐 이민족의 침입이 종식된 뒤 중세 유럽은 11~13세기에 이르기까지 인구가 증가하여 도시가 발달하고, 육로와 해상 교역로가 개설되어 상업이 부활하였다. 국제무역에서 일어난 주요한 변화 가운데 하나는 운송방식이 변했다는 것이다. 1300년 경 지중해와 지브롤터 해협, 그리고 대서양 연안을 통한 해상로가 제노바와 베네치아를 북해와 직접 연결시키게 되었다.[26] 샹파뉴 정기시장의 몰락을 초래한 것이 바로 이 해상무역의 발달이었다. 이 당시 가장 값싸고 안전한 운송수단은 배였다. 뤼벡에서 그디니아(Gdynia)까지 배와 마차의 운송효율을 비교해 보면, 해상교역의 중요성을 인식할 수 있을 것이다. 〈표 2〉 컴퍼스의 사용,[27] 선미 중앙타의 채용,[28] 해도의 활용[29] 등으로 항해는 이전의 연안항해에

---

26) 1297년 이후 제노바의 대형 범선들이 처음으로 브뤼주까지 직항로를 열었다. 브로델, 『물질문명과 자본주의』, I - 2, 581쪽.
27) 나침반이 유럽에서 항해에 처음 이용된 것은 문헌상 확인된 바로는 12세기 말이다. 김성준 외, 「항해 나침반의 사용 시점에 관한 동서양 비교 연구」, 420쪽.
28) 한자의 cog 선에 중앙타가 처음 장착된 것은 12세기 경으로 보고 있다. P. Kemp, The History of the Ship, p.61.
29) 유럽에서 해도가 처음 사용된 것은 포르톨라노 해도(Portolano Chart)가 제작되기 시작한

서 벗어나기 시작하였다.

남북 유럽을 연결하는 주요 해상로 주변에 마요르카, 세비야, 보르도, 라 로셀, 안트베르펜 등의 항구도시가 요충지로 발돋음 했다. 이러한 해상 무역을 주도한 상인들은 이탈리아 도시 상인들과 한자 상인들이었다. 아말피 해법과 라구사 해법이 지중해의 해사법을 집대성한 것이라면, 올레롱 해법과 로도스 해법은 북해의 해사법을 총망라한 것이었다.[30] 피렌체의 페루치 가는 런던, 피사, 나폴리, 아비뇽, 브루헤(안트베르펜 서쪽 항구), 키프로스 등을 거점으로 중개무역을 수행했고, 60여개의 상업도시들이 모인 한자 동맹의 상인들은 노브고로드에서 단치히를 거쳐 뤼베크까지, 그리고 이어 육로를 통해 함부르크까지, 거기서 다시 강과 바다를 통해 캄펜(네덜란드 북동부 도시)이나 브루헤까지 곡물, 밀랍, 발트해 산 호박 따위를 운송해 오고, 반대 방향으로 모직물과 소금을 실어 날랐다. 이러한 해상교역에 사용된 수단은 현금이었다. 각 나라에서 주조된 금화와 은화를 현금화하기 위해서는 환전상의 도움을 받아야 했고, 14세기 중에는 환어음이 출현했다. 이와 같은 금융거래를 통해 이탈리아의 메디치(Medici) 家, 페루치(Peruzi) 가, 신성로마제국의 푸거(Fuggers) 가, 프랑스의 자크 쾨르(Jacques Coeur, 1395~1456) 가와 같은 대은행가들이 나타나 정치·경제적 영향력을 발휘하였다.[31] 이들은 모두 상인 제조업이나 금융업으로 시작하여 원료를 제조업자에게 공급하고, 그들이 제작한 완제품을 매입하여 판매하는 선대제(putting - out system)를 통해 막대한 부를 축적하였다.[32]

상업의 부활과 도시의 성장이 자본주의의 내적 씨앗이었고, 대상업 가문의 성장과 농민들의 저항은 그것의 싹틔움이었다면, 해상교역의 발달은 외적 거름이었다. 유럽의 여러 지역에서 자본주의가 성장할 가능성은 잠재하고 있었지만, 그 필요충분조건을 갖춘 곳은 이탈리아였다. 르네상스 전문사가인 퍼거슨은 이탈리아

1300년 경 이후로 밝혀져 있다(이희연, 『지리학사』, 80쪽). 그러나 포르톨라노 해도에 방향 표시판인 풍배도(Wind - rose)가 삽입된 것은 1375년에 이르러서였다(김성준 외, 「항해 나침반」, 421쪽).

30) E. Fayle, 『서양해운사』, 제2장 참조.
31) 들르슈, 『새유럽의 역사』, 178 - 180쪽.
32) 중세 상인자본의 성장에 대해서는 민석홍, 『서양사개론』(삼영사, 1984), pp.306 - 309에 잘 정리되어 있다.

르네상스의 경제적 배경을 다음과 같이 설명하고 있다.

"13세기 이전 이탈리아의 중북부에서는 봉건제도가 자취를 감추고, 정치적으로 독립된 도시 국가 내에서 강력한 시민 사회가 형성되었다. 이탈리아가 부를 축적하고 가장 일찍 도시의 발달을 보게 된 데는 무엇보다도 동방과 서방 간의 자연적 집산지에 위치하고 있었다는 지리적 이점에 힘입은 바 크다. 이탈리아 상인들은 레반트, 흑해 연안, 프랑스, 영국 등지에 상관을 개설하고, 근대적인 부기법을 개발하였으며, 거래 방식도 현찰 거래에서 신용장과 차용증서를 사용하였다. 13세기가 끝나기 이전에 이탈리아 상인들은 상업 자본주의의 기본적인 방법을 완성하였다. 이탈리아의 대외 상업은 초창기부터 수출 산업의 육성을 수반하였다. 이탈리아 상인들은 제품을 수출하고, 공업 생산을 위해 원료를 수입해 옴으로써 이익을 본 것이 아니었다. 그들은 기회를 잘 이용하고 자기 자본을 잘 운용함으로써 이탈리아 내에서 대규모 공업, 특히 의류공업과 피혁공업을 완전 장악할 수 있었다. 14세기 중엽 피렌체에서는 전 인구의 2/3에 해당하는 약 3만 명의 주민들이 생계를 모직물 공업에 의존하고 있었고, 정도의 차이는 있었지만 피사, 밀라노, 제노바의 경우에도 비슷한 상황이었다. 상인들은 이익을 찾아 잉여자본으로 대금업과 은행업을 영위하였다. 13세기에 중엽에 대금업과 은행업은 단순한 고리대금업의 한계를 넘어서 발전하여 국제무역과 공공 재정에서 없어서는 안 될 중요한 부분이 되었다. 자본의 성장은 이탈리아에서만 특수하게 나타난 현상은 아니었지만, 유럽의 다른 어떤 나라도 이탈리아만큼 자본주의가 그렇게 일찍 발전된 것은 아니었고, 경제 생활에 큰 영향을 준 것도 아니었다. 중세 사회를 변질시키고 끝내는 붕괴시킨 역동적인 힘은 이탈리아에서부터 작용하기 시작했던 것이다."[33]

퍼거슨은 이탈리아에서 르네상스가 성장할 수 있었던 경제적 토대를 대외 상업의 발달과 그에 수반된 금융업과 제조업의 성장에서 찾고 있다고 할 수 있다.

르네상스 시기에 이루어진 또 하나의 거대한 흐름은 유럽의 해양 팽창이라고 할 수 있다. 그러므로 해양 팽창을 선도한 국가로서 포르투갈과 스페인이 어떠한 배경에서 해양 활동에 나서게 되었는지를 살펴볼 필요가 있다. 이와 관련하여 필자는 월러스틴의 견해에 주목하고자 한다. 이베리아 반도 국가들의 해양 팽창과 관련하여 세계-체제론적 시각에서 분석하고 있는 월러스틴의 견해가 설득력이

---

33) F.K. 퍼거슨 (김성근·이민호 공역), 『르네상스』(탐구당, 1993), 59 65쪽.

있다는 것이 필자의 생각이다. 따라서 여기에서는 유럽의 해양 팽창에 대한 월러스틴의 견해를 살펴보고, 그것이 자본주의의 역사 전개에 어떠한 의미가 있었는지를 정리해 볼 것이다.

월러스틴은 자본주의, 정확하게는 자본주의적 세계 - 경제는 15세기 후반과 16세기 초에 탄생했다고 보았기 때문에 세계 - 경제의 이전 역사인 유럽의 봉건사회에 대해 언급하지 않을 수 없었다. 따라서 그의 『근대 세계체제』 I권[34]의 제1장은 '중세적 전조'(Medieval Prelude)가 되었다. 월러스틴은 자본주의적 세계 - 경제가 성립하기 위해서는 첫째, 세계가 지리적으로 팽창해야 했고, 둘째, 세계 - 경제의 다른 지역과 다른 생산물을 위한 상이한 노동통제 방식이 개발되어야 했으며, 셋째, 강력한 국가가 건설되어야 했던 것이 필수적이었다고 주장한다.[35] 이 가운데 둘째와 셋째 측면은 첫째 측면, 즉 지리적 팽창의 성공 여부에 크게 좌우되었기 때문에 월러스틴은 유럽 팽창을 선도한 포르투갈이 해외로 팽창하게 된 동기를 분석하고 있다. 그는 포르투갈이 이 시기에 해외로 팽창하게 된 동기를 다음과 같이 정리하고 있다. 지리석으로 포르투길은 대시양 언안과 아프리카에 바로 인접해 있어 대서양으로 팽창하는 데 유리하였고, 이미 원거리 무역에서 많은 경험을 얻고 있었으며, 베네치아의 경쟁자인 제노바인들의 경제적인 지원을 받을 수 있었다는 것이다.[36]

그러나 이러한 요인들은 포르투갈이 해양으로 팽창하는 데 필요조건은 될 수 있지만, 근본적인 동기였다고는 할 수 없다. 그리하여 월러스틴은 여기서 한걸음 더 나아가, 당시 포르투갈만이 팽창하려는 의지와 그 가능성을 극대화할 수 있었다고 주장한다.[37] 당시 유럽은 금, 식량, 향료, 섬유를 처리하기 위한 원료, 그리고 노동력 등 많은 것을 필요로 했다. 포르투갈의 경우, '발견 사업'(discovery enterprise)으로부터 발생하는 이익은 귀족과 부르주아지, 심지어는 도시의 반(半)프롤레타리아 등에게 고루 분배되었다. 포르투갈과 같이 영토가 작은 국가에게

---

34) Immanuel Wallerstein, The Modern World - System I - Capitalist Agriculture and the Origins of the European World - Economy in the 16th Century, Academic Press, N.Y. ; 1974. 이하 MWS I로 약함.
35) MWS I, p.38.
36) MWS I, p.49.
37) MWS I, p.51.

그러한 이익은 대단히 중요한 것이었으며, 대외적인 팽창은 국가의 수입을 확대하고 영광을 축적하는 지름길이기도 했다. 포르투갈은 당시 유럽의 많은 국가들 가운데서 내적인 정치적 투쟁을 겪지 않았던 곳이었으며, 식량을 경작할 토지도 부족하였다. 그리하여 포르투갈인들 사이에서는 해양으로 진출하는 것에 대한 공감대가 형성되었으며, 젊은이들도 기꺼이 탐험에 나서게 되었다는 것이다. 한편, 부르주아지의 이익이 귀족의 이해와 상충되지 않았다는 이유도 있었다. 부르주아지들은 포르투갈의 좁은 시장이 갖는 한계에서 벗어나고자 노력했고, 자본이 부족하였던 그들은 다행히도 베네치아와 경쟁 관계에 있었던 제노바인들로부터 자본을 얻어 쓸 수 있었다는 것이다.[38]

월러스틴은 봉건제에서 자본주의로의 이행의 가장 중요한 원동력을 봉건제의 위기에 직면한 지배계급의 생존전략과 결국 그 위기의 해결책을 마련해 준 유럽의 지리적 팽창으로 보았던 셈이다. 월러스틴은 당시 유럽이 영주 수입의 감소를 보상하고 격렬한 계급투쟁의 가능성을 차단하고, 귀금속, 식량, 향료, 원료와 노동력을 제공해 줄 새로운 지역을 필요로 하였으며, 이 당시 항해사업이 뛰어들 충분한 동기와 역량을 겸비한 나라는 포르투갈이 유일하였다고 보았다.[39]

15세기에 해양으로 팽창한 것은 유럽 전체가 아니라 포르투갈이었으며, 포르투갈 또한 해외 팽창사업을 국가가 주도하기 이전에는 엔리케라는 한 왕자의 실천력에 의해 해양 팽창 사업이 주도되었다는 점은 주지의 사실이다. 그렇다면 엔리케 왕자가 해양 탐사를 주도했던 이유를 살펴보는 것 또한 간과해서는 안 될 것이다. 엔리케 왕자의 연대기를 쓴 아주라라는 엔리케 왕자가 해양 탐사를 열성적으로 후원했던 이유를 다섯 가지로 설명하고 있다. 첫째, 엔리케는 카나리아제도와 보자도르 곶 너머에 무엇이 있는지 알고 싶어 했다. 둘째, 아프리카 금광업자들과 거래함으로써 경제적인 이익을 얻을 수 있을 것으로 생각했다. 셋째, 이교도인 무어인 세력을 잠식시키기를 원했다. 넷째, 미개인을 기독교도로 개종시키고자 했다. 다섯째, 만약 전설로 전해 내려오는 선교사 존의 왕국을 발견한다면 이와

---

38) MWS I, pp.51 - 52.
39) 하지만 성백용은 월러스틴의 견해에 대해 인과적 필연성이 막연하고 결과론에 가까울 따름이라고 비판적 견해를 제시하였다. 성백용, 「봉건제에서 자본주의로의 이행과 세계체제론」, 145쪽.

연합하여 이슬람교도를 협공할 수 있으리라 생각했다.[40]

이와 같은 생각들은 사도 요한이 다스린다는 전설상의 기독교 왕국이 아프리카 어딘가에 있다는 풍문이 전해짐으로써 더욱 증폭되었다. 엔리케는 선교사 존의 왕국을 찾는다면 동맹을 맺어 이슬람교도를 협공할 수 있을 것이라고 생각했던 것이다. 이러한 생각은 십자군원정 이래 유럽 기독교권에서 지속되고 있었던 목표이기도 했다. 이처럼 엔리케가 아프리카 탐험을 조직하고 후원했던 것은 어떤 새로운 이념이나 기대에서 시작한 것이 결코 아니었다. 오히려 중세적인 동기와 지식을 바탕으로 아프리카 탐험에 나섰던 것이다.[41]

유럽, 아니 포르투갈과 스페인의 해양팽창과 그에 뒤이은 식민지 사업은 유럽이 자본주의로 나아가기 위한 긴 여정의 첫 단계였다. 미셸 보는 자본주의로의 긴 여정의 첫 단계를 아메리카의 정복과 약탈(16세기)로, 두 번째 단계를 부르주아지의 등장과 그 기반의 확립(17세기)으로 각각 특징짓고 있다. 그는 디아스의 희망봉 일주, 콜럼버스의 서인도 도착, 다 가마의 인도 도착으로 시작된 '유럽의 거대한 부의 사냥(교역과 약탈)'으로 아메리카의 귀금속이 유럽으로 유입되고, 그로 인해 물가가 상승하여 유럽은 낡은 것과 새로운 것의 충돌의 장이 되었다고 보았다. 1521~1660년 사이에 1만 8천톤의 은과 200톤의 금이 아메리카로부터 스페인으로 운송되었고, 그로 인해 16세기 중엽에서 17세기 초 사이에 유럽 각국에서 소맥의 가격이 2~4배가량 올랐고, 실질임금은 50%가 하락하였다. 이 시기에 자본 축적은 국가에 의한 축적과 부르주아적 축적이라는 낡은 방식과, 아메리카에서 발견된 보물과 금은광 혹은 식민지 농장에서의 생산을 통한 축적이라는 새로운 방식으로 이루어졌다. 미셸 보는 16세기를 상업자본주의 시대로서 미래의 자본주의 발전을 위한 조건이 생겨나고 전개된 자본주의의 맹아기였다고 보았다.[42] 유럽 팽창과 그로 인한 식민지 사업으로 유럽이 이른바 '상업혁명'을 겪고, 이로 인해 자본주의로 발전할 수 있는 기틀이 되었음은 주지의 사실이다.[43]

이상에서 살펴본 바와 같이, 해상 교역과 지리상의 해양탐험, 그리고 식민지

---

40) Gommes Eannes de Azurara, The Chronicle of the Discovery and Conquest of Guinea, vol.I, pp. 27 - 30.
41) J.H. Parry, 『약탈의 역사』, 17쪽.
42) Beaud, 『자본주의의 역사』, 16 - 28쪽.
43) L.B. Packard (최문형 역), 『상업혁명』참조.

사업은 유럽이 봉건사회에서 자본주의 사회로 성장하는 기나긴 여정에서 결코 빼놓을 수 없는 역사적 전제조건이었다. 왜냐하면 해양 활동을 통한 원재료의 획득, 해외 판매 시장의 확보, 금은의 대량 유입을 통한 국부의 축적 등은 자본주의 성장에 우호적인 배경이 되었다는 것은 의심의 여지가 없기 때문이다.[44] 그런데 한 가지 의문이 드는 것은 해양 팽창을 선도했던 포르투갈이나 스페인이 아닌 영국이 자본주의를 발전시킬 수 있었는가 하는 점이다. 이는 해양 활동이 곧 자본주의 성장으로 귀결되는 것이 아니라는 사실을 반증한다.

3. 해양 활동과 자본주의의 발전

역사상 해양 활동을 활발히 벌여온 민족들이 동시대의 다른 민족에 비해 앞선 문화와 문명을 창출하였다는 것은 주지의 사실이다. 고대 페니키아와 그리스, 중세의 노르만 민족과 이탈리아 도시국가, 근대의 포르투갈과 스페인, 그리고 네덜란드와 영국이 바로 그러한 예의 대표적인 본보기들이다.[45] 자본주의가 출현하기 시작한 15세기 이후만을 비교해 본다면, 유럽의 포르투갈, 스페인, 네덜란드, 영국, 동양의 중국이 활발한 해양활동을 벌인 바 있다. 여기에서는 스페인과 영국, 그리고 중국의 해양활동을 비교해 봄으로써 해양활동이 자본주의 발전으로 이어지게 되는 연결고리를 찾아볼까 한다.

먼저 이 세 나라 가운데 시기적으로 가장 일찍 그리고 경이적인 해양활동을 한 중국의 예를 살펴보기로 하자. 2005년은 정화의 하서양下西洋 600주년이 되는 기념비적인 해이다. 명의 3대 황제 영락제는 1405년부터 1421년까지 총 6 차례에 걸쳐 대함대를 파견하여 인도, 페르시아만, 아프리카의 말린디까지 항해하도록 했다. 정화 함대의 일부는 아메리카 대륙까지 항해하였다는 주장도 있다.[46] 명의 5대 황제 선조 선덕제도 1430년(선덕 5년)에 대함대를 파견하였다. 7차에 걸친 명의 대함대를 지휘한 사람이 정화였는데, 그의 항해는 인류 역사상 가장 경이적인 항해로 손꼽히고 있다. 그의 함대의 구성과 항로를 살펴보면 〈표 3〉과 같다.

---

44) Smith, 『국부론』 상, 206 - 214쪽 참조.
45) 허일·강상택·정문수·김성준·추이원핑 편저, 『세계해양사』 참조.
46) Gavin Menzies, 1421 : The Year China Discovered America.

항차	목적	출발	귀환	함대와 승무원	최종 기항지
1차	조공·교역	1405년 겨울	1407년 9월	62척 / 2만 7800명 또는 3만 7000명	캘리컷
2차	조공·교역	1407년 겨울	1409년 늦여름	?	캘리컷
3차	조공·교역	1409년 10월	1411년 6월	48척 / 2만 7000명 또는 3만명	캘리컷
4차	조공·교역	1413년 겨울	1415년 7월	63척 / 2만 7670명	말린디
5차	조공·교역	1417년 겨울	1419년 7월	?	말린디
6차	사신 귀환	1421년 봄	1422년 8월	?	?
7차	조공·교역	1430년 12월	1433년 7월	61척 / 2만 7550명	말린디

자료 : 미야자키 마사카쓰, 『정화의 남해대원정』, 제6-8장.

놀라운 것은 정화 한대 원정에 동원된 보선寶船은 세계해양사에서 유례를 찾아
볼 수 없을 정도로 거대한 목선이었다는 사실이다. 『영애승람』에는 정화 함대 가
운데 가장 큰 배는 길이가 44장 4척, 너비 18장이라고 기록되어 있다. 미야자키
마사카쓰는 명대 조선造船에 사용된 1 준척准尺을 34.2cm로 환산하여 보선 가운데
가장 큰 것은 길이 151.8m, 너비 61.6m에 이르는 것으로 계산해 내었다. 보선의
최대 크기에 대해 8천 톤이라는 주장도 있으나, 오늘날에는 대체로 배수량 1천톤
내외로 보는 것이 일반론이다.[47] 유럽이 목조로 3천 톤급 배를 만들 수 있었던
것은 1800년대 중반에 이르러서였다. 명이 대외적으로 해금정책을 유지하면서도
대규모 해양 원정을 감행한 배경은 무엇 때문이었을까? 〈표 3〉에 나타나 있는 것
처럼, 항해의 목적은 건국 초기 명의 대외적 위신을 드높이고, 해외의 여러 나라
들을 명의 조공체제에 편입시키는 한편, 국영 무역을 도모하고자 하는 것이었
다.[48] 유럽의 해양 탐사대들이 아시아로 가는 항로를 찾아 경제적 이익을 추구하
고자 했던 것과는 다소 상이한 원정 목적이었던 셈이다. 원정대에 참가한 사람들
또한 능동적인 참여자라기 보다는 황제의 명을 수행하는 관리와 군사 등이 주류

47) 허일·김성준·최운봉崔云峰 편역, 『중국의 대항해자 정화의 배와 항해』, 124,187쪽.
48) 미야자키 마사카쓰宮崎正勝 (이규조 옮김), 『정화의 남해대원정』, 131, 197쪽.

를 이루었다. 미야자키가 정리한 바에 따르면, 정화 함대 승무원은 크게 1) 환관, 2) 관료로서 외교와 교역에 종사한 자, 3) 조선, 군사, 의장 등에 종사한 군인, 4) 음양관, 의사 등 네 그룹으로 나뉘어져 있었다.[49]

이처럼 인류역사상 최대 규모로 해양 사업을 추진했던 중국이 갑자기 그 활동을 중단한 이유는 어디에 있을까? 월러스틴은 중국이 해양팽창을 지속하지 못한 원인에 대한 여러 학자들의 견해를 다음과 같이 소개하고 있다; 중화사상, 관료집단의 환관에 병적인 증오심, 해외활동을 준비하는 데 따른 국고의 고갈(윌리엄 윌리츠), 육식 위주의 유럽의 목축과 곡물 생산을 위해 공간이 더 필요했던 반면, 쌀 위주의 중국은 노동력이 부족했다는 점(피에르 쇼뉘), 제국의 구조를 해체하는 경향이 있는 유럽의 봉건제와 제국을 유지하는 경향이 있는 중국의 녹봉제(베버, 레븐슨), 내부의 봉기를 두려워하여 총포 기술과 장인 수의 증가를 억제했던 중국(치폴라), 왕명학파의 세례를 받은 관료들과 주자학을 이어받은 환관들간의 이념 대립.(무니에) 이어 월러스틴은 중국과 유럽의 차이를 다음과 같이 정리하고 있다.

"로마제국의 골격은 희미한 기억으로 잔존했으며, 그 기억은 주로 하나의 교회에 의해 중세로 이어졌다. 이와는 달리 중국인들은 약화되기는 했으나, 제국의 정치구조를 유지할 수 있었다. 이것이 봉건체제와 녹봉제적 관료체제에 입각한 세계제국 사이의 차이였다. 그 결과 중국은 여러 면에서 유럽 보다 더 발전된 경제를 유지해 나갈 수 있었다. … 또한 두 지역에서 추진된 농업경영의 차이, 즉 유럽은 가축 사육과 밀 경작 쪽으로, 중국은 쌀 경작 쪽으로 나아간 점을 덧붙여야 할 것이다. 쌀 경작에는 공간이 덜 필요했지만, 더 많은 노동력을 필요로 했고 … 유럽은 중국 보다 지리적으로 팽창하는 것이 더욱 절실했다. 중국에서는 팽창을 수지맞는 일로 생각했을 만한 집단들이 더러 있었지만, 또 그만큼 그들에 대한 제약이 뒤따랐다. 이는 제국의 틀 안에서 세계체제의 정치적 안정을 유지하는 것이 최우선 과제였다는 사정에서 연유한다. 그러므로 중국은 이미 광범위한 관료기구를 유지하고 있었다는 점에서 자본주의로 나아가는 데에 좀 더 유리한 처지였고, 화폐 경제화라는 면에서, 그리고 기술 면에서 더 앞서 있었음에도 불구하고 그렇게 썩 유리한 처지가 아니었다. 중국은 제국이라는 정치적 구조로 인한 부담을 안고 있었다. 중국의 그 가치체계의 합리성으로 인한 부담을 안고 있었던 것이다."[50]

---

49) 미야자키 마사카쓰, 『정화의 남해대원정』, 136쪽.

스페인의 경우를 살펴보면, 1492년 콜럼버스의 서인도 항해를 후원함으로써 해양사업에 뛰어들었다. 오예다, 핀손, 라 코사 등은 콜럼버스 항해의 성과를 바탕으로 신대륙 쪽에서 아시아로 가는 항로를 탐사하였고, 식민지 정착민이었던 발보아는 유럽인으로서는 최초로 태평양을 목도하였으며, 마젤란은 스페인 왕실의 후원을 받아 향료제도까지 항해하려고 시도하였다. 코르테스는 멕시코에서 아즈텍 문명을, 피사로는 잉카 문명을 약탈하였다. 1560년대에는 필리핀이 스페인령으로 편입되었고, 1580년에는 포르투갈을 합병하는 등 스페인은 세계 최대의 제국을 건설하였다.[51] 16세기에 전성기를 구가했던 스페인은 17세기에 쇠퇴의 길로 접어들어 유럽의 주변부로 전락하고 말았다. 스페인사가인 엘리엇은 스페인 쇠퇴의 원인을 다음과 같이 설명하고 있다.

"17세기 중반 유럽의 많은 지역에서 예외적으로 급속한 지적, 행정적 진보가 나타났던 시기에 스페인에서는 정치적, 지적 침체가 극대화되었다. 특히 카스티야에서는 17세기 중반의 위기로 인해 나다닌 도전에 응전하는 데 실패하고 패배의 무력감에 빠지고 말았다. 이 실패의 직접적인 원인은 여러 재난들, 그 중에서도 전쟁의 패배에서 찾아야 할 것이다. … (카스티야가 실패한 원인을) 단순히 한 사람만의 실수로 돌릴 수는 없다. 그것은 그보다는 한 세대와 전체 지배 계층의 실수를 반영한다. … 제국이 파국을 모면할 수 있기 위해서는 최고의 능력을 갖춘 정치가가 필요했던 시점에 카스티야의 지배자들은 구제불능일 정도로 평범했기 때문에 자유는 결국 상실되고 말았다. … 이 실패에는 왕조의 퇴화도 분명히 한몫 했다. … 17세기 스페인인들은 의견의 차이로부터 비롯되는 힘을 상실한 사회에 속했고, 더 이상 과거와 단호하게 단절할 수 있을만큼 강한 결단력과 폭넓은 비전도 없었다. … 유럽을 이끌어나갔던 스페인은 생존의 가장 본질적인 요소, 즉 변하고자 하는 의지를 가지지 못했던 것이다."[52]

엘리엇은 스페인 제국이 17세기의 위기에 적절히 대응하지 못하고 쇠퇴한 원인을 일련의 정치적 사건(주로 전쟁의 패배), 지배계층의 무능력, 사회 전반의 보수성에서 찾고 있다.

---

50) 이매뉴엘 월러스틴, 『근대세계체제』 I, 93 - 106쪽.
51) Parry, 『약탈의 역사』, 제4장.
52) Elliott, 『스페인제국사, 1469~1716』, 430 - 434쪽.

이와 같은 요인들에 덧붙여 필자는 해양활동에 종사한 사람들의 사회적 분포와 그들에 대한 직업적 위상에도 관심을 가질 필요가 있다고 생각한다. 왜냐하면 해양활동에 능동적으로 참여하느냐 수동적으로 참여하느냐 또는 선원들에 대한 사회적 위상에 따라 외적 변화에 대응하는 양상이 달라질 것이기 때문이다. 페레스 - 마야이나는 일반적으로 선원이 되는 이유를 가난, 세계에 대한 동경, 부친의 직업 계승, 납치 또는 부모의 매매, 부와 사회적 성공 등 다섯 가지로 들고, 16세기 스페인의 경우 항구나 연해 지역의 가난한 사람들과 항해나 군인, 활동적인 직업을 선호하는 사람들이 선원이 되었다고 보았다. 그는 스페인 선원들의 사회적 계층을 보통선원과 실습선원, 수로안내인(pilot), 선장으로 대별하고, 보통선원들은 흑인과 물라토(mulatto), 심지어 노예들을 포함한 최하층이 유입되었고, 수로안내인은 목수나 뱃밥장이(caulker), 통장이(copper)와 같이 배의 의장과 관련된 전문 직업인과 장인의 아들들이 다수 종사했으며, 최상층인 선장은 고임금을 받을 수 있고, 선주로 성장할 가능성이 있었지만, 결코 상인처럼 부를 축적하는 데 성공한 예는 흔치 않았다는 점을 밝혀내고 있다. 물라토나 흑인, 해방 노예들도 수로안내인 자격시험에 응시할 수 있었고, 일부는 수로안내인으로 승진한 경우도 있었지만, 몰락한 하층귀족이 선원이라는 직업을 선택하여 귀족으로서의 품격(nobility)을 되찾을 수는 거의 없었다. 결론적으로 페레스 - 마야이나는 16세기 스페인의 선원들의 사회적 위상은 매우 낮았으며, 선원들이 단체를 결성하여 직업적 위신(prestige)을 얻고자 노력하였으나 여의치 않았다고 밝히고 있다.[53] 이상에서 살펴본 것처럼, 스페인이 콜럼버스의 선도 하에 해양사업에 나섰지만, 신대륙으로 건너간 스페인인들은 정착민이 아니라 지배계층인 군인, 선교사, 관리들과 같은 정복자들이었다.[54]

영국의 해양활동은 앞에서 살펴본 중국이나 스페인의 경우와는 크게 차이가 있었다. "영국의 첫 번째 특성은 섬 나라이며, 이것의 영국의 역사를 근본적으로 조건지었다."[55] 그런 만큼 영국인들은 역사 전면에 부각되기 이전부터 해양활동을

---

53) Pablo E. Pérez - Mallaína, trans. by Carla Rahn Phillips, Spain's Men of the Sea, John Hopkins Univ. Press, London, 1998, pp.23 - 45.
54) Parry, 『약탈의 역사』, p.126.
55) 박지향, 『영국사 : 보수와 개혁이 드라마』(까치, 1997), 12쪽.

해 왔지만, 해양활동을 통해 세계사의 무대에 본격적으로 등장하게 된 것은 1497년 존 캐봇의 뉴펀들랜드로의 항해 이후의 일이다. 이후 영국인들은 인도양과 대서양의 포르투갈과 스페인의 세력권을 잠식해가며 지속적으로 해양활동을 전개하였다. 영국인들의 해양활동은 그 성격에 따라 몇 단계로 나누어 볼 수 있다. 스페인과 포르투갈이 토르데시야스 조약에 따라 세계를 확고하게 양분하고 있었던 16세기에는 북동·북서항로를 통해 아시아로 가는 새로운 항로를 개척하려고 시도하였다. 북미 북동해안을 탐사한 마틴 프로비셔, 배핀, 데이비스, 허드슨이 바로 북동·북서항로를 찾아 나섰던 영국의 항해가들이었다. 항로 탐사가 진행되는 한편에서 롤리, 길버트, 드레이크와 같은 사나포선장들은 스페인의 식민지와 보물선을 약탈하고, 한 걸음 더 나아가 미대륙과 서인도제도에 식민지를 개척하려고 시도하였다. 이들의 식민개척 시도에 이어 17세기에 버지니아, 바베이도스, 메릴랜드, 뉴잉글랜드, 매사추세츠 등이 영국인들에 의해 식민지로 개척되었다.[56]

항로 탐사와 식민 사업에 이어 영국은 해양과학탐사라는 새로운 길을 열었다. 캡틴 쿡의 항해에 과학자들이 동승함으로써 미지의 동물과 식물에 대한 연구를 진행시킴으로써 영국인들은 항로탐사에 해양과학탐사의 성격을 덧붙였다. 다윈이 1831~36년 해군조사선 비글(Beagle) 호를 타고 갈라파고스 섬을 조사하고, 1872~76년까지 챌린저(Challenger) 호가 세계의 해양을 탐사하게 된 것은 이러한 전례에 따른 것이었다. 더 이상 미지의 해역이 사라지게 된 20세기에 이르러서도 스콧과 새클턴과 같은 영국인들은 남극점에 최초로 도달하겠다는 열망 하나로 남극 탐험을 시도하였다.

영국인들이 항해와 해양사업에 뛰어든 목적은 단순한 항로 탐색에서 새로운 섬과 대륙의 발견, 식민, 사나포활동, 과학탐사, 도전심 등 실로 다양했고, 해양활동의 성격 또한 일회적이거나 단기적인 것이 아니라 지속적·반복적·능동적이었다. 해양활동의 주체 또한 평민, 젠틀맨, 향사, 귀족, 과학자 등 영국의 거의 모든 계층이 참여했고, 이들은 해양활동을 통해 자신들의 사회적 신분을 상승시킬 수 있었다. 롤리와 드레이크, 헨리 모건과 같은 사나포선장들은 'Sir'로 존칭되었고, 가난한 마름의 아들이었던 쿡은 포스트 캡틴(post-captain)에까지 진급하고 왕립협

---

56) Parry, 『약탈의 역사』, 제9장 참조.

회의 정회원이 되었으며, 선원의 아들이었던 우링(Uring)은 상선의 선원으로 진급하고 마침내 선주로 입신하기도 하였다.[57] 데이비스가 밝혀낸 것처럼, 영국에서 선원이 되고자 하는 주된 동기는 "세계에 대한 동경심, 많은 보수, 구직, 가업의 계승"이었다.[58] 보수와 구직을 위해 선원이 되는 경우는 선원세계의 공통된 현상이라고 할 수 있으므로, 영국의 선원세계가 다른 나라와 뚜렷이 구별되는 동기는 가업의 계승과 동경심이라고 할 수 있다. 스페인이나 중국의 경우도 아버지의 직업을 이어받아 선원이 되는 경우가 있었겠지만, 그것은 하나의 사회적 신분상승의 수단으로 가업을 잇는 영국과는 분명히 구분된다. 우링도 선원인 아버지의 뒤를 이어 선원이 되었고, 커티 삭(Cutty Sark) 호의 선주로서 유명했던 윌리스(Willis) 부자 역시 모두 선장으로 승선한 바 있었다.

미지의 세계에 대한 동경심 또한 영국인이 선원이 되는 주요 동기 중 하나였다. 배를 타고 싶어 했지만 아버지의 반대로 육지에서 장사를 배우던 니콜은 1776년 21살에 캔츠 리가드(Kent's Regard) 호에 견습선원으로 승선한 뒤 "나는 지금 너무 행복했다. 왜냐하면 내가 그토록 바랐던 배를 타고 바다에 있었기 때문이다. 나에게 떨어진 닻을 감아 올리라는 명령은 내게는 기쁨의 소리였다."[59]고 적었다. 1781년 포리스터(Forester) 호의 견습선원으로 승선한 리처드슨도 "승선 다음날 아침 거울 면같이 잔잔한 바다를 보기 위하여 갑판 위에 올라갔을 때 나는 놀랐다. 멋진 아침이었고, 배 주위는 한적했다. 이 모든 것이 나에게는 완전히 딴 세상처럼 느껴졌다."고 적었다.[60]

이와 같은 영국인들의 해양활동은 말 그대로 해양을 무대로 한 활동에 그친 것이 아니라 문화로 승화되었다. 리처드 해클류트가 1589~1600년 사이에 『영국인들의 주요 항해·교통과 발견』(The Principal Voyages Traffiques & Discoveries)을 통해 영국인들의 해양활동사를 집대성하였고, 롤리나 드레이크와 같은 저명한 사나포선장들은 말할 것도 없고, 수많은 선원들이 자신들의 항해기를 출판하였다.

---

57) Alfred Dewar, ed. by, The Voyages and Travels of Captain Nathaniel Uring(1726).
58) R. Davis, The Rise of the English Shipping Industry in the 17th and 18th Century, p.153.
59) Tim Flannery, ed. by, The Life and Adventures of John Nicol, p.26.
60) Spencer Childers, ed. by, A Mariner of England : An Account of the Career of William Richardson … 1780~1819, p.4.

〈표 4〉 중국 · 스페인 · 영국의 해양활동 비교

	중국	스페인	영국
기간	1405~1433	1492(Columbus)~1714 (스페인왕위계승전쟁 종전)	1497(Cabot) - 20세기
성격	단기적 · 일회적 · 수동적	중단기적 · 수구적	지속적 · 반복적 · 능동적
목적	국위선양 · 외교 · 공무역	탐사 · 황금향 · 약탈 · 보물선 호송	탐사 · 발견 · 식민 · 사나포 · 과학 탐사 · 도전
주체	관리 · 군인	외국의 항해가 · 하층귀족	평민 · 젠틀맨 · 향사 · 귀족 · 과학자
선원의 사회적 위상	낮음	낮음	中上 이상
선원의 신분 상승 가능성	거의 불가능	어려움	가능
해양문화	없음	약함	융성
귀결	반식민지화	반주변부화	자본주의화 · 제국화

선원으로 승선생활을 한 바 있는 존 메이스필드와 같은 시인이 주옥같은 해양시를 써서 바다와 선원 생활에 대한 긍정적 인식을 심어주는 데 일조하였다. 문학뿐만 아니라 경제, 과학, 여가활동 등 모든 면에서 영국은 해양국가라는 명성에 걸맞게 바다를 연구하고, 이용하고, 즐겨왔다. 결론적으로 영국이 중국이나 스페인과 다른 점은 영국인들은 해양활동을 해양문화로 승화시켰다는 것이다.

맺음말

자본주의가 발전하는 데는 폐쇄적 국민경제체제나 자급자족경제체제로는 한계, 조금 더 나아가면 불가능하다고까지 말할 수 있을 것이다. 그렇다면 자본주의 경제체제가 제대로 작동하기 위해서는 적어도 국민경제의 테두리를 넘어야 한다는 기본전제가 충족되어야 한다. 그럴 경우 원료의 수급과 재수출, 완제품의 판매를 대량으로 하기 위해서는 저렴하게 대량으로 운송할 수 있는 배를 이용하지 않으면 안 된다. 이 점에서 해양활동은 그것 자체만으로도 민족이나 국가의 발전에 필수불가결한 요소라고 할 수 있다. 하지만 15세기 이후의 역사전개를 고려해 본다면, 해양활동이 곧 자본주의 발전으로 이어진 것이 아니었다는 사실 또한 명백하다.

해양국가로서 영국이 스페인이나 포르투갈 보다 늦게 해양사업에 뛰어들었음에도 불구하고, 자본주의화에 성공할 수 있었던 것은 영국인들이 타 국가에 비해 해양활동의 본질을 제대로 이해하고 실천하였음과 동시에 해양활동을 해양문화로 승화시켰다는 데서 그 동인을 찾아볼 수 있지 않을까 하는 것이 필자의 시론적 결론이다. 인간이 바다로 나아가는 것은 바다 그 자체에 머물러 있기 위한 것이 아니다. 인간이 해양 활동을 하는 데는 두 가지 목적이 내재되어 있는데, 그 하나는 교역이고, 다른 하나는 약탈이다. 같은 문명권이나 비슷한 정도의 문화를 갖고 있는 문명권을 대상으로 해양 활동을 하는 민족은 주로 교역을 하게 되지만, 다른 문명권이나 하위 문화권에 대해서는 처음에는 교역을 가장하지만 결국은 약탈을 감행하게 된다. 이를테면 포르투갈은 엔리케 당시에는 아프리카의 하급 문화권과 접촉하면서 노예 무역과 사금 채취 등 약탈에 치중하였고, 인도 항로 개척 뒤에는 이질문명권인 인도와 교역을 추구하였으나, 그들의 힘의 실체를 파악한 뒤에는 결국 약탈로 이어졌다. 스페인의 경우는 콜럼버스의 서인도 도착 이후 하급 문화권인 서인도제도를 약탈하였고, 결국 고급문명권이지만 이질문명권이었던 잉카와 아즈텍 문명 마저 유린하기에 이르렀다.

물론 이에 대한 반례를 얼마든지 찾을 수 있을 것이다. 이를테면 유럽의 경우 노르만 족이 같은 유럽 문명권을 약탈한 경우와 일본의 경우 같은 문명권인 중국과 한반도를 침략한 예를 떠올릴 수 있을 것이다. 그러나 노르만 족이 9~12세기 유럽을 유린하였을 당시 아직 기독교로 개종하기 이전이었다는 점에서 노르만이 유럽 기독교 문명권에 포함된다고 얘기할 수 없고, 일본의 경우도 같은 유교문명권이라고 생각할 수 있겠으나 지리적으로 중국이 대륙, 우리나라가 반도이자 산악국가였던 데 반해, 일본은 해양국가였다는 점에서 분명 이질적인 문명권이었다고 할 수 있을 것이다.

이와 같은 교역과 약탈은 거의 모든 민족과 국가의 해양활동에 나타나는 공통된 특성이다. 영국이 이들 나라의 해양활동과 달랐던 점은 해양활동의 주체들이 주류 사회의 한 축을 형성하였고, 왕실 내지 정부 또한 국가의 정체성을 해양국가로 설정하고 정책을 추진하였다는 점이다. 영국의 경우 거의 모든 계층이 선원이 되었고, 선원이라는 직업을 통해 사회적 신분을 상승시킬 수 있었으며, 해양문학, 해양과학, 해양경제, 해양전략, 해양탐험 등을 통해 해양을 무대로 한 활동이 사회의 주류 문화를 형성하였다. 이 점에서 트레벨리안이 "영국의 운명은 언제나 선원(boat - crew)에 의해 좌우되어 왔다."[61]고 적었던 것은 아주 적절했다고 할 수 있다.

여기에서 해양활동과 해양문화와의 관계를 정리할 필요성이 제기된다. 이미 2003년 한국해양문화학회에서 해양문화에 대해 학제적 접근을 시도한 바 있다.[62] 이날 워크샵에서 여러 연구자들이 해양문화의 개념을 다양한 관점에서 정의내린 바 있다. 그러므로 여기에서는 해양활동이 한 국가의 해양문화로 승화되는 이념형적 과정을 제시해 보고자 한다.

역사상 바다에 연한 민족들은 바다에서 수산, 해운, 해전, 탐험, 여가활동을 벌여왔다. 이와 같은 해양활동이 특정 국가나 민족의 주류 해양문화로 승화되기 위해서는 최소한의 조건이 충족되어야 한다.

첫째, 바다를 무대로 전개되는 여러 활동 분야가 고르게 발달해야 한다. 즉 바다를 무대로 전개되는 여러 분야 가운데 한 두 분야에 나타난 해양 활동과 문화적 양상을 토대로 그 민족의 문화적 성격을 해양문화라고 칭해서는 안 된다. 즉 수산문화, 해운문화, 해군문화, 해양여가문화 등이 한 데 어우러져 이루어진 해양문화가 특정 국가나 민족 문화의 주류를 형성하였을 경우에 한하여 그 국가 또는 민족의 문화를 해양문화라 칭할 수 있을 것이다.

둘째, 해양활동의 주체, 곧 선원직과 해양산업 경영직을 선택하게 만드는 유인력이 있고, 사회 내에서 선원직과 해양산업에 대한 사회적 위상이 나쁘지 않아야 한다. 금전적 보상이나, 사회적 입신, 또는 미지의 세계에 대한 동경심 충족, 탐험이나 탐사를 통한 명예 획득 따위의 유인력으로 사회 내에서 창의적이고 유능한 사람들을 선원직과 해양 산업으로 끌어들일 수 있어야 하며, 이들이 해양 직

---

61) G.M. Trevelyan, History of England, p.xix.
62) 한국해양문화학회, 『21세기 한국해양문화의 정의와 발전방향』, 2003, 8.22.

업과 사회 내에서 진급할 수 있는 길이 열려있어 지위상승을 꾀할 수 있어야 한다. 나아가 선원 경력이나 해양산업 경영자들이 사회의 최상층부로 진출할 수 있어야 한다. 이 점에서 영국은 포르투갈, 스페인, 중국과는 판이했다. 이와 관련하여 해상 관련 직업에 종사하는 사람들의 비율이 얼마나 많은가는 문제가 되지 않는다. 영국의 경우 1688~1830년에 이르기까지 선원이 전체 인구에서 차지하는 비율은 1%에도 미치지 못했다.[63]

셋째, 해양활동이 일회적이거나 단속적이어서는 안 되고 지속적이어야 한다는 것이다. 해양활동이 최소한 3세대 동안은 지속되어야 해양문화를 창출할 여건을 갖추게 된다는 것이 필자의 생각이다. 우리나라의 경우 9세기 장보고가 동북아시아의 해상권을 장악하였고 중국도 15세기 정화가 경이적인 해양활동을 한 바 있지만, 그것이 한 세대도 채 이어가지 못함으로써 해양활동이 문화로 승화될 기회를 상실하였다.

넷째, 해양활동의 주체들이 배와 바다 위에서 창출한 노동과 일상, 그리고 그들의 체험이 사회 전반에 소개되고 일반 대중으로부터 호응을 얻어야 한다. 선원들의 항해기, 조난기, 미지의 지역 탐방기, 모험기, 해양역사, 선원의 생활을 다룬 해양시와 소설 등이 지속적으로 출판되고, 대중들로부터 호응을 얻는다는 것은 해양활동이 해양문화로 승화되기 위한 마지막 단계이다. 여기서 한 걸음 나아가 문화로 승화된 해양활동이 해당 민족이나 국가의 정체성에 영향을 미치기 위해서는 해양 전략 내지 철학과 같은 이론적 뒷받침이 있어야 한다.

이를 도식화해 보면 다음과 같다.

각 분야의 해양 활동⇒	수산문화 · 해운문화 · 해군문화 등 부문 문화 창출⇒	☞ 해양산업 종사자들의 사회적 위상 ☞ 지속성 ☞ 해양 역사 · 문학 · 철학화	⇒ 해양문화가 해당 민족이나 국가의 주류 문화 형성	⇒ 해양 문화

---

63) 김성준, 영국 해운업에서의 전문선주의 대두와 경영성과, 1770~1815, 고려대학교 사학과 박사학위논문, 2001, 12, 159쪽,

동양 3국의 근대화 과정은 위와 같은 필자의 논지를 뒷받침해 주고 있다. 일본은 해양국가로서 비록 서구에 의해 자본주의 체제에 편입되었지만, 이를 재빨리 흡수하여 자본주의를 발전시킬 수 있었다. 결과론적으로 대륙국가였던 중국은 반식민지로, 반도국가로서 대륙 지향적이었던 조선은 식민지로 전락한 반면, 해양국가였던 일본은 자본주의화에 성공하였다. 극동아시아 3국의 역사적 경험은 해양문화가 자본주의 발전에 우호적 영향을 미친다는 필자의 시론을 확인시켜줄 수 있는 좋은 본보기이다.

우리나라는 2018년 현재 해운업 세계 7위, 조선업 1위, 수산업 13위를 차지하여 그야말로 명실상부하게 해양강국이라고 얘기해도 지나친 말이 아니다. 해방 이후 현재에 이르기까지 우리나라가 이만큼 경제성장을 이룩할 수 있었던 배경에는 해운, 조선, 수산 등 해양산업에 창의적인 사람들이 유입되고, 이들이 제 능력을 발휘했기 때문이었다는 사실은 흔히 간과되어 왔다. 그러나 해방 이후 2세대가 흘러가고 있는 현 시점에서 보면, 창의적인 사람들을 해양산업으로 유인할 수 있는 요인들이 감소되어 가고 있나. 세다가 해운사, 조선시, 수산사 등 해양이 가 분야의 역사서들이 우후죽순 격으로 간행되고 있지만, 이것들이 대중으로부터 아무런 반향을 불러일으키지 못하고 있다. 뿐만아니라 해양문학이라는 미명하에 출판된 해양소설들이 해양에 대한 긍정적 인식을 부각시키기는커녕, 해양사고, 선원들의 방종, 선내의 갈등 등 부정적 인식을 확산시키는 데 이바지하고 있다. 해방 이후 2세대가 흘러가고 있는 현 시점에서 보았을 때, 우리나라가 현재보다 한 단계가 더 발전하기 위해서는 해양활동에 창의적인 사람들을 유인할 수 있어야 하고, 해양활동의 지속성을 견지해야 하며, 해양문화를 창출하여 대중들로부터 호응을 얻어야 한다는 것이 필자의 생각이다.

부록

산타페 협약(1492)*

페르난도 왕과 이사벨라 여왕은

크리스토퍼 콜럼버스 경이 하나님의 도움으로 지금 폐하 부처를 위해 여러 대양으로 나가게 될 여행 중 대양에서 발견하는 것에 대해 폐하 부처께서 그에게 약간의 보상을 허용하신 것과 당부한 것들(Things suplicadas)은 다음과 같다.

첫째, 여러 대양의 군주이신 폐하 부처께서는 크리스토퍼 콜럼버스 경이 살아 있는 동안 여러 대양들에서 자신의 지휘와 전문지식으로 발견하거나 획득한 모든 섬과 땅에 대한 제독으로 향후 임명한다. 그가 사망한 뒤에는 카스티야 해군사령관(High Admiral of Castile)인 알롱소 앙리케즈(D. Alonso Enríquez)와 그 직위의 다른 선임자들이 그 지역들에서 보유했던 것과 같은 특권과 명예는 콜럼버스의 상속자나 후계자들에 의해 교대로 영원히 계승된다.

폐하 부처를 위해 기꺼이(Place a Sus Altezas)

후앙 데 콜로마(Juan de Coloma)

---

* 원문 - Helen Nader, ed. and trans., and Luciano Formisano, ed. by, The Book of provileges Issued to Christopher Columbus by King Fernando and Queen Isabel, 1492-1502(Berkeley : University of California Press, 1996), pp.63 - 66. 번역문은 국립해양박물관, 『대항해시대 - 바람에 실은 바람』 (2016), 168 - 169쪽에 실려 있지만, 윤색이 많이 되어 번역자인 김주식 교수의 초역문을 받아 저자가 윤문하였다.

추가사항(Octrosi): 폐하 부처께서는 콜럼버스 경이 바다에서 발견하고 획득할 수 있는 여하한 본토와 섬 그리고 모든 섬들에 대한 총독(viceroy 혹은 Governor General)으로 임명한다. 그 중 전체나 개별 지역의 통치를 위해 콜럼버스는 각 직위마다 3명을 추천하며, 폐하 부처께서는 가장 충성스러운 사람을 선발하여 임명하실 것이고, 또한 이처럼 하나님께서 그가 찾고 발견하는 것을 허용한 땅은 폐하 부처를 위해 잘 통치될 것이다.

전하 부처를 위해 기꺼이(Place a Sus Altezas)
후앙 데 콜로마(Juan de Coloma)

또한 진주, 보석, 금, 은, 향신료 그리고 어떤 종류와 이름 혹은 유형이든지 간에 다른 모든 것들과 상품이 크리스토퍼 경에게 하사한 제독 관할지의 경계 내에서 구입되고, 교환되고, 찾아지고, 획득되고, 보유하게 되든지 간에, 폐하 부처께서는 향후 발생하는 모든 관련 비용을 제하고 그 모든 상품이나 일부 상품의 1/10을 스스로 취하길 바라신다. 그리고 손대지 않고 깨끗하게 남아있는 것에 대해서는 콜럼버스 경은 스스로 1/10을 취하고 유지하며 자기 마음대로 할 수 있으며, 다른 9/10는 폐하 부처를 위해 따로 남겨둔다.

폐하 부처의 뜻에 따라(Place a Sus Altezas)
후안 데 콜로마(Juan de Coloma)

추가사항(Octrosi): 콜럼버스 경이 획득하거나 발견한 섬들과 본토에서 가져올 상품 때문에 혹은 이 상업과 교역이 이루어지는 곳에서 다른 상품들과 교환을 한 물품에 대해 어떤 소송이 발생한다면, 그리고 그러한 소송들에 대한 인식이 그의 제독 직위와 관계가 있는 특권 덕분에 그에게 속한다면, 폐하 부처께서는 다른 판사가 없이 콜럼버스나 그의 보좌관이 향후 그것에 대해 인식하고 그에 대해 판단할 권한을 갖도록 해주셨다.

그것이 제독 직위와 관련되고 알롱소 앙리케즈 경(D. Alonso Enriquez)과 그의 다른 전임자들이 자신들의 관할지역에서 보유했던 것들에 합치한다면 그리고 그렇다면 폐하부처에게 맡겨야 한다.

앙리케즈와 그 지역들에 있는 그들의 다른 전임자들,
공정한 후앙 데 콜로마

또한 매번 언제나 흔히 그랬던 것처럼, 교역과 사업용으로 장비를 갖춘 모든 선박들에 대해 크리스토퍼 콜럼버스 경은 자신이 원한다면 그 장비를 갖추는 데 드는 모든 비용의 1/8을 기부하고 지불할 수 있으며, 마찬가지로 그는 그러한 장비를 갖춤으로써 발생하는 이익의 1/8을 갖고 취할 수 있다.

폐하 부처의 뜻에 따라
후앙 데 콜로마(Juan de Coloma)

이것들은 각 조항의 말미에 폐하 부처의 승인을 받아
1492년이 되는 해의 4월 17일
그라나다의 베가에 있는 산타 페(Santa Fe de la vega of Granada) 시에서.

왕과 왕비의 명령으로
후앙 데 콜로마
칼세나(Calcena)에 등록

산타페 협약 해설*

    대서양을 횡단하는 자신의 원정을 후원하는 왕의 지원을 받기 위한 여러 해의 노력 끝에, 크리스토퍼 콜럼버스(Christoper Columbus)는 마침내 1492년 4월 중순에 이사벨라(Isabella) 여왕과 페르난도(Fernando) 왕과 합의하기에 이르렀다. '산타페 협약'으로 알려진 공식 계약은 이베리아 반도에 대한 최후의 무어 왕국이었던 그라나다(Grananda) 함락 4개월 후에 체결되었다. 국왕비서였던 후앙 데 콜로마(Juan de Coloma)는 콜럼버스와의 협상에서 국왕을 대신했다. 3척의 선박, 선원, 보급품을 포함한 첫 여행의 모든 비용은 상대적으로 대단하지 않았다. 그러나 이 모험이 성공적인 것으로 입증되면, 콜럼버스는 직위와 재부 양면에서 두둑한 보상을 받을 수 있었다. 그의 봉사에 대한 대가로 이사벨라와 페르난도는 콜럼버스에게 의미있는 양보를 했다. 그들은 그가 발견하는 모든 곳의 '제독'으로 그를 임명했으며, 그 직함이 그의 후손들에게 영원히 계승된다는 것을 약속했다. 둘째, 콜럼버스는 총독지위를 받아들였다. 그는 또한 금과 은을 포함하여 그가 발견한 어떤 곳에서도 획득하는 모든 상품의 1/10에 대해 권리를 갖게 되었다. 게다가 이 군주들은 그의 사법권에 대해 발생하는 법적 논란

---

* Facts on File History Database Center, "Capitulations of Santa Fe" http://www.fofweb.com/History/ (2016. 1. 19). 한글 번역은 김주식 교수의 초역문을 저자가 윤문하였다.

이 무엇이든지 간에 콜럼버스에게 사법권을 넘겨주었다. 마지막으로, 이사벨라와 페르난도는 함대에 있는 모든 상선의 비용 중 1/8까지 투자하고 그 상업에서 발생하는 모든 이익의 1/8까지 그 자신이 가질 수 있는 권한을 콜럼버스에게 허용했다.

독자들은 이 협약이 아시아를 언급하지 않고 있음을 주목하게 될 것이다. 아시아의 누락은 콜럼버스의 의도가 새로운 땅을 발견하는 것이고 대서양을 통과하여 아시아로 가는 것이 아니었다고 학자들이 결론짓게 만들고 있다. 그러나 아시아에 대해 특별한 언급이 없다는 것이 콜럼버스가 대륙으로 가는 서부 루트를 발견할 의도를 갖고 있지 않았다는 것을 필연적으로 의미하는 것은 아니다. 사실 페르난도 왕과 이사벨라 여왕이 위대한 칸에게 주기 위한 소개장을 콜럼버스에게 준 것을 주목할 가치는 없다. 게다가 콜럼버스의 1492년 여행에 대한 선원들 중 한 명은 아랍어의 통역관이었다. 아랍어는 인도의 많은 부분을 이해할 수 있는 언어였으며, 유럽인들이 믿었던 것은 동아시아를 이해하는 것이었을 것이다.

토르데시야스 조약(1494)*

스페인 조인: 1494년 7월 2일

포르투갈 조인 : 1494년 9월 5일

하나님의 은총으로 카스티야, 레온, 아라곤, 시실리, 그라나다, 톨레도, 발렌시아, 갈리시아 마조르카, 세비야, 사르디니아, 코르도바, 코르시카, 무르시아, 하엔, 알가르브, 알제시라스, 지브롤터와 카나리아 제도의 왕과 여왕이신 돈 페르난도와 도나 이사벨라, 바르셀로나의 백작과 백작부인, 비스케와 몰리나의 영주와 그 부인, 아테네와 네오파트라스 공작과 공작부인, 루시용과 세르다뉴의 백작과 백작부인, 오리스타노와 고치아노의 후작과 후작부인이 우리의 소중하고 사랑받는 장남이자 앞에서 말한 왕국과 통치권의 상속자인 돈 후안 왕자와 함께. 그것은 우리 위원회의 위원들인 우리의 총간사(Chief steward) 돈 엔리케 엔리케스, 레온의 수석감찰관이자 우리의 수석회계관인 돈 쿠티에레 드 카르데나스, 로드리고 말도나도 박사에 의해 다루어졌고, 조정되었으며 의견의 일치를 보았다. 우리의 이름으로 그리고 우리의 권한에 의해, 하나님의 은총으로 바다 너머의 아프리카와 이쪽의 알가르브 및 포르투갈의 왕이자 기니의 통치자이시며 또한 우리의 소중하고

---

1) 원문 - Yale Law School, Lillian Goldman Law Library, "The Avalon Project : Documents in Law, History and Diplomacy," at http://avalon.law.yale.edu/15th_century/mod001.asp (2016. 1. 19) ; 번역문 - 국립해양박물관, 『대항해시대 - 바람에 실은 바람』 (2016), 156 - 165쪽. 번역자 (김주식 박사)의 허락을 받아 전재함.

사랑하는 형제이자 가장 평화로운 돈 후안, 사그레스와 베렝구엘의 통치자인 루이 드 수자, 그의 아들이며 앞에서 말한 가장 평화로운 왕의 수석도량형조사관인 돈 후안 드 주안과 함께, 법정에서 민사사건 치안판사이자 통상재개위원인 아이레스 데 알마다, 그리고 앞에서 말한 가장 평화로운 왕의 위원회 멤버들과 함께, 그의 이름과 권한으로 활동하는 그의 모든 대사들은 이 문서의 날짜인 금월 즉 6월 7일까지 대양에서 발견된 것 중에서 어떤 부분이 우리 것이고 어떤 부분이 우리의 형제인 가장 평화로운 왕의 것인지를 둘러싼 논란 때문에 여기에 왔다. 앞에서 말한 우리 대표들은 다른 것들보다도 그 합의 안에 명시된 어떤 용어로 위에서 언급된 합의를 직접 승인하고, 확인하며, 맹세하고, 비준하고, 인준해야 한다. 따라서 우리는 위에 언급된 것에 관해 우리의 이름으로 조정되고, 합의되고 인가된 모든 것을 이해하고 이행되기를 바라면서, 앞의 합의와 조약 문서를 우리가 보고 검토할 수 있도록 가져오라고 명령했다. 그 취지는 문자 그대로 다음과 같다.

전능하신 하나님, 성부·성자·성령의 이름으로, 참으로 독립된 별개의 삼위이자 유일한 성스러운 하나이시다. 우리 주 예수 그리스도가 탄생한지 1494년이 되는 해 6월 7일에 토르데시야스 마을에서 우리와 아래 서명한 서기, 사무원, 공증인의 입회 하에 최고위층이자 아주 강력한 군주이며, 하나님의 은총으로 카스티야, 레온, 아라곤, 시실리, 그라나다 등의 왕과 여왕인 돈 페르난도와 도나 이사벨라 부부의 대표간사인 돈 엔리케 엔리케스, 앞에서 말한 통치자들이자 그 왕과 여왕의 수석회계관인 돈 구티에레 드 라 카르데나스, 그리고 로드리고 말도라도 박사, 이들 모두는 상기 군주들 즉 카스티야, 레온, 아라곤, 시실리, 그라나다 등의 왕과 여왕의 평의회의 구성원들로서 양측 중 한 측의 자격을 갖춘 대표가 된다. 그리고 사그레스와 베렝구엘의 통치자인 고귀한 루이 드 수자, 그의 궁정에서 민사사건 치안판사이자 압류해제관인 아이레스 드 알마다, 그의 아들이자 최고위층의 매우 뛰어난 통치자이자 하나님의 은총으로 바다 너머 아프리카와 이쪽에 있는 알가르브와 포르투갈의 왕이고 기니의 통치자인 돈 후안의 수석도량형검사관인 돈 주안 드 수자, 그리고 그의 궁정에서 민사사건의 치안판사이자 압류해제관인 아이레스 드 알마다, 이들 모두는 앞에서 말한 통치자인 포르투갈 왕의 평의회원이며 그의 자격을 갖춘 대사이자 대표자들이다. 양 측의 구성원들인 상기 통치자들로부터의 위임장과 승인서에 의해 양측에 의해 입증된 것처럼, 그것의 취지는 글자 그대로 다음과 같다.

[1494년 6월 5일에 페르난도와 이사벨라가 돈 엔리케 엔리케스, 돈 구티에레드 카르데나스와 로드리고 말도나도 박사에게 양도한 전권 ; 그리고 1494년 3월 8일에 왕 후안 2세가 루이 드 수자, 주안 드 수자 그리고 아이레스 알마다에게 양도한 전권에 따른다]

"그 결과로 앞에서 말한 카스티야, 레온, 아라곤, 시실리, 그라나다 등의 왕과 여왕의 위에서 언급한 대표들과 앞에서 말한 포르투갈과 알가르브 등의 왕의 대표들에 의해 그것이 선포되었다."

【1】이 조약의 체결일인 현재까지 대양에서 발견된 모든 토지들 중 어떤 토지가 각각 앞에서 말한 양측 중 어느 측과 관련되는지에 대해 그 구성원들인 앞의 통치자들 사이에 논란의 여지가 있다 ; 그러므로 평화와 화합을 위해 그리고 앞에서 말한 포르투갈의 왕과 카스티야, 아라곤 등의 왕과 여왕의 관계유지를 위해, 그들의 대표단들이 그들 폐하의 이름으로 그리고 여기에 묘사된 그들의 권한에 의해 다음 사항을 약속하고 동의했다는 것이 그 전하들의 기쁨이다. 그 내용은 경계와 직선이 결정되어 남극에서 북극으로 즉 앞에서 말한 대서양에서 북으로 남으로 극에서 극까지 그려져야 한다는 데 동의했다는 것이다. 그 경계나 선은, 그 거리가 위에서 말한 것보다 더 길지 않다면, 앞에서 말한대로 도로 계산하는 방법에 의해 아니면 가장 손쉬운 다른 최선의 방법에 의해 케이프 베르데 제도에서 서쪽으로 370리그 떨어진 곳에서 직선으로 그려질 것이다. 앞에서 말한 경계가 교차되지 않는다면, 북쪽에서든 남쪽에서든 그 경계의 동쪽으로는 또한 위에서처럼 결정된 그 선과 경계의 동쪽으로는 포르투갈 왕과 그리고 그의 선박들이 우연히 찾거나 발견하거나 또는 지금부터 찾거나 발견할 모든 토지는 섬이든 본토든 포르투갈 왕과 그의 후계자들의 것이고, 그들의 소유로 남아있을 것이며, 영원히 그들의 소관이 될 것이다. 그리고 위에서 결정된 대로, 북쪽에서든 남쪽에서든, 그 경계의 서쪽에 있는 모든 다른 육지들 - 섬이든 본토든, 이미 찾았

든 지금부터 찾게 될 것이든, 이미 발견했든 지금부터 발견할 것이든, 카스티야, 아라곤 등의 왕과 여왕에 의해 그리고 그들의 선박에 의해 발견되었거나 발견되어질 - 은 위에서 말한 카스티야, 레온 등의 왕과 여왕, 그리고 그들의 후계자들의 것이고 그들의 소유로 남아있을 것이며, 영원히 그들의 소관이 될 것이다.

【2】항. 상기 대표들은 앞에서 말한 권한에 의해 이날부터 어떤 선박도 다음과 같이 파견하지 않을 것임을 약속하고 단언한다 : 즉 카스티야, 레온, 아라곤 등의 왕과 여왕은 포르투갈과 알가르브의 왕과 연관되고 앞에서 말한 그 경계의 이쪽 부분과 동쪽 부분에 대해, 또 포르투갈의 왕은 카스티야, 아라곤 등의 왕과 여왕과 연관되고 앞에서 말한 경계의 반대쪽 부분에 대해 어떤 섬이나 본토를 발견하거나 찾을 목적으로 또는 교역, 물물교환, 또는 어떤 종류의 정복 목적으로 어떤 선박도 파견해서는 안된다는 것이다. 그러나 혹시라도 앞의 카스티야, 레온, 아라곤 등의 왕과 여왕의 선박들이 앞에서 말한 경계의 이쪽 편에서 항해하다 위에서 말한 포르투갈 왕과 연관된 시역에서 혹시 어떤 본토나 섬을 발견한다면, 그런 섬과 본토들은 영원히 포르투갈의 왕과 그의 후계자의 소관이거나 그들의 소유로 되고, 그들의 폐하들께서 그들에게 즉시 포르투갈 왕에게 넘기도록 명령해야 할 것이다. 그리고 만약 포르투갈 왕의 선박들이 카스티야, 레온, 아라곤 등의 왕과 여왕의 지역에서 어떤 섬과 본토를 발견한다면, 그 모든 토지들은 카스티야, 레온, 아라곤 등의 왕과 여왕 그리고 그들의 후계자들의 것이 될 것이고, 영원히 그들의 소유로 남아있게 될 것이며, 포르투갈의 왕은 그러한 토지들을 즉시 그 왕과 여왕에게 넘기도록 만들어야 할 것이다.

【3】항. 상기한 분할선이나 분할 경계가 직선이 되도록 하기 위해 그리고 앞에서 주장한 것처럼 케이프 베르데 제도로부터 가능한 한 서쪽으로 370리그 떨어진 거리가 되도록 하기 위해, 상기한 양측 대표들은 이 조약이 체결된 후 10개월 이내에 2척이나 4척의 카라벨선을, 다시 말하면 상호간에 필요한 것으로 생각한 것보다 더 많거나 적은 각각 1척이나 2척을 파견한다는데 동의하고 찬성한다. 이 선박들은 이 기간 동안에 그랑 카나리아 섬에서 만날 것이고, 양측은 각각 사람들을 더 정확히 말하면 수로 안내인, 점성가, 선원, 그리고 그들이 바람직하다고

생각하는 다른 사람들을 그 선박에 파견할 것이다. 그러나 양측이 파견한 수가 서로 같아야 한다. 카스티야, 아라곤 등의 왕과 여왕이 파견한 경험있는 수로 안내인, 점성가, 선원, 그밖의 사람들은 포르투갈과 알가르브 왕의 선박들에 승선하게 될 것이다. 마찬가지로, 포르투갈 왕이 보낸 사람들은 카스티야, 아라곤 등의 왕과 여왕의 선박이나 선박들에 승선하게 될 것이다. 그들이 해양, 항로, 바람, 태양의 고도나 북위를 더 잘 이용하기 위해 협력하여 연구하고 조사할 수 있도록 각각의 경우에 인원 수가 같아야 한다. 또한 경계와 선을 결정할 때, 그 선박들에서 양측에 의해 파견되거나 권한을 받은 모두가 공동으로 동의하도록 미리 리그(league)가 제시되어야 한다. 이 선박들은 케이프 베르데 제도까지 함께 계속 항해해야 하고, 그 베르데 제도로부터 앞서 언급한 사람들이 동의한대로 측정하고 양측에 어떠한 선입관 없이 측정한 370리그의 거리까지 서쪽을 향해 직진 항로를 취하게 될 것이다. 이 지점에 도착하면, 그 지점은 매일 이동을 리그로 측정하거나 아니면 상호간에 더 좋은 것으로 생각되는 다른 방법으로 태양의 고도나 북위를 측정하기 위한 장소나 표시가 될 것이다. 이 선은 앞에서 말한대로 북극에서 남극까지 북과 남을 이어 그려질 것이다. 그리고 이 선이 위에 언급한대로 결정되었을 때, 그 표시나 경계를 결정하기 위해 앞에서 말한 양측 각각에 의해 파견된 사람들 - 양측은 각각 그들에게 자신의 권위와 권한을 위임해야 했다 - 은 그것에 관한 글을 작성하고, 거기에 그들의 서명을 하게 될 것이다. 그리고 그들 모두의 상호 동의에 의해 결정되었을 때, 이 선은 영구적인 표시나 경계로 간주될 것이다. 그런 방식으로 양측 또는 그 중 한 측이나 그들의 미래의 계승자들은 어느 때 어떤 방식으로든 그것을 거부하거나 없앨 수 없을 것이다. 혹시라도 앞에서 말한대로, 극에서 극으로 그어진 그 선과 경계가 어떤 섬이나 본토를 가로지르게 된다면, 그러한 섬과 본토가 그 선과 교차하는 첫 번째 지점에 어떤 종류의 표시나 탑이 세워질 것이고, 위에서 언급된 경계와 일치하는 선 위에 그와 비슷한 표시들이 그러한 표시나 탑으로부터 일직선으로 연이어 세워질 것이다. 이 표시들은 양측 중 어느 한쪽에 속하는 육지 부분들을 분리할 것이다. 그리고 양측의 국민들은 서로 그러한 섬이나 본토에 있는 경계를 가로질러 다른 쪽의 영토에 감히 들어가려 하지 않을 것이다.

【4】 항. 그러므로 앞서 선언되었듯이, 카스티야, 레온, 아라곤 등의 왕과 여왕의 왕국과 영지로부터 그 선의 상대방 쪽에 있는 소유지들로 항해하는 그 왕과 여왕의 선박들은 포르투갈 왕의 소관인 그 선의 이쪽에 있는 바다를 가로질러야 한다. 그러므로 카스티야, 레온, 아라곤 등의 왕과 여왕의 선박들이 포르투갈 왕의 해상에서 그리고 그 선 안에서 어느 때든 어떤 방해도 없이 자유롭게, 안전하게, 평화롭게 어떤 방향으로든 항해할 수 있다는 점이 합의되고 동의가 이루어졌다. 그리고 폐하 부부와 그 계승자들이 그렇게 하기를 바라고 그것을 편리하다고 여길 때마다, 그들의 선박들은 왕국들로부터 그 선과 경계 안에 있는 어떤 지역 - 그들이 발견과 정복 무역을 위한 원정대 파견을 원하는 - 으로라도 침로와 직선 항로를 택할 수 있다. 그 선박들은 원하는 지역으로 직항로를 택할 수 있으며, 그 안에서 원하는 어떤 목적을 위해서라도 악천후로 인해 그렇게 해야 할 경우가 아니면 그 항로를 벗어나지 않을 것이다. 그 선박들이 그 선을 횡단하기 전에 포르투갈 왕의 지역에서 포르투갈 왕에 의해 발견된 어떤 것을 장악하거나 소유하려 하지 않으면 이렇게 할 수 있을 것이다. 그리고 그 선박들이 앞에서 언급한대로 그 선을 횡단하기 전에 어떤 곳을 발견한다면, 그곳은 포르투갈 왕의 것이고, 전하 부부는 그곳을 즉시 넘기라고 명령할 것이다. 카스티야, 레온 등의 왕과 여왕의 선박들과 국민들 혹은 그들의 이름으로 활동하는 사람들이 이 조약 체결일인 6월 20일 이전에 극에서 극으로 그은 다시 말해서 앞에서 말한 케이프 베르데 제도에서 서쪽으로 370리그 떨어진 그 선 안에서 섬과 본토를 발견하는 것이 가능하기 때문에, 모든 의심스러운 점을 확실하게 하기 위해 다음과 같은 것을 여기에서 동의하고 결정한다 : 즉 이 6월 20일까지 어떤 방식으로든 발견되거나 유연히 찾게 될 모든 섬들과 본토는 비록 카스티야, 아라곤 등의 왕과 여왕의 선박들과 국민들에 의해 발견된다 하더라도 그 섬과 본토가 위에서 언급한 선의 어느 지점이나, 남극과 북극까지라도 케이프 베르데 제도의 서쪽 370리그 중 처음 250리그 안에 있기만 한다면, 포르투갈과 알가르브의 왕 그리고 그 후계자들과 왕국의 소관이 될 것이고 또한 영원히 그들의 소유로 남아 있을 것이다. 그리고 그 섬과 본토들이 발견된 250리그 중에서 남극에서 북극까지의 직선이나 경계를 정하고, 그곳에서 그 250리그가 끝난다. 마찬가지로 만약 6월 20일까지 앞서 말한 120리그 - 앞에서 말한대로 극에서 극으로 그려지게 될 경계선이 결정되어야 하는

상기 370리그 중 아직 남아 있는- 안에 있든 그리고 북극, 남극까지라도 상기 120리그 중 어느 부분에 있든 카스티야, 아라곤 등의 왕과 여왕의 선박들에 의해 발견된 모든 섬과 본토는 바로 그날까지 발견된 섯이라면 카스티야, 아라곤 등의 왕과 여왕 그리고 그들의 후계자들과 왕국의 소유로 영원히 남아 있을 것이며, 그들의 소관이 될 것이다. 앞에서 말한대로 그 폐하들과 관련있는 그 370리그의 반대편에서 발견된 것은 무엇이거나 그들의 것이고, 그들의 것이 되어야 한다. 비록 이 120리그가 앞에서 말한대로 포르투갈과 알가르브의 왕의 소관인 370리그 범위 안에 있다고 하더라도. 만약 6월 20일까지 앞서 말한 120리그 내에서 폐하 부부의 선박들이 아무런 토지를 발견하지 못하거나 아니면 그 시간이 만기된 후 발견한다면, 그 토지들은 위에 정해진 대로 포르투갈 왕의 소관이 될 것이다.

앞서 말한 최고위층이자 매우 강력한 군주이며, 카스티야, 레온, 아라곤, 시실리, 그라나다 등의 왕과 여왕의 대표들인 총간사 돈 엔리케 엔리케스, 수석회계관인 돈 구티레레 드 카르데나스, 그리고 로드리고 말도나도 박사는 위에 포함되어 있는 그들의 권한에 의해, 그리고 앞서 말한 최고위층의 뛰어난 군주이자 바다너머 아프리카와 이쪽에 있는 포르투갈과 알가르브의 왕이며 기니의 통치자의 대표들과 대사들인 루이 드 수자, 그의 아들인 돈 주안 드 수자 그리고 아리아스 드 알마다나는 위에 포함되어 있는 그들의 권한에 의해, 그들의 왕들과 그 후계자들 및 왕국과 통치권(lordships)이 언제까지나 모든 사기, 회피, 기만, 거짓말, 가식을 버리고 이 조약에 피력된 모든 것과 그 각각의 부분들을 실질적이고 효과적으로 유지하고, 관찰하며, 실현할 것이라고 말하고, 자신들의 권한에 의해 그 구성원들의 이름으로 약속하고 단언했다. 그리고 이 합의문과 그 합의문의 각 부분에 제시된 모든 것이 카스티야, 아라곤 등의 왕과 여왕, 포르투갈 왕이자 앞에서 말한 왕인 돈 알퐁소(편안히 잠드소서), 바로 전 해인 1497년에 왕자였다가 현재의 포르투갈 왕이 된 그의 아들 사이에 체결되고 비준된 평화조약에 피력되고 있는 모든 것처럼, 또한 그 평화조약에 피력되어 있는 방식으로 그리고 그 방식에 따라 동일한 처벌, 보석금, 담보, 의무사항 하에서 고찰하고, 실행하며, 이행해야 하듯이, 그들은 이 합의문과 그 일부에 피력되어 있는 모든 것이 고찰되고, 실행되며, 이행되어야 한다는 것을 원하고 인가했다. 또한 그들은, 위에서 언급되고 명시되어 있는 것을 상기한 평화협정이나 그 일부에 피력되어 있는 처벌 조건 하에서, 직접적이든 간접적이든, 어느 때 어떤 방식으로든, 혹은 미리 계획되었든 계획되지 않았든 무엇이 되었든 간에, 앞서 말한 당사자들이나 그 중 일부 혹은 그 후계자들이 영원히 위반하거나 반대하지 않을 것임을 약속하고 맹세했다. 또한 그들은, 벌금이 납부되든 납부되지 않든 혹은 고맙게도 면제되었든 간에, 이 의무, 협정, 그리고 조약이 계속 효력 있고, 언제까지나 견고하고, 안정적이며, 정당한 것이 될 것임을 약속하고 맹세했다. 따라서 그 구성원들의 이름으로 행동하고 있는 그 대표들은 유동자산이든, 실제 자산이든, 세습자산이든, 국가재정자산이든, 그들 양쪽 각각의 그리고 그들의 국민과 신하들이 소유하고 있거나 앞으로 소유할 모든 자산을 지키고 간직하며, 모든 것을 이행하겠다고 약속했다. 그들은 양측이나 어느 한 쪽이 앞서 말한 것이나 그 일부를 위반하거나 반대하기 위해 이행할 수 있는 모든 법과 권리를 포기한다고 선언했다. 그리고 앞에서 언급한 것의 안정성과 보장을 위해, 그들은 하느님과 성모마리아 앞에서 십자가 표시 위에 그들의 오른손을 얹고 가상 실제 쓰여진 복음말씀과 모든 구성원들의 양심에 따라 모든 사기, 회피, 거짓말, 허위를 버리면서 앞에서 말한 모든 것과 부분들을 함께 또는 각각 정말로 효과적으로 지키고, 준수하며, 이행하겠다고 맹세했다. 그리고 그들은 언제라도 어떤 방식으로든 그것을 부정하지 않겠다고 맹세했다. 그리고 동일한 맹세 하에 그들은 교황 성하로부터의 면제 선언이나 그것으로부터의 해방을 추구하지 않겠다고 맹세했다. 그리고 비록 그 면제 선언이나 해방이 자발적으로 그들에게 주어진다고 할지라도, 그들은 그것을 이용하지 않을 것이다. 오히려 이 현재의 합의에 의해, 그들은 그 이름으로 활동하면서 그 안에 피력되어 있는 것에 따라 우리의 교황에게 교황 성하가 이 합의를 확인하고 승인해주기를 간청할 것이다. 그리고 교황 성하께서 그것에 관해 양측에, 혹은 칙령을 간절히 바라는 양측 중 어느 쪽이라도, 그 안에 포함되어 있는 이 협정을 어기거나 그것에 반대하는 사람들을 질책해줄 것을 간청할 것이다. 마찬가지로 상기한 이름으로 활동하고 있는 대표들은 동일한 처벌과 선서 하에 다음을 서약했다. 즉, 이 협정의 체결일로부터 계산하여 이후 100일 이내에 당사자들이 양피지 위에 기록하고, 그들의 구성원인 상기 통치자들의 이름으로 서명하고, 봉납이 달린 인장이 찍힌 이 협정의 승인문과 비준서를 서로 교환할 것, 그리고 카스티야와 아라곤 등의 왕이자 여왕인 상기 통치자들이 발행하는 문서는 매우 고상하고 저명한 통치자인 돈 후안 왕자에 의해 조인되고, 합의되며, 허가받을 것을 서약했다. 그들은 앞에서 말한 이 모든 것들 중에서 정확히 똑같은 두 개의 사본을 승인했는데, 그들은 그들의 이름으로 그 사본에 서명했고, 서명비서와 공중인들 앞에서 그 사본을 작성하여 각각 하나씩 가졌다. 만들어진 사본이 무엇이든 간에, 그것은 앞에서 말한 연월일에 토르데시야스라는 마을에서 만들어지고 작성된 두 개의 사본이 만들어지는 것만큼이나 유효할 것이다. 주대리인인 돈 엔리케, 루이 드 수자, 돈 주안 드 수자, 로드리고 말도나도 박사, 리첸시시아테 아이레스. 참석하여 위의 대표와 대사들을 본 증인들은 여기에 그 이름을 서명하고, 앞에서 말한 것을 수행할 것을 서약한다 : 서명자는 바야돌리드라는 마을의 주민들인 대리인 페드로 데 레온과 대리인 페르난도 데 토레스, 우리 통치자이신 상기 왕과 여왕 집안의 백작 영식들(contino)이자 대리인인 자그라와 세네테, 그리고 그 목적으로 소환된 상기 포르투갈 왕 집안의 백작 영식인 주앙 수아레스 드 세케이라, 루이 레메, 그리고 두아르테 파체코이다. 그리고 나 즉 페르난도 알바레즈 데 톨레도는 우리의 통치자인 왕과 여왕의 비서관이고, 왕과 여왕의 평의회 멤버이고, 고등법원의 대서인이고, 그들 전체 영역과 지배 지역 및 법원의 공중인으로서 위에서 말한 증인들과 함께 그리고 에스테반 바에즈와 함께 증인으로 서명했다. 에스테반 바에즈는 포르투갈 왕의 비서관이자 우리의 통치자들인 왕과 여왕에 의해 그들의 왕국에서 이 조약을 증명하도록 권한을 위임받은 사람으로서 또한 위에서 말한 것을 증인으로서 서명했다. 그리고 그와 내가 참석한 여기에서 자신들의 이름을 서명한 상기 모든 대표들과 대사들의 요청과 승인으로, 나는 이 공식적인 합의문을 작성하게 했다. 그 문서는 양면으로 빼곡히 6장의 종이에 쓰여 있으며, 앞에서 말한 사람들의 이름과 나의 서명이 들어있는 한 장의 종이가 첨부되어 있다. 그리고 각 페이지 하단에는 나의 이름과 상기 에스테반 바에즈의 이름이 공중 표시로 표시되어 있다. 나는 증인들의 입회 하에 여기에 서명을 하는데, 그것은 다음의 양식이다. 진실이라는 증거로 : 나 즉 페르난도 알바레즈와 에스테반 바에즈(통치자들인 카스티야와 레온의 왕이자 여왕에 의해 나에게 제공된 권한으로 위의 페르난도 알바레즈와 함께 상기 대사들과 대표들의 요청과 소집으로 그것이 그들 왕국 전체에 공표될 수 있도록 모든 것을 증언했다)는 이처럼 여기서 공식 서명으로 서명했음을 증언하고 확신한다.

　위에서 만들어진 조약, 합의, 화합의 행위를 우리나라 왕의 아들인 돈 주안 왕자와 우리가 검토하고 이해했고, 우리는 그것을 승인하고, 추천하고, 확정하며, 이행하고, 비준한다. 또한 우리는 그 안에 피력되어 있는 앞서 언급한 모든 것을 실질적이고 효과적으로 유지하고, 준수하며, 실행할 것을 약속한다. 우리는 모든 사기, 회피, 거짓말, 허위를 버리고, 또한 우리는 어느 때이건 혹은 어떤 방식으로든 그것을 또는 그 어떤 일부를 위반하지도 반대하지도 않을 것이다. 우리와 돈 주안 왕자는 더 안전하게 하기 위해 하느님과 성모마리아 앞에서 가장 길게 쓰여져 있는 곳의 복음말씀에 의해 위에 쓰여진 협의와 합의 계약에서 정한 처벌, 의무, 보석금 그리고 포기 규정 하에 우리 자신과 우리의 상속자 및 후계자들을 위해 그리고 우리의 위의 왕국들과 여러 각하들 및 그 국민과 원주민을 위해 위에서 말한대로 실제적이고 효과적으로 우리에게 필요한 한 그것과 그 모든 부분을 유지하고, 순수하고, 이행하기 위해서 십자가 위에 우리의 오른손을 얹고 우리의 형제이고 가장 평화를 추구하는 포르투갈 왕의 대사들이자 대표들인 루이 데 수자, 돔 주앙 데 수자, 레첸시아테 아이레스 데 알마다가 참석한 가운데 맹세한다. 어찌되었든 우리는 확실성을 위해 이 문서에 우리의 이름을 서명하고, 그 문서를 채색된 명주실이 달린 봉납으로 밀봉시킬 것을 명령한다. 우리 주 예수 그리스도가 탄생한 날로부터 1494년이 되는 해 7월 2일에 아레발로 마을에서.

아라곤 - 페르난도

카스티야 - 이사벨라

아스투리아스 - 후앙

포르투갈 - 주앙 2세

　우리의 통치자들인 왕과 여왕의 비서인 페르난도 알베레즈 데 톨레도는 그들의 권한으로 그것을 작성케 했다.

4

서평 – 주경철의 『대항해시대』

1.

　* 자신과 닮은 사람을 우연히 마주치게 된다면, 절로 눈길이 가게 되는 것이 인지상정이다. 그와 마찬가지로 자신이 세상에 내놓은 책과 똑같은 서명을 발견하게 된다면 호기심이나 관심을 갖게 되는 것은 너무나 당연한 일이다. 평자 또한 예외는 아니어서 주경철의 『대항해시대』[1]의 서평을 써달라는 청탁을 받았을 때, 서명이 평자가 일전에 펴낸 바 있는 책의 서명[2]과 일치하여 호기심과 염려가 서로 교차되는 묘한 느낌을 가졌음을 고백하지 않을 수 없다. 호기심은 저자가 평자가 묘사한 '대항해시대'를 어떻게 그려냈을까 하는 데서 비롯된 것이라면, 염려는 저자가 평자가 부지불식간에 범했을 지도 모르는 역사적 사실이나 해석상의 오류를 지적해 내지나 않았을까 하는 데서 기인한 측면이 크다. 그러나 평자에게는 다행스럽게도, 참고문헌이나 이 책의 본문 그 어디에서도 평자의 책을 인용한 흔적을 찾을 수는 없었다.

　그러나 솔직하게 고백한다면 이 책의 서평을 쓴다는 것은 그리 달가운 일이 아니었다. 우선은 이 책이 다루는 시구간이 15세기에서 18세기까지였다는 점과, 다루는 공간 또한 유럽의 한두 국가에 그친 것이 아니라 이슬람권과 중국을 필두

---

* 역사와 문화 16, 문화사학회, 2008.9, 287 - 304쪽; 『서양항해선박사』(혜안, 2015) 제5장 재수록.

1) 주경철, 『대항해시대』, 서울대학교출판부, 2008, 579쪽. 이 글의 괄호 안의 수치는 이 책의 쪽수를 의미한다.

2) 김성준, 『유럽의 대항해시대』(신서원, 2001); 개정판 김성준, 『해양탐험의 역사』(신서원, 2007).

로 한 아시아, 심지어 아메리카까지 걸쳐 있다는 점이 책을 읽는 동안 내내 평자를 괴롭혔다. 게다가 다루는 주제 또한 군사혁명, 조선업과 해운업, 화폐, 노예무역, 환경, 언어, 종교 등 실로 역사 속의 거의 모든 주제를 아우르고 있다고 해도 지나치지 않다. 뿐만 아니라 저자도 밝힌 것처럼, 이 책은 본격적인 학술연구서라기 보다는 "여러 연구업적들을 급한 대로 읽고 정리"(xiv)한 일반인들을 위한 책이다. 학술연구서가 아닌 일반 독자용 서적을 서평한다는 것은 아마 우리 학계에서 흔치 않은 일일 것이다.

뿐만 아니라 이 책이 여러 주제에서 나름대로의 위치를 점하고 있는 선학들의 연구성과를 섭렵하여 정리한 것일진대 평자처럼 특정 시기와 주제에 짧은 식견을 가진 연구자가 서평을 쓴다는 것 자체가 어불성설일지도 모르겠다. 서평이란 것이 상찬賞讚으로 일관하는 것이 아니라 비평을 통해 학계의 연구수준을 고양하는 것이어야 한다면, 평자가 할 수 있는 일이란 평자가 조금이나마 공부한 특정 주제에 집중하여 평자의 의견을 제시하는 수준에 그칠 수밖에 없을 것이다. 따라서 평자는 이 작은 글에서 거대담론을 논하기 보다는 제1장에서 다룬 정화의 원정, 제3장의 선박·선원·해적, 제6장 노예무역에 한정하여 평자의 견해를 밝히는 것으로 서평을 대신하고자 한다. 평자는 정화의 항해와 관련하여 정화의 대항해 개시 600주년이었던 2005년 중국 학자들의 연구성과를 편역하여 출판한 바 있고,[3] 선박, 선원, 노예무역 등에 대해서는 필자의 학위논문[4]에서 조금씩이나마 다룬 바 있기 때문이다.

2

서평을 쓰는 데 기본은 무엇보다도 책의 요점을 일목요연하게 정리해 내는 일이다. 이 점에서 평자는 저자의 힘을 빌릴 수 있다는 점에서 친절한 저자를 만난 셈이다. 저자가 머리말에서 정리한 이 책의 요점을 옮겨 보면 이렇다. 저자는 "근대 세계사를 해양 세계의 발전이라는 새로운 관점에서 재해석한다"(v)는 대전제

---

3) 허일·김성준·최운봉崔云峰 편역, 『중국의 대항해자 정화의 배와 항해』(심산, 2005).
4) 김성준, 『산업혁명과 해운산업』(혜안, 2006).

하에, 15세기에서 18세기까지의 지구사를 서술하고자 하였다. 저자에 따르면, "15세기 이후 각 문명권은 활기찬 해상팽창을 시도하여 전 지구적인 해상 네트워크가 구축되고, 이러한 해양 네트워크의 발전은 단순한 상호 교류의 수평적 확대만 의미한 것이 아니라 곧 갈등과 지배로 이어지고, 그것은 곧 세계의 수직적인 구조의 형성으로 귀결되었다."(v) 특히 저자가 이 책의 전반에 걸쳐 비판적 관점을 유지하고 있는 준거틀은 '반 유럽 중심주의'이다. 유럽 중심주의란 "근대에 들어와 가장 활발하게 해상팽창을 한 주체는 유럽이며, 따라서 근대 이후 유럽이 세계의 발전에 주도적인 역할을 했고, 나머지 지역들은 수동적인 자세로 있다가 결국 유럽의 식민 지배하에 들어가게 되었다"는 인식틀이다. 저자는 "유럽 중심주의를 수정한다는 것은 유럽 중심주의가 유럽이 절대적 보편성을 가진 기준이 되어 나머지 모든 지역의 역사를 그 기준에 맞춰서 의미를 부여하는 것"으로 본다. 이와 같은 기본 인식하에 저자는 "유럽을 중심으로 사고하고 거기에 맞춰 의미를 부여하는 신화적인 인식틀을 수정"하고자 시도하고 있다. 각 장의 요점은 이미 저자가 들머리와 각장의 말미마다 친절하게 잘 정리해 놓고 있으므로 이곳에 다시 옮겨 적을 필요는 없을 것이다. 그러므로 이제 본론으로 넘어가기로 하자.

저자는 제1부 1장과 2장에서 근대 초까지 세계의 무게중심이 아시아에 있었음을 밝히고, 중국 명대의 해상팽창과 후퇴, 이어진 유럽의 해상팽창의 세 국면을 서술한 뒤, 근대사의 결정적인 구조적 전환의 계기를 "중국의 해상 후퇴와 유럽의 해상팽창으로 봐야 한다"는 견해를 제시하고 있다.(x) 저자가 중국의 해상 팽창과 후퇴라고 언급한 것은 다름 아닌 정화의 남해 대원정이다. 1405~1433년까지 진행된 정화의 대항해는 2005년 600주년을 맞이하여 국내외에서 관심을 불러일으킨 소재이기도 하다.

평자는 저자처럼 중국사 전공자가 아니기 때문에 정화 문제에 내포된 정치·경제·문화적 문제들을 구체적으로 파악하고 있지는 못하다. 다만 여기서 분명하게 밝힐 수 있는 것은 정화의 원정은 명의 영락제(1403~1424) 통치기의 대내외적 환경과 떼려야 뗄 수 없는 사업이었다는 점이다. 정화 원정 7회 중 1차에서 6차 원정까지는 그의 명에 따라 시행된 것이고, 7차 항해는 영락제 사후 선덕제가 명한 것이다(1430). 선덕제가 명한 7차 원정은 호르무즈를 비롯한 17개국에 조공을 촉구한다는 본래의 목적을 갖고 있었기는 하지만, 홍희제가 재위시 중단시켰던 남해 원정을 재개한 것에 불과하다.

여기에서 평자가 제기하고 싶은 문제는 정화의 대원정의 실시와 중단, 그에 뒤이은 유럽의 해상팽창을 근대사의 결정적 계기로 볼 수 있는가 하는 문제이다. 원을 무너뜨리고 대륙을 장악한 명나라 초기는 각 방면으로 팽창하고 있었고, 영락제는 그 정점이었다. 영락제는 몽골 고원을 명에 편입시키려고 지속적으로 시도했고, 베트남을 정복했을 뿐만 아니라, 환관 이흥을 시암으로, 이달을 서역제국으로, 후현을 티베트로, 이시하를 동북지방으로 각각 파견했다. 환관 정화를 남해 방면으로 파견한 것은 영락제의 대외정책, 즉 북방의 잔여 몽골 세력을 진압하고 명 중심으로 세계 질서를 확립하고자 했던 명 초기의 대외정책 중의 하나였다.[5] 명나라가 동서남북 각 방면으로 팽창하고 있었다는 사실은 저자가 이야기하고 싶어하는 것처럼, 유럽이 해외로 팽창하기 이전에 중국이 팽창하고 있었다는 저자의 논지와 부합된다.

문제는 명이 정화의 남해 대원정을 중단시킨 것이 해상으로의 후퇴를 의미하는가 하는 것이다. 1435년 제위 10년 만에 선덕제가 사망한 뒤 명은 농민반란, 몽골 고원의 발흥, 제위의 불안한 승계 등으로 내외적으로 혼란에 휩싸였다. 이제 명은 중화주의에 기초한 세계 질서를 확립할만한 여유가 없었을뿐만 아니라 북방 유목민의 압력에 대비하기 위하여 만리장성을 건설해야 했다. 명은 해상뿐만 아니라 대륙에서도 팽창이 아닌 현상유지정책으로 전환하였던 것이다. 미야자키의 표현대로, 명은 팽창의 시대에서 수렴의 시대로 접어들었다. 한마디로 해양사의 관점에서 보면 정화의 원정의 실시와 중단은 해상팽창과 그 후퇴로 표현할 수 있겠지만, 대륙과 해양의 관점을 아울러 표현한다면 정화의 원정은 명의 각 방면으로의 팽창 중의 한 방면으로의 팽창이었고, 그 중단 역시 명의 여러 방면에서의 후퇴라고 표현해야 옳을 것이다.

또 다른 측면에서는 중국이 과연 명대에만 해상으로 팽창했는가 하는 문제를 생각해 볼 필요가 있다. 지금의 중국은 과거 수천 년 동안 팽창의 역사를 거듭해 온 결과 아닌가?[6] 이는 비단 중국만이 아니라 거의 모든 나라들이 조금씩이나 팽

---

5) 미야자키 마사카쓰, 이규조 역, 『정화의 남해대원정』(일빛, 1999), 92 - 93쪽.
6) 중국의 해양에서의 활동 내지는 팽창에 대해서는 허일 · 강상택 · 정문수 · 김성준 · 추이 윈펑 편저, 『세계 해양사』(한국해양대학교 출판부, 2003), 제2편 참조.

창을 한 결과 현재의 국가를 이루고 있다고 해도 지나치지 않는다. 물론 명대 정화의 대원정이나 유럽 각국의 해양활동과는 그 양과 질 양면에서 차이가 나는 것은 분명하지만 말이다. 어찌되었든 중국이 명대 영락제 시기에 해상 팽창을 대규모로 감행한 뒤 곧 해상으로부터 후퇴하였고, 그에 뒤이어 유럽 각국이 해상 팽창을 한 것은 어쩌면 역사에서의 수많은 '우연의 일치(coincidence)' 중의 하나였지 않을까? 유럽권이나 이슬람권, 중국권 모두 역사 이래 끊임없이 자체 세력권, 아니 정확히는 생활권이 확대되어 왔었고, 15세기 즈음에는 구대륙에서는 아프리카라는 변경을 사이에 둔 채 서로 조우할 시점을 저울질 하고 있었다. 정화 대원정으로 중국은 아프리카 서부까지 생활권이 확대되어 있었고, 그 이후 반세기만에 유럽, 정확히는 포르투갈이 아프리카 동단을 따라 남하해오고 있었다. 만약 명의 대내외적 환경이 해양활동을 지속하도록 허용했다면 아프리카 해안 어디에선가 포르투갈과 중국인들이 조우했을 수도 있었을 것이다.

그러나 중국은 황제 주도의 해양활동을 지속할 형편이 되지 못하였고, 그들의 해양활동의 성과를 이어갈 주변의 경쟁국 또한 없었다. 이에 반해 유럽의 경우 유럽 전체가 계획적으로 팽창했던 것은 아니었으나,[7] 항해가 한 명 또는 한 나라의 항해의 성과와 업적이 공유되거나 상호 상승작용을 일으켜 유럽 세계 전체가 팽창하는 결과로 귀결되었다. 이것이 역사적 사실에 가깝지 않을까 하는 것이 평자의 생각이다. 유럽 전체를 하나로, 중국을 마치 아시아 전체로 상정하는 역사서술은 분명 너무 큰 그물을 사용하면 작은 물고기를 잡을 수 없는 것과 같은 결과를 초래할 것이다. 결론적으로 중국의 해상팽창과 후퇴, 그 뒤를 이은 유럽의 해양팽창이 근대사의 결정적인 계기였다는 것은 해양사의 관점에서 보면 맞을 수도 있겠으나, 우리가 익히 잘 알고 있는 대륙 역사의 주된 흐름이었던 르네상스와 종교개혁 등의 관점에서 보면 유럽 몇 나라의 해양팽창은 그 의미가 축소될 수 있을 것이다. 해양사는 그 자체로 독립한 분야사로서 보아서는 안된다는 것이 평자의 생각이다. 왜냐하면 해양활동의 주체인 인간은 바다에서 사는 것이 아니라 땅을 딛고 살아가기 때문이다.

이제 정화에 관한 저자의 서술에서 작은 문제를 짚고 넘어갈까 한다. 우선 저

---

7) J.H. Parry, *The Establishment of The European Hegemony*(Harper & Row Publishers, 1966), 김성준 역, 『약탈의 역사』(신서원, 1998), 11쪽.

자는 랜디즈의 말을 인용하여 정화의 "보선은 길이 150m, 폭 60미터로서 당시 세계 최대였다"(14)고 적고 있다. 그러나 보선의 크기에 관한 기록은 정화 당대의 원사료는 모두 파기된 뒤, 후대에 라무등羅懋登이라는 작가가 쓴 『삼보태감하서양 통속연의三寶太監下西洋記通俗演義』라는 다소 허황된 창작집에 기록된 길이 44장 4척, 너비 18장이라는 수치를 『명사明史』의 「정화전」 등의 사료에 그대로 베껴 적은 것에 불과하다는 주장이 힘을 얻고 있다.8) 따라서 정화 보선의 크기에 대해서는 중국 조선사가들조차도 의견이 천차만별이다. 대만 해양대학의 수밍양은 길이 74m, 너비 12.8m 정도로, 상해교통대학 교수였던 고故 신웬어우 교수는 600톤 내지 800톤급으로, 중국 해군 공정학원의 탕즈바는 정화 보선을 명대 2천료 해선으로 보아 길이 55.5m, 선폭 15.3m, 배수량 1500톤급으로 각각 추정하였다.9)

저자는 정화 원정대가 마다카스카르까지 갔던 것으로 추정하고, "그 정도의 선단이라면 대서양 횡단 혹은 태평양 횡단 항해도 충분히 가능했으리라는 것이 연구자들의 일반적인 생각"이라고 적었다(125). 그러나 평자는 정화 원정대 중 일부가 마다카스카르까지 갔다는 주장이나, 정화 선단이 대서양이나 태평양노 횡난할 수 있었을 것이라는 주장 역시 일반론으로 받아들일 수 없다는 생각이다.10) 저자 또한 이 얘기를 멘지스의 책에서 인용한 듯한데, 과연 세계의 해양사가 중에서 멘지스의 주장을 일반론으로 받아들이고 있는 연구자가 얼마나 있을지는 의문이다. 일례로 벨기에의 해양사가이자 해양역사전문 도큐멘터리 제작자인 루크 카이버스는 "요즈음에는 진지하게 해양의 역사에 대한 역사서나 도큐멘터리에 대해서는 시청자도 방송사도 관심을 갖지 않은 반면에, BBC와 같은 세계적인 공영방송국 조차 멘지스가 주장하는 넌센스를 도큐멘터리로 제작하고 있다"고 혹평한 바 있다.11)

8) 대만의 수밍양과 중국의 신웬어우 교수 등이 대표적인 학자이다. 물론 중국의 시룽페이 교수는 라무등의 기록이 전혀 허황된 것은 아니라고 주장하기도 한다. 허일·김성준·崔云峰 편역, 『정화의 배와 항해』, 5-7장 참조.

9) 허일·김성준·崔云峰 편역, 『정화의 배와 항해』, 124, 143, 187쪽.

10) 정화 원정대의 1차-7차까지의 항로에 대해서는 중국 인민교통출판사가 출판한 『新編鄭和航海圖集』(1988, 북경), 3쪽을 참조하라. 이 항로도는 허일·김성준·崔云峰 편역, 『정화의 배와 항해』, 434-439쪽에 인용해 두었다.

11) '중국의 콜럼버스 정화', 2006. 10. 28, National Geography. 위의 인용구는 필자와 루크 카이버스가 2008년 7월에 벨기에에서 만나서 나눈 대화의 요점을 정리한 것이다. 루크 카이

저자는 제2부 폭력의 세계화에서는 세계화 자체가 폭력적인 과정이었고, 폭력적인 관계의 구조화가 세계화의 핵심적 특징이었음을 3개의 장을 통해 구체적으로 살펴보고 있다. 제3장에서는 "세계화의 기본전제인 조선업, 해상운송의 발달과정을 살펴보고, 선원들의 세계의 실상을 들여다 봄"으로써, "해상운송업의 조직과 운영이 이미 자본주의적 공장의 선구적 형태로서 극히 폭력적으로 조직되었고, 또 이에 저항하는 반질서인 해적 역시 근대자본주의의 성장에 따른 반작용으로 이해할 수 있음"을 밝히고 있고(p.xi), 제4장 군사혁명과 유럽의 팽창에서는 "유럽이 우세한 지위를 차지하는 데 군사력이 결정적이었다고 보는 주장에 대해 이를 군사 내적인 문제로 볼 것이 아니라, 문화적 맥락에서 이해해야 할 사항"임을 주장한다.

평자는 큰 틀에서 유럽의 해양팽창이 폭력적인 것이었고 유럽의 군사적 우위 또한 문화적 맥락에서 이해해야 한다는 저자의 주장에 전적으로 동의하고 있으나, 해운업의 조직이 자본주의적 조직의 선구적 형태로서 폭력적으로 조직되었고, 해적은 폭력에 저항하는 반질서로서 자본주의 성장의 반작용이었다는 저자의 논지에는 동의하지 않고 있다. 저자가 이와 같은 논지를 이끌어내는 데 결정적인 방향타 역할을 한 연구자는 아마도 레디커인 것으로 보인다.[12] 저자가 레디커의 연구를 주로 참조했음은 여러 인용문에서 확인할 수 있다. "평선원은 악마와 검푸른 바다 사이에 끼여 있다. 한편에는 선장이 있다. … 선원 가운데 원해서 된 사람은 하나도 없고 모두 생계를 이어가기 위해 노동력을 파는 것 이외에 선택의 여지가 없었던 사람들이었다. 한 마디로 선원들은 가진 것 없는 가난한 젊은이들 집단이었다.(148)"

그러나 평자가 지금까지 읽은 바에 따르면, 영국의 경우 선장과 선원이 그렇게 대립적인 것도 아니었고, 선장이 공동 선주의 지위에 있는 경우도 있었지만, 선장

버스는 바스쿠 다가마 인도항로 개척 500주년 기념 리스본 해양엑스포 기념 도큐멘터리 필름 공식 제작자이자 NHK, BBC 등과 함께 해양 관련 도큐멘터리를 제작한 바 있고, 여러 저서를 출판한 바 있다. see, Luc Cuyvers, Into the Rising Sun, vol. 4(Mare Nostrum Production); Luc Cuyvers, Sea Power : A Global Journey(US Naval Institute Press, 1993), 김성준 역, 『해양력의 세계여행』(한국해사문제연구소, 1999); Setting Sail(Tide-Mark Press, 2004).

12) 주경철, '바다는 민주주의의 유모 : 악마와 검푸른 바다 사이에서', www.issuetoday.co.kr, 2001. 10.

역시 임금 노동자에 지나지 않은 경우가 허다했다. 18세기 말 켈리 선장은 한 달에 5 파운드를 받은 임금 노동자에 불과했는데, 그는 "선장의 의무, 고민, 책임 등을 고려할 때 이는 비참한 수입(miserable income)이었다"고 자신의 신세를 한탄하였다.[13] 선원들이 자신들이 원해서 선원이 되었던 것이 아니라는 레디커와 저자의 주장과는 달리, 니콜이나 리처드슨처럼 스스로 바다에 매료되어 배를 탄 선원들도 얼마든지 있었고,[14] 보통 선원들도 쿡이나 켈리, 우링처럼 능력에 따라 얼마든지 선장으로 진급할 수 있었다.

저자는 또한 '1700~1750년의 기간 중에 2만 5천명에 달하는 거대한 노동자군이 해운업에 집중되었다'(148)는 레디커의 말을 인용한다. 그러나 평자는 이 수치가 어디에서 근거한 것인지 이해할 수 없다. 밋첼이 정리한 바에 따르면, 1688년과 1755년 잉글랜드와 웨일스의 선원 수는 각각 5만 명과 6만 명으로서 잉글랜드와 웨일스 인구의 0.9%에 지나지 않았다.[15] 레디커가 영미 선원들을 대상으로 연구를 하였으니, 영미 전체 선원 수를 2만 5천명으로 상정했다면, 이것은 너무 적은 수일 것이다. 아마도 영미 전체 선원 가운데 사관이 아닌 일반 선원만을 대상으로 했다면 어느 정도 역사적 사실에 부합될 수 있을 지 모르겠다. 그러나 이 책이나 레디커의 책을 읽는 독자들은 마치 1750년 경 선원 수가 2만 5천명이었고, 이 수치만으로도 거대한 프롤레타리아 층을 상상할 것임에 틀림없다.

저자는 또한 '시간이 경과하면서 선박 규모에 비해 선원 수가 줄어드는 경향이 있어서 선원 1인당 취급하는 화물의 톤수도 시간이 갈수록 증가했는데, 이것이 화주나 선장에게는 생산성의 증가일지 모르나 선원들에게는 착취의 증가였다'(149)는 레디커의 말도 인용하고 있다. 척당 선원 수가 감소한 것은 평자의 연구 결과와도 일치한다. 이를테면 100톤급 선박의 경우 1710년대 22 - 23명이던 선원 수는, 1750~60년대는 13 - 15명, 1800년에는 5명으로 줄어들었다.[16] 그러나 이처럼 척당 선원 수의 감소로 선원 1인당 취급하는 화물의 톤수의 증가로 이어져

---

13) Crosbie Garstin, ed. by, *Samule Kelly : An 18th Century Seaman*(Frederick A. Stocks Company, 1925), p.168, 318.

14) 김성준, 『산업혁명과 해운산업』, 218 - 219쪽.

15) B.R. Mitchell, *Abstract of British Historical Statistics*(Cambridge Univ. Press, 1962), pp.5, 8; 김성준, 『산업혁명과 해운산업』, 223쪽.

16) 김성준, 『산업혁명과 해운산업』, 199쪽.

결국 선원의 착취의 증가로 이어졌다는 논리를 이끌어 내는 것은 역사적 사실을 왜곡한다. 왜냐하면 척당 선원 수가 감소한 것은 선원들을 착취한 데서 기인한 것이 아니라 삭구나, 방향타, 돛의 구조 등에서의 개량에 영향을 받은 바 크기 때문이다.[17] 이에 대해서는 레디커도 인정한 바다.[18] 더 큰 문제는 선원들은 화물의 선적이나 양륙을 하지 않는 것이 해운업계의 오래된 관례라는 점이다. 용선 계약서든 해상법에서든 선원은 '선박의 운항과 선적된 화물의 적절한 취급'만을 그 의무로 하도록 되어 있고, 화물의 선적과 양륙에는 간여하지 않도록 되어 있다. 따라서 저자나 레디커가 선원의 화물 취급 톤수를 선원이 선적 또는 양륙해야할 화물의 톤수를 의미했다면 이는 전혀 사실에 부합되지 않는 표현이 되어 이를 근거로 선원의 착취가 증가했다고 보는 것 또한 전적으로 잘못된 것이 된다. 만약 레디커나 저자가 선원의 화물 취급 톤수를 선적된 화물의 취급에 대한 표현으로 사용했다면, 이것만으로는 선원의 착취의 증가로 연결지을 수는 없을 것이다. 왜냐하면 선원들의 일이란 항해 중 선적된 화물이 부패하거나 침수되는 것 등을 막기 위해 당직 중 이따금 살펴보는 것으로 족하기 때문이다.

평자는 레디커의 연구를 근대 선원 세계의 일반적인 모습으로 이해해서는 안된다는 점을 이미 서평을 통해 밝힌 바 있다.[19] 레디커 연구를 근대 선원의 일반사로서 이해해서는 안되는 가장 큰 이유는 그가 연구한 사료의 성격에서 기인한다. 그는 1700~1750년대 영미 상선 선원들의 노동과 일상, 문화를 연구하면서 해사법원의 재판 기록을 분석하였다. 레디커는 선원과 상인, 선주, 선장이 서로 대립적인 위치에서 진술한 내용을 근거로 상인, 선주, 선장은 자본가로, 선원은 임금 노동자로 그려낼 수 있었다.[20] 레디커 자신이 바다 생활을 낭만적으로 묘사하는 것이 진실을 호도한다고 주장한 것처럼, 그 자신은 선장과 선원을 이분법적으로 단순하게 이해해 진실을 호도하는 오류를 범했다. 저자가 레디커의 의견을 인용한

---

17) 김성준, 『산업혁명과 해운산업』, 199 - 200쪽.
18) 레디커, 박연 옮김, 『악마와 검푸른 바다 사이에서』(까치, 2001), 109쪽.
19) 김성준, '자본주의 세계 일군 뱃사람들의 일상과 문화 : 악마와 검푸른 바다 사이에서', 『출판저널』, 제304호, 2001, 06.20, 21쪽.
20) 여기에서 선원은 선박에 승선한 선장 이외의 선원을 의미하는 것이 아니라, 선박에서 어떤 원인에 의해서든지 문제를 일으킨 선원을 의미한다. 그러나 실제 선박에 승선한 선원에는 일등항해사, 이등항해사, 삼등항해사, 조타수, 갑판장, 배대목, 하급선원 등 실로 다양한 직급으로 구성되어 있다.

한 그가 범한 오류를 피해가기는 어려웠을 것 같다.

사소한 것이기는 하지만, 그냥 지나치기에는 중요한 몇 가지 문제도 짚고 넘어가기로 하자. 저자는 "대항해시대를 주도한 선박이 바로 카라벨 선이다"(136), "1800년대 영국 해군의 가장 큰 배보다 3배 이상 컸다"(139)는 연구자의 연구 결과도 인용하고 있다. 그러나 평자가 아는 한 대항해시대를 주도한 선박은 카라벨 선이 아니라 카라벨라 레돈다 선이다. 전형적인 카라벨 선은 돛대 2개에 각각 네모돛과 세모돛을 장착한 선형인 데 반해, 카라벨라 레돈다(Caravela redonda) 선은 돛대 3개에 앞돛대와 주돛대에는 네모돛을, 뒷돛대에는 세모돛을 단 선형이다. 15세기 말에서 16세기 초까지 대부분의 해양탐험에 이용된 배는 카라벨라 레돈다 선이다.21) 16세기 이후의 범선은 범장이 훨씬 다양하게 발전하여 한 가지 선형으로 부를 수 없다. 정화의 보선의 크기 역시 이렇다 할 정설이 없는 상태인데다, 이미 앞에서 소개한 바와 같이 적재량 600톤~1천 500톤 정도이다. 18세기 영국 해군의 전함을 1765년에 건조된 넬슨의 기함 빅토리호의 배수량은 2천 164톤이었다.22) 배수량과 적재량간의 관계는 대략 140 : 200이므로 배수량 2천 164톤을 적재량으로 환산하면 약 3천 톤에 이른다. 1800년대 중후반으로 가면 빅토리 호보다 더 큰 영국 전함을 얼마든지 찾을 수 있을 것이지만, 1700년대 말에 건조된 빅토리 호만으로도 정화의 보선이 3배 이상 컸다는 얘기는 성립되지 않음을 확인할 수 있다. 물론 중국의 공식 복원 모델을 기준으로 할 경우 정화 보선의 적재량은 7천톤에 이르므로23) 빅토리 호보다 대략 2.2배 큰 것이 사실이다. 그러나 1860년에 건조된 워리어(HMS Warrior) 호는 배수량만 9천 210톤이므로 적재량으로는 대략 1만 3천 톤이나 된다. 물론 워리어 호의 경우는 목재에 철갑을 두른 철갑선이므로 순수한 목선이었을 보선과 단순 비교하는 것은 무리이다. 그러나 저자는 분명 '1800년대 영국 해군의 가장 큰 배'라고 하였음을 상기할 필요가 있다.

저자는 매너드의 연구결과를 인용하여 "18세기 중엽 유럽의 해운 비용은 중세 말과 비교해 볼 때, 그리 큰 차이가 나지 않는다"(140)고 적었다. 불행하게도 평자는 아직 매너드가 편집한 두 권의 책을 읽지 못하였는데, 1300~1800년까지 초 장

---

21) J.H. Parry, 『약탈의 역사』, 41쪽.
22) 루츠 붕크, 안성찬 역, 『역사와 배』(해냄, 2004), 145쪽.
23) 중국고선모형연구제작중심, in 허일·김성준·崔云峰 편역, 『정화의 배와 항해』, 234쪽.

기간에 걸친 해운 비용의 증감을 어떤 자료를 활용하여 분석하였는지 참으로 궁금하기 그지 없다. 평자가 읽은 맥클로스키의 연구에 의하면, 1780-1860년 사이 영국의 해운업은 연평균 2.3%씩 생산성이 증가하여 연간 2.6%씩 성장한 면직업에 이어 두 번째로 빠르게 생산성이 향상된 산업이었다.[24] 물론 이를 반박하는 연구도 있다. 이를테면 하알리는 같은 기간 해운업은 연평균 0.5% 정도 생산성이 향상된 것에 지나지 않았다고 본다.[25] 산업혁명기 해운업의 생산성 향상 내지는 운임률 하락에 대해서는 책 한권을 쓸 정도로 많은 연구 결과가 나왔지만, 자료가 충분하지 않기 때문에 어떤 항로와 선형을 선택하느냐에 따라 각기 상이한 주장들이 제기되고 있어 결론을 내릴 수 없는 것이 현실정이다. 이는 아마도 매너드가 편집한 책의 연구 기간인 1300~1800년에 대해서도 동일하게 적용될 수 있을 것이다.

근대사에서 해상무역이나 해상운송을 논의할 때 비전문 연구자들이 혼란을 겪는 것 중에 하나는 15세기에서 17세기를 논의하면서 해상운송업 운운하는 것이다. 그러나 적어도 18세기 중엽까지 해상운송과 해상무역은 분리되지 않았었기 때문에 그 이전의 역사 서술에서 해상운송업을 얘기하는 것은 비역사적이다. 무역업은 "상품, 기술, 용역의 유상적 교류"인 반면,[26] 해상운송업은 "배를 이용하여 물건이나 사람을 운송하여 부가가치를 창출하는 서비스 산업"이다.[27] 따라서 해상을 통한 무역업과 해운업의의 구별 기준은 선주가 단순히 운임만 받고 화물을 운송하느냐, 아니면 선주가 상행위를 하느냐의 차이이다. 지금까지의 통설에 따르면, 해운업은 산업혁명 이후 19세기에 무역업에서 분리되어 하나의 독립산업이 되었다. 그러나 평자는 영국의 경우 대체로 18세기 중엽에서 18세기 말 사이에 이미 운임만 수취하고 화물을 운송하는 전문선주가 출현함으로써 하나의 전문산업으로 분리되어 있었다는 점을 밝힌 바 있다.[28] 따라서 18세기 중엽 이전 무역업과 통합되어 있었던 해운업을 하나의 독립 산업인 것처럼 논의하는 것은 부적절하다는 것이 평자의 생각이다.

---

24) McCloskey, "Industrial Revolution : A Survey," p.114, table 6.2.

25) C.K. Harley, "Reassessing the Industrial Revolution : A Macro View," in J. Mokyr, ed., *The British Industrial Revolution : An Economic Perspective*(Boulder, 1993), p.200.

26) 방희석, 『무역학개론』(중앙대학교 출판부, 1992), 12쪽.

27) 민성규, 『해운경제학』(한국해양대학교 해사도서출판부, 1973), 7쪽.

28) 김성준, 『산업혁명과 해운산업』.

제6장에서 저자는 노예무역의 수익성이 100~300%에 이르렀다는 이른바 윌리엄스의 테제를 논박하고 있다. 저자에 따르면, 네덜란드의 노예무역 159회의 평균 수익률은 고작 5%에 불과했다. 따라서 "거의 모든 연구자들이 노예무역의 수익성이 다른 사업보다 결코 높지 않은 수준이었다"(322)는 결론에 동의하고 있다는 것이다. 그러나 평자가 읽은 바에 따르면, 영국 리버풀의 경우 1803~04년 엔터프라이즈 호가 42%, 1805~1806년 포춘 호가 116%, 루이자 호가 99%의 수익을 남겼다.[29] 물론 이러한 예는 예외적으로 높은 경우였고, 노예무역선 전체의 평균 수익성은 더 낮을 수도 있다. 설령 그렇다 하더라도 노예무역의 수익성이 그렇게 높지 않았음에도 불구하고 노예무역이 그렇게 오랫 동안, 전 유럽에 걸쳐, 상당량의 선박에 의해 유지되었을까 하는 의문은 여전히 남는다.[30]

3

능력의 한계로 말미암아 저자의 책 전체를 다루지 못하고, 일부 몇 개의 장에 대해서 평자 나름의 의견을 제시하는 것으로 서평을 마무리할 수밖에 없다는 점에 대해서는 이미 앞에서 양해를 구한 바 있다. 이것이 평자로서의 의무를 저버리는 것은 아닐 것이다. 왜냐하면 여기에서 다루지 못한 주제들은 해당 분야의 전문가들이 평자가 비평한 방식 그대로 비평할 수 있을 것이기 때문이다.

이 책의 '머리말'과 '차례'를 읽으면서 평자를 의아하게 만들었던 것은 저자가 머리말에서 친절하게 요점을 정리해준 '장'과 본문의 '장'의 배치가 상이했다는 점이다. 저자는 머리말에서 제5장에서 대규모 폭력의 예로 '노예무역'을 서술하겠다고 했으나, 정작 본문에서는 '화폐와 귀금속의 세계적 유통'을 서술하고 있고, 노예무역은 제6장에 배치하고 있는가 하면, 머리말에서 7장에서 다루었다는 종교 문제(기독교의 충격)는 본문에서는 제8장으로, 생태환경의 변화(환경과 인간)는 7장에 서술되어 있다. 한마디로 5장과 6장, 7장과 8장이 머리말의 설명과 본문의 배치

---

29) C.M. MacInnes, "The Slave Trade," in C.N. Parkinson, ed., *The Trade Winds*(George Allen and Unwin, 1948), pp.271 - 272.

30) 리버풀의 경우 1793~1807년 사이에 연평균 100척이 노예무역을 위해 아프리카로 출항하였다. MacInnes, "Slave Trade," p.258.

가 뒤바뀌어 있는 것이다. 이러한 뒤바뀜이 전체의 줄거리를 뒤흔들 만큼 중대한 실수나 오류인 것은 아니겠지만, '우리 시대의 대표적인 글쟁이' 중의 한 명인 저자나 우리나라 최고 대학임을 사타가 공인하는 대학의 출판부의 명성을 생각한다면 분명 고개를 갸우뚱하게 만드는 일임에 틀림없다.

이밖에도 아쉬운 점이 몇 가지 점들이 눈에 띄었는데 이를 정리해 보면 다음과 같다.

쪽수	원 표현	수정
xii	콜럼버스가 찾아간 곳을 '인도'라고 여겼다.	'인디즈'였다. 15세기 인디즈는 갠지즈 강 너머 아시아 전체를 의미했다.[31]
10	중국 선원들은 나침반을 13세기 이전에 사용	13세기에 사용된 것은 나침반이 아니라 수부침水浮針이다.[32]
142	log - 측정기測程器	항정계航程計
237	16~18세기 전쟁 기간/ 전체 기간 = 95%	유럽 전체에서 전쟁이 일어난 기간을 전체 기간으로 나누어 95%라는 수치를 끌어내 호전적인 시기라 해석하는 것은 무리
247	각주 6 : 1 패섬 = 5 - 6 인치	1 패섬 = 5 - 6 피트

이밖에도 자료 제시 없이 인용된 문장이나 오타 등도 몇 군데 있었지만, 그것은 579쪽에 이르는 방대한 분량의 책을 출판하는 데 뒤따르기 마련인 '병가지상사' 정도로 치부해도 좋을 것이다.

저자처럼 평자 또한 유럽 중심주의에 대해 비판적으로 보아야 한다는 데 동의하고 있다. 그러나 여기에서 조심해야 할 것은 유럽 중심주의를 비판하기 위해 유럽인들의 연구성과를 그대로 인용하는 우를 범해서는 안된다는 것이다. 왜냐하면 자의든 타의든 유럽인들은 유럽 중심주의에서 결코 자유로울 수 없기 때문이다. 이를테면 정화 문제를 논의하기 제 1장에서 저자가 인용한 자료는 니덤, 랜

---

31) E.G.R. Taylor, "Idée Fixe : The Mind of Christopher Columbus," *Hispanic American Historical Review,* vol.XI, no. 3, Aug., 1931, p.289.
32) 김성준 외, "항해 나침반의 사용 시점에 관한 동서양 비교 연구," 『한국항해항만학회지』 제 27권 4호, 2003.

디즈, 멘지스, 부어스틴, 핀리, 미야자키 등의 연구결과이다. 역사가에게 사료의 중요성은 아무리 강조해도 지나치지 않을 것이다. 이미 중국 내 연구자들이 원사료를 분석하여 수많은 연구 결과물을 발표해 놓았고, 국내에 일부 중요한 논문들이 번역되어 출판되었다.

이와 같은 방식으로 저자는 스틴스고르 테제, 레판토 해전, 월러스틴의 근대세계체제론, 윌리엄스 테제 등 기존 근대사를 설명하는 틀을 비판적으로 또는 다른 관점에서 보는 연구성과를 원용하여 유럽 근대사를 해양사라는 새로운 관점에서 종합적으로 서술하고자 하였다. 말하자면 다른 이의 역사 연구를 이용하여 항해에 관한 서술 없이 대항해시대를 서술하고 있는 셈이다. 저자도 스스로 고백한 것과 같이, "각 장의 주제마다 거의 매일같이 쏟아져 나오는 전문 연구자들의 연구성과를 모두 완벽하게 소화"하기를 기대하는 것은 무리이다. 그럼에도 불구하고 저자가 우리 서양사학계에서 차지하고 있는 위치나 대중성을 감안한다면 국내외의 연구 성과에 좀 더 많은 관심을 가져야 할 필요가 있다는 점을 상기했으면 하는 바람이다. 저자는 "전체적이고 복합적인 조망을 한 뒤 개별적인 주제를 연구하면 좀 더 균형잡힌 연구가 가능"할 것이라 밝히고 있지만, 우리 서양사학계에서 필요한 것은 거시적인 연구가 아니라 사료를 통한 개별적인 연구를 더 많이 축적해 가는 것이 아닐까? 이미 거대 담론의 세례를 받고 난 뒤에는 개별적인 연구 또한 거대담론의 틀에 끼워 맞추는 오류를 범할 가능성이 크기 때문이다.

지금까지 써놓은 것만을 놓고 본다면 독자들이 이 책을 오류로 가득한 책으로 오인할 지도 모르겠지만, 실상은 그렇지 않다. 이제까지 유럽 일국 내지 특정 주제 하나에 대해서 서술되어 있는 기존의 책들과 달리 이 책은 거시적인 틀에서 세계사를 그려볼 수 있도록 도와준다. 대항해시대를 선도한 포르투갈과 에스파냐를 비롯하여 영국과 네덜란드의 활동상을 생생하게 그려볼 수 있다. 게다가 아시아로 출항한 선박 수나, 네덜란드와 영국의 동인도회사가 수입한 상품과 수입액 등의 수치를 제시하여 독자들이 당시 세계의 바다에서 벌어진 실상을 머릿 속으로 그려볼 수 있도록 도와준다. 라스 카사스의 원주민 옹호론이나, 스틴스고르 테제, 윌리엄스 테제 등에 대해서도 배울 수 있다는 점 또한 이 책의 장점이다. 어찌되었든 해마다 높아져 가는 한 여름의 열기 속에서 독서라는 피서법을 알게 해준 고마운 책이었다.

5

대항해시대 주요 해적이

연도	주요 사건
12세기	코그선(선미중앙타 장착) 등장
1187	네캄, 부자침 항해사용
1250~65	compasso(항해안내서)
1269	페레그리누스, 쌍축침
13세기 중엽	포르톨라노 해도
14세기 중엽	카라크선
1415	포르투갈, 세우타 점령
1419	엔리케, 아프리카 탐사 시작
15세기 초	프톨레마이오스 지도
1434	질 이아니스, 보자도르곶 도달
1470	포르투갈-스페인간 알카소바스조약 체결
1488	바르톨로메 디아스, 희망봉 도달
1492. 10. 12	콜럼버스, 산살바도르 도달
1494	토르데시야스조약
1497. 6. 24	존 캐봇, 뉴펀들랜드 도달
1496	라틴어본 천측력 발간
1498. 5	다가마, 인도 캘리컷 도달
1499.6	베스푸치, 브라질해안 도달

연도	주요 사건
1500. 9	카브랄, 인도 캘리컷 도착
1503	바르톨로메 콜론, '신세계' 지명 사용
1502. 10	포르투갈함대, 캘리컷해전
1507	링만과 발트제뮐러, '아메리카' 명명
1513. 9	발보아, 태평양 도달후 '남해'로 명명
1515	솔리스, 리우 데 라 플라타 도달
1521. 4	마젤란, 필리핀 막탄섬에서 피살
1522. 9	델카노, 세계일주 후 귀환
1524	베라자노, 뉴욕 인근 탐사
1535	카르티에, 몬트리올 탐사 후 명명
1538	메르카토르, 남·북 아메리카로 구분
1569	메르카토르, '세계전도'(항해용 해도 완성)
1576	프로비셔, 1차 북서항로 탐사
1582	호킨스, 1차 노예무역 원정
1584	롤리, 버지니아 식민사업
1586	데이비스, 북서항로 탐사(배핀만 해역)
1588	스페인 무적함대, 잉글랜드 침공
1607~10	허드슨, 북동/ 북서항로 탐험
1612 / 1615	영국 동양 함대, 인도 스왈리해전에서 포르투갈함대 패퇴
1642~44	타스만의 탐사 항해
1649	블레이크, 초대 해양제독 피임
1649~50	블레이크, 루퍼트 추격전
1651	크롬웰, 항해법 반포
1651~54	1차 영 - 네덜란드전쟁
1665~67	2차 영 - 네덜란드전쟁
1672~74	3차 영 - 네덜란드전쟁
1681~2	라살르, 미시시피 종단

연도	주요 사건
1724~30	베링, 1차 탐사
1733~41	베링, 2차 탐사
1768~71	쿡, 1차 항해
1772~75	쿡, 2차 항해(남방대륙 확인, K1 성능 시험)
1776~79	쿡, 3차 항해(북서항로 탐사)
1791~95	밴쿠버, 아메리카대륙 북서해안 탐사

참고문헌

I. 본 문

1. 사료

A Journal of the First Voyages of Vasco da Gama in 1497~8, in Charles Ley, ed. by, Portuguese Voyage, 1498~1663, J.M. Dent & Sons Ltd., 1953.

Catalogue of the Manuscript Maps, Charts, And Plans and of the Topographical Drawings in the British Museum, Vol. 1, Printed by Order of the Trustees, London, 1844.

Letters Patent Granted to the Cabots, in Janet Hampden, ed. by, Voyages and Documents, Oxford Univ. Press, 1958.

Fuson, Fuson, trans. by, The Log of Christopher Columbus, International Marine Publishing Company, 1987.

Kenihan, K.G., ed. by, The Journal of Abel Jansz Tasman 1642, Australian Heritage Press.

Azurara, Gommes Eannes de, The Chronicle of the Discovery and Conquest of Guinea, vol. I, trans. by C.R. Beazely & E. Prestage, Hakluyt Society, 1896.

Chaucer, Geoffrey, ed. by Walter W. Skeat, Treatise on the Astrolabe, N. Trübner & Co., 1872, in www.hti.umich.edu/ cgi, 2003. 5. 25.

Childers, Spencer, ed., A Mariner of England : An Account of the Career of William Richardson ⋯ 1780~1819, Conway Maritime Press, 1970.

Columbus, Christopher, trans. by Clements R. Markham, The Journal of Christopher Columbus And Documents relating to the Voyages of John Cabot and Gasper Corte Real, Lenox Hill Pub. and Dist. Co., 1971.

Columbus, Christopher, ed. by William E. Curtis, The Existing Autographs of Christopher Columbus, American Historical Association Annual Report,

1895.

Columbus, Christopher, ed. by Willberforce Eames, The Letter of Columbus on the Discovery of America, N. Y., 1892.

Columbus, Christopher, ed. by R. H. Major, Four Voyages to the New World, Letters and Selected Documents, 3rd ed., Corinth Books, 1969.

Columbus, Christopher, ed. by Cecil Jane, Four Voyages of Columbus, rev. ed., Dover Publication Inc., 1988.

Columbus, Christopher, trans. by, Robert F. Fuson, The Log of Christopher Columbus, International Marine Publishing Company, 1987.

Columbus, Ferdinand, Historie del S. D. Fernando Colombo(Venice, 1571), trans. by Benjamin Keen, The Life of the Admiral Christopher Columbus by His son Ferdinand. New Brunswick ; Rutgers Univ. Press, 1959.

Cummins, John, newly restored and trans. by, The Voyage of Christopher Columbus, St. Martin Press, 1992.

Las Casas, Bartholomé de, Brevísma relacíon de la destruccíon de las Indias, N.Y. ; Seabury Press, 1974.

Las Casas(박광순 역), 『콜럼버스의 항해록』, 범우사, 2000.trans. by Herma Briffault, Devastation of the Indies ; A Brief Account, Baltimore ; Johns Hopkins Univ. Press, 1992.

Yule, H. and Cordier, H., The Book of Ser Marco Polo, the Venetian, 2 vols, 3rd ed., London, 1903.

Paolo Toscanelli, Letter to Columbus, in The Journal of Christopher Columbus and in the Life of the Admiral C. Columbus by Ferdinand.

Polo, Marco (정운용 역), 『동방견문록』, 을유문화사, 1992.

Columbus, Ferdinand, trans. by Benjamin Keen, The Life of the Admiral Christopher Columbus by His Son Ferdinand, New Brunswick : Rutgers Univ. Press, 1959.

Curtis, William E., ed. by, The Existing Autographs of C. Columbus, in American Historical Association ; Annual Report(1895)

Dewar, Alfred, ed. by, The Voyages and Travels of Captain Nathaniel Uring(1726), Cassel & Company, 1928.

Flannery, Tim, ed. by, The Life and Adventures of John Nicol, Canongate, 2000.

Golder, F.A., ed. by, Steller's Journal, in Bering's Voyages., American Geographical Society, 1925.

Hakluyt, R., Voyaged and Documents, selected by Janet Hampden, Oxford Univ. Press, 1958.

Hampden, Janet, ed. by, Voyages and Documents, Oxford Univ. Press, 1958.

Linschoten, Jan Huygen van, Voyage of Linschoten to East Indies, Hakluyt Society, 1885.

Markham, Clements, ed. & trans. by, The Journal of Christopher Columbus (Hakluyt Society, 1893), reprinted. 1971.

Peregrinus, Petrus, The Letter of Petrus Peregrinus on the Magenet, trans. by, Brother Arnold, McGraw Publishing Company, 1904.

Pigafetta, Antonio, First Voyage around the World, in ed. by Charles E. Nowell, Magellan's Voyage Around the World, North-Western University Press, 1962.

Raleigh, Walter, A Discourse of the Invention of ships, anchors, compass &c. in the Words of Sir Walter Raleigh, Kt., Vol. 8, OUP, 1829.

Ravenstein, E.G., trans. and ed. by, The Journal of the first Voyages of Vasco da Gama 1497~1499, Hakluyt Society, 1898.

2. 자료

Falconer, William, An Universal Dictionary of the Marine, London, 1784.

Frank C. Bowen, Sea Slang, 1930.

Harpcr, Doughlas, Online Ethmology Dictionary, at http://etymonline.com.

Langnas, I.A., Dictionary of Discoveries, Philosophical Library, 1959.

New Encyclopaedia of Britannica, 1970, 1988.

OED CD - ROM ver. 1.13; The Shorter English Dictionary on Historical Principles. OUP, 1993.

Smyth, W.H., The Sailor's Word - Book of 1867, Conway Maritime Press, 1991.

www.wikipaedia.com

www.google.co.kr

3. 연구논저

Arciniegas, Germán, Amerigo and the New World, Alfred A Knopf, 1955.

Aczel, Amir, The Riddle of Compass, Harcourt(2001) ; 김진준 역, 『나침반의 수수께 끼』, 경문사, 2005.

Barrow, John, ed. by, Cook's Voyages of Discovery, Adam and Charles Black, 1899.

Barrow, John, ed. by, Captain Cook's Voyages of Discovery, J.M. Dent & Sons Ltd., 1954.

Baumber, Michael, General at Sea, John Murray, 1989.

Beaud, Michel (김윤자 역), 『자본주의의 역사』, 창작과 비평사, 1987.

Beazley, Raymond, Prince Henry the Navigator, G.P. Putnam's Sons, 1897.

Boorstin, Daniel (이성범 역), 『발견자들』, 범양사출판부, 1987.

Burrage, Henry, ed. by, Early English and French Voyages, Charles Scriber's Sons ; N.Y., 1906.

F. Braudel (주경철 옮김), 『물질문명과 자본주의』 I · II · III, 까치, 1995.

Castlereagh, Duncan, The Great Age of Exploration(Reader's Digest Association, 1971.

Chaunu, Pierre, trans. by Katharine Betram, The European Expansion in the Later Middle Ages, North Holland Publiing Company, 1979.

Cipola, Carlo, Short Articles and Discussions ; Economic Depression of the Renaissance?, Economic History Review, vol.16, no.3, 1964.

Cipola, Carlo, Currency Depreciation in Medieval Europe, Economic History Review, vol.15, no.3, 1993.

Cuyvers, Luc, Sea Power ; A Global Journey, U.S. Naval Institute, 1993; 김성준 옮김, 『역사와 바다』, 한국해사문제연구소, 1999.

Cuyvers, Luc, Into the Rising Sun, TV Books ; N.Y., 1999.

Castlereagh, Duncan, The Great Age of Exploration, Reader's Digest Association, 1971.

Davies, Arthur, The Loss of Santa Maria, American Historical Review, vol.58, no. 4, Jul., 1953.

Davis, Ralph, The Rise of the English Shipping Industry in the 17th and 18th Century, Macmillan, 1962.

Delouche, R. 편 (윤승준 역), 『새유럽의 역사』, 까치, 1995.

Edwards, Philip, ed. by, Last Voyages ; Cavendish, Hudson, Ralegh, Clarendon Press, 1988.

Elliott, H., Imperial Spain 1469~1716(Penguin Book, 1976); 김원중 옮김, 『스페인제 국사, 1469~1716』, 까치, 2000.

Fayle, Ernest, A Short History of the World Shipping Industry, George Allen and Unwin, 1933, chap. II & III; 김성준 역, 『서양해운사』, 혜안, 2004.

Fritz, Jean (이용인 옮김), 『세계 탐험 이야기』, 푸른숲, 2003.

Fuson, Robert F., trans. by, The Log of Christopher Columbus International Marine Publishing Comany, 1987.

Gilbert, John, Charting the Vast Pacific, Reader's Digest Association, 1971.

Gillespie, James E., A History of Geographical Discovery 1400~1800, N. Y. ; Henry Holt and Company, 1933.

Golder, F.A., Bering's Voyages, American Geographical Society, 1925.

Gosse, Philip, Sir John Hawkins, John Lane The Bodely Head Ltd., 1930.

Gottlieb, Roger, Feudalism and Historical Materialism ; A Critique and a Synthesis, Science and Society : An Independent Journal of Marxism, no. 1, 1984.

Gurney, Alan, Compass, A Story of Exploration and Innovation, 2004; 강미경 옮김, 『나침반, 항해와 탐험의 역사』, 세종서적, 2005.

Hakluyt, Richard, Voyaged and Documents, selected by Janet Hampden, Oxford

Univ. Press, 1958.

Hale, John, The Age of Exploration, Time Life Books, 1974; 한국일보 타임 라이프 북스 편집부 역, 『탐험시대』, 한국일보, 1974.

Hart, Henry, Sea Road to Indies, Macmillan, 1950.

Hart, Michael (김평옥 옮김), 『세계사를 바꾼 사람들』, 에디터, 1993.

Hewson, J.B., A History of the Practice of Navigation, Glasgow ; Brown, Son & Ferguson, 1983.

Hough, Richard, Murder of Captain James Cook, Macmillan, 1979.

Horwitch, Tony (이순주 옮김), 『푸른 항해』, 뜨인돌, 2003.

Humble, Richard, The Explorers, Time - life books, 1979.

Irving, Washington, Life and Voyages of the Christopher Columbus, N.Y., 1831.

Jane, Cecil, The Question of the Literacy Columbus in 1492, Hispanic American Historical Review, X, 1930.

_____, The Opinion of Columbus concerning Cuba and the Indias', Geographical Journal, LXXXIII, 1929.

Jayne, K.G., Vasco da Gama and His Successors, 1460~1580, Methuen& Co., 1970.

Kay, Bernard, Ans Ende der Welt und daruber hinaus ; 박계수 역, 『항해의 역사』, 북폴리오, 2006.

Kelly Jr., James E., "In the Wake of Columbus on a Portolan Chart," Terrae Incognitae, 15, 1983.

Kemp, Peter, The History of the Ships, Book Club Associates, 1978.

Kennedy, Paul (김주식 역), 『영국 해군 지배력의 역사』, 한국해양전략연구소, 2010.

Kenihan, G.H., ed. by, A Journal of Abel Jansz Tasman 1642, Australian Heritage Press ; Adelaide.

Konstam, Angus (이종인 옮김), 『해적의 역사』, 가람기획, 2002.

Kushnarev, Evgenii, trans. by Crownhart - Vaughan, Bering's Search for the Strait, Oregon Historical Society Press, 1990.

Lacey, Robert, Sir Walter Raleigh, Cardinal, 1975.

Lane, Frederic C., "Pepper Price before Da Gama," Journal of Economic History,

Vol.28, No.4, 1968.

Larner, John, The Certainty of Christopher Columbus ; Some Recent Studies, History, vol.73, no.237, Feb., 1988.

Ley, Charles, ed. by, Portuguese Voyage, 1498~1663, J.M. Dent & Sons Ltd., 1953.

Lopez, R.S.; Miskimin, H.A., The Economic Depression of the Renaissance, Economic History Review, vol.14, no.3, 1962.

Lopez, R.S., Hard Times and Investment in Culture, in ed. by Wallace Fergusson, The Renaissance ; Six Essays, N.Y. ; Harper Torchbook, 1962.

Madariaga, Salvador de, Christopher Columbus(1967); 유공희 역, 「신대륙의 기수」, 『세계의 인간상』, 신구문화사, 1974.

Mahan, Afred, Influence of Sea Power Upon History, 1660~1783, 12th ed., Little, Brown & Company; 김주식 옮김, 『역사에 미치는 해양력의 영향』, 책세상, 1999.

May, W.E., A History of Marine Navigation, GT Foulis & Co LTD, 1973.

McGrail, Sean, Ancient Boats and Ship, 2006.

Menzies, Gavin, 1421 : The Year China Discovered America, William Morrow, 2002.

Milton, Giles (윤영호 옮김), 『위대한 두목 엘리자베스』, 생각의 나무, 2002.

Morison, Samuel E., Admiral of the Ocean Sea ; Life of Christopher Columbus, Boston, 1942.

───────────, Christopher Columbus ; Mariner, Boston ; Little, Brown and Company, 1955.

Murphy, Henry, The Voyage of Verrazzano, N.Y. 1875.

Naish, John, The Achievements of Captain George Vancouver, The Mariner's Mirror, vol. 80, no. 4, 1994.

Needham, Joseph (김주식 옮김), 『동양항해선박사』, 문현, 2016.

North, Douglass & Thomas, Robert, The Rise of the western World ; A New Economic History, Cambridge Univ. Press, 1979.

Nowell, Charles E., The Columbus Question, American Historical Review, vol.44, no.4, 1939.

Nunn, Georges E., The Imago Mundi and Columbus, American Historical Review, vol. 40, no. 4, Jul., 1935.

Ober, Frederick A., Sir Walter Raleigh, Harper & Brothers Publication, 1909.

Ober, Frederick A., Heroes of American History ; Magellan, Harper & Brothers Publisher, 1907.

Oppenheim, M., A History of The Administration of the Royal Navy and of Merchant Shipping, London, 1896.

Packard, L.B., The Commercial Revolution 1400~1776, 3rd ed., Henry Holt and Company, 1948; 최문형 역, 『상업혁명』, 탐구당, 1985.

Parkin, Ray, H.M. Bark Endeavour, Melbourne Univ. Press ; Australia, 1997.

Parr, Charles Mekew, Ferdinand Magellan, Circumnavigator, Thomas Crowell Company, 1964.

Parry, J.H. (김성준 역), 『약탈의 역사』, 신서원, 1998.

Pérez - Mallaína, Pablo E., trans. by Carla Rahn Phillips, Spain's Men of the Sea, John Hopkins Univ. Press, London, 1998.

Pohl, Frederick, Amerigo Vespucci ; Pilot Major, Columbia University Press, 1944.

Postan, M., Cambridge Economic History of Europe, vol.II, London, 1958.

Price, A. Grenfell, ed. by, Explorations of Captain James Cook, Georgian House ; Melbourne, 1965.

Sabatini, Rafael, Heroic Lives, Houghton Mifflin Company, 1934.

Sahlins, Marshall, Historical Metaphors and Mythical Realities ; Structure in the Early History of the Sandwicth Island Kingdom, Michigan Univ. Press, 1981.

Sahlins, Marshall, Islands of History, Tavistock Publications, 1985.

Schlereth, Thomas, Columbia, Columbus and Columbianism, Journal of American History, vol.79, no.3, Dec., 1992.

Short, John Rennie, The World through Maps, Brown Reference Group, 2004; 김희상 옮김, 『지도, 살아있는 세상의 발견』, 작가정신, 2009.

Skelton, R.A. (안재학 옮김), 『탐험지도의 역사』, 새날, 1995.

Smith, Adam (김수행 역), 『국부론』, 동아출판사, 1992.

Sutcliffe, A. & Sutcliffe, A.P.D. (신효선 옮김), 『과학사의 뒷이야기 IV』, 전파과학사, 1974.

Taylor, E.G.R., Idée Fixe ; The Mind of Christopher Columbus, Hispanic American Historical Review, vol. XI, no. 3, Aug., 1931.

Taylor, E.G.R., The Geometrical Seaman, Hollis & Carter, 1962.

Taylor, E.G.R. and Richey, M.W., Geometrical Seaman ; A Book of early Nautical Instruments, Hollis & Carter, 1962.

Trevelyan, G.M., History of England, Longmans, Green and Co., 1926.

Utterström, Gustaf, Climatic Fluctuations and Population Problems in Early Modern History, Scandinavian Economic History Review, Vol.III, no.1, 1955.

Venzke, Andreas (윤도중 옮김), 『콜럼버스』, 한길사, 1998.

Waldman, Milton, Sir Walter Raleigh, Collins, 1943.

Wallerstein, Immanuel, The Modern World System I(Academic Press, 1974).

Wallerstein, Immanuel (나종일 · 백영경 옮김), 『역사적 자본주의 / 자본주의 문명』, 창작과비평사, 1993.

Wallerstein, Immanuel (성백용 옮김), 『사회과학으로부터의 탈피』, 창작과비평사, 1994.

Wallerstein, Immanuel (나종일 · 유재건 · 김인중 외 옮김), 『근대세계체제』 I · II · III, 까치, 1999.

Watson, Andrew, Back to Gold and Silver, Economic History Review, 2nd series, vol.20, no.1, 1967.

Watts, Pauline, Prophecy and Discovery ; On the Spiritual Origin of Christopher Columbus's Enterprise of the Indies, American Historical Review, vol.90, 1985.

Weber, Max (박성수 역), 『프로테스탄티즘 윤리와 자본주의 정신』, 문예출판사, 1992.

Williamson, James A., the Voyages of the Cabots, The Argonaut Press, 1929.

Woodman, R., The History of the Ship, Conway Maritime Press, 1997.

Zweig, Stefan (안인희 옮김), 『광기와 우연의 역사』, 자작나무, 1996.

Zweig, Stefan (이내금 역), 『마젤란』, 자작나무, 1997.

강석영 · 최영수 공저, 『스페인 · 포르투갈사』, 대한교과서주식회사, 1988.

길인성, 「자본주의」 (김영한 엮음), 『서양의 지적운동』 II, 지식산업사, 1998.

김대환 편역, 『자본주의이행논쟁』, 동녘, 1984.

김명섭, 『대서양문명사』, 한길사, 2001.

김성준, 『영화에 빠진 바다』, 혜안, 2009.

김성준, 허일, 최운봉崔云峰, 「항해 나침반의 사용 시점에 관한 동서양 비교 연구」, 『한국항해항만학회지』, 제27권 제4호, 2003.9.

김성준·루크 카이버스, 「메르카토르 해도의 항해사적 공헌」, 『한국항해항만학회지』, 제38권 제2호, 2014.4.

김성준, 『역사와 범선』, 교우미디어, 2015.

김성준, 『해사영어의 어원』, 문현, 2015.

김신, 『대항해자의 시대』, 두남, 1997.

김우숙, 『세상을 바꾼 항해술의 발달』, 지성사, 2008.

김종원, 〈둔부의회의 무역관련 법률과 항해법〉, 『영국 연구』, 제8호, 2002.12.

김주식, 『서구해전사』, 연경문화사, 1995,

김재근, 『배의 역사』, 서울대조선공학과동창회, 1980.

량얼핑梁二平 (하진이 옮김), 『세계사의 운명을 바꾼 해도』, 명진출판, 2011.

미야자키 마사카쓰宮崎正勝 (이규조 옮김), 『정화의 남해대원정』, 일빛, 1999.

사와 타카미쓰佐和隆光 (홍성태 역), 『자본주의의 재정의』, 푸른숲, 1996.

성백용, 「봉건제에서 자본주의로의 이행과 세계체제론」, 『근대세계체제론의 역사적 이해』, 까치, 1996.

아오키 에이치青木榮日 (최재수 역), 『시파워의 세계사 1』, 한국해사문제연구소, 1995.

오지 도시아키応地利明 (송태욱 역), 『세계지도의 탄생』, 알마, 2010.

이병철, 『위대한 탐험』, 가람기획, 1997.

이영석 외 옮김, 『신 자본주의 이행논쟁』, 한겨레, 1985.

이희연, 『지리학사』, 법문사, 1991.

주경철, 「브로델의 상층구조」, 한국서양사학회 편, 『근대세계체제론의 역사적 이해』, 까치, 1996.

주경철, 『크리스토퍼 콜럼버스 - 종말론적 신비주의자』, 서울대학교 출판문화원, 2013.

최영수, 「포르투갈과 스페인의 식민정책에 관한 비교 연구」, 단국대학교 석사학위논문, 1990.

한국해양문화학회, 『21세기 한국해양문화의 정의와 발전방향』, 2003, 8.22.

허일 · 강상택 · 정문수 · 김성준 · 추이원펑 편저, 『세계해양사』, 한국해양대학교 출판
부, 2003.

허일 · 김성준 · 최운봉崔云峰 편역, 『중국의 대항해자 정화의 배와 항해』, 심산, 2005.

孫洸圻, 『中國古代航海史』, 海洋出版社, 1989.

王振鐸, "司南指南針與羅經盤 - 中國古代有關靜磁學知識之發現及發明 - 上 - 中 - 下"
中國考古學報 第 3, 4, 5册, 商務印書館; 中國科學, 1948, 1949, 1951.

笹原宏之, 「羅針盤の語源」, 『日本醫事新報』(週刊), No.4651, 2013.6.15, p.73, at
http://www.jmedj.co.jp/article/detail.php?article_id=16520(2016. 10.10).

佐波宣平, 『海の英語』, 研究社, 1971.

찾아보기

사

저자 **김 성 준**

한국해양대학교 항해학부 교수
고려대학교 사학과 문학박사
Master Mariner(STCW 95 II/2)

저서 : 『영화에 빠진 바다』(혜안, 2009)
　　　『한국항해선박사』(문현, 2014)
　　　『서양항해선박사』(혜안, 2015)
　　　『해사영어의 어원』(문현, 2015) 外
역서 : J.H. Parry, 『약탈의 역사』(신서원, 1998)
　　　E. Fayle, 『서양해운사』(혜안, 2004)
　　　Richard Hugh, 『전함포템킨』(서해문집, 2005)
　　　Mike Dash, 『미친항해: 바타비아호 좌초 사건』(혜안, 2012, 공역)
　　　사와 센페이佐波宣平, 『현대해사용어의 어원』(문현, 2017, 공역) 外
편저 : 『중국의 대항해자 정화의 배와 항해』(심산, 2005, 공편) 外

유럽의 대항해시대

2019년 3월 5일 초판인쇄
2019년 3월 15일 초판발행

지은이 김 성 준
펴낸이 한 신 규
펴낸곳 문현출판
편 집 안 혜 숙
표 지 이 미 옥
주 소 05827 서울특별시 송파구 동남로 11길 19(가락동)
전 화 Tel.02-433-0211 Fax.02-443-0212
E-mail mun2009@naver.com
등 록 2009년 2월 24일(제2009-000014호)

ⓒ 김성준, 2019
ⓒ 문현, 2019, printed in Korea

ISBN 979-11-87505-22-8 93910 **정가** 35,000원